国家社科基金
GUOJIA SHEKE JIJIN HOUQI ZIZHU XIANGMU
后期资助项目

变动社会中的投入与疏离：中国公学的历史（1906—1936）

From Devotion to Alienation in Changing Society:
A History of the Public School for Chinese（1906—1936）

严海建 著

南京大学出版社

图书在版编目(CIP)数据

变动社会中的投入与疏离 ：中国公学的历史 ：1906—
1936 / 严海建著. — 南京 ：南京大学出版社，2021.11(2023.6 重印)
ISBN 978 - 7 - 305 - 25168 - 9

Ⅰ. ① 变… Ⅱ. ① 严… Ⅲ. ① 中国公学－校史－
1906—1936 Ⅳ. ① G649.285.1

中国版本图书馆 CIP 数据核字(2021)第 238157 号

出版发行 　南京大学出版社
社　　址　南京市汉口路 22 号　　　　邮　编　210093
出 版 人　金鑫荣

书　　名　**变动社会中的投入与疏离：中国公学的历史(1906—1936)**
著　　者　严海建
责任编辑　谭　天

照　　排　南京南琳图文制作有限公司
印　　刷　苏州市古得堡数码印刷有限公司
开　　本　718×1000　1/16　印张 17　字数 303 千
版　　次　2021 年 11 月第 1 版　2023 年 6 月第 2 次印刷
ISBN 978 - 7 - 305 - 25168 - 9
定　　价　78.00 元

网　　址　http://www.njupco.com
官方微博　http://weibo.com/njupco
官方微信　njupress
销售热线　(025)83594756

国家社科基金后期资助项目
出版说明

后期资助项目是国家社科基金设立的一类重要项目，旨在鼓励广大社科研究者潜心治学，支持基础研究多出优秀成果。它是经过严格评审，从接近完成的科研成果中遴选立项的。为扩大后期资助项目的影响，更好地推动学术发展，促进成果转化，全国哲学社会科学工作办公室按照"统一设计、统一标识、统一版式、形成系列"的总体要求，组织出版国家社科基金后期资助项目成果。

全国哲学社会科学工作办公室

序

读了严海建教授研究中国公学的近著，颇有所得。这是一本近年有关近代中国高等教育史、大学史个案研究值得推荐的好书。

晚清中国首先由教会创办了私立大学，真正由国人出资筹办的私立学校，应是南洋公学和中国公学。南洋公学是1896年由盛宣怀集公费创办的学校，是交通大学的前身，严格来说是公立大学。中国公学（简称"中公"）是1905年日本取缔留学生事件后，由一群具有民族情怀、"义不受辱"、有骨气的留日返国生，齐集沪滨，自行创办的学校，可算是中国近代第一所由民间自行筹款办理的高等学校。

这个学校的创立有些特别，先有学生后有学校，非街坊学塾，是个因革命而发迹的学校。初期俨然就是"一个革命的大机关"（胡适语），后来发展的结果，由革命机关变成私立学府，最后形成了大学局面，还培养出像朱蒂煌、胡适、杨杏佛、朱经农、任鸿隽、刘秉麟、何鲁、罗尔纲、阮毅成等许多知名的校友。

更特别的是，它曾有过一段学生兼领校政的历史，又曾是立宪派、革命派、自由主义学人分别掌理过的学校。第一批学生来自全国13个省，破除省界，校内组织分执行部、评议部，标榜行共和之法，以民主治校。主其事者期以美耶鲁、日早稻田比肩，不失办学的雄心壮志。他们有过隶属于革命党人主办的时期，孙中山、宋耀如、黄兴、于右任、但懋辛等都当过董事，甚至挂名校长。到1920年前后，办校权转入北伐时期被南方革命势力斥为"学阀"的研究系梁启超、张东荪诸人，他们主导中公的董事会和校政近六年，与讲学社合流，邀舒新城实验美国道尔顿学制，也举办了些轰动一时的学术活动，甚至有意把中公作为政团基础来经营，故而立宪党、革命派、自由主义学人在校内外纠葛不断，也是事实。

北伐后，晚清的校友取代了研究系，开始执掌校政。这个时期，最不可思议的是二十多年之前还拖着辫子读中公的学生，留美返国成名之后，标榜自由主义者的校友胡适，留居沪上，于1928年4月起，竟担任中公校长近两年之久(1930年1月辞)。时当党化教育雷厉风行之际,胡适一方面忙着办《新月》杂志与国民党打"人权与约法"的笔墨官司,甚至被国民党斥为"反革命分子";一方面在副校长杨亮功的辅佐下,仍能依蔡元培的办学宗旨,条理校务,议论风发,笔耕不辍。除了学校立案不成有些许遗憾之外,胡适为中公建立优良学风、运动员精神(sportsmanship),培养了后进,如罗尔纲、吴晗、吴健雄、胡颂平、黎昔非等高徒,甚是引以为傲。

中公自1906年创校之后,尽管常有短于经费、人事不谐、党同伐异、校址不定之苦,但在董事会及主其事者的努力下,从中学部、预科到大学部,最后有了完整高等教育的格局,甚是不易。1932年日军入侵上海发动的"一·二八"事变,校舍受到重大损毁,学校遭受重创,校务几告停摆,此后校友的复建运动不断,但学校再难有昔日风光。抗战时期大后方的川籍校友有复建母校之议,战后中公复校之说不停,但时局杌陧,硝烟弥漫,难见进展。在台校友的复校之议直到20世纪60年代始告停息,半个世纪中国公学的校史,至此宣告终卷。

德国哲学家雅斯贝尔斯(Karl Jaspers)综合西方大学传统,在《大学的理念》(*The Idea of the University*)中,认为近代大学三要素是学术性的教学、科学与学术性研究及创造性的文化生活,故而大学成了强调学术自由与容忍的"知识性的社会"(intellectual community)。西方现代大学理念,随新学校制度引入中国,自然会有一段传统与现代、理想与现实间的落差与适应过程,个别校史的深度研究,正可以提供这方面的经验。

近代中国大学历史的学术性研究起步较晚。概括地说,西方学者的知名作品,先有通史性著作,再有学校专史。杰西·卢茨(Jessie G. Lutz)的《中国教会大学史》(1971),属于通论性质;叶文心的《疏离的学院》(1990)、陈明銶与德里克(Arif Dirlik)合写的《劳动大学史》(1991),均涉及社会文化的大学史研究;易社强(John Isreal)的《战争与革命中的西南联大》(1999),是一部大学专史;在台湾地区,20世纪80年代后,苏云峰出版了《从清华学堂到清华大学,1911—1929》(1986)和《抗战前的清华大学,1928—1937》(2000),黄福庆有《近代中国高等教育研究:国立中山大学,1924—1937》(1988)专著。中国大陆则到21世纪初,大学校史才摆脱"革命史"的框架和范式,进入学术性"大学史"研究的繁荣期,大量专书纷纷出版,蔚为大观。例如,金以林的近代中国大学研究、王东杰的川大、蒋宝麟的中央大学和大同大学、何方昱的浙江大学、许小青和牛力的中央大学、刘超的清华大学、徐宝安的齐鲁大学,加上严海建这本有关中国公学的最新力作,才使近代中国高等教育的整体历史和个别大学发展,有了更清晰的面貌和更公允的历史评价。

以严海建教授这本著作为例,显示了几个研究上的新义:其一,这是一本对中国公学的全面研究。过去,许多人或因胡适的忆述,才略知中公,长达半个世纪的中公历史发展为人所忽略。这本书从中公建校到抗战前,人事、组织、经费、校园风潮等几乎全盘托出,历史交代清楚、详尽、引人入胜。其二,本书资料搜集宏富,档案、报刊、著述、回忆文字均有丰富罗列。不过,比较遗憾的是学校本身的原始档卷有相当部分毁于"一·二八"战火,致使本书对学校的教学与师生活动的描述打了些折扣。其三,在近代高教机构中,中国公学是一所十分特别的大学,作者选题甚具慧眼。中公初建与爱国心、民族情有关,创校之始即与政治结缘,稍后主持校务者即以先进国家著名大学为模仿对象,以作育现代国家所需人才为鹄的。作者着意要找出中公的特殊性,的确也看到中公在公私立大学中的"同"与"殊"。

"教育与政治"一直是近代大学校园和校史中讨论不完、争议不断的共同话题,中公并不例外。作者平实地指出近代国立、私立和教会三类型的大学,与政府的关系依序由强而弱,相对地说,其独立性与自主性则由弱而强,中公名义上是私立,早期有较多的挥洒空间,后来的发展因董事会成员随时局变动,董事及校长的党派属性极大地影响了学校趋向,革命派衍生的国民党、进步党蜕变出的研究系,加上自由主义学人,对校务及学校走向,确曾各有企图、愿望与作为。北伐后国民党推行党化教育,国民党中央对上了中公校长胡适,上海市党部对上了中公校政主持人,甚至上演了"倒马(君武)风潮",吃相难看。政治渗透教育,造成大学危机,莫此为甚。1928 年 5 月,胡适甫上任中公校长,在全国教育会议第四次大会上便为大学教育向政府请命:第一要钱,第二要和平,第三要一点点自由。1947 年 9 月,胡适担任北大校长,提出"大学教育的十年计划",要求政府提供充足的经费,以大学为国家学术独立的根据地。20 世纪 40 年代以后,他始终不赞成校友热衷的中公复校运动,未尝不是有感而发。

中公初创是清末受挫的立宪运动士绅与返国革命派留学生合作的结果,办学经费初由绅商供应,学费不足支应时,资本家出资、绅商解囊、政府协助,成为办学费用的主要来源,于是学校给了校外力量渗入的机会,初期的张謇、熊希龄、英商福公司,后来政府、政党均参与学校的经营。绅商介入,可能解决了学校一时的困局,但也会借此左右学校人事。校董一旦是官僚,又与学界政客结缘,这种不健全的"学商合作",往往会为政治势力渗入校务铺平道路,校务动荡与不安,便成常态。作者慨叹中公本质宜属私立大学,但同样不能脱离外部社会政治语境视之,比较真切地重现了中公在变动社会中的因应和跌扑。国立、私立大学值得个别深入研究,以与各大学比较,同中有异、异中有同,大学沿革的历史意义,便可浮现。

严海建教授这本研究全面抗战前中国公学三十年的历史著作,时间虽不算长,但呈现了近代中国移植西方大学制度之路的颠簸起伏。西方大学制度的建立至少已有八九百年的历史,中国想在短短几十年间袭取西方制度精华,以兴国运,"采三山之神药,乞医国之金丹",并非易事。不过,这个研究展现的学校参与其事者,包括王敬芳、梁启超、胡适、熊克武、马君武、蔡元培、于右任等,均是当年知识界菁英,他们的做法、理念或许不尽一致,但有共通的认识,即大学是时代的表征,教育自主与学术进步是办学目标,但大学又不能自外于人群和社会,尤其是一所私立大学,除非能不随政治起风向,不随社会风尚起舞,才有望在发展中站上不败之地。不幸,中国公学处在学校先天自主条件不足,后天校内人事不安、党派纠纷不断,学术成绩不能突显,缺少了内在的稳定支持和外在安定条件的配合,几十年的惨淡经营,终归要成泡影。这不单是中公的末运,也是同一时代许多大学的共同归趋。书中许多说法,会引发读者共鸣,诸多语重心长的话语,也会带给中国知识界、教育界长远的、深入而多元的思考,此书出版的意义与价值亦正在于此。

吕芳上
2021 年 10 月于台北

目　录

绪　论

近代中国的新式学校源于晚清为应对世变而向西方学习的运动,故从其创立之始即处于现代民族国家建构的进程之中。近代中国处于社会政治变动频繁且剧烈的时期,新式学校及大学与国家、社会的关系呈现出非同寻常的复杂面相,具有重要的研究价值。在内外交迫的时代语境中,新式学校与大学往往思出其位,或主动或被动地卷入时代潮流之中,故而对近代中国新式学校与大学历史的考察不能脱离外在社会政治变迁的语境,仅将其视为教育史的研究对象,侧重于教育学术面相的考察。

近年来,大学史成为学界研究的热门领域之一。围绕大学与国家、大学与社会、大学与学术等主题,历史学、教育学、社会学等各学科的研究成果层出不穷,开启了多元互动的研究视角,丰富了大学史研究的内涵和外延。

既有的高等教育史研究,大致可分为教育通史和大学个案两种研究模式。教育通史的研究模式,大多从宏观层面论述近代中国大学发展的整体状况以及国家高等教育政策的演变。[①] 这类研究对于揭示近代中国高等教育整体发展的脉络具有重要的学术价值,但由于近代中国大学的个体差异较大,宏观研究并不能反映国家政策在大学落实的具体情况,故而个案研究更有助于展现近代中国大学多元异质的复杂样态。

学界较早注意到近代中国大学个案差异性的是任以都和叶文心。任以都撰写的《剑桥中华民国史》的第八章《学术界的成长,1912—1949年》[②]在对近代新式教育机构的创建及其在民国时期发展和演变概述的基础上,对清华大学、南开大学、安徽大学以及四川大学做了较独到的个案分析,注意

---

① 代表性的研究主要有[加]许美德著,许洁英译:《中国大学(1895—1995):一个文化冲突的世纪》,教育科学出版社,2000年;陈能治:《战前十年中国的大学教育(1927—1937)》,台北,台湾商务印书馆,1990年;金以林:《近代中国大学研究》,中央文献出版社,2000年;宋秋蓉:《近代中国私立大学研究》,天津人民出版社,2003年。

② [美]费正清、费维恺主编,刘敬坤等译:《剑桥中华民国史》(下),中国社会科学出版社,1998年,第409—477页。

到不同大学的差异性，展现了民国时期高等教育发展的多元样态。叶文心《疏离的学院——民国时代的文化与政治(1919—1937)》[1]从政治与文化的关系切入，以晚清改革和辛亥革命之后产生的高等教育体系为媒介和视角，探究新的职业阶层、形成中的"党国"和逐渐近代化的社会之间的关系，叶文心在掌握大量史料的基础上，展现了1919年到1937年高等院校中不同的文化风格和政治取向，并对不同类型的大学进行了比较研究。作为早期较为前沿的研究，任以都和叶文心的若干洞见对于后来大学史个案的研究具有重要的启发意义。

目前学术界对于大学个案的研究相当丰富，早期修撰的校史多为校方接续传统或回顾本校革命历史而作，普遍存在结构简单和价值取向单一的问题。近年来，学界对于大学史的研究开始出现更具史学关怀的作品，从社会、政治与文化的多维视角，展现近代中国大学的多元样态。易社强(John Israel)在战争与革命的双重背景下对西南联大历史的重建具有独特的学术价值。[2] 魏定熙(Timothy Weston)运用"政治文化"的概念讨论了北大早期历史中文化与政治的关系。[3] 王东杰透过对四川大学国立化进程的研究，展示了中央与地方关系、国家与大学关系的复杂面相。[4] 许小青将中央大学纳入近代中国政治与社会变迁中进行研究，在历史语境中探讨从东南大学到中央大学的深刻转变。[5] 蒋宝麟以中央大学为个案研究民国时期"学术"与"政治"之间复杂的互动关系。[6] 刘超的研究对全面抗战前清华大学与南京国民政府之间的冲突及合作做了深入的探讨。[7] 何方昱对竺可桢时代浙江大学的研究，展现了政治党派、学人、学生在大学场域中互动角逐的动态过程，并通过学人的政治认同呈现"民国政治文化的转变"。[8] 王春林以民国时期东北大学的创立与发展为研究主线，展现了东北地方发展学术

① Wen-Hsin Yeh, *The Alienated Academy：Culture and Politics in Republican China*, *1919—1937*, Harvard University Asia Center, 1990. 中译本[美]叶文心著，冯夏根等译：《民国时期大学校园文化》，中国人民大学出版社，2012年。

② [美]易社强著，饶家荣译：《战争与革命中的西南联大》，九州出版社，2012年。

③ [美]魏定熙著，张蒙译：《权力源自地位：北京大学、知识分子与中国政治文化，1898—1929》，江苏人民出版社，2015年。

④ 王东杰：《国家与学术的地方互动：四川大学国立化进程(1925—1939)》，生活·读书·新知三联书店，2005年。

⑤ 许小青：《政局与学府：从东南大学到中央大学1919—1937》，中国社会科学出版社，2009年。

⑥ 蒋宝麟：《民国时期中央大学的学术与政治(1927—1949)》，南京大学出版社，2016年。

⑦ 刘超：《学府与政府——清华大学与国民政府的冲突及合作(1928—1935)》，天津人民出版社，2015年。

⑧ 何方昱：《训导与抗衡：党派、学人与浙江大学(1936—1949)》，上海书店出版社，2017年。

教育以及应对时代变动的努力。①

　　不过,相比教会大学和国立大学,学界对国人自办的私立大学的研究起步较晚,尤缺突出"私立"的个案研究。② 关于私立大学研究的成果主要是南开大学、复旦大学、厦门大学的校史著作。③ 这类研究大多是历史谱系上延续至今的部分高校的校史著作,厦门大学在 1937 年改为国立,复旦大学于 1941 年改为国立,南开大学 1946 年在天津复校的同时改为国立,故在 1952 年的院系调整中三校得以保留其主体。中华人民共和国成立后,大部分私立大学,或改名,或被拆分并入其他大学。被拆分合并的私立大学,在现有校史叙述的框架下大都比较边缘,最典型的是大同大学。④ 近年来,蒋宝麟对大同大学、韩成对光华大学和大夏大学、金国对南开大学、李在全对北平民国大学的研究已突破传统教育史的写法,注重私立大学与时代语境的互动关系,视角也更为贯通。⑤

　　从总体上看,既有大学史研究已取得相当成就,但无论在深度、广度还是系统性上仍有拓展的空间。一方面,对于私立大学的个案研究较为薄弱,且大多侧重某一时段或特定社会政治背景下的大学史研究,不能体现较长时段内社会政治变迁对大学影响的历时性演变;另一方面,无论是通论还是

---

　　① 王春林:《地域与使命:民国时期东北大学的创办与流亡》,社会科学文献出版社,2019 年。
　　② 根据办学主体及资源配置方式的不同,近代中国的大学大致可分为国立、私立与教会三种类型。民国时期官方的管理规章指称的私立大学包括外国教会创办与国人自办两类,本书将教会大学与私立大学并称,其中私立大学特指国人自办的私立大学。
　　③ 代表性的成果有复旦大学校史编写组:《复旦大学志》第一卷,复旦大学出版社,1985 年;南开大学校史编写组:《南开大学校史》,南开大学出版社,1989 年;洪永宏:《厦门大学校史》第一卷,厦门大学出版社,1990 年。
　　④ 1952 年 10 月,全国高校院系调整,大同大学建制取消,原商学院并入上海财政经济学院,原文学院并入华东师范大学,原理学院并入复旦大学,原工学院相关科系分别并入交通大学、同济大学和华东化工学院。此后,关于大同大学较完整的历史叙事保留在大同中学的校史之中。参见盛雅萍、马学强主编:《沪上名校——百年大同研究(1912—2012)》,上海辞书出版社,2012 年。
　　⑤ 参见蒋宝麟:《学人社团、校董会与近代中国私立大学的治理机制——以上海大同大学为中心(1912—1949)》,《华中师范大学学报》(人文社会科学版)2015 年第 1 期;蒋宝麟:《国民政府时期的国家权力与上海私立大同大学的治理模式》,《中山大学学报》(社会科学版)2018 年第 3 期;韩成:《抗战时期内迁高校的地方化——以光华大学成都分部为例》,《抗日战争研究》2014 年第 3 期;韩成:《抗战时期的部校之争与政学关系——以私立大夏大学改国立风波为中心的研究》,《近代史研究》2016 年第 1 期;韩成:《私立大学校长的政界人脉——以张寿镛执掌光华大学为中心》,《中山大学学报》(社会科学版)2017 年第 1 期;金国、胡金平:《权力让渡与资源获取:私立南开大学国立化进程中的"府学关系"》,《高等教育研究》2015 年第 12 期;金国:《学界派别、权力政治与近代中国私立大学的资源获取——以私立南开大学与中华教育文化基金董事会的互动为例(1924—1931)》,《高等教育研究》2017 年第 2 期;金国:《资源获取与政治参与:张伯苓的角色困顿与抉择(1919—1946)》,《北京大学教育评论》2018 年第 3 期;李在全:《党国边缘的私立大学——黄尊三与北平民国大学(1928—1930)》,台北《"中央研究院"近代史研究所集刊》第 106 期,2019 年 12 月。

个案的研究，大都缺乏比较和整体的眼光，未能充分注意到不同类型的大学以及不同大学之间的差异性。本书考察的对象是一所私立大学——中国公学，希望通过对中国公学历史的考察，为学术界研究近代中国私立学校与国家、社会之间的互动关系及私立学校弱势的深层肇因等问题提供一个进一步分析的个案，以增进我们对近代中国变局在私立学校引起的反应及教育生态与政治文化多样性的认识。

1905 年冬，日本文部省颁布取缔规则，中国留学生以丧失国权太甚，力争不得，乃相率归国兴学，中国公学实胚胎于此。1906 年学校正式成立，到1932 年校园毁于"一·二八"事变的日军炮火，学校被迫赁屋办学，其间几度中辍，虽然该校师生多次做复校努力，但最终都未能如愿。毋庸讳言，如褪去校友事后回忆的各种拔高，中国公学在近代中国高等教育史上，并不占有若何重要的地位。虽然中国公学是近代较早创立的新式学堂，但不论是学术名声还是社会影响，都处于一个相当边缘的位置。[1] 若以中国公学作为传统教育史研究的个案，不但称不上是一个"典型"案例，相反可能是一个极罕见的"特例"。中国公学的发展历程与近代中国大学整体的发展史并不合拍。晚清时节，当其他学校尚懵懂而未上轨道时，中公已经初具规模且抱负远大，然而到 20 世纪 20 年代，当后起的大学开始渐入正轨之际，中公却没有长足的进步，约 1930 年，在经历了昙花一现的黄金时代之后，中公又迅速地滑入无休止的内部风潮的深渊，最终在"一·二八"事变日军的炮火中形神俱灭。

鉴于中国公学的特殊性，本书的论述不打算将其作为一个"典型"，由中国公学的研究去归纳总结整个近代中国新式学校和大学发展演变的特征，而是通过这样一个"特例"考察相对宏大的社会政治变迁对其产生的影响及其反应，以此展现中国公学与时代潮流之间动态的互动关系。在社会科学的影响下，"普遍史学"的研究取向盛行，导致对个案的研究过于强调其"典型性"，而忽视其"特殊性"。然而正如梁启超所言，"历史现象只是'一躺过'，自古及今从没有同铸一型的史迹"，故史家的工作"专务求'不共相'"[2]。罗志田先生借此提示我们，"历史上每一人和事，都有其独特性。

---

① 正如校友穆济波所言，"中公虽为一与革命历史实有密切关系之学校，然其过去之成绩，不过一普通之私立大学"。参见穆济波：《从恢复中公运动到建设民族文化运动》，《中国公论》第 1 卷第 7 期，1937 年 4 月 1 日，第 23 页。

② 梁启超：《研究文化史的几个重要问题——对于旧著〈中国历史研究法〉之修补及修正》（1922 年 12 月），汤志钧、汤仁泽编：《梁启超全集》第十一集，中国人民大学出版社，2018 年，第 359页。

这个说法或许有些偏至,但不要忘记,我们的研究对象,本身也是历史的主体,他/它们的主体性,确不容忽视;而所有的主体性都是独立的,这就奠定了往昔的独特性"①。故而,中国公学对历史的影响或许不如北京大学、清华大学、中央大学等国立名校那么大,其对说明历史的作用,却不一定就小。本书对中国公学的研究试图突出其主体性,在时代整体的脉络之中着重考察其"不共相"的一面。

相对于延续性较强的南开、厦大、复旦等曾经的私立大学,在民国时代即消亡的中国公学较少受到关注,严格意义上以此为主题的学术论著尚付阙如,其学术价值亦未充分彰显。② 葛兆光先生曾提倡,思想史不但要做加法还要做减法,"'加法'就是指历史上不断涌现的东西,而'减法'就是指历史上不断消失的东西,这两者并不是对立的,反而常常是一回事"③。具体到大学史的研究,如果也把对加法的注意力,适当地转移到减法上,考察那些在历史上未能延续下来、逐渐被遗忘、被边缘化的个案,思考其为什么会是那样的命运,或许有助于我们发现以往所忽视的历史真相。④ 中国公学从晚清至民国,大致经历了一个逐步边缘化直至衰亡的过程。这在既往学界所关注的近代中国新式事业中,就发展趋向而言,尚属少见。⑤

受单一的进化史观的影响,既往大学史的研究多以成败论英雄,往往以事功和成就来界定一所大学的存在价值。实则近代中国史上的每一所学校,都有其独特性。兰克曾说:"每个时代都直接与上帝相关联。每个时代的价值不在于产生了什么而在于这个时代及其存在。"⑥陈明銶和德里克对于国立劳动大学的研究,也强调,"劳大的意义,并不在于他所实现了的,而在于他所代表的和展现的"⑦。同样,中国公学的研究价值,不在于外在单

---

① 参见罗志田:《相异相关的往昔:史学的个性与通性》,《社会科学战线》2012 年第 2 期。

② 周良书也注意到大学校史研究中那些"短暂"或"逝去"的大学,但主要聚焦于 1952 年前后的"院系调整"和 20 世纪末"院校合并"中"集体消失"的学校。参见周良书:《大学校史研究中的若干问题》,《当代中国史研究》2006 年第 4 期。

③ 葛兆光:《思想史既做加法也做减法》,《读书》2003 年第 1 期,第 10 页。

④ 陈明銶和阿里夫·德里克对于上海劳动大学的研究,可谓大学史研究中较为突出"减法"的个案。参见 Ming K. Chan and Arif Dirlik, *Schools into Fields and Factories*:*Anarchists, the Guomindang, and the Labor University in Shanghai*, *1927—1932*. Durham and London, Duke University Press, 1991.

⑤ 此处并不是说近代新式事业中从有到无的个案比较少见,而是一般研究多关注新式事业从无到有的过程,而不太关注那些后来消逝了的个案。

⑥ [德]兰克著,杨培英译:《历史上的各个时代》,北京大学出版社,2010 年,第 7 页。

⑦ Ming K. Chan and Arif Dirlik, *Schools into Fields and Factories*:*Anarchists, the Guomindang, and the Labor University in Shanghai*, *1927—1932*. Durham and London, Duke University Press, 1991, p. 2.

一标准对照下的成败，而在于其自身的独特性。

此外，中国公学作为大学史研究的个案，其特殊性还表现在以下几个方面：其一，中国公学作为近代中国创办较早的新式学校，[①]区别于民国以后建立的私立大学，其在经费来源、校内治理、政治文化等方面均表现出不同的底色与特质，且中国公学近三十年的历史，历经晚清、北京政府和南京国民政府三个时期，有助于更深入地考察变动社会中新式学校与新知识人的历史处境及其反应。其二，大学作为新知识人活动的重要场域，其在不同时期聚集的知识人群类的规模及品质是反映其权势演变的重要指标。自晚清至民国，郑孝胥、熊希龄、张謇、孙中山、梁启超、张东荪、胡适、杨亮功、马君武、蔡元培、邵力子等近代教育界、政界、商界名人或任校董，或任校长，执掌或赞助中国公学，王云五、朱自清、叶圣陶、沈从文、刘秉麟、高一涵、罗隆基等名家曾任教于中国公学，中国公学也培养出一大批人才，如任鸿隽、胡适、朱经农、何鲁、冯友兰、吴健雄、罗尔纲、吴晗等，不同知识人群体的停驻与流动既能反映中国公学的兴衰演变，亦能反映更深层的政治、社会及文化层面的变动趋向。其三，中国公学虽地处上海，但其成立之初即主张消除省界，故学生来自全国各省，尤其是南方及内地各省，且校董会长期以校友为主，其与上海地方社会的关系较为疏离，这为我们考察私立学校与地方社会之间的关系提供了一个特殊的案例。其四，中国公学短短三十年的历史，风潮不断，且肇因与内涵各异，既有文化上的新旧之争，又有派系与人事权力斗争，也有党派斗争，这些风潮往往将时代潮流的影响与校内外的结构性矛盾通过动态的事件展现出来，故具有重要的研究价值。

从整体来看，目前学界对于中国公学的研究仍相当薄弱，除了其相对边缘的历史地位以外，跟中国公学在 20 世纪 30 年代的消亡也有直接关系。随着学校的消亡，时过境迁，相关的史料散失较为严重，对于该校历史的叙述也随着其消亡而日渐稀少，这本身就影响了相关史实的重建和阐释。[②]

有关中国公学的研究，有先后主事的王敬芳、胡适、马君武以及蔡元培

---

① 以往论者多认为，中国公学是中国近代国人自办的第一所私立大学。其实早期中国公学并非大学，只相当于大学预科程度。田正平通过对相关史实的梳理考辨，认为南洋公学是中国近代国人自办的最早的私立大学，中国公学可以算作创立较早的私立的新式学校。参见田正平、陈桃兰：《中国近代私立大学创建考辨》，《现代大学教育》2007 年第 4 期。实则早期中国公学是否是民国以后时人所指称的私立学校，也有可议之处。

② "一·二八"事变校园被毁即已造成中公史料的散失，校友黄仁中在刊布中公史料时，曾特别指出，"'一·二八'之事变是怎样一个突然的事变！学校里面的一切一切，就跟秦始皇烧诗书百家语一样，到现在你还能去焦土之中抟灰为字？不特这一篇老账无法从头到尾清算起来，就连片纸只字都没有了！"黄仁中：《写在前面》，《中国公论》第 1 卷第 9 期，1937 年 5 月 1 日，第 35 页。

等人所作的校史,除对一般历史过程的叙述外,主要侧重于校内制度、经费收支、学系调整、学生人数等方面的变化。① 较早的整体性研究是郑登云的《中国公学述略》,该文利用 1907 年出版的《中国公学第一次报告书》,对中国公学的创办及早期历史做了梳理。② 吴炳守的《研究系知识分子的文化权力及其基础》,对研究系接办中国公学的情况有所涉及。③ 季维龙的《胡适与中国公学》与涂怀京的《胡适出掌中国公学的实绩》主要研究胡适任中国公学校长时的情况,重点突出胡适对中国公学的贡献。④ 王瑞瑞则对胡适自晚清以至民国与中国公学的相关史事做了细致的梳理。⑤ 蔡爱丽从学校风潮中对权威的挑战与重构的视角探讨了 20 世纪 30 年代中国公学倒马风潮的原因及其结果。⑥ 周志刚也对倒马风潮做了较深入的研究,认为倒马风潮是为环境、制度和人事等多种因素综合作用使然。⑦ 叶文心在《疏离的学院》中概览式地梳理了中国公学历史及其特殊风格。⑧ 上述研究对我们了解中国公学各个时期的发展概况均有很大的帮助,但主题比较分散,且大多分析不够深入。本书拟对中国公学的历史做系统考察,既突出其在不同时期的历时性变迁,亦试图梳理其不同于同时期其他学校的特质,在"知人"与"论世"的基础上对其历史命运做深入的解读。

本书运用的史料,除档案资料以外,还有各类报刊文献及当事人各种体裁的记录,所涉及的文献资料时间跨度大、类型多样。其中最重要的是学校档案,主要包括上海市档案馆藏的中国公学档案、中国第二历史档案馆藏教育部档案中有关中国公学的部分、台湾"国史馆"及国民党党史会所藏中国公学相关档案资料,档案文献对于我们了解常态下的中国公学是非常重要的。其次是各类报刊,既有《时报》《申报》《民国日报》等关于中国公学的新闻报道,也有《竞业旬报》《新群》《吴淞月刊》和学校年刊、毕业纪念册等中国

① 参见王云五等编:《私立中国公学》,台北,南京出版有限公司,1982 年。
② 郑登云:《中国公学述略》,《华东师范大学学报》(哲学社会科学版)1982 年第 4 期。
③ 吴炳守:《研究系知识分子的文化权力及其基础》,《史林》2002 年第 1 期。
④ 季维龙:《胡适与中国公学》,《华东师范大学学报》(教育科学版)1993 年第 4 期;涂怀京:《胡适出掌中国公学的实绩》,《安徽史学》2000 年第 1 期。
⑤ 王瑞瑞:《胡适与中国公学》,朱英主编:《近代史学刊》第 11 辑,社会科学文献出版社,2014 年。
⑥ 蔡爱丽:《权威在中国公学——中国公学"倒马""拥马"学潮探因》,《兰州学刊》2006 年第 5 期。
⑦ 周志刚:《不堪回首吴淞岸——对 1930—1931 年中国公学风潮的考察》,《史学月刊》2014 年第 9 期。
⑧ Wen-Hsin Yen, *The Alienated Academy : Culture and Politics in Republican China, 1919—1937*, Harvard University Asia Center, 1990, pp. 108 - 112.

公学的出版物,这类报刊资料的价值正如桑兵先生所言:"若将不同背景的报刊相互比勘,并与其他类型的资料彼此参证,则可以补充连续性活动和细节记述的不足,并且测量社会的反应。更为重要的是,通过阅报,能够逐渐回到历史现场,与近人感同身受,从而对当时的人与事具有了解之同情。"①此外,还有当事人的记录和回忆,这部分资料非常丰富,包括与中国公学历史相关的各类人物的日记、年谱、回忆等,既有校董、校长、教职员的,也有校友、学生的,从中可以看到不同身份立场的叙述者各自表述的多元图景,尤其是历史亲历者的一手记录,对于史事的重建有着不可替代的特殊价值。

中国公学的历史大致经历了四个阶段:晚清的创立与早期发展、民初进步党与研究系掌理时期、1930年前后胡适和马君武任校长时期、倒马风潮后国民党势力渗入直至最后消亡。在制度层面上,大部分时期中国公学校董会是最高权力机构,校长是校董会管理学校的代理人,不能脱离校董会而存在。同时,校长又有一定的独立性,对大学的发展有着至关重要的作用,校长人选的变动与更易,最能体现学校的权势转移的趋向,所以,本书以时间为序,以不同时期掌握校政的势力为纲目来展开相关论题,既重视静态的结构性研究,又突出动态的事件分析。

全书分为五章,外加绪论与结语。绪论在学术回顾的基础上确立本书的问题意识与研究旨趣。第一章通过对晚清时期中国公学的创立及其早期历史的考察,重建清季改良与革命两大思潮在新式学堂的并存与互动的生动场景,揭示晚清政治变革大环境下新式学堂学生思出其位的历史现象。第二章主要考察民国初年中国公学如何成为研究系的事业及研究系办学的实态,意在探讨大学作为一种权势,不同的派系与社群之间围绕这一权势资本的争夺与经营,同时也揭示了在北京政府时期宽松的政治环境下私立学校发展的实际状况。第三章主要考察胡适掌校近两年的办学情况及胡适的来与去的问题,从而揭示社会政治变动对于知识分子社群流动的影响及其对大学发展的间接影响。第四章主要围绕1931年前后中国公学的易长风潮,反映的是南京国民政府建立后党化教育在上海推行的实态,同时揭示中国公学应对外部势力渗入的特殊困难。第五章主要考察中国公学的消亡过程及其复兴努力,以再现中国公学在历史兴废更替的法则下个体因素与外在环境互动的动态过程。结语部分梳理了中国公学在近代社会政治变迁中兴废沉浮的大致脉络,同时对中国公学在经费、体制、生源、师资、校友资源

---

① 桑兵:《晚近史的史料边际与史学的整体性——兼论相关史料的编辑出版》,《历史研究》2008年第4期,第170页。

以及校园政治文化等层面的特征做了概括,揭示了中国公学的个体特征及其发展所面临的多重困境。

近年来,出于对当下高等教育的各种期许,民国大学成为人们怀想的对象。在各种叙述文本中,民国大学因其自由多元的特质而成为充满吸引力且不必取自域外的理想模型。本书所要讲述的是中国公学在近代中国的风雨历程,然而这所学校与我们理想中的民国大学相去甚远。与以往的研究不同,我所讲述的不是进化论逻辑下一所大学不断自我实现的辉煌历史,相反,本书所展现的是一所曾经怀抱高远理想的学校如何卷入近代中国剧烈且频繁的变局中,如何跌落到扰攘不安的内外争斗的尘埃中,如何进退失据以至于最终消亡。

钱钟书有言:"夫言不孤立,托镜方生;道不虚明,有为而发。先圣后圣,作者述者,言外有人,人外有世。"①提示我们历史上的人及其言行均不能脱离其外在环境而存在。大学也一样,美国教育学家弗莱克斯纳就曾指出,大学"是时代的表现",它"处于特定时代总的社会结构之中而不是之外"。②傅斯年也有类似的表述,"大学是不能独自生存的,它是学校系统中之一部,乃至可说社会之一部。……大学不能脱离学校系统,脱离社会,犹之乎一人不能脱离了人群"③。大学既是一个具有主体性的内部社会,同时又是外在社会的组成部分。大学的发展不可能脱离外部政治与社会环境的影响,同时大学又不是简单意义上外部社会影响的被动承受者,故而本书着力将"中国公学"这一文本置于外部社会的语境中去理解,深入考察文本与语境的互动关系。④ 正如桑兵先生所提示的,"史学着重见异","不过见异并非仅仅关注具体,反而更加注重整体,要在整体之下研究具体,探寻个别的普遍联系"。⑤

区别于一般的校史和大学史的研究论著,本书希望呈现的是一所学校具有主体性的生命史。正如余英时指出的那样,"历史研究并不是从史料中搜寻字面的证据以证成一己的假说,而是运用一切可能的方式,在已凝固的

---

① 钱钟书:《谈艺录》(补订本),生活·读书·新知三联书店,2007年,第266页。

② [美]亚伯拉罕·弗莱克斯纳著,徐辉、陈晓菲译:《现代大学论——美英德大学研究》,浙江教育出版社,2001年,第1页。

③ 傅斯年:《中国学校制度之批评》,欧阳哲生编:《傅斯年文集》第五卷,中华书局,2017年,第213页。

④ 关于"文本"与"语境"的互动,参见罗志田:《史无定向:思想史的社会视角稗说》,《开放时代》2003年第5期,第140页。

⑤ 桑兵:《中国近现代史的贯通与滞碍》,《近代史研究》2010年第1期,第29页。

文字中，窥测当时曾贯注于其间的生命跃动，包括个体的和集体的"[1]。吕芳上先生也曾提到，"要是把充满活力的校史，写成光有组织，只有制度，看不到灵魂，看不到'人'的历史"，是一种很大的失败。[2] 中国公学历史的悲剧性十足，如从其创立之初的抱负和后来多舛的命运对照来看，更平添一层让人惋惜的成分。[3] 因为她曾经寄托着一个特定时代特定群体的抱负，她在不同时期由活生生的人所构成，故而其兴衰成败的背后不乏情感的线索。[4] 本书希望能实践上述的研究取向，除了历史的骨骼以外，也能见其血肉。

如果要使得中国公学的历史书写更有生命，在叙述上不得不尝试将最能体现"人"与"事"的主体性的故事讲得更细致一些。这些故事的讲述对于揭示历史中的结构是绝对重要的，而且这些故事或许也能让我们更接近历史语境。正如斯科特所言："我认为这些更为宏观的思考需要有血有肉的详细实例来呈现本质。因而，一个实例不仅是将一般概括具体化的最成功途径，而且它具有比归纳出的原则更为丰富和复杂的优势。"[5] 当然，上述取径多近于古人见贤思齐，吾虽不能至，仍当自觉努力实践之。

---

① 余英时：《陈寅恪晚年诗文释证》，台北，东大图书股份有限公司，1998 年，第 15 页。

② 吕芳上：《战争、西南联大与历史遗产——读易社强教授著〈战争与革命中的西南联大〉》，[美]易社强著，饶佳荣译：《战争与革命中的西南联大》，台北，传记文学出版社，2010 年，第 1 页。

③ 校友黄仁中在刊布中公史料时，曾特别指出，"中国公学的史实是悲壮的，惨痛的"。黄仁中：《写在前面》，《中国公论》第 1 卷第 9 期，1937 年 5 月 1 日，第 35 页。

④ 中国公学历届开学式上的演讲都会追溯历史，强调其精神的传承，如 1921 年 9 月 12 日的开学式，校董胡石青演说，略谓："今日演题为公学之新生命，所谓生命者即充分保留过去，与尽量开拓未来之一种流的状态也，生命有高下之别者，亦以其保留过去与吸收未来之程度而定，故矿物亦有生命而不及植物之生命，植物之生命又不及动物之生命，今日所谓中国公学之新生命者，盖公学为一部分人之精神的结晶，当然有生命，至于所谓新，亦非绝对，不过愿其充分保留过去，而尽量吸收未来，至于极度也云云。"《中国公学开学记》，《申报》1921 年 9 月 14 日，第 14 版。

⑤ [美]詹姆斯·C. 斯科特著，郑广怀等译：《弱者的武器：农民反抗的日常形式》，译林出版社，2007 年，第 6 页。

第一章　新式学堂与清季变局：
中国公学的创立及其早期历史

中国公学是部分中国留日学生因反对日本颁布的《取缔规则》而发起抗议，集体罢课归国，在上海创立的新式学校。中国公学的创校模式及早期历史奠定了其后来发展的底色，影响一直延续至其最终消亡。在清末内外交迫的大变局中，中国公学自创立起即与清政府、地方绅商、革命派之间有着千丝万缕的联系，彼此间形成复杂的互动关系。重建中国公学的早期历史，探究其特有的时代内涵和个性特质，或有助于深入了解新式学堂与清季变局之间的复杂关系。

一、取缔规则风潮与中国公学之创立

中国大学的起源与民族国家观念的兴起有着密切的关联，中国公学的创立就是此种时代趋向的直接产物。中国公学之创立源于民族主义运动，其区别于当时国内其他新式学堂的特质亦源于此。

甲午战败开启了中国向日本学习的序幕，加上清政府奖励游学的政策以及留学日本的便利，到20世纪初开始出现留学日本的高潮。据时人言："十余年来，国耻重叠，爱时之士知非吸收海外文明必不足以自存于物竞惨酷之秋，日本为东亚新进国，与我神州有同种同文之关系，且以同洲故壤相接也，间接吸收西洋文明，形势为便。于是日本遂为我中国留学生之第一出产地，而收效之伟，亦莫与伦比。"① 到1905年科举废止，留日学生人数骤增。据统计，1901年，留日学生为280余人，而到1905年冬，人数已超过

---

① 郑孝胥编：《中国公学第一次报告书》，上海商务印书馆代印，1907年，第1-2页。

8 000 人。① 正当留日运动达到高潮之际，留日学界却发生因抗议日本文部省颁布的取缔规则而罢课归国的风潮。

中国公学的创立直接导源于取缔规则风潮，如当事人所言："欲记本校成立之历史必追源于未成立以前之种种原因，其真相始可得而见。"② 故欲重建中国公学创立之历史，追本溯源，必自取缔规则风潮起。

1905 年 11 月 2 日，日本文部省颁布《关于许清国留学生入学之公私立学校之规程》，该规程共有十五条细则，其中："第九条、受选定之公立或私立学校，其供清国学生宿泊之宿舍或由学校监管之公寓，须受校外之取缔。第十条、受选定之公立或私立学校，不得招收为他校因性行不良而被饬令退学的学生。"③ 日本文部省颁布《取缔规程》的本意在于"一面励行监督此类学校，一面谋求刷新堕落学生之道"④，即整顿不合格的公私立学校，取缔品性不良的留日学生，以提升中国留日学生的教育品质。但在中国留日学生看来，这两条规定涉嫌限制自由，且伤害民族自尊，由此引发中国留日学生的大规模抗议，并进行集体罢课，最终演变成大规模的退学归国的风潮。⑤

《取缔规程》颁布后，日本各大报全文刊登。至 11 月 26 日，中国学生留学的各校贴出布告，要求所有中国留学生于 29 日前将原籍及现住地址、年龄及学历等情形一律上报，逾期不报，若发生不幸事件，自行负责。布告一出，舆论大哗，各校及各省学生代表于留学生会馆集议，拟有所表示。

留日学生总会召集干事及各省分会代表，连续集议，最后撰成《学生公

---

① 〔日〕实藤惠秀著，谭汝谦、林启彦译：《中国人留学日本史》（修订译本），北京大学出版社，2012 年，第 25、31 页。

② 郑孝胥编：《中国公学第一次报告书》，上海商务印书馆代印，1907 年，第 1 页。

③ 〔日〕实藤惠秀著，谭汝谦、林启彦译：《中国人留学日本史》（修订译本），北京大学出版社，2012 年，第 320 页。

④ 《留学生问题善后策》，《读卖新闻》1905 年 12 月 15 日，转引自实藤惠秀：《中国人留学日本史》，第 321 页。

⑤ 关于取缔规则风潮的研究，可参见永井算已：《所谓清国留学生取缔规则事件的性质——清末留日学生的一个动向》，《信州大学纪要》1952 年第 2 期；金谷志信：《所谓清国留学生取缔规则事件的背景》，《学习院史学》1972 年第 9 期；〔日〕实藤惠秀著，谭汝谦、林启彦译：《中国人留学日本史》（修订译本），北京大学出版社，2012 年；黄福庆：《清末留日学生的政治活动——取缔规则风潮个案初探》，台北，"中华民国"史料研究中心编：《中国现代史专题研究报告》第 2 辑，1982 年；秦裕芳、赵明政：《关于"取缔规则事件"的若干流行说法质疑》，《复旦学报》1980 年第 2 期；王开玺：《取缔规则事件与革命派领导下的留日学生运动》，《北京社会科学》1995 年第 3 期；林增平：《清末留日中国学生反"取缔规则"斗争》，《林增平文存》，中华书局，2006 年；李喜所、李来容：《清末留日学生"取缔规则"事件再解读》，《近代史研究》，2009 年第 6 期。上述研究大多集中于取缔规则风潮在日本的活动，并未延及国内的反应以及罢学学生归国后的举动。

禀》,于 12 月 1 日上呈清政府驻日留学监督杨枢。① 学生的公禀认为日本文部省颁布取缔规程之"用意至为美矣",但第九条关于寄宿之规定,于中国学生之经济、求学、卫生、兼学皆有损害,第十条性行不良一语,意义默然,恐生陷害,启争端,故上书监督,请照会日本外务省转咨文部省,请其将规程第九条及第十条允予取消。② 驻日公使杨枢随后将禀帖转呈日本外务省,提出修改取缔规则的要求。但未等日本文部省回应,留日各省同乡会即议决停课抗议。

其时留学生会馆的干事长及主要职员大多为立宪派,对于取缔规则主张采取和缓的抗争方式,而革命派认为取缔规程的背后是清廷与日本勾结打击革命党的阴谋,故主张采取激烈的抗争方式。③ 在革命派的鼓动下,各校学生开始采取激烈的抗议方式。12 月 1 日,湖南西路同乡会开会,商议应对取缔规则事,弘文书院学生提出,"日本政府专与留学生为难,不尊重吾辈人格,如不取消取缔规则,宁全体退学"④。12 月 3 日,留学生会馆召开各省留学生代表会议,议决:由各校代表和会馆干事一同前往清政府驻日使馆,要求彻底取消取缔规则。12 月 4 日,湖南西路同乡会召开全体会议,讨论抵制日本取缔规则事,"群主张以停课要求,若日本政府不许,则全体退学回国"⑤。当日,弘文书院学生致书各校留学生,谓该校本部及分校的留日学生皆已开始罢课,呼吁各校集体罢课。12 月 5 日,主张罢课的各校成立联合会,议决,"吾人认定此事如不能达到目的,就唯有行使自由归国之权利。然即使归国,亦应集体行动。否则,会招致外人之讪笑,讥为一盘散沙。吾人复请诸君坚定团结,以整然之秩序归国。勿失我辈留日学生之人格"⑥。至 12 月 7 日,京都各校留日学生以及各地女校之留日学生群起响应罢课,并前往东京汇合。同日,联合会总代表胡瑛,请驻日公使杨枢与日本外务省交涉,要求文部省完全取消《取缔规程》。至此,留日学生的要求从

　　① 当时杨枢以驻日公使兼任游学生总监督,参见秦国经主编:《清代官员履历档案全编》(8),华东师范大学出版社,1997 年,第 290 页。
　　② 杨度:《与留日学生总会各干事上杨枢禀》(1905 年 11 月 27 日),刘晴波主编:《杨度集》(一),湖南人民出版社,2008 年,第 189 - 194 页。
　　③ 革命派当时即提出:"规则第十条性行不良一语,不知为何者为良不良之标准? 广义狭义之解释,界说漠然。万一我辈持有革命主义为北京政府所忌者,可以授意日本,竟诬指为性行不良,绝我入学之路,其设计之狠毒,不可思议。"梁启超:《记东京学界公愤事并述余之意见》,《新民丛报》第 3 年第 23 号,1905 年 11 月,第 12 页。
　　④ 黄尊三著,谭徐锋整理:《黄尊三日记》(上),凤凰出版社,2019 年,第 31 页。
　　⑤ 黄尊三著,谭徐锋整理:《黄尊三日记》(上),凤凰出版社,2019 年,第 31 页。
　　⑥ [日]实藤惠秀著,谭汝谦、林启彦译:《中国人留学日本史》(修订译本),北京大学出版社,2012 年,第 327 页。

修改取缔规则变为完全取消，且声言不取消则全体退学归国。

12月8日，日本文部省发表《省令趣旨说明》，重申其宗旨"原为监督此等学校起见，并非羁束清国学生"，并对大部分条款尤其是第九、十两条做出了详细而明确的解释，但并无废止或修订此规程的表示。① 日本政府对于留日学生的抗议采取强硬态度，且日本的报纸对中国学生的批评也日益增多，受此刺激，留日学生主张退学归国的呼声日渐高涨。

留学生内部"反对归国派"为前途计，主张不应放弃学业，但遭激进派强烈反对。12月8日，陈天华投大森东滨海峡而死。陈天华之死，被建构为因"取缔规则"而死，事件迅速升级，一时人心震动，群情激愤，成为推动留日学生集体归国的一个近因。② 12月10日，湖南同乡会开会，议决湖南全省留日学生一律退学归国。随后，各省同乡会多数与湖南取一致态度。日本文部省的强硬立场和陈天华投海自杀，刺激了留日学生的情绪。12月10日，留学生总会商议归国事，到会者数千人，一致决议退学归国。

《各校联合会公报》的第三号中有《归国办法》与《善后办法》，此两项办法详细列举了归国留学生的组织和计划。

第一项：归国办法

1. 全体学生一律准备归国。

2. 商船开轮一次，为归国一次。每次派招待两人，经理船票、行装等事。

3. 每次归国之学生，就中举代表一人，经理一切。每二十人以上，就中举纠察员一人，整理秩序。

4. 每次归国时，由招待员于购票时记明姓名，报告总会。

5. 每次归国学生，由代表人记录姓名及通讯地址，交在上海总会假定事务室。

6. 在上海设立留学生假定事务所。

第二项：善后办法

1. 由本会将归国理由报告学部。惟各省学务处由各省各会照本会报告之理由报告。

---

① 《日本文部省令趣旨说明译文》，天津《大公报》1906年1月3日，第3版。

② 黄尊三日记称，"同乡陈君天华，为取缔规则事，愤而投海，遗书数千言，勉励同人，非达到取消取缔规则的目的，决勿留东"。《黄尊三日记》（上），凤凰出版社，2019年，第32页。有研究者认为陈天华是反对留日学生罢课归国的过激行为的。孔祥吉、村田雄二郎：《陈天华若干重要史实补充订正——以日本外务省档案为中心》，《福建论坛》（人文社会科学版）2005年第4期。

2. 要求学部将北京派送留学生之官费给与本会，办理上海专门高等学校。各省派送留学生之官费，由本省分会请领，在本省开办普通学堂。但上海学校经费有不足时，由各省筹补。

3. 开临时总会，由干事及各职员长联合会选举特派员二人，赴北京办理一切事务。各省分会选举特派员，向本省学务处商办一切事宜。

4. 推选开办起草员二人，教育起草员六人，研究学校办法及教育方法。

5. 专门高等学校之教员，聘外国人充当。普通学校教员，本国学问程度最高者充当。

6. 由本会要求公使电致北京及各省，认明此次特派员回国之理由及其事件。

7. 全体归国后，即移本会于上海作总机关，各选举职员为相属之分机关，以便统筹全局。①

从《归国办法》的计划看，留日学生的归国系有组织的行为，负责的组织即留学生总会。留学生总会成立于 1902 年，全称"清国留学生会馆"，会馆以各省同乡会和各校校友会为基础联合而成，会馆设立干事会和评议会，干事由投票选举产生，半年改选一次，不得连任，评议会由各省选举代表充任，负责日常监督。留学生会馆是留日学生的综合性自治组织，对内担负接待新生的义务和约束留学生的责任，对外代表留学生争取权利。② 取缔规则事件初起时，留学生会馆的干事和职员大多是温和派，主张协商解决。1905年 12 月 4 日，留学生总会进行改选，此前温和派的职员大多落选，主张激烈抗争的一派占据上风。此后温和派于 12 月 24 日组织维持留学同志会，反对归国，主张复课。而归国派以各校联合会和总会会馆为组织。③ 留学生会馆实则成为此后中国公学创校的枢纽机关，中国公学不分省界的公共性以及自治的传统与留学生会馆的组织模式有深刻的关联性。

《善后办法》明确了归国自办学校的计划，用学部官派留学的经费在上海创设专门高等学校，用各省学务处的留学官费在各省办普通学堂。就办学经费来源而言，拟创办的学校乃官办，就教育层次而言，在上海的学校系

---

① ［清］李宗棠：《东游纪念》，黄山书社，2016 年，第 400－402 页。

② 刘德有、马兴国主编：《中日文化交流事典》，辽宁教育出版社，1992 年，第 668－669 页。

③ ［日］实藤惠秀著，谭汝谦、林启彦译：《中国人留学日本史》（修订译本），北京大学出版社，2012 年，第 338－339 页。

高等学堂。

经联合会的鼓动，大量留日学生归国。据1905年12月20日的《各校联合会公报》记载，"大概已归国者，已写票者，实逾二千人外矣"①。《申报》12月29日报道，归国人数计有"三千余人"②。据《中国公学史略》所记，当时归国学生近千人。③ 各说不一，史略所记或更接近事实。

1905年12月10日，留学生总会推举刘棣英、吴勋、朱剑、王敬芳四人担任招待，到上海筹划兴学事宜。12月21日，刘棣英、吴勋、王敬芳等人抵沪。12月26日，留日学生总会设事务所于派克路东升里。1906年1月9日，留学生总会事务所开第一次各省代表会议，选举总会职员，正干事刘棣英，副干事朱剑，庶务廖嘉淦、吴勋，会计姚宏业、王敬芳，书记于右任、张石、唐演、吴仲旗，调查瞿钺、朱葆康、孙衡、吴枬，招待高裕文、龚威。留学生总会由日本移至上海，"与各省同乡会相联络，相提携，招待归人，调查行踪，为计划兴学之基础"④。

1906年1月12日，日本文部省采取和缓措施，部分修改取缔规则条款，清政府驻日留学监督也要求所有归国学生返日复课。1月13日，留日学生会馆召开第二次各省代表会议，议定行止，议决："我辈归国初心为兴学耳，勿论东京交涉为失败之交涉，纵不失败，长此俯仰随人，长依赖外人之根性，堕独立国民之精神，非丈夫也，我辈只知兴学挽回教育权耳，不知其他。"⑤同时以多数之决议为兴学之初步，决定创办学校于上海，定校名为中国公学。中国公学的创立起因于取缔规则风潮，自始即与国内一般学堂不同，其创办目的具有鲜明的对外性质，强调自立自决，其创校主体是来自各省的留日学生，故而没有狭隘的地域性，有此二因，故名之为"中国公学"。1月17日，第三次各省代表全体会议召开，选定中国公学职员。1月20日，举郭果能、安永昌赴日聘请教员，一面置办校具为开学之筹备，一面举谭心休赴湘筹款，刘棣英亦赴南京筹款。⑥

清末留日学生赴日的路线大多是从内地到上海，再由上海乘海轮东渡，尤其是四川、两湖地区的留日学生基本是循这条路线赴日的，由此上海成为留日学生群体流动的一个至关重要的枢纽。取缔风潮发生，留日学生归国

① ［清］李宗棠：《东游纪念》，黄山书社，2016年，第396页。

② 《留日学生返国人数》，《申报》1905年12月29日，第4版。

③ 《中国公学史略》，王云五等编：《私立中国公学》，台北，南京出版有限公司，1982年，第1页。

④ 郑孝胥编：《中国公学第一次报告书》，上海商务印书馆，1907年，第5页。

⑤ 郑孝胥编：《中国公学第一次报告书》，上海商务印书馆，1907年，第6页。

⑥ 郑孝胥编：《中国公学第一次报告书》，上海商务印书馆，1907年，第9页。

欲自办学堂以求自立，各省学生既未返回原籍，也未在北京或其他通都大邑办学，而选择上海。之所以选择上海：一则是考虑到上海作为口岸城市商贸繁荣，可以争取到较多的办学资源；二则与上海在清末海外与内地的网络格局中的枢纽角色相关，这种枢纽角色源于交通的沟联作用，上海因此成为人员、信息流通的落脚点、聚集地和转运枢纽。①

1906 年 2 月 28 日，中国公学正式开学授课，总计收学生 260 余人，分有高等甲、乙两班，普通甲、乙两班，另有师范班、理化班。3 月 4 日，学校在虹口新靶子路租定校舍。同日，行开校礼，至此中国公学终告成立。

二、中国公学创立的初衷及其面临的困难

中国公学是留日学生激于民族义愤，为抗议日本政府的取缔规则，而归国自办的新式学堂。仅凭一腔义愤并不足以使一所新学堂卓然自立，中国公学在困厄中屡屡绝处逢生是由于其创办宗旨恰符合时代的需要。正如中国公学创办者所言："今日海内论者皆曰中国公学之创起，盖由于乙巳之冬留学生争取缔规则不得而停课而归国者之所组织者也。固也，然此特其表非其内容也。"②此处所谓"内容"实际上是指留学生归国兴学之真正目的，即纠留学运动之弊，树民立学堂之典范。

言及归国兴学之目的，中国公学发起者称，"至科举停，留学界人数骤增，谋出身者往焉，弋虚誉者往焉，并且营差缺矜冶游者，亦联袂东渡纷纷焉。以扶桑三岛为尾闾之泄，流品既杂，其不道德之行为，载诸新闻纸者，几至不堪寓目，留学生万金身价，盖将扫地尽矣。嗟夫！我中原以文明古国见重全球，而今不竞至低首下心求学岛国，抚衷自维，已足愧耻，乃复堕落。堕落受人嫚骂，贻羞祖国，自非木石，安能恝然"。出现上述乱象的原因，"实由于留学生多未受普通教育之故，而中国无完善普通学校"。为救济此种弊病，"斯时归国兴学之现象已跃跃于有心人之脑海中。虽无取缔规则，亦乌能长此终古者，取缔规则不过益促此机之成熟耳"。③

中国公学发起者在上署理两江总督周馥的禀帖中，详述中国学生无普通之预备而留学日本的弊病。

---

① 参见严海建：《东京-上海-内地：清季网络格局中的中国公学》，苏智良主编：《海洋文明研究》第三辑，中西书局，2018 年。

② 郑孝胥编：《中国公学第一次报告书》，上海商务印书馆，1907 年，第 1 页。

③ 郑孝胥编：《中国公学第一次报告书》，上海商务印书馆，1907 年，第 2-3 页。

究其害,亦有八端:普通学乃养成国民之基础,其中如地理、历史、伦理、国文等,最足发生人爱国心,若以此等教育授诸外人,则国民基础必难坚固,害一。学无根柢见异思迁,往往染媚外人蔑祖国之恶习,害二。国学不深成就难期远大,今留学既不一律,即预兆将来鱼目混珠,政界芜杂不端,而学生愈多,朝廷反难得人才之效,害三。于祖国历史之习惯,国民之程度,少所研究,学成归国,不免于强足就履,往往施诸实行,利不胜弊,害四。日本近有握支那教育权之说,闻之寒心,然平情思之,实我自取,夫教育为一国命脉,授权于人即难免有太阿倒持之虞,害五。留学普通,人既鄙我为无教育之国,且资格既浅,外人又因轻留学生,故遂生轻视全国人之观念,而贬损国体于无形,害六。目下东西洋留学生每年所费已不下五六百万金,且科举既停,又纷纷以留学为终南捷径,而日加未已,已成我中国一大漏,害七。日本之实业专门各高等各大学等科,非中国所能及,我若预备有素,不可不留学采择固已。至其专为我国人所设之普通速成各科学堂,秩序亦属紊乱,且教西洋文字者既音韵失真,即教日本语者亦有言语不通,比附不类之困难,且所讲各科既经翻译,上堂时刻旷废其半,反不如学之中国者之简便而详明,夫留学生涉远洋掷巨金以往,而所得乃不如本国,徒增国耻,害八。[1]

纠正留学生无普通教育预备即留洋的弊病,实际上是当时朝野的共识。据清政府驻日公使杨枢1907年所撰《游学计划书》称,综计留日学生毕业人数,其中速成者占60%,普通者占30%,中途退学辗转无成者占6%—7%,专门高等者则仅居3%—4%,而入大学者不过1%而已。[2] 1906年以前的情况大致相类。鉴于速成留学所带来的一系列问题,清政府有意停止速成留学生的派遣,而提高本国普通学校的水准。后来,两江总督端方在请拨中国公学经费的奏片中称,"查学部片奏内载嗣后京外派遣游学生,无论官费私费,皆应切实考验,性行纯谨,具有中学堂毕业程度,通习外国文字能直入高等专门学堂者,始予给咨。又准学部电开:预备游学之学堂,或独设,或合

① 《上江督周玉帅禀》,郑孝胥编:《中国公学第一次报告书》,上海商务印书馆,1907年,第35-36页。
② 杨枢:《游学计划书》(1907年7月29日),陈学恂、田正平编:《中国近代教育史资料汇编 留学教育》,上海教育出版社,2007年,第385页。

筹,应请察酌会商办理各等语。该公学宗旨办法,皆与相合"。① 可见,中国公学兴学之初衷契合时代之需要,自有其发展之空间与前途。

纠正留学运动之弊病,何以不改造国内既有之学堂而要另创新学堂?据参与发起创办中国公学的王敬芳所言,中国公学的创办"隐然有二大涵义,一曰中国长此派遣学生出洋留学而不自办学校,终非久计。二曰创办与外国大学同等程度之学校,必集全国才智而为之,不可操自政府。前者为自树高深知识之泉渊,不复仰给外邦;后者,为委教育事业于社会,初不依赖国家"②。学校首任监督郑孝胥也有对中国各省所办学堂的批评,称其"纯用官场办事,毫无法度,遂成上下相贼之景象"③。故归国自办学堂,对外则表现自强自立,对内则是自我树立,打破成规,故须创立新校。

中国公学之创立虽如上所述与时代需求若合符节,但在创立之初少有人赞助,历经艰难困苦始得以保存。以后见之明而论,毋庸讳言,因取缔风潮而罢课归国的运动确系过激的非理性运动,④发起创校者对回国后可能面临的困难没有充分的估计,难免陷于困境,正如中国公学第一次报告书所言:"及今思之,凡所筹划何尝不详且明,而其卒也,竟无一焉,如所希望,从可知天下事求人之难,而处置之不易也。"⑤

筹划兴学之初,发起者认为可恃者有如下数端:一是归国学生人数之多,二是留东学生之后盾,三是上书学部之请求,四是投书商学界巨公之希望,五是舆论之赞助。⑥ 然而这些只是理想而非事实。

原本罢学归国者有千余人,如此规模的群体行动,无疑是一种不可小视的力量。但1906年年初,清政府劝令归国抵沪学生迅速各回本籍,不许在上海逗留。驻日公使杨枢又发表通电,"限归国学生,近者一月内远者二月内,一体归东京上课,晚者官费生停费,自费生不送入学"⑦。于是"靦颜东渡者大半,穷蹙四散者,又半之。此负气之党,遂大为天下之所揶揄,其事殆近于儿戏"⑧。归国学生四散,或返回原籍,或东渡日本,使坚持留在上海的

---

① 《奏拨中国公学经费片》,《端忠敏公奏稿》卷八,台北,文海出版社,1967年,第17页。
② 《中国公学史料拾零》,中国社会科学院近代史研究所编:《近代史资料》总69号,中国社会科学出版社,1988年,第126-127页。
③ 中国历史博物馆编:《郑孝胥日记》,中华书局,1993年,第1032页。
④ 李喜所关于取缔规则事件的研究认为,"事实上,留日学生对此规则存有诸多的误解与误读,情绪化的激情有余,冷静的客观分析不足"。李喜所、李来容:《清末留日学生"取缔规则"事件再解读》,《近代史研究》,2009年第6期,第20页。
⑤ 郑孝胥编:《中国公学第一次报告书》,上海商务印书馆,1907年,第4页。
⑥ 郑孝胥编:《中国公学第一次报告书》,上海商务印书馆,1907年,第8页。
⑦ 郑孝胥编:《中国公学第一次报告书》,上海商务印书馆,1907年,第8页。
⑧ 《序》,郑孝胥编:《中国公学第一次报告书》,上海商务印书馆,1907年,第1页。

学生益形孤立。其次，国内官绅商学各界以及舆论亦不如预计的那样热心赞助，据发起者所言："一般舆论则当我同人等初抵沪时，便已波谲云诡，谣诼横生。"致学部及商学界巨公书均销声匿迹，等诸幻泡。① 最初的计划"既全不足恃"，中国公学"遂有孤军重围四面楚歌之势"。②

对于维持学校发展而言，最重要的乃兴学之款项。据留日学生黄尊三所记，取缔风潮初起之时，"上海商会，亦来电愿尽招待之责"③。而到上海后却无人赞助，官绅商学各界皆犹疑观望，坐视中国公学陷于困境。归国学生原拟求助于沪上名流马相伯和严复，结果事与愿违。马相伯于1905年年底受两江总督周馥委派赴日，"安抚三江留学生，劝令照常上课，勿附和罢学归国之议"④。在苏绅劝谕学生的谈话中，马相伯表示，"日本此次新定留学章程，按其各条并无甚不合之处"，而留日学生之归国是"因同学有以强力相迫者势所不得不暂避其锋"。⑤ 由此可知，马相伯因反对留日学生罢课归国的举动，自然也不会赞助中国公学。留日学生致书上海总商会会长曾铸，请其协助，未有答复。此外，先后上书学部及各省学务处请将各省派遣学生的官费酌提若干作为兴办中国公学的经费，上书出洋考察宪政三大臣求其转呈学部拨款补助，均无收获。

中国公学开学不到十天，又发生江苏学生五十多人退学的风潮。⑥ 中国公学的师生，不忍同室操戈，始终退让，以"无辨息谤"，不愿兴笔墨之讼，以免为外人贻笑。虽经校方多方转圜，但江苏籍学生仍执意退学，并于4月9日另组健行公学。此事因省籍问题引起归国同人的分裂，退学学生登报攻击公学，使学校的形象大受损害。其时中国公学上书上海道瑞澂求其拨款援助，得瑞澂之褒奖。然因此次风潮爆发，沪上学界惑于攻击之语，对公学不能释然，而"瑞观察之热心阒无闻矣"⑦。

中国公学创办之初的困厄与清政府的阻挠和破坏有很大关系。驻日公使杨枢报告，"密探学生风潮，为孙文逆党煽动，借抵抗文部命令为名，现结

① 郑孝胥编：《中国公学第一次报告书》，上海商务印书馆，1907年，第8页。
② 郑孝胥编：《中国公学第一次报告书》，上海商务印书馆，1907年，第9页。
③ 黄尊三著，谭徐锋整理：《黄尊三日记》(上)，凤凰出版社，2019年，第33页。
④ 《江督派员赴日安抚学生》，《中外日报》1905年12月31日。
⑤ 《纪苏绅莅宁劝谕学生事》，《申报》1906年1月5日，第3版。
⑥ 江苏学生退学风潮起因是时任中国公学副干事的朱剑在各省代表会议上的发言，江苏籍学生认为中国公学四川、湖南两省学生占主导，有意排斥江苏籍学生，故对公学不满。此事原委可参见《驳中国公学发起人敬告诸同学书》，《时报》1906年3月22日，第6版；《辨中国公学发起人敬告同学书》，《申报》1906年3月24日，第9版；《哭中国公学之前途》，《申报》1906年3月29日，第19版；《追论中国公学苏人全体退学事》，《申报》1906年4月8日，第2版。
⑦ 郑孝胥编：《中国公学第一次报告书》，上海商务印书馆，1907年，第18页。

死党三四百人，各携凶器胁众回沪，以租界为护符，实行革命，聚众起事"。湖广总督张之洞据此认为，取缔风潮"谋乱是实，其抵抗文部命令全系饰词附会"。于是，清政府饬令沪地方官对归国留学生加以管束，并派官员到沪负责遣散归国学生事宜。① 据钱玄同1906年1月17日记，"是日闻阿兄说学生归国事，杨枢电告政府，言学生此次归国咸带凶器，意图革命，请速派兵舰至吴淞口截剿云云。政府虽不谓然，然亦命两江总督周馥调查。馥遣提督萨某往搜，一无所得"②。据胡适所作校史，"上海人士初见一大群剪发洋服的学生自办学校，多起猜疑，官吏指为革命党，社会疑为怪物。故赞助的人很少，经费困难"③。可见官方对归国学生的提防。在此氛围下，官方当然不可能赞助其事。

在向官绅商学各界求助均无结果的情况下，发起中国公学的全体学生只能转而求己，由学生捐款才得以开办。根据中国公学发起人在创办之初起草的《中国公学章程》，"凡学生入学时每人当先缴纳应捐开办费二十元，俟提拨巨款，经费充裕后截止"④。然中国公学虽勉强得以开办，但维持至为不易。参与发起创办中国公学的张承槱对创校之初所遭遇的困难，曾有较详尽的回忆。

当时组织中国公学，毫无基础，全体同仁，确遭遇极大困难，同情者虽多，而实际援助者除就地向上海总商会会长曾少卿募得数千元外，其他各界，毫无表现。全凭我数百人自己解囊相助，大多数困苦不堪，连自己生活都难于维持。经数百人东奔西走，各方张罗，穷数月之力，始稍有头绪，而校址尚为一困难问题，至翌年二月底，始租定越界筑路之北四川路底新靶子路一六〇号至一六五号三层西式住宅六幢，作为校址。每幢租银一百六十两，共计每月需付九百六十两。此顷房屋，为李鸿章所有，由外国洋行代为经租，电灯自来水，须另外付款，每一到月，必须付租，否则要迫令迁移。……但不幸成立数月，经费困难，达于极点，教员薪俸付不出，日用开支无着，而伙食将不能维持；最严重者，校舍两月房租未

① 《致成都锡制台、开封陈抚台、济南杨抚台、贵阳林抚台》（光绪三十一年十一月二十九日），苑书义、孙华峰、李秉新主编：《张之洞全集》第十一册，河北人民出版社，1998年，第9443-9444页。
② 杨天石主编：《钱玄同日记》，北京大学出版社，2014年，第17页。
③ 胡适：《中国公学校史》，《胡适全集》第20卷，安徽教育出版社，2003年，第143页。
④ 《中国公学章程及自治公约》，美国加州大学伯克利分校东亚图书馆藏，第8页。

付，即将勒令迁移，是为极大威胁，全局势将瓦解。①

如再无经费挹注，则临时租借之校舍亦将不保，初创之学校即面临瓦解之势。时负庶务之责的姚宏业②即因此忧愤不已，蹈黄浦江以殉中国公学，其绝命书缕述中国公学创立之意义及维持之困难，吁请各界赞助学校。

姚宏业在遗书中，谈及发起创校同人之艰难，"人情所最畏者祸耳，当客岁初归国时，蜚语四起，留学生居上海者俱有头颅不保之虞。我同志为兴学故弗顾也。人情所最思念者室家耳，谁无父母？谁无妻子？客岁归国之同学皆归家一探问，而我同志为兴学故旅居沪上无一归者。人情所最不忍牺牲者学问耳，而我同志之留学也，又多半官费，且多寒家，自费不能留学，一不东渡，势必官费裁撤。而我同志等为兴学故，置裁撤官费而不恤，是不惟牺牲目下之学问，并将来学问亦牺牲之矣。人情所最嗜好而终日营营者权耳，而我同志等之组织此公学也，以大公无我之心行共和之法。而各同志又皆担任义务，权何有？利何有乎？"由此可见创校诸人牺牲之种种，而"所以一切不顾，劳劳于此公学者，诚以此公学甚重大，欲以我辈之一腔热忱，俾海内热心之仁人君子一同维持我公学成立，扶助我公学发达耳"。但开办以来，"海内热心赞助者，除郑京卿孝胥等数人外，殊寥寥。求助于政府无效，求助于官府无效，求助于绅商学界又无效，非独无效，且有仇视我公学，诽谤我公学，破坏我公学者，我同志等虽拮据号呼，然权轻力薄，难动听闻"。姚宏业以"不忍坐待我公学破坏"而"蹈江而死"，留下遗言，希望诸同学、同事"振起精神，尽心扩张，无轻灰心，无争意见。于各事件不完者补之，不良者改之，务使我中国公学为中国第一学堂，为世界第一学堂而后已"。希望同胞"贵者施其权，富者施其财，智者施其学问，筹划以共维持扶助我中国公学"。③

当时报载，"据详知烈士者云，烈士此次之死，其原因不一，而筹款一层居一大部分，因烈士担任湖南捐款，先湖南各款认捐统计已有四万元后忽变局，由四万而减至二万五千元后，连二万五千元而又不果。于是烈士心灰气

① 张承槱：《中国公学创办的回忆》，王云五等编：《私立中国公学》，台北，南京出版有限公司，1982年，第152-154页。此处回忆有误，曾铸未有捐款，捐助人芳名录中并无记载，开办费似应为郑孝胥所捐。

② 姚洪业，字剑生，号竞生，原名宏业，湖南益阳人，1905年冬自日本归沪，与谭心休等在上海组织湖南留学生事务所，后被举为总会计，至公学成立，又被举为庶务员。《姚洪业烈士传》，王云五等编：《私立中国公学》，台北，南京出版有限公司，1982年，第51-52页。

③ 《姚宏业烈士遗书》，《中国公论》第1卷第4期，1937年2月16日，第22-23页。

阻，兼之有各种感情，故激而出此。呜呼痛哉！想海内君子当亦必为之深痛矣"①。姚宏业因筹款受挫而蹈江，其牺牲引起社会同情，对于中国公学筹款大有助益。

姚宏业的尸身和遗书于 1906 年 4 月 13 日被发现之后，社会各界大受震动，于是赞助中国公学的人稍多，同志诸人受他深刻的刺激，振作精神，向各处奔走求助。5 月 12 日，中国公学在上海颐园开追悼会，绅商学界到者颇多，群相哀烈士志，筹所以助公学者。② 时论谓"公学不成，吾中国此后决无一可成之事"，故"吾同胞生死所系在公学与中国诸事之成不成耳。近之义者，或曰国民宜捐助公学，以慰烈士之死。或曰宜募集烈士吊仪作为公学费，以体死者之心"。③ 除同情之私人解囊相助外，各省如湖南、四川、广东均认捐款项助学，海外华侨陆续捐款者亦不少。④ 中国公学之厄运，因姚宏业之牺牲，得以挽救。蔡元培曾提到，姚宏业"因奋斗失败而自杀"，当时学校"经济困难达于极点，他用尽方法总是无效。他想办的就是中国公学，然而总没有能力去开办，他想绝望了，就投黄浦江而死。……他这一死，也激动了许多同志，后来居然成功"。⑤ 胡适就自称是"当时读了姚烈士的遗书大受感动的一个小孩子"，于是选择转到中国公学读书的。⑥ 姚宏业的志愿虽然没有亲身达成，但有人替他达成了。

中国公学创校学生多为取缔风潮中的激进派，原本以罢课归国为反对不成之最后办法，不料最后变成事实。因计划未周，事实与理想差距过大，坚守初衷的"负气之党"在创校之初经历了常人难以想象的各种困难，然之所以历万难濒死而得生，则得益于发起诸人的坚忍不拔。诚如郑孝胥所言，创校诸人"其所经营计划者未必尽当而无失，成而无败，惟善用民气者然，失而有道，败而可救，观于公学之成立，则士气之可用信矣"⑦。捐助人林晴波

① 《烈士蹈江》，《叻报》（新加坡）1906 年 5 月 3 日，第 10 版。
② 郑孝胥编：《中国公学第一次报告书》，上海商务印书馆，1907 年，第 14 页。
③ 亚弢：《哀姚烈士文》，《寰球中国学生报》第 1 卷第 1 期，1906 年 7 月，第 25—26 页。
④ 得知姚宏业身殉，湘省学界公议，"由湘省认捐该公学经费银一万两，归中南西三路分别摊派"。《认派上海公学捐项》，《申报》1906 年 5 月 12 日，第 9 版。当然实际并没有募集到一万两白银，据统计 1906 年湖南学界捐助高达四千两，为所有捐助中最多的，可见姚宏业自杀事件对国人的震动。姚宏业投水牺牲后，王敬芳将其《遗书》传播到南洋华侨社会，以争取经济援助，得到海外华侨的积极响应。参见王琦：《姚宏业〈遗书〉海外版本的发现及其学术价值》，《近代中国》第二十六辑，上海社会科学院出版社，2017 年，第 294 页。
⑤ 蔡元培：《在林德扬君追悼会之演说》（1919 年 12 月 14 日），《蔡子民先生言行录》，岳麓书社，2010 年，第 258 页。
⑥ 胡适：《四十自述》，欧阳哲生编：《胡适文集》第 1 卷，北京大学出版社，2013 年，第 69 页。
⑦ 《序》，郑孝胥编：《中国公学第一次报告书》，上海商务印书馆，1907 年，第 1 页。

也认为，"诸君子当危疑震撼之交而艰难缔造以成就此莫大之中国公学，此其心甚苦而其志之诚则可贯金石"①。

三、中国公学的治理体制与经费来源

民国初年重建的中国公学系私立性质，故论者多以后来之眼光进行倒溯，认为中国公学是近代创办较早的私立大学之一。实际上，中国公学之创校及其早期历史颇为曲折，官方、地方绅商及发起创校的学生在不同时期分别发挥过重要作用。学校的经费来源和治理体制是决定学校性质互为表里的两个标准，就此二者而言，早期中国公学的性质其实经历过一个由自治到官办的转变过程，但其性质又不完全是官办，实际上是一所介于公立与官办之间的学校。

中国公学之得以创立，既不是依靠官方的赞助，也非上海绅商的扶助，除郑孝胥的赞助以外，主要是靠学生自己垫款和募捐。正如中国公学早期学生张承槱所言："中国公学系由学生自行创办，先有学生，后有学校，乃教育史上未有之奇迹。"②这种创校模式使得学生在校内治理中具有主客的双重性，学生既是学校的创办者与管理者，同时又是受教育者，由此形成中国公学特有的自治传统。

1929年胡适所撰《中国公学校史》，称早期"中国公学的组织是一种民主国的政体"。此种组织即姚宏业烈士绝命书中所提"以大公无我之心，行共和之法"③。张承槱的回忆则称，"学生自行推举人员治校，不仅开教育之创例，且彻底发挥民主自治之精神"④。中国公学实行学生自治在此后的历史叙事中被不断复述，实际上遮蔽了当事人不得不如是之苦心孤诣及其后取消的曲折过程。

自留日学生罢课归国至1906年3月学校开学，这一时期可谓中国公学的筹备期。留学生总会议决留日学生全体归国，并在上海设立留学生总会事务所，由此，留日学生会馆的组织模式被移至国内，各省代表会议是最高

---

① 《林晴波君复书》，《中国公学第一次报告书》，上海商务印书馆，1907年，第62页。
② 张承槱：《中国公学创办的回忆》，王云五等编：《私立中国公学》，台北，南京出版有限公司，1982年，第157页。
③ 胡适：《中国公学校史》，《胡适全集》第20卷，安徽教育出版社，2003年，第147页。
④ 张承槱：《中国公学创办的回忆》，王云五等编：《私立中国公学》，台北，南京出版有限公司，1982年，第157页。

权力机关，负责选举干事职员，筹备中国公学的创建。除选举职员外，各省代表会议还负责立法，比如鉴于"上海商务繁盛，风俗奢靡为中原最，斯时归国学生既数千人，无以约束之，深恐其沾染习尚，堕落品行，大贻我学界羞也"。各省代表会议于 1905 年 12 月 30 日拟定《自治规则》，相约遵守，违者由纠察部实行干涉。① 1906 年 1 月 13 日，第二次各省代表会议上，决定拟定学校章程，公推刘棣英、朱剑、马和②为学校章程起草员，拟定学校章程。1 月 17 日召开的第三次各省代表全体会议上，决定在校内分设评议和执行两部，并分别选举产生评议员与执行部职员。由于执行部和评议部的设立，中公的校内治理体制本质上是一种分权的民主体制。据胡适回忆，"全校分执行与评议两部。执行部的职员是学生投票互选出来的，有一定的任期，并且对评议部负责任。评议部是班长和室长组织成的，有定期的开会，有监督和弹劾职员之权"③。

　　之所以在创校之初实行学生自治，是因为中国公学是先有学生后有学校，学生既是发起创校的主体，同时也是受教育的客体。原本在发起筹备结束后，若学校负责有人，学生的主体地位自行取消，但因其时负责无人，只能沿袭留学生总会的组织模式，由学生治校。中国公学成立后，于 1906 年 3 月 28 日由发起人及评议员开第一次选举会，公举学监三人、职员十人办理校内外一切事务，王敬芳、彭施涤、谭心休被举为学监。④ 中国公学创办之初拟定的自治公约有明文规定，"校长对于所订公约范围内有督责一切之权"，"学监对于所定公约范围内有监督实行之权"，"班长室长对于所定公约范围内有襄理施行之权"。⑤ 可见中国公学发起的学生虽然最大限度保留自治权，但仍然有校长的设置。创办之初的中国公学也曾设法延请校长，据郑孝胥日记，1906 年 1 月 22 日，中国公学干事刘棣英等诸生拟请其出任校长，郑以"病后，不愿与官府往来"为辞婉拒。⑥ 1906 年 3 月，中国公学上书两江总督周馥，"拟公推三品京堂郑孝胥，翰林院编撰张謇为上海公学监督，主持一切"⑦。可见，中国公学最初不设校长实在是迫不得已，由于当时无人愿任公学校长，故只能由学生勉力维持。但这种体制是特殊环境下的权宜之计，正如中国公学第一次报告书所言："盖自是以至丙午岁终，职员更易

---

① 郑孝胥编：《中国公学第一次报告书》，上海商务印书馆，1907 年，第 5 页。
② 马和，即马君武。
③ 胡适：《中国公学校史》，《胡适全集》第 20 卷，安徽教育出版社，2003 年，第 147 页。
④ 《中国公学近情》，《时报》1906 年 3 月 30 日，第 2 版。
⑤ 《中国公学章程及自治公约》，美国加州大学伯克利分校东亚图书馆藏，第 13 页。
⑥ 中国历史博物馆编：《郑孝胥日记》，中华书局，1993 年，第 1025 页。
⑦ 《又禀》，郑孝胥编：《中国公学第一次报告书》，上海商务印书馆，1907 年，第 41 页。

均由选举，论者颇诋本校组织未合学校通例，而不知时势所趋，各有攸关，当由日归国之时，学界同人同处平等之地位，非用学会组织，无由团结，而习惯相沿，一时未能促改，非好立异，不得已也。"①

学生治校的制度仅仅施行一年左右，即废止，代之而起的是监督的官方委任和评议部的取消。1907年3月，两江总督端方电请郑孝胥出任中国公学监督，从而改变了此前不设校长的自治体制。郑孝胥担任校长后基本维持原有的校内职员人事安排，由学生干事张邦杰、王敬芳和黄兆祥分任教务长、庶务长、斋务长，负责学校日常管理和经费的募集。与此同时，为改变学校治理法理与事实不符的状况，1907年12月，由王敬芳、张邦杰和黄兆祥三干事提出修改学校章程，主要修改之处即取消评议部，干事不再由评议部选举产生，而改由监督聘任。正如后来的报告书所记："去年以来，承留学生总会之习惯，学堂之内实含学会之性质，学生选举职员，殊未合宜。自次选举后，选举会永停闭，且仍改内务干事为正干事名。"②修改学校章程导致学校干事和学生的严重对立，学生组织校友会就校章问题与三干事争论不休。相持之下，双方均不妥协，由此，发生部分学生退学另立新中国公学的事件。

郑孝胥任监督一职至1908年3月，即提出辞职。两江总督端方及中国公学均表示挽留，郑孝胥"劝令先立董事会，再定办法"③。4月2日，江苏提学使夏敬观继郑孝胥任监督。经郑孝胥和夏敬观筹划，中国公学始有董事会之设。7月3日，夏敬观约郑孝胥、张謇、汤寿潜于一枝香，"为复旦及中国公学开董事会事"④。9月13日，中国公学校董会正式成立，校董会推举张謇为总董，熊希龄为副董，此外，列名董事的还有郑孝胥、夏敬观、罗焕章、陈三立、马相伯、喻兆蕃、谭倬云、于右任、钟文恢、王敬芳、张邦杰、黄兆祥、

① 郑孝胥编：《中国公学第一次报告书》，上海商务印书馆，1907年，第7页。
② 郑孝胥编：《中国公学第一次报告书》，上海商务印书馆，1907年，第14-15页。
③ 中国历史博物馆编：《郑孝胥日记》，中华书局，1993年，第1136页。在胡适和王敬芳的相关回忆中，都认为自郑孝胥任监督后，学校即由以学生为主体的自治变为以董事会为主体的治理体制。参见胡适：《四十自述》，中国文联出版公司，1993年，第74页；《王敬芳致胡适》，《胡适来往书信选》（中册），中华书局，1979年，第151页。其实这种说法有误，据此处郑孝胥日记所记，中国公学董事会是在郑孝胥卸任后才筹备成立的，此前郑孝胥任监督时，学校并未成立董事会。奇怪的是，胡适在1929年5月作的《中国公学校史》中却写着，"戊申春间，郑孝胥辞监督，夏敬观先生继任监督。其时始有董事会之设，推张謇先生为会长"。胡适：《校史》，《吴淞月刊》第3期，1929年9月15日，第56页。何以在1933年正式出版的《四十自述》中说法又完全不同？据胡适自己讲，《四十自述》中关于中国公学这一段是写于1931年夏间，写完后曾交王敬芳阅，请其校正。笔者觉得胡适有可能是受王敬芳回信的影响，对自己的叙述做了修改，却不曾想，王敬芳的回忆反是错的。后人多不加辨析地采信胡适的说法，从而遮蔽了本相。
④ 中国历史博物馆编：《郑孝胥日记》，中华书局，1993年，第1148页。

梁乔山、孙镜清、彭施涤、谭心休。① 列名董事者主要是早期参与发起创校的学生干事及赞助中国公学的社会各界名流,校董会主要负责学校大政方针的决策、监督的选聘及经费的筹措。中国公学校董会成立后,监督夏敬观禀请江督请准立案。江督于1909年1月批准中国公学董事会立案。② 由此,中国公学确立了董事会-监督-教职员分层负责的体制。

从校董会的实际运作可以了解其在校内治理结构中扮演的角色。1909年3月,中国公学第三次董事会会议,"由主席熊秉三观察呈出决算,表内载去岁收支,并详注其与预算比较或赢或绌之理由,一览了然,颇称简明,经众议决即将此表印刷若干份呈报助款省份"③。同时议决的重要提案还有建筑校舍招投标事宜及开高等本科事宜,可见董事会对于学校的财政、建设及办学的重大事项有议决的权力。

1909年4月,中国公学董事会修订董事会章程。该章程规定,中国公学董事会"以维持公学之存立,保存公学之性质,扩张公学教育之范围,筹划公学内容之随时改良进步为宗旨"。董事会"为中国公学唯一之主体"。董事会对于中国公学之权限包括:"第一项 本会对于内外上下一切交际有代表中国公学全体之权。第二项 本会有公举中国公学监督之权(举定后呈请两江督宪札派,所举监督以三年为一任,连举连任,监督如有事故辞职者必须开董事会临时会议以定去留)。第三项 本会有商同中国公学监督进退中国公学各职员之权。第四项 本会有公判中国公学之职员与职员与学生之冲突之权。第五项 本会有议决中国公学财政预算案及查核中国公学财政决算案之权。第六项 本会有议定中国公学教育方针,商同监督委任各职员教员施行之权。"④章程的修订实际上带有因应环境变化的考虑,尤其是新旧公学风潮的影响,该章程一方面在形式上确立了董事会作为最高权力机关的角色,另一方面对于监督的选任仍需呈请两江总督札派。个中缘由还是跟中国公学经费来源构成有关系,到1909年为中国公学提供助款的省份增多,实际负责联络的校董对于学校发展获得更多的发言权,但因比较稳定的常费仍来自两江,故而两江总督对于学校监督的选聘仍具有决定权,故而形成董事会与监督的二元结构。

---

① 撷华书局编:《宣统己酉大政记(第一至廿一册)》,沈云龙:《近代中国史料丛刊》(第二编),台北,文海出版社,第1452页。

② 监督夏敬观禀称,"向来扶持公学诸绅组织中国公学董事会业于本年八月十八日开会拟定章程举定职员","具见在沪官绅热心教育,集合同人之意见,巩固公学之前途,嘉惠及生,良可佩",呈请立案。《中国公学董事会立案》,《申报》1909年1月7日,第2张第3版。

③ 《中国公学董事会会议案》,《北洋官报》第2042期,1909年4月17日,第9-10页。

④ 《中国公学董事会章程》,《新闻报》1909年4月9日,第26版。

晚清时期中国公学董事会的设立，主要目的是集合各界名流为学校争取资源，在实际的权力运作过程中，学校监督的选聘仍需官方认可，校内的治理体制也主要以监督为中心，校董会并非真正意义上学校的法人。1910年7月28日，新旧中国公学合并后，中国公学董事会开会，决定"改为监督行事之法"，"以夏敬观为监督，驻学办事，各教员、职员皆由监督聘订，别定严肃规则，以除从前之习气"。[1] 这个决议实际强化了监督的权力，而监督的聘任又系官方认可的，反映了校董会在校内治理结构中并非拥有绝对的最高权力。

学校体制变动背后的驱动力是学校经费来源的变化。清季新式学堂兴起之前，经过长期发展，清代书院形成了稳定的产权分类模式，作为"公产"（法人产权），与"官产""私产"相对应，得到朝廷法律与官府的保障，成为书院创建与长期经营的制度基础。[2] 清末学堂大致沿袭原来书院产权分类模式，根据资源配置的主体不同，分为"官立""公立""私立"三种。根据清政府1904年颁布的《奏定中学堂章程》规定：由官府设立的名为官立，由地方绅商捐集款项或集自公款的名为公立，由一人出资的名为私立。[3] 清末推行新政时，"官"和"公"的性质不同，两者大体上分别对应今日所说的国家和社会，到民国以后"官"与"公"的界限才开始模糊，而清末的"私立"与民国以后的"私立"也并非一个概念。[4] 中国公学的经费非个人出资，故其性质非私立无疑。

中国公学成立后面临的最大困难是经费的筹措。学校成立之初，发布的《中国公学集捐启》称："虽有学生中认捐垫之款项，但开办时仅能支持，而常年请教员有费，租校舍有费，置备仪器校具有费，学金虽可挹注而断不敷用。"[5]学校干事四处筹款，一面咨请学部求拨巨款，一面咨商各省督抚，通力合作。1906年3月，中国公学上禀两江总督周馥，备诉"公学待款孔殷"，请"先行筹拨数千金以济急需，庶公学无中缀之虞"。[6] 周馥批答，称："该生

---

① 中国历史博物馆编：《郑孝胥日记》，中华书局，1993年，第1266页。
② 参见陈月圆、龙登高：《清代书院的财产属性及其市场化经营》，《浙江学刊》2020年第3期。公款公产在清代的语境下，大致有一个共同特征，即既不属官府，又不纯属个人或家庭拥有的资产。清季公立学堂的主要经费来源是公款公产，但传统公款公产的产权属性无法简单套用现代产权理论，其是否具有排他性的独立产权，尚存疑。参见蒋宝麟《公款公产与清末兴学》，《社会科学研究》2021年第4期。
③ 《奏定中学堂章程》(1904年1月13日)，璩鑫圭、唐良炎编：《中国近代教育史资料汇编 学制演变》，上海教育出版社，2007年，第326-327页。
④ 关于这一问题的初步探讨，参见罗志田：《革命的形成：清季十年的转折(上)》，《近代史研究》2012年第3期，第21页。
⑤ 《中国公学集捐启》，《中国公学第一次报告书》，上海商务印书馆，1907年，第25页。
⑥ 《又禀》，《中国公学第一次报告书》，上海商务印书馆，1907年，第40页。

请在沪开办公学作预备游学基础,持论甚正。惟度地筑校集费定章事甚繁重,非仓猝所能议成,必须各省众绅公议,候行学务处、上海道,察酌会绅妥议详夺。"①4月27日,中国公学又上书上海道瑞澂,请其核准施行两江总督的批答。瑞澂批答,"候移商学务总会,集绅筹议,协力赞成"②。当时,上海官绅商学各界多抱观望的态度,在此形势下,募捐极其不易。江苏学生退学风潮发生后,社会上更是疑虑重重。中国公学陷于绝境,姚宏业愤而投黄浦江,由是海内外震惊,捐助日增,中国公学才得以摆脱困境。

虽然有各界的捐助,但亦止于纾解一时之困,要想获得长远的发展,必须有稳定的经费来源。中国公学经济状况真正得以改善是从1907年获得官方赞助开始的,其中最重要的是两江总督端方奏拨的常款补助。

1907年年初,两江总督开始注意中国公学,并派员调查。据报载,"闻江苏教育会近接得官长命令调查上宝交界北四川路有中国公学,其中学生程度甚高,此校究属谁人创设,其有学生若干教员若干并姓名籍贯年岁详细报告"③。两江总督端方派员调查后,于1907年4月上奏学部请拨经费奏片,称:

> 查上海公学自光绪三十二年二月由日本留学生刘棣英等禀请在沪开办,并恳拨给经费,前署督臣周馥行前两江学务处及上海道酌核妥议在案。……开办以来,各省来沪入校者络绎不绝,究为经费校舍所限,不能再事扩充。七月间,具呈学部,蒙批褒奖。现在办法约有两端:一则扩张规模,一则维持现状。禀请筹集建筑巨款,指拨常年经费等情。当由臣派江苏候补道夏敬观会同宁学司所派课员桂埴前往该校详细调查。兹据复称:该公学学生凡三百十八人,业经逾额。设计高等普通预科二班,中学普通四班,师范速成一班,理化专修一班,其意注重完全高等普通,专为直入东西洋大学高等学校而设。虽师范、理化两班不无欲速之弊,然其教授管理,严肃整齐,极能得自治之精神,守纯一之宗旨。惟膳学两费,约收三万元,绅商常捐约一千七百元,不敷在二万元之谱,倘蒙照数筹给,便可措置裕如。其校舍现系租用,月费不赀,光线空气皆不合法。若能集资建筑,不独节省租金,并于卫生有益等情。……

---

① 《批》,郑孝胥编:《中国公学第一次报告书》,上海商务印书馆,1907年,第41页。
② 《批》,郑孝胥编:《中国公学第一次报告书》,上海商务印书馆,1907年,第43页。
③ 《调查中国公学》,《新闻报》1907年2月7日,第3张。

该公学宗旨办法,皆与相合,所呈课程各表,虽须稍事改良,然使整理得人,必可日臻进步。查有四品京堂郑孝胥学识开明,博通中外,已照会为该公学监督,主持一切。其建筑校舍之费,现因财力不给,一时未能代筹。至于常年经费,不能不设法维持,为养成游学人材之计,已饬财政局每月筹拨一千两作正开销。①

两江总督饬江南财政局每月补助常款,同时照会郑孝胥为监督,可见经费问题与校政权力是联系在一起的。但官方只是补助中国公学常年经费,并非全部承担,其中仍有相当比例靠学生的膳学两费和绅商捐助。

表1　1906年、1907年中国公学经费来源对照表②　　　　　　　单位:元

年份	分类								
	学费	宿膳	开办	制服	垫款	捐款	补助	旧存	总入
1906	10 523	11 060	7 540	241	7 762	15 655	0	0	52 779
1907	14 805	14 936	5 060	1 891	970	4 272	21 607	830	64 372

资料来源:郑孝胥编,《中国公学第一次报告书》,上海商务印书馆,1907年,第76、78-79页。

从上表的对比中可见,官方补助对于维持中国公学的重要性。1906年和1907年,中国公学的经费半数以上来自学生学费、宿膳、制服等。1906年,需要偿还的垫款占15%,捐款近30%,1907年的捐款和垫款大幅下降,而官方补助占到34%,由此官方的补助代替捐款,成为维持中国公学最重要的经费来源。当然,整体而言,学费、膳宿及制服等学生缴费仍然是学校经费的主要来源。根据张百熙等人1904年拟定的学务纲要,各学堂应令学生贴补学费。③ 清末各类新式学堂,除初等小学堂,及优级、初级师范学堂

① 《奏拨中国公学经费片》(1907年4月),《端忠敏公奏稿》卷八,第16-18页。
② 郑孝胥编:《中国公学第一次报告书》,上海商务印书馆,1907年,第76-81页。
③ 详细规定为:"各省公款,皆甚支绌,除初等小学堂,及优级、初级师范学堂,均不收学费外,此外各项学堂,若不令学生贴补学费,则学堂经费,必难筹措,断无多设之望,是本欲优待,而转致阻碍兴学矣。且学生以学费不需自出,不免怠惰旷废,不肯切实用功,更兼不守规矩,视退学为无关轻重。查日本各学堂学生,于月出束脩外,凡膳费、寄宿舍费、书籍衣服等费,皆须学生自备,具有深意。盖博施济众,从古所难,中国此时初办学堂,一切费用甚巨,自应亦令学生贴补学费,不致全仰给于官款,庶可期持久而冀扩充。其学费每人每月应缴若干,听各省斟酌本省筹款情形,核计该学堂所需常年经费,随时酌定,毋庸限数,但须量学生力之所能及。"参见张百熙、荣庆、张之洞:《学务纲要》(1904年1月13日),陈学恂主编《中国近代教育史教学参考资料》(上册),人民教育出版社,1986年,第547页。

以外,均收取学费,故新式教育的成本较高。

中国公学的学杂费在当时属于收费较高的层次。据黄秉义的日记,其友人陶寿农之子1908年年初自中国公学肄业,在校期间"每人学费洋四十八元,房租每月三元,副食每月洋三元五角,操衣三套计洋十元,另零星等亦须洋数十元,每年至俭须洋二百数十元也"①。可见在中国公学读书每年所需费用甚昂,学校取之于学生的费用之多亦可见一斑。

中国公学创办之初,刘棣英上书两江总督周馥请款,"吴淞开办中国公学作预备游学基础,额定学生千人,估计建筑学舍及购置书籍仪器标本制造木器,一切开办各费非十万金不可至,常年经费每月约需万金,除学费膳宿操衣每学生每年拟收八十元,每月共计得八千元外,尚缺数千元,请先提款以为之倡,则闻风兴起众擎易举"②。可见学校以学生所缴各费作为常费,以官方补助和各界捐助为补充。

中国公学的创立和发展与郑孝胥、张謇、熊希龄等绅商名流的支持是分不开的。中国公学的维持实际上依赖官方的补助与绅商名流的支持,故表现在校内治理的结构上既有官方聘请的监督,又有绅商名流和早期发起创校者组成的校董会。

早在东京取缔风潮初起之时,时在上海的郑孝胥、张元济、张謇等人即于1905年12月13日商议电询日本学生罢学事,表示对取缔风潮的关注。③

郑孝胥早年入张之洞幕府,后入广西帮办两广总督岑春煊,颇有才名。1905年11月,郑孝胥辞广西边防督办,寓居沪上。中国公学筹备时,学生代表请郑孝胥任校长,郑婉拒,但为表赞成之意,捐助一千元作为开办费。虽然郑孝胥未允出任校长,但实际上诸干事均视其为学校实际负责之人,公学有任何困难都找郑孝胥帮忙解决,而郑孝胥也从不推脱。郑孝胥为中国公学筹集经费、规划章程、争取官府支持出力颇多。1907年3月,两江总督端方电请郑孝胥出任中国公学监督。④ 在任监督期间,薪水按规定虽可由"堂酌核致送",但郑孝胥却"愿担任义务,分毫不受"。⑤ 后来复旦学生在指责监督严复不称职时,即指出,"中国公学……监督、校员独能力尽义务,刻

---

① 黄秉义著,周兴禄整理:《黄秉义日记》(贰),凤凰出版社,2017年,第809页。

② 《中国公学筹款》,《新闻报》1906年3月25日,第3版。

③ 中国历史博物馆编:《郑孝胥日记》,中华书局,1993年,第1020页。

④ 中国历史博物馆编:《郑孝胥日记》,中华书局,1993年,第1081页。

⑤ 中国历史博物馆编:《郑孝胥日记》,中华书局,1993年,第1086页。

苦办事"①。可见郑孝胥之贡献有目共睹。1908年4月,郑孝胥因在两江总督署襄理军学两界事,不能兼职而辞卸。然观其日记,仍常有"过中国公学"之记载,可见其对中国公学用心颇多。

1908年9月,中国公学董事会成立,张謇为总董,熊希龄为副董,二人对中国公学的发展亦有很大贡献。早在1906年春,中国留日学生因取缔风潮,罢学归国。时任宁属教育会会长的张謇,为免归国学生四散失学,与赵凤昌、曾少卿等即参与筹办中国公学。张謇参与中国公学校事较早,1906年4月,中国公学具禀学务处会同上海道核议择地建设公学校舍,上海道瑞澂"以此事非熟悉学务者核议不可,……故于昨日致函殿撰(即张謇)等妥为筹议矣"②。相对于郑孝胥对学校之日常管理费心较多,张謇则对学校发展筹款甚力,其中一大贡献是为公学争取到吴淞官地用于建筑校舍。此外,1908年9月,张謇请宁苏浙赣各省协力资助中国公学常款,共任其难,对学校的发展贡献甚巨。③

熊希龄是晚清立宪派的重要人物,倾心实业、教育、慈善等新式事业。1905年,经赵尔巽之推荐,熊希龄担任出洋考察宪政五大臣的随员参赞,返国后成为梁启超、杨度等寓居海外的立宪派人士与端方、袁世凯、赵尔巽等清政府督抚大员之间交流的中介人物。中国公学筹划之时,留日学生即问计于熊希龄,熊极力赞成,并指示组织筹款方法。④中国公学经费支绌,陷入困境时,熊希龄面谒两江总督端方,历陈公学之困难,并介绍王敬芳面见端方,始有端方之拨款。熊希龄于中国公学支持颇力,正如《中国公学第一次报告书》中所言"扶助中国公学者,谓非先生之力而谁与?"⑤据郑孝胥1907年1月29日日记,"熊秉三来谈,言午帅已云拨中国公学常年经费一万五千两,请余为校长"⑥。由此可见,熊希龄是运动端方拨款赞助中国公学的重要人物之一。

晚清新政期间,官绅之间在新式事业中的合作关系是一种普遍现象。⑦中国公学在清末的发展得益于两江总督端方的大力赞助,而郑孝胥、张謇、

① 《叶景莱启事》,《神州日报》1908年2月9日,第1版广告栏。
② 《筹议创设公学》,《申报》1906年4月20日,第17版。
③ 《张殿撰请筹款协助公学》,《时报》1908年9月28日,第3版。
④ 朱经农:《在我记忆中的熊秉三先生》,周秋光主编:《熊希龄:从国务总理到爱国慈善家》,岳麓书社,1996年,第74页。
⑤ 郑孝胥编:《中国公学第一次报告书》,上海商务印书馆,1907年,第20页。
⑥ 中国历史博物馆编:《郑孝胥日记》,中华书局,1993年,第1081页。
⑦ 关于清末新政中出现的"官绅联合"的模式,可参见罗志田:《革命的形成:清季十年的转折》,《近代史研究》2012年第3期,第25页。

熊希龄等人在其间发挥了沟通牵线的作用。端方是趋新官僚，"锐意新政，所至以兴学为急"①。光绪末年，先后驻节两湖、两江的端方收纳了张之洞督府所遗留的人脉，集结为作用于东南文教建设的又一股势力。② 张之洞学人圈中的郑孝胥、陈三立、夏敬观等人此时均折入端方系统，并先后担任中国公学董事或监督，对于争取官方资源发挥了重要作用。③

据民国初年夏敬观的回忆，中国公学初创之时，"清廷恐学生创议革命，而一方又欲敷衍之，故屡欲津贴我校而又存顾忌之心，乃派余南下调查，时端方赝江督，命王敬芳走谒京师，乃自乙未年始，岁助我校万二千元，拨吴淞公地百余亩为校址，并得大清银行营口经理罗讱助借银十万以建校舍"④。端方在奏请朝廷补助中国公学前，确曾派夏敬观调查中国公学办学情况，故夏对于官方补助中国公学也有重要的推动之功。

端方在清末地方督抚中以热心学务著称，对于中国公学的办理支持颇力。端方对中国公学青眼有加，据张承槱回忆，1908 年春，"沪宁铁路完成，火车将通，全体教员及学生旅行南京三日，并受两江总督端方之招待于总督衙门。当时王敬芳干事率领全体教职员学生赴宁之前，即电告端方，故吾辈抵宁离宁之时，端方并派督粮道与盐巡道在车站接送。当吾辈与端方相见之时，每人赐宴外，另赠自书折扇一把，以留纪念"⑤。端方在接待中国公学学生时发表训词："世界各国文化之进步，以学校之多寡为比较。国家以学生为将来之柱石。凡所以尊荣之者无不至，故学生之自待亦不容或轻，予目击事变，日夜彷徨，思中国前途一惟学生是赖。诸生咸思所担负之责任其重大为何如？惟是责任既重，则期望不能不殷，期望既殷则责备不能不严。夫学术为立国之本原，不先祛其偏激以正大切实为宗旨，以忠君爱国合群为指归，则内患何由而平，外侮何自而御乎？是中国之学生其于中国之前途真有无穷之关系也。"⑥可见其对于中国公学学生期望之殷切。随后，教职员代表王敬芳致答词，表示"敝校自创办以来，艰难竭蹶，几濒于危，得老帅之补

①　吴庆坻：《端总督传》，《端忠敏公奏稿》，沈云龙主编：《近代中国史料丛刊》第 10 辑，第 94 种，台北，文海出版社，第 8 页。

②　参见陆胤：《政教存续与文教转型：近代学术史上的张之洞学人圈》，北京大学出版社，2015 年，第 291－292 页。

③　关于端方圈子文教活动的介绍，可参见尚小明：《学人游幕与清代学术》，社会科学文献出版社，1999 年，第 165－169 页。

④　《中国公学二十一周（年）纪念会记事》，《中国公学大学部第五届（丙寅夏）毕业纪念册》，第 186 页，上海市档案馆藏，中文资料档案，Y8－1－146。

⑤　张承槱：《中国公学创办的回忆》，王云五等编：《私立中国公学》，台北，南京出版有限公司，1982 年，第 154 页。

⑥　《中国公学旅行记事》，《时报》1908 年 5 月 4 日，第 1 版。

助巨款,始克成立,此学生对于敝校欲一亲光霁以表感激之忱者也"①。

　　自1907年开始,中国公学的经费来源基本稳定,特别是1908年以后,又得到浙江、江西、四川等省补助常款,得以摆脱窘境。据1908年四川总督署批复的中国公学请款文,当时"江省每月给银一千两,系由财政局开支。苏省每年给银三千两,系藩学臬三司会议由藩司于清赋项下提拨。浙省每年给银三千两,亦由藩学运三司会议"。川省拟参照各省办法拨款协助。②1909年,因王敬芳代表中国公学请款,山东巡抚批复,"闻各省均认有常年经费,东省应准自宣统元年起,每年补助银二千两"③。1909年4月,直隶总督准"自今年起每年补助银三千两,由提学司筹备足数给领"④。1909年9月,广西也拨款补助中国公学,"由广西官银沪号准桂省派处移属拨银二千两已如数送交公学矣"⑤。

　　中国公学董事会1910年的呈文称:"中国公学自光绪三十二年创设于上海地方,禀由大部、南洋大臣批准立案,又以经费支绌先后呈请两江、江苏、直隶、湖广、四川、闽浙、两广、山东、浙江、江西、安徽各督抚批准提拨公款计银三万二千余两,复于宣统元年蒙两江督部堂端江苏抚部院会奏,准以是校为南洋工科大学预科,以备养成专门制造人才,为国家机械工厂之用。惟是校舍尚系租赁,复公呈两江督部堂准拨吴淞官地一百四亩,鸠工庀材以校及各省补助款为保息抵押于大清银行息,借规银十万两,议定分年摊还,即以校中经费撙节预算,除所需外,悉以偿还本息,于是年冬开始建筑,至本年六月落成,计额容生徒五百余人,八月间迁移新校,中外人士咸以为国人共同兴学巨构闳规。此为创见以美之耶鲁哈佛,日本之庆应义塾相期,谓非国家之维持、社会之扶助不克有此。"⑥可见,学校的发展离不开各省协济,且得到学部和度支部的认可。

　　到1910年,由于新政改革对中央与地方的税制重新划分,原属地方的

---

　　①　《中国公学旅行记事》,《时报》1908年5月4日,第1版。
　　②　《公牍:本署司详遵批议复上海中国公学干事张邦杰等恳拨巨款建筑文》,《四川教育官报》1908年第11期,第5页。
　　③　《鲁抚补助中国公学经费》,《广益丛报》第7年第18期,1909年8月5日,第5页。
　　④　《直督杨莲帅补助中国公学经费批》,《时报》1909年4月17日,第6版。
　　⑤　《桂省补助中国公学建筑费》,《时报》1909年9月9日,第6版。
　　⑥　《文牍:藩司连学司吴会详抚院奉宪札准度支部咨饬筹中国公学经费实无闲款可动文》,《安徽官报》1911年第3册,1911年5月下旬,第2-3页。

税收多被收归中央。① 清末新政时期，各地方筹设谘议局，按《各省谘议局章程》规定，谘议局有权议决本省岁出岁入的预算与决算。② 虽然地方督抚可以不采纳谘议局的方案，但以省为单位的谘议局对于并非用于本省事业的拨款大多予以取缔。在此情形下，中国公学由各省协济的体制遂无法维持。1910 年 3 月，浙江藩司颜钟骥详复浙抚文中提到，浙江谘议局"议决停止无关本省行政经费之支出案"，故业经本部院批准的给予中国公学的拨款继续照发，但为最末一次，以后不再补助。③ 中国公学董事会 1910 年的呈文也提到，"刻闻各省均以预算不敷，有裁学校补助款项之说，倘不幸公学亦被停支则不独生徒数百无以自存，即大清银行借款亦将摊还无着"④。1911年 3 月，校董张謇曾具呈度支部，略谓："中国公学经费半赖各省之补助金每年约三万余两，现值各省试办预算，务请大部咨行各督抚仍照常接济免致掣肘等语。"⑤度支部接呈后，表示会调查补助各省是否已列入预算以便斟酌办理。8 月，安徽省开始停付中国公学经费，据报载，"皖省各学堂医局经费向由厘金项下拨助，前奉部饬删除，惟中国公学经费只准另筹闲款应付，当经各校电请抚宪极力维持，咨部在案。兹奉部复仍照前电办理，所称公学经费既无闲款筹付，应即一律停拨，朱中丞准电后转饬各校遵照办理矣"⑥。可见因举办新政，中央与地方预算的重新划分直接影响到中国公学经费的配置，本应筹商办法，但很快辛亥革命爆发，进入民国以后教育经费的配置方式又再次转轨。

在清末，除京师的各学堂外，各省府厅州县亦在地方分设各类各级学堂，各省一般在省城设高等学堂与专门学堂。省城的官立学堂一般由督抚主导设立，在省内筹款，以招收本省学子为主。相较而言，中国公学的性质比较特殊。就晚清时代语境而论，中国公学既非官办，亦非私立，其性质与南洋公学颇为相似。1898 年 6 月，盛宣怀在呈奏朝廷折子附奏的《南洋公

---

① 1908 年，度支部奏定的《清理财政章程》规定各省清理财政局须将本省收入划分国、地税，但中央未制定标准，各省实际情形更加复杂。至 1910 年 9 月，度支部奏准该年度为调查国地两税之年，1911 年为厘定年限，1912 年为颁布年限。虽然国地两税划分工作进展缓慢，但全国性的试办预算仍照立宪筹备清单计划进行，即从宣统二年（1910 年）开始编制各省次年预算。参见蒋宝麟：《清末财政预算体系中的教育经费编制研究》，《中国经济史研究》2021 年第 1 期。
② 故宫博物院明清档案部编：《清末筹备立宪档案史料》（下册），中华书局，1979 年，第 676页。
③ 《浙省第末次拨助中国公学经费》，《申报》1910 年 3 月 21 日，第 2 张第 3 版。
④ 《文牍：藩司连学司吴会详抚院奉宪札准度支部咨饬筹中国公学经费实无闲款可动文》，《安徽官报》1911 年第 3 册，1911 年 5 月下旬，第 3 页。
⑤ 《京师近事》，《申报》1911 年 3 月 16 日，第 6 版。
⑥ 《中国公学停拨经费》，《申报》1911 年 8 月 28 日，第 1 张第 4 版。

学章程》中,称:"西国以学堂经费,半由商民所捐,半由官助者为公学。今上海学堂之设,常费皆招商电报两局众商所捐,故定名曰南洋公学。"[1]中国公学的经费来源大致也是半由商民所捐,半由官方拨付,学资不出于一方,正如《中国公学第一次报告书》中所言:"本校创办,一切经费毫无凭籍,其所以能支持至今且日益发达者,官绅商学界捐助及提倡之力也。"[2]中国公学在募集建筑校舍经费的过程中,特别强调,"近虽屡蒙学部奖励,督臣赞助,然仆等欲达民立之目的,甚恐倚赖太深,渐致精神堕落"[3]。民初校董张謇的一份呈文中也强调,"中国公学创自前清光绪三十二年,实因日本取缔风潮,学生回国,各省绅民奔走联合,愤激而设此校,其宗旨纯属民办,即以董事会组织保管。数年以来,筹集开办经费,已及百数十万金。而常年费则取给于各省公摊,约二万余两"[4]。可见,中国公学学生籍属不拘于一省,经费由各省官绅协力赞助,学校既有董事会,又有官方聘请的监督,故有别于一般带有地方色彩的官办或私立学堂。

四、自治与官办之争:新旧公学风潮

1908年,中国公学因为修改学校章程而发生风潮,结果超过半数的学生退学,另组新中国公学。

风潮之起因是学校章程的修改。如上节所述,早期中国公学的体制仿行留学生总会,设评议部和执行部,执行部的干事由评议部公选产生,有一定任期,并且对评议部负责,评议部有监督和弹劾职员的权力。如反对修改章程的学生所言:"本校发起之初纯然公立性质,故一切组织莫不以此为归宿。成立以后,即分执行评议二部,互相辅翼而行,不敢稍有所偏私。"[5]1907年冬,由王敬芳、黄兆祥、张邦杰三干事主导,修订学校章程,取消评议部,"于是向之所谓干事者皆自尊为长,而本校所应有之公共性质几于消灭

---

① 盛宣怀:《筹集商捐开办南洋公学折》(1898年6月12日),舒新城编:《中国近代教育史资料》上册,人民出版社,1981年,第152页。

② 郑孝胥编:《中国公学第一次报告书》,上海商务印书馆,1907年,第19页。

③ 《致胡竹园林晴波二君书》,《中国公学第一次报告书》,上海商务印书馆,1907年,第60页。

④ 《董事张謇等呈请拨款继续办学文》,《中国公论》第1卷第9期,1937年5月1日,第36页。

⑤ 《中国公学全体学生报告天下书》,《竞业旬报》第29期,1908年9月1日,第49页。本书所引《竞业旬报》出版日期均依原件所标,为农历纪年,特此说明。

殆尽"①。

对于修改章程是否合理？干事与学生之间争执颇烈。随着中国公学的发展,学校章程的若干规定已经不能适应学校发展的事实,修改章程实属必然。主事的干事从实际情势出发,认为章程之修改乃势所必然,而学生从自身权益出发,认为干事修改章程是出于维护个人地位的考虑。

中国公学自 1906 年春开办至 1907 年年底已近两年,原发起的留日学生中有一部分仍回日本,加上公学成立不久因意见不同,部分江苏学生退出另办健行公学,而新考入的各省学生日益增多,在校的原发起创校学生日渐减少,"学生内部的情况,与初发起时完全不同"②。发起创校之时,立共和之法是基于罢课归国的留学生是平等地位,既是发起者和办学者,同时又是读书者,学生与职员之间没有严格的界限,而随着创校学生在全校学生中的比例日益降低,两者的差别和界限亦表现出来,后入学之学生是否与创校学生居于同等地位？其对于学校是否亦具有创校学生的那种主体地位？后入学的学生对于校务是否还能发挥决定性作用？这些问题都逐渐显露出来。

反对修改章程的学生认为,干事是为维护个人地位而私自修改章程。据胡适的记述,负责校务的三干事"外面要四处募捐,里面要担负维持学校的责任,自然感觉他们的地位有稳定的必要"。加上校内一般学生与干事之间存在不小的隔阂,"这里面也还有个人的问题。当家日子久了,总难免'猫狗皆嫌'。何况同学之中有许多本是干事诸君的旧日同辈的朋友呢？在校上课的同学自然在学业上日有长进,而干事诸君办事久了,学问就没有进境,却当着教务长一类的学术任务,自然有时难免受旧同学的轻视"③。

从主事干事的视角来看,修改章程是为了学校长远的发展。干事王敬芳即指出,中国公学之所以采取共和制度,是因为"公学为留日学生所创办,故其时发起者为学生,办事者为学生,读书者亦为学生。试思除以学生为主体外尚有何法？"④言下之意,以学生为主体乃迫不得已之选择。在学校干事看来,创办之初的学生自治只是权宜之计,所以一旦条件成熟,为争取官方支持,势必要改变学生自治的体制,聘请校长负责一切。

早期中国公学既无校舍,又无基金,为获得官款的补助和社会的捐助,

---

① 《中国公学全体学生报告天下书》,《竞业旬报》第 29 期,1908 年 9 月 1 日,第 50 页。
② 《王敬芳致胡适》(1928 年 10 月 30 日),中国社会科学院近代史研究所中华民国史研究室编:《胡适来往书信选》(中),社会科学文献出版社,2013 年,第 507 页。
③ 胡适:《四十自述》,中国文联出版公司,1993 年,第 74 页。
④ 《王敬芳致胡适》(1928 年 10 月 30 日),中国社会科学院近代史研究所中华民国史研究室编:《胡适来往书信选》(中),社会科学文献出版社,2013 年,第 507 页。

• 37 •

必须寻求官方和社会的理解和支持。如王敬芳所言："公学之共和制度，既为政界及社会所诟病，若不修改，必为筹款最大障碍。"①

1906年年底，中国公学学生呈两江总督端方的书中提及："校长未定，则整理规程无人提挈，干事等既无所遵循，学生等亦多怀观望，此皆公学最为危险之现象也。生等势迫力穷，焦灼万状，再四筹思，惟有仰恳大帅俯念生等兴学之艰难，智力之竭厥，……照会郑京卿为公学校长，以备改良办法。"②端方随即批复："监督一席，已照会郑京卿办理。"③可见，郑孝胥任监督实际上是中国公学诸干事为求学校发展而请两江总督委任的。

郑孝胥任监督后，学校的体制与之前校章规定的体制有不合之处。1907年年底，由三干事发起，未经全校学生同意，即修改校章。具体的改变主要有如下几方面：一是确立由官方任命的监督负责的体制；二是取消评议部，学校职员的产生由此前的评议部公选改为由监督聘任；三是此前学校职员与学生关系发生变化，此前学校职员由学生中产生，干事既是学校的职员又是学校学生，改为聘任制后职员与学生存在清晰的主客界限。对于在校学生而言，最根本的改变是取消了学生参与校政的制度凭借，由以学生为主体的自治体制改为监督主导的管理体制，对学生权益有很大的损害。很多新进的学生之所以选择中国公学，很大程度上就是被学生自治的制度和精神所吸引，学校干事也曾说过，"学生数逾三百人，籍贯凡得十四省，葆神州之旧德，祛省界之恶风，注重精神，力臻自治，是以风声所及，来者日多"。④由是观之，新进学生对于学生自治的取消是难以接受的。

三干事擅自修改校章引起新进学生的不满，特别是评议部成员的不满，时任评议员的李琴鹤、钟古愚、但懋辛、罗毅等人都是后来风潮中反对改制的有力分子。反对修改校章的学生以中国公学章程规定"非经全体三分之二承认，不得修改"为由，不承认三干事修改校章的合法性。⑤反对改制的学生以原有校章为凭借，以修改校章未经评议会和全体学生同意，认定三干事修改校章不符合程序，故不能承认。但三干事所依据的监督负责制既成事实，郑孝胥任监督已大半年，如果不修改学校章程，则法理与事实已不相

---

① 《王敬芳致胡适》(1928年10月30日)，中国社会科学院近代史研究所中华民国史研究室编：《胡适来往书信选》(中)，社会科学文献出版社，2013年，第506页。

② 《上江督端午帅禀》，《中国公学第一次报告书》，上海商务印书馆，1907年，第45页。

③ 《江督照会郑京卿为监督文》，《中国公学第一次报告书》，上海商务印书馆，1907年，第46页。

④ 《致胡竹园林晴波二君书》，《中国公学第一次报告书》，上海商务印书馆，1907年，第60页。

⑤ 胡适：《四十自述》，中国文联出版公司，1993年，第74页。

符，而以学生为主体主持章程的修订，必不愿损害自身的利益，双方各有依据，相持不下。

为表示对三干事擅自修改校章和取消评议部的抗议，反对的学生以全体学生组织校友会的名义发起抗议。双方争执数月，最后干事应允校章可由全体学生修改。于是，校友会选举代表起草校章修正案，经多次开会讨论通过一部新的校章。但新任监督夏敬观不认可新修订的校章，于是学生与监督处于对立地位，分歧仍得不到解决，遂演变成大的风潮。

除了校章之争外，新任监督夏敬观的专断以及校内立宪派和革命派之间的斗争也是风潮激化的潜因。中国公学校内上层多为立宪派，处事较为和缓，而下层学生大多倾向革命，往往比较激进，主张实行自治，极端反对官办。据张承槱后来的回忆："学校基础虽已奠定，革命工作日有进展，但为清廷密切注意，郑孝胥之到校不过数月，即推荐夏敬观为中国公学监督以自代。而夏为南京候补道，亦宪政派之人物，与端方甚接近。故夏到职以后，与王敬芳勾结一气，不似以前郑孝胥挂名不问事之监督也。吴淞炮台湾校舍尚未开工，而因取消同学校友会评议部之争端忽起，最后不惜解散学校，使全体退学。夏敬观并在校出示开除全体同学以自豪，藉以见重于端方，至是双方冲突达于极点。当时于右任先生，闻此情形，并函责王敬芳谓'士可杀不可辱'等语。"[1]其中上下派分的观念及意气之争已表露无遗。

1908年9月27日，校友会开大会报告校章交涉经过，监督夏敬观完全否认学生有权改订校章，并贴出告示警告学生。

> 集会演说，学堂愚为厉禁，本校前校友会初以为其专为同学恳亲而设，无甚妨碍以故未曾干涉，乃昨日忽用校友会职员等名称印发传单，莠言煽众，并于今日擅在教员休息室开会演说，职员临场即行拒绝，派员监临复不承认，似此学风殊于教育前途大有妨碍。兹查会场附从者数十余人，其中必多不悉内容，误听浮言，以为本校将改变公立之性质，但系被动，其情尚有可原，惟倡首诸人均系洞悉本校历年情形，乃纯用意气讬保全公立之名鼓动全体，若再任其自由行动，势不至于破坏本校不止，除将倡首诸人照章办理外，所有校友会以后不准再行开会，至于校友会报告所言账目等项，本

---

① 张承槱：《中国公学创办的回忆》，王云五等编：《私立中国公学》，台北，南京出版有限公司，1982年，第156页。

> 校自应请董事会长张熊两先生派公正人来校清查宣布以昭
> 大信。①

同时，发布一道布告，开除主事的学生。

> 本校高等预科生说朱经、朱绂华倡首煽众，私发传单，侮辱职
> 员，要挟发布所自改印章程，屡诫不悛，纯用意气，实属有意破坏公
> 学。照章应即斥退，限一日内搬移出校。其余附从者姑从宽免究，
> 以俟自悔。②

9月28日，全体学生签名停课，在操场上开大会，议决数事：（一）辞退
王敬芳；（二）要求取消开除二代表之公布；（三）举人至东京，请本校发起人
共来上海另选干事；（四）章程一事应请本校发起人与董事会诸先生及本校
舍监教员及公学代表共同议改；（五）公举代表请公正名人清查账项。③ 会
议既定，方拟交涉。下午校方贴出布告，开除学生罗毅、文之孝、周烈忠等七
人，并声言："如仍附从停课，即当将停课学生全行解散，另行组织。"④次日，
教师出面调停，想请董事会设法挽救，但董事会不肯开会。9月30日，学生
大会遂决议筹备学校解散后的办法。

10月1日，学生开会商量学校解散后的办法，并准备痛打夏敬观和王
敬芳一顿。校方得知后，招来印度巡捕持械守在门口准备对付学生。至此，
双方几近动武，局面难以挽回。10月2日，董事陈三立出面调停，但其调停
之法，以前此种种公布俱作为无，敦劝学生仍旧上课，干事依旧任事。同日，
前任监督郑孝胥公开宣布对三干事的支持，称"张邦杰、王敬芳、黄兆祥三
子，尽义务于中国公学，辛苦累年，天下皆知。甫有成立之望，而诸君欲排而
去之，此真不义之举，社会所不容。中国人稍知礼义者，尚有郑苏戡在，决不
能赞成诸君之所为也"⑤。

10月3日，学生复开大会，同学以为如此则王敬芳必不去校章必不改，
而校事一复其风潮未起时之故态。大会议决派代表四人与干事诸君算清账
目，要求退还膳学费及各生开办费藉于解散后不致有流离困苦之忧。下午，

---

① 《中国公学全体学生报告天下书》，《竞业旬报》第29期，1908年9月1日，第52页。
② 胡适：《四十自述》，中国文联出版公司，1993年，第75页。
③ 《中国公学全体学生报告天下书》，《竞业旬报》第29期，1908年9月1日，第53-54页。
④ 胡适：《四十自述》，中国文联出版公司，1993年，第75页。
⑤ 中国历史博物馆编：《郑孝胥日记》，中华书局，1993年，第1160页。

学校又出布告,"今定于星期日暂停膳食。所有被胁诸生可先行退出校外,暂住数日。准于今日午后一时起,在寰球中国学生会发给旅膳费。候本公学将此案办结后,再行布告来校上课"①。学校门口还有校方招来的印度巡捕守门,以防备学生之动武。② 布告一出,群情激愤。167 名学生决定退学,自办新学校,与旧公学相对抗。

此次风潮之发生起于学生要求维持学校公立的性质,但学校官办的事实已无法改变,怀抱共和理想的青年学生不愿接受事实,故退学另组理想学校。风潮中退学的学生推举干事筹备另创新校,此前校友会的干事朱经农、李琴鹤、罗毅被推举为代表,十日之内,即租定爱而近路庆祥里的一处房屋作为校舍,聘请教员开课,定校名为"中国新公学"。

中国新公学成立后,学生按原来的学校章程,实行自治,选举干事朱经农、李琴鹤、罗毅分别负责庶务、教务和斋务。中国新公学为了筹款,也成立了校董会,推举李平书为总董。新公学发展面临的最大问题是经费短缺,为节省经费,学校只能聘请高年级学生担任新生的课程,即便如此,学校还常常无法按时足额发放教师薪俸。据胡适回忆,新公学"经费实在太穷,教员只能拿一部分的薪俸,干事处常常受收房捐和收巡捕捐的人的恶气,往往因为学校不能付房捐与巡捕捐,同学们大家凑出钱来,借给干事处"。干事朱经农,曾因经费困顿,忧愁过度,以致神经错乱,欲投河死,幸被救起。③

监督夏敬观力主严惩退学诸生,并禀请江督。两江总督批复,对夏敬观表示支持。江督批中国公学监督夏敬观请将破坏公学劣生惩处禀云:"中国公学之设,本部堂为培植人才养成士气起见,多方扶植,并集合官绅之力,得以有成,缔造经营良非易易。校中一切规程经前监督郑绅厘定以后尤为平允,公溥诸生等宜如何仰体官师裁成之意,切实遵守。据禀学生罗毅、朱绂华等欲校中设自治公会名目,擅改章程,要求发布,酿成九月初四日全体停课等情,设心破坏,实为无意识之举动,详阅折开各条开诚公布,立言得体,据称于九月十三日恢复秩序,照常授课,办理得宜,殊堪嘉许,所请究惩倡首诸生一节,查奏定学务纲要,各学堂犯规学生概不准更名改籍另投他处学堂,各学堂遇有斥退学生,应将该学生姓名籍贯事由详请督抚咨行本省外省各学堂,又学生故犯禁令希图退学,应追缴在学堂一切费用,惟保人是问各等语。该生等极端反对,鼓动风潮,照章施罚,实属咎由自取,仰该监督遵照

---

① 胡适:《四十自述》,中国文联出版公司,1993 年,第 75 页。

② 《中国公学大风潮续志》,《神州日报》1908 年 10 月 7 日,第 2 版。

③ 胡适:《四十自述》,中国文联出版公司,1993 年,第 77—78 页。

办理，毋少宽纵。"①两江总督对于新公学的反对态度，也加剧了新公学募款的难度。

　　新旧公学并存，严重影响到旧公学的发展。最典型的例子就是新旧两公学争夺浙江省的津贴。1910 年 1 月，中国新公学浙江学生具禀浙江巡抚，请停浙省准拨中国公学常年经费三千元，转用于新中国公学，并攻击旧公学有名无实，揭露其"腐败情状"。② 7 月，中国公学监督夏敬观请浙省汇补助公学常年经费。③ 应浙江省教育总会呈请，浙省决定"分拨一半助新公学"，由此引发两校的抗议。④ 为此，中国公学董事电浙江巡抚称，"近闻彼等辄禀各省大宪求止公学助款，始于疾视终以破坏，殊可寒心"⑤。可见新公学四处筹款，对旧公学形成压力。

　　新公学在艰难中维持了一年左右，几经调停，最终选择与旧公学复合为一。中国新公学虽募集到一些款项，但并不足以维持其运转，新公学的存在也影响旧公学的声誉。在新旧公学董事及干事的调和下，两校合并。校董熊希龄是推动新旧公学合并的重要人物，熊希龄是中国公学校董会的副董，同时又是中国新公学发起人之一朱经农的姑丈，对于新中国公学的维持赞助颇多。据胡适的回忆，熊希龄"对中国新公学就很同情，所以他肯写介绍信，给募捐的同学带到各省去"⑥。1909 年 7 月 6 日，新公学干事罗毅到郑孝胥处，"商新公学诸生仍归中国公学事"，郑孝胥允与熊希龄商办此事。⑦ 7 月 8 日，罗毅与张邦杰到郑孝胥处，双方同意新公学停办，学生并入旧公学之办法。但 7 月 11 日，郑孝胥接到中国新公学来书，称新旧公学合并事，校内已开会，公议作罢。

　　8 月 13 日，新公学干事薛传斌、李琴鹤致书熊希龄，称江苏巡抚程德全允助新公学银三千两，专为建筑校舍之用。⑧ 9 月 10 日，熊希龄致函郑孝胥，"中国新公学薛生来奉筹款，蒙程雪帅捐助规银三千金，但云须留充建筑校舍之款，不能作常年支费等语。兹将存义公汇票规银叁仟两，托陈树藩部郎带沪，并雪帅函送呈，均乞察收为荷。此次新公学学生在学部具禀立案，

---

① 《请惩破坏中国公学学生》，《申报》1909 年 1 月 15 日，第 3 张第 2 版。
② 《中国公学学生请停津贴》，《申报》1909 年 1 月 6 日，第 2 张第 3 版。
③ 《中国公学请汇津贴问题》，《申报》1909 年 7 月 12 日，第 2 张第 3 版。
④ 《中国公学经费未便匀拨》，《申报》1909 年 9 月 27 日，第 2 张第 3 版。
⑤ 《本司支奉抚宪札准中国公学张殿撰等电革生朱祓华等盗煽罢课散学一案移藩司文》，《浙江教育官报》第 8 期，1909 年 4 月，第 69 页。原文疑有误，应为朱绂华。
⑥ 胡颂平编著：《胡适之先生年谱长编初稿》，台北，联经出版事业公司，1984 年，第 90 页。
⑦ 中国历史博物馆编：《郑孝胥日记》，中华书局，1993 年，第 1198 - 1199 页。
⑧ 中国历史博物馆编：《郑孝胥日记》，中华书局，1993 年，第 1204 页。

措词婉转，绝未损及老公学一语，龄颇嘉其所力，又以薛生等栖栖道路，情状窘迫，特为转恳雪帅，仗公之力，得捐此款，所以声明留充建筑费者，虑新公学学生之随意支销也。异日者，两公学感情浃洽时，再谋合并，则此款亦可为新中国公学还清外欠之需，于雪帅无分新旧之意亦相合也。此中微意，想邀洞及"[①]。

另据新公学教员王云五回忆："到了上半年（1909 年），新公学与老公学间，复合的机运日渐成熟，新公学拥有多数优良的学生，却缺少经费，老公学则拥有充裕之经费，却只有少数学生，而且程度远不如新公学的。于是调停人士益加强撮合，结果双方协定了若干条件，其中最重要者，一为所有新公学的学生成绩一律由老公学承认，已毕业者由老公学补发毕业证书；二为新公学一切债务由老公学偿还。"[②]

1909 年 11 月 13 日，新中国公学董事李平书及干事李琴鹤、罗毅与原中国公学董事郑孝胥、干事谭心休、梁乔山商议合并办法，"约定即日将庆祥里新公学房屋退租，学生皆移入中国公学，所有新公学欠款由公学分别缓急酌为认还"[③]。11 月 17 日，中国公学开合并会。罗毅等人清点账目，"新公学亏一万一千元"[④]。11 月 18 日，梁乔山来，以程德全所捐公学银三千两付之。

新旧公学合并，参与调停之事的重要人物中独不见监督夏敬观，而据郑孝胥日记所载，1909 年 8 月 31 日，张邦杰来，商电留夏剑丞为监督事，并嘱王敬芳即赴南京见安帅。[⑤] 9 月 12 日，王敬芳来，示瑞澂电，令夏剑丞暂兼中国公学监督。[⑥] 由此可以推知，在新旧中国公学商议合并前后，夏敬观拟辞去监督之职，可见夏对于此前的风潮仍心存芥蒂。另据张承槱回忆，"此次风潮以后，虽仅数月，双方意见经数度调解，又复合而为一，准许退学全体同学，仍回原校读书，但昔日由日本归国重要著名有党籍之分子，多数均不愿再回原校，俱叹学校精神已非昔比，逐渐官僚化也"[⑦]。胡适在题十月新

---

①　《为新中国公学来奉筹款事致郑孝胥函》（1909 年 9 月 10 日），周秋光编：《熊希龄集》（上），湖南出版社，1996 年，第 260 – 261 页。

②　王云五：《岫庐八十自述》，《王云五文集》（6），江西教育出版社，2011 年，第 50 页。

③　中国历史博物馆编：《郑孝胥日记》，中华书局，1993 年，第 1214 页。

④　中国历史博物馆编：《郑孝胥日记》，中华书局，1993 年，第 1215 页。

⑤　中国历史博物馆编：《郑孝胥日记》，中华书局，1993 年，第 1206 页。安帅，即时任两江总督张人骏。

⑥　中国历史博物馆编：《郑孝胥日记》，中华书局，1993 年，第 1207 页。

⑦　张承槱：《中国公学创办的回忆》，王云五等编：《私立中国公学》，台北，南京出版有限公司，1982 年，第 157 页。

校教员合影的诗中提到，"应有天涯感，无忘城下盟"[①]。表明当时部分学生坚持早先争自治的理想，而不愿接受合并的事实。胡适称新中国公学这一年是"为一个理想而奋斗，为一个团体而牺牲，为共同的生命而合作"[②]。不愿回老公学的还有林君墨、但懋辛、任鸿隽、唐桂梁、朱绂华、朱经农等人。

新旧公学风潮反映了清季新式学堂学生对于共和自治理想的信仰，而新公学难以维持的现实则突显了学生诉求的理想化。清季新式学堂学生在革命思想的熏陶下，追求民主自由，在校内要求自治，校外则与清廷疏离。但风潮的结果也反映了学生自治体制的困境，即欲求学校之发展须有官方的资助，而官方资助必然损害学校自治。1908 年 11 月 17 日，中国新公学的学生谢尹、王谟、郭光济等人找郑孝胥，"言公立之中国公学不应改为官立事"。郑孝胥答称："如学生能自筹费，不借捐款、官款则可；今'公立'二字久已卖却，复何言乎？"中国公学性质的改变背后最重要的驱动力是经费来源的改变，故官方补助常款与学生自治实际上不能兼得而并存。[③]

五、早期中国公学的学生、师资与办学状况

中国公学创办时，归国的留学生虽有千余人之多，但除去返乡及赴日的，留在上海入中国公学的学生仅有 260 多人。1906 年 4 月，姚宏业投黄浦江自杀，引起社会的广泛关注，由此吸引了部分投考者，学校人数略有增加，达到 300 多人。中国公学创校之初的学生来源及教育程度与一般学堂有很大不同。

从学生教育背景看，中国公学早期的学生大多是取缔风潮罢课归国的留学生，教育程度参差不齐，赴日前在国内所受教育本就有差异，到日本就学的时间也长短不一。中国公学初创时，设普通预科两班，两年毕业，师范速成一班，两年毕业，中学普通四班，三年毕业，理化专修一班，一年毕业。学生入学后即按照其学力分班就读，每班的学生数自二十几人至六十几人不等。学生年龄相差也很大，据 1907 年春入学的胡适回忆，当时中国公学

[①]　胡适：《十月再题中国新公学合影时公学将解散》，欧阳哲生编：《胡适文集》(9)，北京大学出版社，1998 年，第 50 页。

[②]　胡适：《四十自述》，中国文联出版公司，1993 年，第 79 页。

[③]　《郑孝胥日记》，第 1166 页。复旦公学亦面临同样的问题，"自丁未春，经两江督宪奏拨常年经费、派定监督之后，(复旦)已成官立之校"。《严复启事》，《时报》1908 年 2 月 12 日，第 1 张广告版。

的许多人是从日本回来的，"又有一些是内地刚出来的老先生"，年纪比他大许多，让他感到自己是个小孩子，而比他年长的同学也把他看作小弟弟。①

从学生的省籍分布来看，中国公学发起时，第一批学生来自全国各省，且外省学生较多，本地学生甚少。以1906年在校学生的省籍分布情况来看，中国公学的学生来自内地的十三个省，其中以湖南、四川、广东、河南的学生居多，人数占全校学生的比例依次为17％、20％、21％和9％，这在当时各省自办学校的情况下颇有特色。② 据张承槱回忆，"抵沪以后，热心创立学校之志愿，因环境及经费之关系，一时难以实现。临近沿海各省之学生，多归故乡度岁；而远在内地，如川、滇、黔、陕、豫、湘、鄂、粤、桂等省之学生，等待学校成立进校者尚有三百余人"③。这或许也是中国公学内地学生较多的原因之一。中国公学创立之初衷是希望破除省界，熔全国人才于一炉，但在实际的校园日常生活中，省籍认同仍然是一个重要的聚合，甚至人数较多的某省学生会在校内形成一种优势。

由于中国公学学生省籍分布较广，所以与上海本地学堂的教育有很大的不同，特别是对国语的推广。据胡适回忆，当时"上海还完全是上海话的世界，各学校全用上海话教书，学生全得学上海话。中国公学是第一个用'普通话'教授课程的学校。学校里的学生，四川、湖南、河南、广东的人最多，其余各省的人也差不多全有。大家都说'普通话'，教员也用'普通话'。江浙的教员，如宋耀如、王仙华、沈翔云诸先生，在讲堂上也都得勉强说官话。我初入学时，只会说徽州话和上海话，但在学校不久也会说'普通话'了"④。由此可见，跨区域招生的新式学堂对于省籍意识的消除及超越地缘纽带的交往具有重要的推动作用。

清末中国公学的教育层次大致相当于大学预科的层次。早期的中国公学注重普通教育，其程度相当于民国时期两级中学堂的程度。在胡适的印象中，当时学校的英语和数学都很浅，后人多据此而认定中国公学的教学程度不高，实际上有不小的误解。据张仲民考证，1908年1月《神州日报》上刊布《中国公学年终试验成绩表》，胡适的成绩在全班21个学生中列倒数第二。⑤ 这则成绩单附言称："本埠中国公学已开两年矣！其中教科颇为完

---

① 胡适：《四十自述》，中国文联出版公司，1993年，第56页。

② 郑孝胥编：《中国公学第一次报告书》，上海商务印书馆，1907年，第85－112页。

③ 张承槱：《中国公学创办的回忆》，王云五等编：《私立中国公学》，台北，南京出版有限公司，1982年，第152－154页。

④ 胡适：《四十自述》，中国文联出版公司，1993年，第57页。

⑤ 参见张仲民：《少年胡适在上海时史料补遗》，《清史研究》2012年第2期。

善,除今年十月间师范毕业一班外,尚有八班,昨初十日已放假,兹访得年假考试各班学生等第名姓如下……"根据名单,胡适所在的高等预科甲班 21 位同学的成绩,这 21 人中包括胡适的同学任鸿隽、朱经农等,其中,朱经农等 2 人为最优等,任鸿隽等 4 人稍次,为优等,接下来有 6 位同学为中等,5 位同学为下等,不及格的有 3 人,其中就有胡适。[1] 可见胡适后来回忆所言"公学的英文、数学都很浅,我在甲班里很不费气力"[2]。并非事实。

由于当时新学勃兴,而新式科目的本国合格师资尚不足,故需要聘请日本教习担任讲授。据胡适回忆,当时"中国教育界的科学程度太浅,……有好几门功课不能不请日本教员来教,如高等代数、解析几何、博物学,最初都是由日本人教授"[3]。新公学干事朱经农的回忆中也提到,"当时国内教师缺乏,关于物理、化学、生物、数学等课目,还要聘请日本教师讲授,翻译必不可少"[4]。朱经农在校期间就是一面当翻译,一面当学生。

表 2　1907 年中国公学教员表[5]

科目	教员
伦理、历史	石一参(蕴山)
国文、地理	杨天骥(千里)
英文	姚于仁(康候)、王仙华、王培元、胡汉梁(梓方)、邵叔嘉(公英)
德文	谭岳峰(于东)
数学	郑权(仲劲)、萧际昌(达阶)、曾钧(公冶)、曾杰(伯兴)
物理	陈学郢(柳高)
化学	森惠梁(日籍)、助教吴纪猷(葛初)
博物	稻盛荣市郎(日籍)、助教李琴鹤
图画	毛利教定(日籍)
音乐	徐球(紫虬)
体操	石锦川(仙航)、徐一丁、师锡彤

资料来源:郑孝胥编,《中国公学第一次报告书》,上海商务印书馆,1907 年,第 83 - 84 页。

---

① 《中国公学年终试验成绩表》,《神州日报》1908 年 1 月 18 日,第 5 版。
② 胡适:《四十自述》,中国文联出版公司,1993 年,第 56 页。
③ 胡适:《四十自述》,中国文联出版公司,1993 年,第 56 页。
④ 朱经农:《在我记忆中的熊秉三先生》,周秋光主编:《熊希龄:从国务总理到爱国慈善家》,岳麓书社,1996 年,第 74 页。
⑤ 郑孝胥编:《中国公学第一次报告书》,上海商务印书馆,1907 年,第 83 - 84 页。

　　上表是 1907 年中国公学的主要教员，从表中所列科目可见当时新式学堂的教育已完全区别于旧式的私塾和书院，所教的都是数学、物理、化学、博物等新式科目。就师资配备而言，主要的师资集中在新式科目上，如英语和数学的教师人数最多，可见新学影响的深入。

　　早期中国公学毕业生一般两三年即毕业，而当时国内能举办高等教育的机构甚少，学生在国内无升学之途径，大多还是留学国外，其中相当大比例留学欧美名校，这些学生此后成为各领域的翘楚。早期毕业生取得的成就，反映了清末中国公学办学所取得的成绩，这些优秀的毕业生后来也成为中国公学优质的校友资源，对中国公学的发展有着重要的影响。

　　晚清中国公学办学的重要成就之一是校舍的建筑，由此奠定了长远发展的基础。清末中国公学已经开始试办高等专门学校，相较于其他学堂，发展前景可期。

　　据中国公学第一次报告书记，"本校租金岁逾万元，每岁至掷万余金于虚牝，经济之困难实由于此。且光线格式既未尽合学堂之用。去岁至今，各省学生要求入校肄业，而本校因校舍狭小，不能收容者甚多，辜士子负笈之诚。揆诸兴学初衷，殊所未安，故本校欲扩充规模则建筑校舍一节，真万不容缓"[1]。

　　1906 年 3 月，中国公学在上两江总督周馥书中，呈请拨款在吴淞建筑校舍。之所以选择吴淞，呈文认为，"窃以上海交通最便，尤广见闻，然学堂若密迩夷场，恐学生或出见纷华而悦，约束艰难。查吴淞无市井之嚣而有舟船之便，地价廉而空气足，拟即在此购地经营"[2]。之所以选址吴淞，地价廉是非常重要的原因。当然中公发起人早经联络，发现在吴淞有空余官地可用。据《郑孝胥日记》载，1906 年 6 月 15 日，中国公学干事张邦杰、朱剑"来示吴淞地址图托商季直让六十亩为公学学舍之用；四川学生孙镜青（清）自任借款十万，建造学舍，约下半年开工"[3]。中公干事张邦杰与张謇相商，张謇对于中国公学"提官地事，甚表同情"，且"已见李平书，亦颇赞成"[4]。

　　1906 年 7 月，学部批复，对中国公学表示嘉许，称："该生等悯本国教育之未兴，鉴寄人篱下之非计，纠集同志，建设学堂，毅力热心，远超流辈。外

_____

　　[1]　郑孝胥编：《中国公学第一次报告书》，上海商务印书馆，1907 年，第 24 页。另据经费收支统计，1906 年，房租支出为 7 927.22 元，1907 年房租支出为 9 644.53 元。参见《中国公学第一次报告书》，第 77、80 页。

　　[2]　《又禀》，郑孝胥编：《中国公学第一次报告书》，上海商务印书馆，1907 年，第 39 页。

　　[3]　中国历史博物馆编：《郑孝胥日记》，中华书局，1993 年，第 1045 页。

　　[4]　中国历史博物馆编：《郑孝胥日记》，中华书局，1993 年，第 1046 页。

国学风之所盛，实由士民奋发，皆能自坚其力，自善其群。该生等力戒浮嚣，立约自治，尤见深明学旨，志趣不凡。所称南京山明水秀，为兴学善地，请商两江总督，量拨官地筹款建筑，并咨商各省督抚，协力资助各节，仰候两江总督查明办理可也。"①随后，中国公学上书两江总督，得端方批复，"俟明春财政稍舒，再行筹划，并乞函商各省协力资助，以竟全功"②。

1907年春，两江总督饬江苏候补道夏敬观会同宁学务司派员考察中国公学办学情况。夏敬观后来提交的禀帖中，提出，"查吴淞口指拨复旦公学公地左右尚有公地一区，可供建筑该校之用，前曾由该校管理员具禀请拨"③。

1907年9月，王敬芳会同宝山县核准校地，据上海道禀文，"兹据宝山县王合章会同中国学校干事员王敬芳等前往吴淞炮台湾海军衙门西边会勘，得该处有官地两块，一计四十余亩，一计一百余亩，两地不相连属，当据王敬芳等指定一百余亩之地堪建中国学堂之用，绘图禀祈核示"④。10月15日，两江总督端方批准上海道禀请拨吴淞官地于中国公学建校。⑤ 至此，中国公学建筑校舍之官地划定。

校址选定后，接下来即须筹款建筑校舍。据中国公学第一次报告书，"校地既定，且甚宽敞，照容纳千人计，预算建筑经费非二十万金不克竣事，如此巨款，夫固至难筹划者矣。然查端午帅原批内有建筑校舍

吴淞校地图

---

① 《学部批词》，郑孝胥编：《中国公学第一次报告书》，上海商务印书馆，1907年，第44页。

② 《上江督端午帅禀》，郑孝胥编：《中国公学第一次报告书》，上海商务印书馆，1907年，第45页。

③ 《夏道敬观查学后复江督禀》，郑孝胥编：《中国公学第一次报告书》，上海商务印书馆，1907年，第50页。

④ 《沪道禀江督苏抚文》，《申报》1907年9月13日，第4版。

⑤ 《谕》，郑孝胥编：《中国公学第一次报告书》，上海商务印书馆，1907年，第54-55页。

扩充规模,应俟咨商各省允为协助若干,再行定议云云。其已咨商与否,尚未能知,自校地拨定后,即先后禀粤督张鄂督赵川督陈,求其协助建筑经费,仅由粤督拨银三千两,然任重道远,其有待于巨公之维持,义士之匡助者正多耳"①。

1908 年,张邦杰通过户部银行稽查罗焕章借得银十万两用于建筑公学校舍。② 1909 年年初,中国公学董事会开第三次会议,会上讨论校舍建筑事宜,据王敬芳报告,"去岁第二次董事会本议决十一月内开工,嗣因所绘之图估价太昂,故又改绘,至本年正月底图始绘竣,已于前二月二十八日拆标,记投标者共十八人,投标十万两以上者六人,九万两以上者六人,八万两以上者亦六人,而以陆泰记所投之八万一千余两为最少数,嗣已由椿源木行立一保单认保万五千金,昨由张君俊生已与陆泰记订立合同矣,此议案众均认可"③。1909 年春夏之间,张邦杰力疾督工,10 月不幸尽瘁而死。11 月,中国公学在愚园为张邦杰开追悼会,郑孝胥亲往致祭,并撰挽联云:"赤手能兴学奔命继以死,盖棺今论定可称奇男子。"④到 1910 年 9 月,中国公学校舍建成,学校由新靶子路迁往吴淞。

校舍建设完竣可谓奠定了学校长远发展的基础。据民国初年中国公学招生广告的介绍,"按公学地址,位于吴淞炮台湾,基地宏敞,空气新鲜。入门钟楼巍然矗立。计有学生宿舍一百卅余间,教职员办事室十余间,讲室十余所,电机房三间。内外体操场两处"⑤。梁启超在一份募捐启中也提到,"吴淞一地,既不近市,而交通滋便,实为理想的学区。乃于其间择地创建学舍,有地百十亩,校中寄宿舍能容八百人,讲堂能容三千人,其他设备称是,国中私立学校除外国教会补助设立者外,其纯由本国自力独创而规模足与本校媲者,殆不一二"⑥。

与中国公学同年创立的复旦直到 1918 年才由校长李登辉在南洋集资 15 万,在江湾买地,1920 年冬开建校舍,至 1922 年落成。但规模也比较有限,计有教学楼一座,办公楼一座,第一学生宿舍一座,教师宿舍一栋。据

---

① 郑孝胥编:《中国公学第一次报告书》,上海商务印书馆,1907 年,第 24 - 25 页。
② 《张邦杰先生传》,王云五等编:《私立中国公学》,台北,南京出版有限公司,1982 年,第 54 页。
③ 《中国公学董事会会议案》,《北洋官报》第 2042 期,1909 年,第 9 - 10 页。
④ 张承槱:《中国公学创办的回忆》,王云五等编:《私立中国公学》,台北,南京出版有限公司,1982 年,第 155 页。
⑤ 《上海学校调查记》,《东方杂志》第 12 卷第 8 期,1915 年 8 月,第 4 页。
⑥ 梁启超:《吴淞中国公学改办大学募捐启》,汤志钧、汤仁泽编:《梁启超全集》第十集,中国人民大学出版社,2018 年,第 209 页。

1931年中国公学文史系学生蒲风对复旦的印象，"虽则初次见面，亦觉得终究不如中公"。其中一个重要原因即"建筑不太庄严"。① 相形之下，中国公学的校舍较为完备，办学条件较好，这也成为其吸引众多学人到校任教的一个重要原因，如1920年前后到校任教的舒新城最初本不愿到中公任职，但考察校园之后，对中国公学雄伟的建筑、宽敞的校基、幽静而便利的环境非常满意，心境陡变，"决心要把这庄严的殿堂变为理想的学府"。②

吴淞远离城区，环境幽静，适于读书，且往来上海交通便利。校友的回忆对此多有印证，如曾在中公任教的王云五就提到，"校舍迁至吴淞，环境幽静，尤是读书所在"③。1930年前后在校读书的富静岩也提到，"迁回校本部后，因学校环境幽静，不似闸北之喧嚣，读书较为宁静而感愉快"④。

中国公学吴淞校舍建成竣工，有了扩充规模的基础，同时为解决本校毕业生的升学问题，开始有兴办高等教育的规划。端方原拟筹建南洋大学，但限于财力和办学基础，转而谋求在中国公学基础上筹建一所工科大学。1909年6月，端方上奏朝廷，详述筹建工科大学之计划。

> 顾大学全备六科，科目既烦，规模至大，言乎建设，非百万不可；言乎学额，非数千不可；言乎秩序，非先有中学高等之毕业生不可。权衡形势，而先其所至急，莫若就上海制造局相近，先建工科大学，即以已成之中国公学，为高等工学之预备，次第经营，四五年后，即可希成效之发生，有完全之工学。更三数年后，各省热心从事工业之处，得有相助为理之人，不至如今日之实业索埴冥行，难言进步，其于国计民生关系，实为重要。⑤

另据《中国公学史略》所记，"王敬芳、黄兆祥继张君志奔走募款，于是湖北、浙江、四川、江西各省相继补助，讫宣统末年常款达两万余元。先是已添设工科，大学预科，并为筹办大学计，王敬芳赴南洋群岛募捐，所至侨商欢迎，方谓巨款可期，及革命军兴，侨商急筹军费，不暇顾及公学，亦因时变辍

---

① 李文儒编：《蒲风日记》，陕西教育出版社，1997年，第62页。
② 舒新城：《我和教育》（上），台北，龙文出版社，1990年，第168页。
③ 王云五：《岫庐八十自述》，《王云五文集》（6），江西教育出版社，2011年，第55页。
④ 富静岩：《回忆在中国公学求学时生活片段》，王云五等编：《私立中国公学》，台北，南京出版有限公司，1982年，第392页。
⑤ 端方：《筹办工科大学折》，《端忠敏公奏稿》，台北，文海出版社，1967年，第1791页。

课，计自丙午创始至此六年矣"①。可见当时为筹办大学，已获得海外侨商的捐助，故计划可望实现，只不过因为辛亥革命而中辍。

六、思出其位：中国公学与清季革命

清末新政废科举兴学堂之影响极其深远，民国代清与此有着密切的内在联系。清廷在 1904 年颁布的《奏定学务纲要》规定，"学生不准妄干国政，暨抗改本堂规条。孔子曰：'不在其位，不谋其政。'又曰：'君子思不出其位。'位者，本分之谓也。恪守学规，专精学业，此学生之本分也。果具爱国之心，存报国之志，但当厚自期待，发愤用功。俟将来学业有成，出为世用，以图自强，孰不敬之重之"②。但科举废除后，新式学堂和海外游学迅速兴起，新学堂学生与留学生迥异于传统士子，其突出的特征即思出其位。由于知识观念的更新和上升性途径的改变，使新学生与清廷日益疏离。叶文心即认为，中国公学是清末士绅学者政治异议与不满的产物，新创立的学校与旧式书院的不同之处在于，"他们在传统学问之外寻求科学知识和政治洞见"③。

在时代思潮的推动下，新式学堂内的民主革命气氛浓烈，学生群体的民族民主意识勃然而兴，与校外的革命运动声气相通。一些革命党人托办学之名行革命之实，将以传授知识为主要功能的学堂变成了革命的枢纽机关。1906 年，创办于上海的中国公学在晚清革命史上占有重要地位。位于上海的中国公学成为清季革命的枢纽机关，主要表现在两个层面：一是依托于上海在海外和内地之间流通的枢纽地位，革命党人在内地和东京同盟会总部之间形成双向流动，利用上海多元化的政治空间进行革命活动；二是依托上海大众传媒网络对革命思想进行传播，以上海为枢纽，将海外的革命思想输入内地和基层。

中国公学是部分中国留日学生为抗议日本文部省颁布《取缔规则》集体罢课后，归国在上海创办的学校。取缔风潮的发生与革命党在留日学生中

---

① 《中国公学史略》，王云五等编：《私立中国公学》，台北，南京出版有限公司，1982 年，第 2 页。

② 《奏定学务纲要》(1904 年 1 月 13 日)，璩鑫圭，唐良炎编：《中国近代教育史资料汇编 学制演变》，上海教育出版社，2007 年，第 504 页。

③ 叶文心著，冯夏根等译：《民国时期大学校园文化(1919—1937)》，中国人民大学出版社，2012 年，第 68 页。

的发展有密切的联系。1905 年 8 月,同盟会在日本东京成立,其在留日学生中的影响迅速扩大,由此引起清政府的疑忌。清政府为整顿留日教育,打击革命派,急需日本政府的支持和配合。日本政府为迫使清政府在东三省善后事宜交涉中做出让步,颁布取缔规则,加强清政府驻日使馆和留日学生监督对中国学生管束的权力,在一定程度上满足了清政府希望限制革命派在日本发展的要求。① 日本文部省次官木场在一次谈话中提到,"留学生之中,属革命派者甚多,彼等经此次省令,蒙受一大打击,殆无疑也"②,这也从另一个侧面反映了日本政府发布取缔规则,实际上有针对留日学生中革命派的目的。

留日学生抗议日本文部省取缔规则的风潮,深受革命派之影响。发动风潮者大多是留日学生中的革命党人,且多为同盟会中的激进派。留日学生在风潮中分为两派,与同盟会会员对该事件意见不统一有关。据《胡汉民自传》载,当时,"宋教仁、胡瑛等主张留日学生全体退学归国,谓即可从事革命"。胡汉民等则坚决反对,"以为此事纵出于最恶之动机,也可以运动打消之,退学归国为下策;且本党新成立之党机关报《民报》,始发刊第二期,若一哄归国,无异为根本之摇动,使仇外者快意。至谓相率归国即行革命,尤属幼稚之见"。③ 由于意见分歧,留日学界中主张罢课归国的一派组织留日学生联合会负责,主张复课的一派组织留日学生维持会负责。在抗议风潮发生之始,联合会占据主导,并推动风潮的持续扩大,但到后期,因部分同盟会会员有保存革命力量的想法,大大影响了留日学生的心理,故抗议风潮声势逐渐衰退。

在取缔规则的风潮中,罢课归国的学生仅为留日学生全体的一部分,而真正坚持留沪自办学校,未返日复课的学生更属少数。而这少数坚持自办学校以维护民族尊严、践行民族自立的学生中,革命党人不在少数。中国公学的发起人大多是名隶党籍的同盟会会员,如担任庶务的姚宏业和谭心休都是华兴会成员,后来担任干事的张邦杰和黄兆祥、学监彭施涤和梁维岳、会计孙性廉、教习马君武等都是同盟会会员。据张承樑回忆,当时留在上海

---

① 参见郑匡民:《一桩隐藏在"取缔规则"背后的政治交易》,郑大华、邹小站主编:《中国近代史上的民族主义》,社会科学文献出版社,2007 年,第 374—392 页。

② 明治三十八年十二月十五日《读卖新闻》,转引自郑匡民:《西学的中介:清末民初的中日文化交流》,四川人民出版社,2008 年,第 430 页。

③ 胡汉民:《胡汉民自传》,中国社会科学院近代史研究所近代史资料编辑:《近代史资料》总第 45 期,中华书局,1981 年,第 18 页。

的三百余人中，加入同盟会籍者四十余人。后在上海加入者更多，将近百人。① 据任鸿隽回忆，"中国公学被认为革命党的大本营，并非无故。当时从日本回来的学生有多少是革命党，虽然没有调查，但川人中如朱芾煌、但懋辛，就是其中一二。后来我加入同盟会，也是他们介绍的"②。

中国公学因爱国运动而起，发起创办者多为革命党人，其与同盟会的关系较沪上一般学堂密切，受同盟会的影响也较深。清季上海的新式学堂相当一部分是由书院转变而来，书院的风习受时代潮流影响不断趋新，主事者不乏新旧知识兼具的老成之士，但总归要经历一个由守旧而趋新的嬗变，且仍不脱其教育机关之本位。中国公学的趋新程度远超当时沪上各校，其主事者多是学生，从代际差异的角度来看，其趋新程度自然是最深的。中国公学偏离其教育机关之本位，而成为一个革命机关，这一点从胡适的相关经历中可以得到充分体现。有论者指出，中国公学的教学水平仅与沪上一般中学相当，其对胡适学业水平的提高远不如其此前就读的梅溪学堂和澄衷学堂，但他到上海后才形成的参与意识，却在这里得到较充分的发展。胡适在中国公学获得的是生活的阅历和革命的实践，在这个革命党人聚集的地方，胡适不自觉地成了民前革命报人。③

中国公学的创办本身具有深刻的民族主义内涵。留日学生认为，日本政府通过的取缔规则有歧视中国学生之嫌，为维护民族尊严起而抗议，并倡议留日学生罢课归国自办学校，以实现民族的自立自强。学校创办之初在校内实行学生自治的体制，亦可见当时民主观念的影响。此外，中国公学意在破除省界以合群力的设想，也是革命思潮的应有之意。中国公学创立的初衷及其实践多与当时的革命观念相呼应，反映了时代潮流的嬗变对新式学堂的影响。

中国公学的创立是取缔风潮的结果，而取缔风潮是一次民族主义运动，其诉求在于民族自尊与民族自立，中国公学的创办即为了实现民族自立，创校同人将中国公学视为检验民族能否自立的试金石。姚宏业遗书中曾提及，"溯中国公学之所由起，盖权舆于留日学生争取缔规则之故。夫此次之事当与否，今姑勿论，然公学虽为振兴教育而设，究其要素已含有对外之性质，益彰彰乎不可掩矣。故中国公学不啻我中国民族能力之试金石也者。

---

① 张承橹：《中国公学创办的回忆》，王云五等编：《私立中国公学》，台北，南京出版有限公司，1982年，第152页。

② 胡宗刚整理：《任鸿隽自述》，中国社会科学院近代史研究所近代史资料编辑：《近代史资料》总105号，中国社会科学出版社，2003年，第34页。

③ 参见罗志田：《再造文明的尝试：胡适传（1891—1929）》，中华书局，2006年，第46-47页。

如能成立发达，即我国人优胜之代表也，如不能成立发达，即我全国人能力劣败之代表也"①。

有论者指出，民族主义有其"抗议"的一面，也有其"建设"的一面，而后者是既存的研究中比较容易被忽视的。② 中国公学发起创立的起因及其初衷则颇能体现民族主义抗议和建设的两面性。中国留日学生激于民族义愤，为抗议日本文部省通过的带有歧视性的管束规则而纷纷罢课归国，可视为民族主义"抗议"的一面。在上海自办学校则体现了民族主义"建设"的一面，希望通过自办大学以实现民族的自立自强。

民族主义的强大驱动力是中国公学得以成立并在早期的困难境地中坚持下来的重要原因。在中国公学陷入困境之际，学校发起人姚宏业为引起各界关注，投水自尽。该事件引起各界的震动，于是有社会的捐款扶助中国公学，使学校得以保存。而姚宏业投水之所以能引起社会各界的震动，恰在于其将中国公学的成败与民族能力的优劣联系在一起。在当时报刊中，呼吁捐助中国公学者，即提出，"谓公学不成，吾中国此后决无一可成之事"③。由此可见，中国公学得以维持，实际上得益于民族主义的建设诉求。

中国公学创办之初实行的自治体制颇具特色，学校体制与同盟会相类，皆为共和体制，在校内分设评议和执行两部，分别选举代表与职员。这种自治体制的实行虽然沿袭自留学生总会，但亦可视为学生受革命思潮影响在校内进行的民主实验。

学生自办学堂，不仅反映了民族自立的意识，同时也包含着民主革命的意识。正如中国公学创办者王敬芳所言，中国公学的创办"隐然有二大涵义：一曰中国长此派遣学生出洋留学而不自办学校，终非久计；二曰创办与外国大学同等程度之学校，必集全国才智而为之，不可操自政府。前者为自树高深知识之泉渊，不复仰给外邦；后者为委教育事业于社会，初不依赖国家"④。可见中国公学不但是要收回教育权，以摆脱对外洋的依赖，而且确定了民立教育的体制，以摆脱官府的束缚。

中国公学共和体制的特殊内涵在当时校内外的各种表述中都可以得到确证，比如郑孝胥在中国公学开学式上的演说中提到，"窃愿诸公力守目下

---

① 《姚宏业烈士遗书》，《中国公论》1937年第4期，第21页。
② 参见罗志田：《近代中国民族主义的研究取向与反思》，《四川大学学报》（哲学社会科学版）1998年第1期。
③ 亚弢：《哀姚烈士文》，《寰球中国学生报》第1卷第1期，1906年7月，第25-26页。
④ 上海市档案馆编：《中国公学史料拾零》，中国社会科学院近代史研究所编：《近代史资料》总69号，中国社会科学出版社，1988年，第126-127页。

共和之法，就平等中选举办事之员，授以权限，明其义务，相率服从，以为天下学界自治之表率，庶几可以内执谗言之口，外夺强梁之气。诸君勉之！"①姚宏业在其遗书中也提到，"考各国学术之进化，莫不有民立学堂官立学堂相竞争相补救而起。如美国之有耶路大学，日本有早稻田大学之类，皆成效大著，在人耳目。今我中国公学实为中国前途民立大学之基础。若日进不已，其成就将能驾耶路大学与早稻田大学而上之。而不然者，民气将永不伸，即学术将永不振，而中国亦将永无强盛之一日"②。可见中国公学创办之初衷即在于纠官办学堂之弊，行自治共和之制，以为学界表率。而对官办的失望和对民立的厚望，本身就反映了革命思潮中民治民主的观念。

此外，中国公学的创办意在破除省界，建立中国人的公共学校，这在当时颇具革命意味。晚清各省督抚专权，各省财政及各项新式事业大多具有相当的独立性，"省界"的意识较为突出。③ 清季新政改革，各省兴办学堂，虽然学部与社会舆论大都主张破除省界，不主张各省学堂专收本省学生，但实际上各省的官立学堂多是以省款办学，故多倾向于确保本省学额。④ 中国公学创办时学生来自十三个省，这在当时的新式学堂中是比较少见的。姚宏业谈及中国公学创办之意义时曾提及，"中国自今以往有一大问题焉，……则省界之分是也。夫今日省界之分，初见端耳，铁路以分省界故而不能修，矿山以分省界而不能开，学堂以分省界故而屡起冲突，操戈同室。庄子曰：天下事创始也细，将毕也巨。今日之冲突一笔一舌，将来之冲突一铁一血。夫鹬蚌相持，渔夫而伺其旁，可惧也。夫惟中国公学熔全国人才于一炉，破除畛域，可以消其祸于无形"⑤。可见消除省界其意旨也在于消除内部分化，合群力，以实现民族自强，这也是清季革命普遍的观念。⑥ 新式学堂的兴办对于破除省界多有助力，来自不同地域的学生朝夕共处，超越地

---

① 中国历史博物馆编：《郑孝胥日记》，中华书局，1993 年，第 1032 页。

② 《姚宏业烈士遗书》，《中国公论》第 1 卷第 4 期，1937 年 2 月 16 日，第 22 页。

③ 关于清末省界意识的讨论，可参见刘伟：《晚清"省"意识的变化与社会变迁》，《史学月刊》1999 年第 5 期；章清：《省界、业界与阶级：近代中国集团力量的兴起及其难局》，《中国社会科学》2003 年第 2 期。

④ 关于清末官办学堂存在的省界与学额争议的研究，可参见蒋宝麟《清末的省界、学额与省教育经费——以三江（两江）师范学堂为中心的考察》，《南京大学学报》（哲学·人文科学·社会科学）2020 年第 1 期。

⑤ 《姚宏业烈士遗书》，《中国公论》第 1 卷第 4 期，1937 年 2 月 16 日，第 22 页。

⑥ 正如有论者所言，"非省界"口号的出现，是戊戌以来"合群"思想发展的结果，"体现了新知识分子整合中国境内所有民族和地域的要求，中国近代民族国家观念发展的重要表现"。参见许小青：《20 世纪初"非省界"与"筹边建省"思潮合论》，《史学月刊》2004 年第 10 期。

缘纽带而形成新的共同体。①

　　在清季新式学堂学生日趋激进，革命倾向愈趋明显的大氛围中，中国公学自不能免，甚或表现得较其他学堂更为突出，成为当时沪上重要的革命机关之一。

　　中国公学成立后，在校内集聚了一批革命党人。在很多人的回忆中，中国公学的校园是革命党聚集的一个重要场所。据早期中国公学学生朱经农讲，"中国公学是革命党一个藏身之所。二百多学生中间不少是同盟会会员，还有不是中国公学学生而常常和我们来会谈的，如秋瑾、陈英士先生等，也彼此声息相通。教师中间如马君武、于右任、沈曼云、梁乔山诸先生，都是革命领导者。章太炎出狱后，也躲在中国公学，然后乘船赴日本。蔡松坡先生也来住过。戴季陶先生偶尔一来，他给我们的印象是年纪很轻，日本话说得非常漂亮。我生活在这种环境中，革命思想愈加浓厚"②。

　　中国公学由倾向革命的留日学生创办，其与东京同盟会总部有着直接的联系，而且学校处于上海这个具有全国影响的辐射中心，由此，中国公学在清季革命中成为东京同盟会与中国内地革命党联系的重要纽带。③ 当时同盟会总部也有意以办学为掩护，将中国公学作为同盟会一个联络站，负责日本、上海和内地革命党的联络。据柳亚子回忆："好像在（同盟会）江苏分会之外，另有上海分会，是马君武、梁乔山几个人主持的，地址在中国公学。"④

　　中国公学的师生流动性较大，一定程度上可以反映当时中国公学作为革命机关的枢纽作用。中国公学师生与革命活动有关的流动有多种情况，有东京同盟会与中国公学之间的人员流动，如川籍革命党人但懋辛以中国公学教习的身份掩护，从事革命活动，安排很多从日本回国的同盟会会员到中国公学任职。⑤ 有原本在校的学生返回原籍从事革命活动的，以湘籍革命党人居多。还有原籍的学生因在校学生的引介慕名而来，后成为革命党

　　① 另一所新式学堂复旦公学创立的章程中也提到，"本公学之设，不别官私，不分省界，要旨乃于南北适中之地，设一完全学校"。《复旦公学章程》，载朱维铮主编：《马相伯集》，复旦大学出版社，1996年，第50页。
　　② 朱经农：《在我记忆中的熊秉三先生》，《东方杂志》第44卷第1号，1948年1月，第33页。
　　③ 章开沅先生曾论及上海在清季革命中的重要性，革命党人正是利用"东京—上海"这个轴心，利用已经初步形成的大众传媒网络，向全国各地开通革命之风气，灌输革命之思想，造成革命之舆论。参见章开沅：《张汤交谊与辛亥革命》，《历史研究》2002年第1期，第101页。
　　④ 《柳亚子致蒋慎吾函》(1934年12月7日)，蒋慎吾：《我所知道的柳亚子先生》，《越风》第14期，1936年5月30日，第27页。
　　⑤ 戴泽祥整理：《但懋辛年谱》，四川省荣县政协文史资料委员会编：《爱国志士但懋辛》，四川人民出版社，1995年，第215-216页。

的。当时中国公学校内革命气氛浓厚，吸引了一大批倾心革命的青年投考。据任鸿隽回忆，中国公学"其程度仅为中等，而政治改革空气却极浓厚。余乐其与己见相合，故即居之。入校后之第一事即剪发易装，虽由此冒革命党之嫌疑不顾也"①。还有中国公学师生从上海转赴日本东京从事革命活动，以及一些因在原籍从事革命受到官府缉拿而暂避中国公学的。

　　以同盟会湖北分会会长余诚为例，余诚是湖北省麻城人，1904 年参加科学补习所，谋在武汉响应黄兴组织的长沙起义，事泄，赴日本早稻田大学就读。1905 年参与筹建中国同盟会，组织《民报》社。1906 年 1 月 5 日抵沪，参与创设中国公学，收容归国的留日学生。1 月 19 日回到武汉，同刘静庵合作，以日知会会址为活动基地发展同盟会员。在武汉期间，余诚曾替中国公学募集办学经费。同年秋，余诚与刘静庵等谋划响应萍浏醴起义，事泄，潜往上海中国公学。1907 年 5 月因遭通缉，再赴东京，协助同盟会总部工作。1908 年返汉继续从事反清革命活动。② 由余诚的经历可见，其在参与创办中国公学时即已是同盟会成员，中国公学创办后即回乡从事革命，但在革命受挫时避居中国公学，后来又自中国公学转赴同盟会东京总部，从中可见中国公学的革命枢纽作用。

　　晚清时期的上海是中国的报业中心和舆论中心，从当时革命报刊的实际影响来看，上海的革命报刊比革命党在日本、南洋和香港地区的报刊对于内地社会的影响更直接。张之洞在戊戌维新时期已注意到上海新型媒体的巨大影响，其在《劝学篇》曾专辟一节讨论"阅报"，特别提到，"乙未以后，志士文人，创开报馆，广译洋报，参以博议。始于沪上，流衍于各省，内政、外事、学术皆有焉"③。革命党人雷铁崖也认为："上海者，中国最开通之第一埠也。全国之风气，由其转移；全国之思想，由其灌输。上海发一议，举国之人即随之风靡，曰上海得风气之先者也。吾侪僻居内地，疏陋寡闻，步趋其后，必不失于正轨。以故年来风潮率由上海开其端，是可见上海为举国之导师，关系全国之人心，即关系全国之存亡也。"他还进一步论证了上海为什么能够发挥如此重要的作用："夫上海之人亦岂尽跻于文明？其所以造成舆论者，亦不过握议论机关之报纸耳。故上海为全国之导师，而上海报纸又为上

　　① 胡宗刚整理：《任鸿隽自述》，中国社会科学院近代史研究所近代史资料编辑：《近代史资料》总 105 号，中国社会科学出版社，2003 年，第 5 页。
　　② 余祖言：《志士余仲勉传》，中南地区辛亥革命史研究会、武昌辛亥革命研究中心编：《辛亥革命史丛刊》第 8 辑，中华书局，1991 年，第 146 页。
　　③ 张之洞：《劝学篇·阅报》，《张文襄公全集》(4)，中国书店，1990 年影印版，第 574 页。

海全埠之导师。"①

上海作为清季革命最重要的宣传基地之一，对于民国代清的鼎革影响至深。民国初年，前清遗老恽毓鼎即认为"清室之亡，实亡于上海"，而上海报馆是导致清亡的一个重要因素，他在日记中写道："况宣统之季，构乱之奸徒，煽乱之报馆，议和逊位之奸谋，皆聚于此。"②从一个侧面反映了上海的革命报刊对清季革命的贡献之大。

中国公学的师生创办报刊以宣传革命，对于清季革命宣传做出了重要贡献。其中有重要影响的就是《神州日报》和《竞业旬报》，前者是中国公学参与创办发行，后者是中国公学学生成立的竞业学会独立创办发行的刊物。

《神州日报》于1907年4月2日创刊。创办人多为复旦公学与中国公学的师生，于右任、邵力子、张邦杰、钟文恢、梁乔山等均为发起人。③自从1905年3月《警钟日报》被迫停刊以来，上海地区已经有很长一段时期没有革命派的日报出版，《神州日报》的创刊，使读者耳目为之一新，因而受到欢迎，发行量超过一万份，成为当时上海地区最畅销的报纸之一。和同时期的大多数革命报刊一样，该报以"上中社会"为主要对象，尤其侧重于学生和新军。创刊伊始即宣布："凡我全国官私公立各学堂以及各省军营均常年致赠一份，以备公阅，不取报资。"④对个别学生订户则实行半价优待，其目的：一是为了配合各地同盟会组织在新军和青年学生中进行革命动员工作；一是企图通过他们把民主革命思想的影响扩散于全社会。

中国公学学生创办的《竞业旬报》更是宣传革命的重要媒介。留日返国学生谢寅杰，约集中国公学学生蒋翊武、杨卓林、刘尧澄等数人发起竞业学会，并组织发行《竞业旬报》，竞业学会"专吸收我同学为会员，十分之八皆我同学，而竞业旬报编辑，几全为我同学担任，即如无党籍之胡宏辛（胡适之），亦常写诗文登载。而此竞业学会与竞业旬报，由中国公学风潮而解体停刊，咸与同盟会在东京出版之民报及云南杂志、四川杂志、洞庭波、浙江潮同时受清廷之威胁逼迫而停刊。该竞业学会即革命之团体，竞业旬报，即革命之

---

① 雷铁崖：《论上海报纸观察广东义师之误》（1911年5月22日），唐文权编：《雷铁崖集》，华中师范大学出版社，1986年，第277页。

② 恽毓鼎著，史晓风整理：《恽毓鼎澄斋日记》，浙江古籍出版社，2004年，第774页。

③ 于右任：《手订神州、民呼、民吁、民立四报之编辑人与经理人追忆录》，全国政协文史资料研究委员会等编：《于右任文选》，中国文史出版社，1987年，第471页。于右任也曾参与发起创办中国公学，而且中公与复旦都在吴淞炮台湾，近在咫尺，"两校同人，相处密迩，哀时念乱，志事相同，而余复以复旦学生兼中国公学国文讲席，师生切靡，关系益切"。于右任：《〈神州日报〉三十周年纪念特刊词》，转引自朱维铮：《马相伯传略》，复旦大学出版社，2005年，第249页。

④ 《本报特别启事》，《神州日报》1907年4月5日，第2版。

机关报也"。① 另据胡适回忆,《竞业旬报》的宗旨,由创刊的编辑傅君剑提出,共有四项:一振兴教育,二提倡民气,三改良社会,四主张自治。其实这都是门面语,骨子里是要鼓吹革命。他们的目的是要将新思想"传布于小学校之青年国民",所以决定用白话文。② 《竞业旬报》是当时少有的提倡使用"普通国语"与白话文的报刊,其目的:一方面是为了开启民智,借助浅显易懂的白话文以推进下层社会的启蒙;另一方面则是希望以"统一中国的言语"来达到"联合中国的人心"的目的。③ 马君武在为该报所作序言中也提到,"夫一国族之大潜力乃存其社会之下级,竞业报以白话演之,使贩夫走卒皆易闻之"④。

除革命思想的传播外,中国公学师生还直接参加革命活动。据胡适回忆,他班级的同学多有参与革命活动,如廖德璠、杨卓林死于端方之手,饶可权死于辛亥三月广州之役,熊克武、但懋辛皆参与过广州之役,但懋辛还曾经同汪精卫、黄复生到北京谋刺摄政王,任鸿隽学制炸弹,为革命做准备。可见,当时的中国公学已然是一个革命大机关。晚清多次革命起义中都有中国公学师生的身影,如参加徐锡麟安庆起义的马宗汉、陈伯平二人,参加武昌起义的蒋翊武、刘化欧等人皆是中国公学学生或教职员。

在辛亥革命时,中国公学师生也多投身革命。1911 年 7 月 31 日,为推动长江流域的革命运动,中国同盟会中部总会在上海成立。会议名册上共29 人,其中涂潜、邓道藩、陶泳南、张仁鉴、梁鏊五人来自中国公学,⑤中部总会的成立对上海地区的革命有很大推动。中国公学还通过资助经费的方式赞助革命事业,据校友黄仁中所言:"南洋侨胞曾经对中公认捐过一百七十余万元,正待要汇到上海,而革命军兴,此款全部由总理商得募捐人前校董王敬芳先生同意,移作革命军费。"⑥辛亥年,革命事起,中国公学学生大半往投革命军,如后来公学董事会所言:"此次光复,树勋立业之人多有出自中国公学者。"⑦

---

① 张承槱:《中国公学创办的回忆》,王云五等编:《私立中国公学》,台北,南京出版有限公司,1982 年,第 156 页。

② 胡适:《四十自述》,中国文联出版公司,1993 年,第 59 页。

③ 大武:《论学官话的好处》,《竞业旬报》第 1 期,1906 年 9 月 11 日,第 21 页。

④ 马君武:《序言》,《竞业旬报》第 2 期,1906 年 9 月 21 日,第 2 页。

⑤ 《同盟会中部总会会议名册》,上海历史文物陈列馆编:《文物荟萃》,上海画报出版社,1991 年,第 138 页。

⑥ 黄仁中:《复兴中国公学与复兴民族的意义》,《中国公论》第 1 卷第 4 期,1937 年 2 月 16 日,第 19 页。

⑦ 《致袁世凯等呈》,上海市档案馆编:《中国公学档案辑存》,《近代史资料》总 69 号,中国社会科学出版社,1988 年,第 54 页。

辛亥上海光复之役有两股力量参与其间，一为以陈其美为首的同盟会中部总会和以李燮和为首的江浙沪的光复会党人，另一股力量是以李平书代表的上海绅商。上海光复前，陈其美在联络商团的同时，还掌握了中国敢死团和敢死队两支分别以学生与帮会为主的武装。其中敢死队是由张承樾等人组织的以帮会力量为主的武装，张承樾即中国公学学生，受中国公学教师于右任影响很大。1911年10月17日，张承樾来到上海，与上海青红帮领袖联络，向他们宣传革命道理，与他们歃血为盟，发誓"结为兄弟，共同生死，驱逐满奴，复兴汉业，以敢死之志，抱必死之念，以报国家"①。诸人共推张承樾为大哥，刘福标为二哥，田鑫山为各处联络员。张承樾、刘福标等组织了一支3 000余人的敢死队，原打算西赴武汉，参加反清革命。于右任获悉，劝张承樾等人就在上海动手。张承樾接受于右任的意见，遂在上海谋事。经于右任介绍，他们与陈其美取得联系，"每晚在民立报馆聚会一次，交换意见，互相报告，讨论进行"②。1911年11月4日，敢死队参与了革命党攻打江南制造总局的战斗，对上海光复做出了巨大贡献。

中国公学与晚清革命之关系十分密切，"学校由爱国运动而起，由革命志士创办，故校内爱国革命空气，极为高涨，学校创成为革命之枢纽机关，教职员及学生则多献身革命，助成开国大业"③。中国公学与晚清革命的渊源关系，体现了近代中国危机不断加剧的背景下新式学堂学生脱离常轨而参加革命的时代趋向，这也成为清廷覆亡革命成功的重要社会背景。

小　结

在中国公学校友的历史记忆中，普遍存在突出其与清季革命关联性的趋向，而相关的文本大多系叙述者本人因应现实而作，故带有浓厚的结果驱动。民国初年，因对革命有功，孙中山允拨三百万基金给中国公学，此后为获得此项基金，学校历任执事者在请拨基金的呈文中都会强调中国公学与清季革命的渊源，其中影响较大的是胡适1929年所作《中国公学校史》。因当时学校申请立案，胡适亦有意突出中国公学在清季革命中的表现。此后为复兴中国公学，获得国民政府的赞助和支持，校友特别强调中国公学与民

①　冯自由：《革命逸史》第5集，中华书局，1981年，第251页。
②　冯自由：《革命逸史》第5集，中华书局，1981年，第252页。
③　张承樾：《中国公学创办的回忆》，王云五等编：《私立中国公学》，台北，南京出版有限公司，1982年，第157页。

族复兴之内在关联，甚至将中国公学归为国民党的学校。校友会迁台后，所编中国公学回忆资料集，基于现实环境和自身立场，更是浓墨重彩地突出中公的"正统性"。经过这样的建构，对晚清中国公学的历史认识实际上被革命史的逻辑笼罩，故相当程度上遮蔽了其他面相。

　　中国公学的创立，直接原因是日本文部省颁布的《取缔规则》。取缔风潮中，学生的激进彰显了民族主义情绪的高涨，颇能反映当时社会心理的实际状况。然而取缔风潮也有其不理性的一面，故而在回国创办公学的过程中，早期的发起人备尝艰辛。但从创办之初的困厄到1910年前后的长足发展，不能不说发起创办之学生受民族自立理想鼓舞所表现出的坚忍不拔的精神之可贵，也可见近代中国民族主义所蕴含的巨大的动员能力。

　　顾颉刚受胡适启发，"知道研究历史的方法在于寻求一件事情的前后左右的关系，不把它看作突然出现的"[1]。同样，身处清末剧烈且频繁的变局之中的中国公学，其校内的变动无不有着深刻的时代烙印。官府、地方绅商名流、革命派共处其间，形成复杂的互动关系。对于中国公学的创办及其发展，郑孝胥、熊希龄、张謇等立宪派绅商贡献甚大，而这种贡献固然有立宪派自身的努力，但更重要的则源于立宪派与两江总督端方的特殊关系。因为官款的补助，中国公学逐渐官立化。相对于立宪派与官方对于中国公学发展物质上的赞助，革命派的影响则集中于学生之思想。事实上，革命派与立宪派在学堂的共处反映了当时革命派与立宪派也不是全然对立的关系，[2]这一点可以从马君武留学一事窥出两派关系的实态。据知情者称，"马君武在大学得化学学士学位，夏令期间，又增修爆炸术，遂以传授同志，为党人敢死队制造炸弹，光绪卅二年丙午归国，在上海中国公学，任理化教授，胡适、任鸿隽、朱芾煌、熊克武诸人，都曾经做过他的学生。他在教书时，并一面宣传革命，上海道蔡乃煌，本为清廷鹰犬，查得君武是同盟会分子，多方侦伺，报告给两江总督端方，端方便密令拿办。那时岑春煊为庇护君武，便嘱广西巡抚张鸣歧，资助君武赴德深造，到柏林大学学习冶金学"[3]。为救助马君武，

<hr />

[1]　顾颉刚：《自序》，《古史辨》第1册，上海古籍出版社，1982年，第95页。

[2]　有论者提及，晚清"国内立宪派与革命党之间，不像某些论者说的那样针锋相对、势不两立，相反倒有互相提携合作共事的迹象"。参见吴雁南等主编：《中国近代社会思潮（1840—1949）》第1卷，湖南教育出版社，1998年，第422页。

[3]　《马君武的真性情》，高拜石：《新编古春风楼琐记》第7集，作家出版社，2004年，第99-100页。

立宪派的干事王敬芳也出力不少。① 可见，当时政治社会的分化与革命派活动空间的拓展是很有关系的。

中国公学在其早期发展过程中，形成若干特色，对其后来的发展影响甚大。一是学生自治之传统，虽然公学体制几度变更，但相对一般学堂而言，学生自治之传统还是比较强盛的，故而会发生新旧公学的风潮，即使是改制后的公学，负责之主要职员也还是早期的归国留日学生。二是中国公学介于官立与私立之间的特质，中国公学非一省官方或一人出资，事实上没有一个确定的校产所有人，进入民国以后其性质逐渐转为私立，②但与一般私立学校的产权清晰又有所区别，这一特征与此后中国公学的动荡和衰亡都有一定的内在关联性。此外，更突出的是中国公学自创立始即表现出投入时代潮流的趋向，从而使学校受外在社会政治环境变动的影响甚剧，体现了近代中国危机不断加深造成的"礼失求诸野"的现象，各社会群体不安其位，表现在学堂学生身上就是校园生活的政治化与学生的思出其位。

---

① 王敬芳是预备立宪公会的主要成员，曾参与清季的立宪请愿运动。具体详情可参见《上海同志会成立及欢送代表之通告》，《申报》1910年5月21日，第4版；《国会请愿最后之五分钟》，《申报》1910年10月27日，第4版；《都中同志会议组织政党》，《申报》1911年1月10日，第4版；《宪友会开大会纪事》，《申报》1911年6月10日，第4版；《其如政府不为所动何》，《申报》1911年1月13日，第4版。

② 有论者指出，在传统的朝廷天下的话语结构下，虽有上下之别，但"公"未被政府垄断。在新体制下，政府官僚日益自居于整体性的"大公"，转而将民间的各种公共建制视为"私"的聚合。参见薛刚：《从朝廷天下到国家社会——辛亥革命前后的思想转折》，《清华大学学报》（社会科学版）2016年第6期，第130页。晚清所谓"公立"学校向民国以后"私立"学校的实体转变，大致可在此话语背景下理解。

第二章　成为研究系的事业：
北京政府时期的惨淡经营

晚清时节，中国公学师生多参与革命，对上海光复也有重要贡献。民国创立后，孙中山、黄兴等革命领袖曾对中国公学表示关注，力图在经济上给予支持，但因时局变动而未能实行，后来学校一度停办。1919 年，以梁启超为首的研究系开始接办中国公学，前后虽仅有八年的时间，但确实使中国公学得以重新恢复并获得一定的发展。以梁启超为首的研究系作为北京政府时期在政治、思想、文化上有重要影响的势力，考察其接办中国公学的缘起、设想和实际作为，对于我们认识社会政治变动对中国公学之影响有相当助益。

一、民国初年中国公学的恢复与重建

民国代清对于社会的影响是极其深远的，革命成功对于曾有功于革命的中国公学，不啻是一个更新发展的契机。而民初中国公学的遭遇却颇具吊诡意味，原本得孙黄等领袖巨公的赞助，可以获得大额的发展基金，却因政治变动，孙袁之间政权易手，发展的契机转瞬即逝，在民初的六七年间反不如晚清，基本上处于勉力维持的境地。

辛亥革命事起，中国公学学生大半往投革命军，校舍亦为革命军借用，各省学款停解，学校被迫停办。1912 年 1 月，南京临时政府成立，孙中山就任中华民国临时大总统。随着局势的逐步稳定，中国公学各董事集议恢复办学。此时的董事会除原有董事外，另有孙中山、黄兴、宋教仁等革命领袖的加入。

　　恢复之初,由校董熊希龄向浙江兴业银行借款二千金,作为开办费。①
1912年2月,熊希龄被推举出任中国公学校长。5月,熊希龄因一时不能回
沪,乃请谭心休代理。② 1912年秋,董事会公举黄兴任总理,负责校务。恢
复后的中国公学有意扩大办学规模,在续办工科的基础上,另增设政、法、商
各科,旨在"养成明达政治专门人才,以应国家之急需"③。

　　1912年8月,学校将此前大学预科旧生30余人召回继续授课。9月3
日,中国公学举行民国建立后的首个开学式。蔡元培应邀在开学仪式上发
表演讲,蔡在演讲中提出,民国建立后,"学风应以建设为目的,故学子须以
求高深学问为惟一之怀想。学问并非学商者即为商,学政治者即为官吏,须
知即将来不作一事,学问亦为吾脑筋所应具之物"。④ 蔡元培所述与其接掌
北大后的办学方针类似,表达了其对于革命后教育恢复常轨的期望,也是对
中公办学计划偏重政、法、商科功利性的一种批评。

　　恢复后的中国公学首先要解决的是经费问题。民国建立后,南京临时
政府领袖诸公,均以中国公学在革命史上有重要地位,意在扶持。1912年3
月21日,临时政府批准中国公学董事会所请,将源丰润银号倒欠政府官款
项下三百七十余万元拨充学校基金。⑤ 熊克武在后来的一份呈稿中曾提到
这笔拨款的由来,"王故校长敬芳在前清宣统年间,为维持本校,奔走南洋,
承诸侨胞认捐银一百七十余万圆,将汇上海。适武昌举义,王君谒总理于海
外,商提此款移作革命军费,王君遵交册籍,承示:'此为暂时挪用,俟成功
后,本党照偿原款,且更加补助。'故壬子南都肇建,前临时参议院通过,于清
理源丰润银号倒欠官款项下,拨给本校基金三百万元,即总理在临时大总统
任内实践海外成约之案也"⑥。但是,此款项字据因原苏淞太道刘燕翼在革
命事起后恐为民军所得,将其存入上海比利时领事署,无法直接领取。孙中
山在临时大总统任内,复令上海通商交涉使陈贻范向比利时领事署交涉提

---

　　① 《熊希龄为请拨予公学公债票致袁世凯总统呈》,上海市档案馆编:《中国公学档案辑存》,
《近代史资料》总69号,中国社会科学出版社,1988年,第55页。
　　② 《告知不能回沪担任公学校长一席致上海谭心休电》,周秋光编:《熊希龄集》第2册,湖南
人民出版社,2008年,第648页。
　　③ 王敬芳:《呈请立案文》(1915年3月),王云五等编:《私立中国公学》,台北,南京出版社有
限公司,1982年,第23-24页。
　　④ 蔡元培:《在中国公学开学式演说》,高平叔编:《蔡元培教育论著选》,人民教育出版社,
1991年,第23页。
　　⑤ 《致财政部呈》,上海市档案馆编:《中国公学档案辑存》,《近代史资料》总69号,中国社会
科学出版社,1988年,第50页。
　　⑥ 熊克武:《为请拨给整理革命公债致中央执行委员会呈稿》,上海市档案馆编:《中国公学档
案辑存》,《近代史资料》总69号,中国社会科学出版社,1988年,第88页。

拨此款。旋以手续未妥,孙中山遽告辞职,政府北迁,而此三百余万元基金案遂搁置。

1912 年 7 月,中国公学校长谭心休呈请江苏都督府维持公学,呈文称,学校"驻扎军队,损失不赀,估工修复非八千金不办,拟请稍加补助"。江苏都督府指令,"该校经费向由各省协助,光复以前,宁省亦按月补助巨款。无如此时库储奇绌,军队林立,尚苦无法筹措饷需,此外协款何从应付? 且省会预算以前未经列入者,决算时断不能通过"。请中国公学另行设法,免误校事。① 清末中国公学来自各省的官款补助,以江苏为最大宗,且相对而言,江苏按月补助款项也较为稳定,民国以后江苏不能承担此项补助,中公经济上的困境可想而知。

1912 年 11 月 4 日,在校董会的推动下,孙中山亲自致电袁世凯,请政府依照前案拨付源丰润款项充学校基金。② 但此款已被挪作他用,始终未能拨付。江苏都督程德全 11 月 14 日电政府,详述原本拨助中国公学款项的流转去向,该电云:"江海关存款比领已允交出,即可定期接收,惟此案前奉南京政府令将该款中之源丰润产业一宗批准酌拨中国公学,嗣经陈前沪督电部商准拨归沪军用款,旋又奉国务院电准拨中华银行资本。德全接收沪军时迭电请示办法,奉谕已商明中山先生留归清还沪军之用。兹复承电嘱拨还捷成洋行借款,而苏人以前清上海道蔡乃煌所借洋商维持上海市面之款三百五十万关道担保继续有效,拟请截留此款准备清偿以上各款并奉部院指拨有案,就事论事,以沪款抵沪欠事自较顺,惟捷成中国公学等款信用攸关亦须指定的款早为分配,庶符前案而免纠葛,即前清蔡道借款既系沪道担保断不能不由中央政府担认偿还云云,未识国务院如何办法。"③

1913 年 4 月 17 日,校董熊希龄向袁世凯呈请,鉴于源丰润之存据已被政府作为偿付德商欠款的抵押品,短期内无法接收,故提议由财政部拨发八厘公债票一百五十万元,作为中国公学常年经费,按年领息。④ 此后,中国公学诸董事迭向北京政府纷电力争,直到熊希龄内阁⑤任内,才由国务会议通过,改由财政部拨发六厘金公债票一百万元作为中国公学基金,按年领取

---

① 《程德全为不能拨款资学的指令》(1912 年 7 月 18 日),庄建平主编:《近代史资料文库》(第 9 卷),上海书店出版社,2009 年,第 102 页。

② 《孙中山致袁世凯等电》(1912 年 11 月 4 日),上海市档案馆编:《中国公学档案辑存》,《近代史资料》总 69 号,中国社会科学出版社,1988 年,第 55 页。

③ 《苏都督请示关款用途》,《申报》1912 年 11 月 15 日,第 3 版。

④ 《熊希龄为请拨公学公债票致袁世凯总统呈》(1913 年 4 月 17 日),上海市档案馆编:《中国公学档案辑存》,《近代史资料》总 69 号,中国社会科学出版社,1988 年,第 57 页。

⑤ 熊希龄于 1913 年 7 月 31 日被任命为内阁总理,9 月正式组阁,1914 年 2 月解职。

利息。即便如此,因政局变动,该款也未能拨付。①

虽然在经费上面临种种困难,中国公学还是在 1912 年开始恢复办学,除原有旧生,复于 1913 年 1 月续招大学预科第一部学生两班。当时以中国公学总理黄兴的名义通电全国,要求各省选送考生进中国公学学习。当时,河南省计划派送 20 名考生去中国公学学习,并且对每一位考入中国公学的学生,每年资助二百两银子。这种优厚待遇以及中国公学的革命历史,吸引了很多的青年学子。冯友兰当时即决定放弃在武昌中华学校刚刚开始的学业,回到河南省城开封,参加中国公学的入学考试。1912 年冬,冯友兰以河南省官费生的资格进入中国公学学习。② 当然,官费生只是少数。1913 年入学的许德珩就因为中国公学的学费太高,不得不中途辍学,据他的描述,中国公学"虽然是公立的,但学费比一般学校昂贵得多"③。

1913 年 3 月 20 日,民国第一届国会开会前夕,国民党代理理事长宋教仁被刺杀。4 月,袁世凯又非法签订善后大借款合同,准备发动内战,镇压革命力量。孙中山从日本回国,力主武装讨袁。7 月 28 日,上海讨袁军司令部迁到吴淞中国公学校址,学生纷散,随后南北两军在吴淞开战,对校舍造成严重破坏,学校遂暂行停顿。④

二次革命失败后,原本负责校务的革命党人离校,中公陷入无人负责的境地,有再度停办之虞。1913 年冬,学生代表李荫秾赴京,向中国公学早期发起人王敬芳告急。时任国会议员的王敬芳对中公有深厚的感情,念公学创始之艰,悲亡友遗泽之湮,与同乡胡汝麟相商,协力支撑,决定将董事会移到北京,推举汤化龙为董事长,王敬芳自任校长。当时,王敬芳与胡汝麟代表河南地方与英商福公司争矿权,不能南下,先后派张坤、刘星楠、张仲友为总务干事,代行校长职权。

① 《校董会为请拨发有息债票致蒋介石呈稿》,上海市档案馆编:《中国公学档案辑存》,《近代史资料》,总 69 号,中国社会科学出版社,1988 年,第 72 页。梁启超曾转述王敬芳语,称,公学基金"并无其事",系二年国务会议未执之案。参见丁文江、赵丰田编著:《梁启超年谱长编》,上海人民出版社,2009 年,第 59 页。

② 冯友兰:《三松堂自序》,人民出版社,1998 年,第 35 页。

③ 许德珩:《为了民主与科学——许德珩回忆录》,中国青年出版社,2000 年,第 16 页。

④ 中国公学十周年纪念会上校长报告时特别提到,建校以后,学校"不幸两度兵戎,屋宇残损",一次是辛亥革命,一次是二次革命。《中国公学十周年纪念会演说稿》,《申报》1915 年 3 月 31 日,第 11 版。

　　二次革命后，经校董熊希龄接洽协商，决定中国公学与北京的国民大学①合并，两校合并后改名为中国公学大学部，在上海保留中国公学中学部及在校之专门科。据报载，"中国公学决与国民大学合并，推熊希龄为总长，黄云鹏为校长，汤化龙、蔡锷、夏敬观为总副董，王敬芳、孙镜清为基金监"②。1913 年 12 月，北京政府教育部决定派员视察各私立学校，以分别优劣。1914 年 2 月 20 日，教育部令视学张宗祥、汪森宝赴上海视察中国公学。③ 5 月 21 日，教育部布告称，"私立中国公学大学部办理尚属认真，管理一方亦颇合法，惟北京及上海两处组织方法未臻完备，仍应详加规画以谋进行"④。1914 年 6 月，中国公学甲班毕业之际，沪上报刊对中公办学成绩颇多赞誉，报载："中国公学大学预科聘请中西名人教授，一切科学均仿照欧美高等学堂设施，成绩斐然，近复聘请李登辉君任教务长，益加认真，今岁上学期为甲班毕业之期，兹已考毕，结果极为满意。"⑤1915 年 3 月，教育部批准了中国公学的立案申请。教育部根据派员视察的报告，认为"该校教员资格学生程度尚属合格，每年开支经费亦足支持，虽管理事宜未尽如法，但能加意整顿亦不难日起有功"。故准予中国公学正式立案，"所有该校现办之大学预科应令其办至毕业为止，嗣后专办专门学校以昭划一，其校中管理事宜亦应切实整理，藉偿前失，又该校校名之上宜冠以'私立'二字以示区别"⑥。据此可知，民初的中国公学在教育程度上为高等专门学校，就性质而言，明确为私立学校。

　　据中国公学呈请立案的表文中称，学校"概用外国语教授，以直入大学分科育成硕学闳才为宗旨"⑦。但民初新学师资奇缺，新学科目的教学水准不宜高估。据 1915 年从中学部毕业的冯友兰回忆，"当时上海的学校，无论什么课程，都讲究用'原本'，也就是英文本。可是学生的英文程度很差，先

　　① 国民大学创办于民国元年，由宋教仁发起创办。1913 年春组织就绪，正式开学，推举黄兴为校长，彭允彝代行校务，先设大学部文、法、商各预科，专门部法、商各预科及法政别科、中学科，呈奉教育部备案。1913 年 12 月，与上海中国公学合并，改名中国公学大学部。《中国大学沿革》，中国第二历史档案馆编：《中华民国史档案资料汇编》(第三辑)：教育，江苏古籍出版社，1991 年，第259 页。

　　② 《北京电》，《申报》1913 年 12 月 23 日，第 2 版。

　　③ 《教育部委任令第四号》(1914 年 2 月 20 日)，《政府公报》第 644 号，1914 年 2 月 22 日，第7 页。

　　④ 《教育部认可北京各私立大学》，《申报》1914 年 5 月 28 日，第 3 版。

　　⑤ 《中国公学毕业给凭预志》，《申报》1914 年 6 月 25 日，第 10 版。

　　⑥ 《教育部准予立案咨请江苏巡按使转饬遵照文》(1915 年 3 月)，王云五等编：《私立中国公学》，台北，南京出版社有限公司，1982 年，第 25 页。

　　⑦ 王敬芳：《呈请立案文》(1915 年 3 月)，王云五等编：《私立中国公学》，台北，南京出版社有限公司，1982 年，第 23 - 24 页。

生对于课程的业务知识也不高明。无论讲什么课，其实都是讲英文，把某一种科学的教科书，都当成英文读本，叫学生念。无论教什么课，先生教的是英文，学生学的也是英文"。冯当时有一门课程是逻辑，所用的课本，是耶芳斯的《逻辑要义》，但老师其实是把这本书当英文读本来教的。"有一次，他把我叫起来，问 Judgment（判断）哪个字中的 g 字母后面有没有 e 字母。"后来该课程换了一位老师，"他倒是有意要讲点逻辑，可是他实在不懂什么是逻辑。我当时对逻辑很有兴趣，就自己学习。这本书的后面有很多练习题，我就自己做练习。有一道题，实在做不下来了，我就去问这位先生，他想了一会儿说：'等下一次告诉你。'可是，他以后就再不来了"。由此可见，当时中国公学真实的教学状况。中国公学的学习契机确实成为冯友兰后来学习哲学的兴趣和基础，从中国公学毕业后即报考了北京大学哲学门。①

1915 年夏，河南矿权交涉结束，英商福公司与中原公司合并，成立福中公司，胡汝麟、王敬芳两人要求福中公司每年提款五万，其中三万元补助河南公益事业，两万元补助中国公学。自创立以来，这是中国公学第二次获得较稳定的常款补助，而出力尤多的王敬芳再次成为主导校政的重要人物。

民国初年，中国高等教育尚处于起步阶段，据当时报社所做的调查，"今日各省学子，舍负笈东西洋外，其欲在本国受高深之教育者，无不趋于沪滨一隅。诚以上海者，实全国文明之中心点，而亦交通最便利之区也"②。而中国公学为当时沪上为数不多的几个大学及专门学校之一，对于内地学生有相当大的吸引力。

至 1916 年春，中国公学法政商各科修业期满卒业者二百余人。③ 据1916 年 12 月北京政府教育部视察中国公学大学部的报告称："综观该校各科教授，大致尚属认真，讲堂风纪亦甚整齐。惟合班教授时间过多，于学生微嫌不便，视察时检点各班出席人数，并检察学生平时出席簿，每日缺席人数亦属不少。"④合班上课是为了解决师资缺乏的问题，而据该报告统计各班学生的缺席大多超过半数，可见学风之差。

1916 年夏，在上海的中国公学专门科政、法、商各班在校生毕业离校，仅余中学生数十人，"时云南反对帝制功成，新会梁启超归自粤，读礼沪上，

① 冯友兰：《三松堂自序》，人民出版社，1998 年，第 187 - 188 页。
② 《上海学校调查记》，《东方杂志》第 12 卷第 8 期，1915 年 8 月，第 1 页。
③ 《吴淞中国公学之成效》，《申报》1916 年 7 月 29 日，第 10 版。
④ 《教育部视察中国公学大学部（今名中国大学）报告》（1916 年 12 月），潘懋元、刘海峰编：《中国近代教育史资料汇编·高等教育》，上海教育出版社，1993 年，第 426 页。

公学推为校长,为建设大学计,乃议结束旧局,分送中学诸生于沪上各中学"①。当时,中国参加欧战,德国人所办同济医工学校陷于停顿,教育部与中国公学商借吴淞校舍给同济暂用,梁启超又因参战问题北上,中国公学遂暂时停办。1917年3月,因上海吴淞中学部停办,经呈请北京政府教育部核准,国民大学与中国公学分离,原国民大学改名中国大学。②

欧战结束后,被同济医工学校借用的校舍作为敌产被收归政府管理,中国公学校友会与政府交涉,欲收回校舍,因为担心"政府拟将此项校舍没为官产者",校友会一再强调"公学为私法上之财团法人,除罹法定原因外不因行政上没收他人侵占而消灭之此法律上之权利"③。1919年2月,中国公学校友会为恢复公学积极奔走,"派遣干事李荫秾、刘秉麟二君赴京,与福公司接洽,请其拨发常年补助之两万元,直接交付公学,恐再被人干没故也"。人事方面,"校长多数拟推前校长夏剑丞先生,其次并设一干事会,合热心校友组成,……即以各干事兼任教务。"对于恢复校董会,熊希龄提出:"此次董事拟以在教育界或实业界握有势力,确能扶助公学者当之,并以超然派人物,无偏无觉,勿染近日政治之真味者最为适宜。"④

校友会与京沪两地的校董为恢复公学,催促教育部令同济归还校舍,最后确定同济仅再续借一年。中国公学于暑假后先借威海卫路德人旧办小学校舍开课,先行恢复中学部。1919年5月17日,中国公学董事会在北京恢复,选举熊希龄为会长,王家襄为副会长,胡汝麟、范源濂、袁希涛、夏敬观、王敬芳、叶景葵、梁维岳等为常务董事,王敬芳兼任校长,议定开办商科专门及中学。校长王敬芳因有事不能南下,委托刘秉麟于5月22日到上海接收校舍并办理开学事宜,此前由校友会组织的筹备处解散。董事会议定的办学方针较注重平民教育,"因沪上交通便利得风气之先,拟灌输新智识一方面入手,收学费极廉,俾使贫寒子弟咸有就学之地,使人民在智识上可以达机会平等之希望,为实行平民教育之先声"⑤。中国公学恢复前曾欠外债万余元,开学后,王敬芳与福中公司外方总理费趋福商定,补拨停办期间助款,

① 《中国公学图书馆募捐启》,载史之:《中国公学史料拾零》,《近代史资料》总69号,中国社会科学出版社,1988年,第145页。
② 《批北京私立中国公学与沪校分离并改名中国大学准备案》(1917年3月9日),《教育公报》第4卷第7期,1917年5月20日,第75页。
③ 《中国公学校友会恢复公学宣言书》(1919年2月1日),上海市档案馆藏,中文资料档案,Y1-1-646。
④ 《恢复中国公学》,《教育周报》第234期,1919年,第21-22页。
⑤ 《中国公学之恢复》,《新闻报》1919年5月28日,第3张第2版;《中国公学开学消息》,《时报》1919年5月31日,第3张第5版。

除还债外，尚余四万余元，以备填补每年常款之不足。

在中国公学重办过程中，亦有不同势力的争夺，主要是在早期校友之间。据 1919 年 4 月 6 日杨杏佛致胡适信，"前得高阳君来书云，中国公学近已由校友会决议复办，践四、叔永皆被举为干事，现已筹备开学，诸同学深愿足下来任教务，嘱先容。铨以兄为旧校友会中之健者，于公学复活必表赞同之"①。可见原本任鸿隽、杨杏佛也参与过学校复办的筹备工作，并且希望胡适也参加。4 月 20 日，杨杏佛致信胡适，"中国公学重办，本是难事。践四忠厚热心，自非王敬芳对手，现渠已决意如不胜王，则先宣告脱离关系，则事之棘手可知"②。可知晚清新旧公学之争的两部分人在此次学校复办的筹备过程中实际是有争夺的，而王敬芳之所以可以胜出，与其财力上的凭借不无关系。

1919 年春，中国公学校董会恢复后，积极筹备复校，至 9 月 10 日，正式在沪西威海卫路开学。③ 恢复后，校务主要由刘秉麟、李荫称负责，办学仍然以中学为主。当时中国公学同人创办刊物《新群》，自 1919 年 11 月由上海亚东图书馆出版，刊物以文化问题和社会问题讨论为主。《新群》的编辑和撰稿人主要有王敬芳、曹任远、周君南、刘秉麟、杨亦会、吴芳吉、梁乔山等。

《新群》杂志与新文化运动所提倡的白话文运动在理念上有一定的分歧。负责编辑的周君南是"天人学会"④的成员，与吴宓、汤用彤等人志同道合。吴芳吉由吴宓介绍到《新群》任编辑，并在中国公学任教。吴芳吉在《新群》发表《婉容词》等作品，在当时影响较大。但《新群》仅仅出版三期即陷入困顿，这与中国公学同人的分裂有关，原本对《新群》赞助较多的中国公学校董梁乔山于 1920 年 4 月因病去世，而编辑周君南、曹任远、吴芳吉等对校长

---

① 《杨杏佛致胡适》(1919 年 4 月 6 日)，中国社会科学院近代史研究所中华民国史研究室编：《胡适来往书信选》(上)，社会科学文献出版社，2013 年，第 26 页。

② 《杨杏佛致胡适》(1919 年 4 月 22 日)，中国社会科学院近代史研究所中华民国史研究室编：《胡适来往书信选》(上)，社会科学文献出版社，2013 年，第 29 页。

③ 《中国公学开学纪》，《申报》1919 年 9 月 11 日，第 10 版。

④ 天人学会是 1915 年由吴宓、汤用彤等在清华学校发起成立的，最初的成员还有黄华、向哲浚、何墨林、周君南等。据吴宓所述，"此会用意，即欲得若干性情德智学术事功之朋友，相助相慰，谊者兄弟，以共行其所志；会之大旨，除共事牺牲，益国益群而外，则致融合新旧，撷精立极，造成一种学说，以影响社会，改良群治"。与后来的学衡派的理念较为相近。参见吴宓：《空轩诗话》，《吴宓诗及其诗话》，陕西人民出版社，1992 年，第 210 页。

王敬芳又无好感。① 周君南在 1920 年 3 月辞职赴南洋,曹任远也返湘不归,仅剩吴芳吉勉力维持,《新群》前两期的销量尚可,每期能卖至 4000 份,但自第三期始,销量锐减,书店亦不愿代售。到 1920 年 7 月,吴芳吉也因学校开除周光午事而与校方产生矛盾,遂辞职赴湖南明德中学任教。在短短一年的时间里,中国公学的教职员就有多人辞职他去,可见人事的不稳定,学校发展还未步入正轨。

民国创建,凭借参与革命之功勋,中国公学得到了临时政府以及领袖诸公的关注,临时政府有意扶持,拟拨付三百万巨款作为学校基金。若成为事实,确实可以为中国公学之发展奠定永久之基,然政府北迁,政治上的变动使这一契机转瞬即逝。此后,失去政府的常款支持,中国公学时开时辍,发展较晚清时期大为倒退。除了上述的经费问题,经理无人也是一大问题,校长王敬芳不能长期驻校,对中国公学的经费维持不辍着力较多,而教学及学校之发展等方面则无甚建树。

二、因缘际会:研究系接办中国公学

现有关于梁启超的各类传记,大多认为在 1920 年前后梁启超有意接办中国公学。② 其实早在 1916 年夏,当时反对袁世凯帝制运动成功,梁启超自广东至上海,留居上海时即被中国公学推为校长。当时梁启超提议中国公学改建为大学,于是学校将在校的中学生转至上海其他各中学。但由于欧战爆发,教育部请暂借校舍给同济医工学校,梁启超也因参战问题北上,中国公学乃中途停办。③ 正如 1920 年自欧洲返国的梁启超在中国公学开学式的演讲所言:"鄙人对于校中任事诸人皆为道义交,可谓精神上久已结合一致,惟自己未曾稍尽义务为可愧耳。"④

---

① 据说,当时王敬芳为了标榜自己,要求《新群》在卷首刊印他的个人相片。《新群》社员对此甚为反感,曹任远反对尤力,但周君南碍于王敬芳为中国公学出钱的关系,决定予以欺瞒。凡进呈校长的《新群》样本,皆有其相片,其余对外发行的,则没有相片。参见吴芳吉:《曹君事略》,载贺远明、吴汉骧、李坤栋编:《吴芳吉集》,巴蜀书社,1994 年,第 533 页。

② 参见李喜所、元青:《梁启超传》,人民出版社,1993 年,第 490 页;董四礼:《晚清巨人传:梁启超》,哈尔滨出版社,1996 年,第 458 页;张朋园:《梁启超与民国政治》,吉林出版集团有限责任公司,2007 年,第 143 页。

③ 《史略》,载史之:《中国公学史料拾零》,《近代史资料》总 69 号,中国社会科学出版社,1988 年,第 145 页。

④ 《梁任公在中国公学之演说》,《东方杂志》第 17 卷第 6 号,1920 年 3 月 29 日,第 127 页。

中国公学在晚清时即与立宪派有着密切的关系,董事及监督大多是立宪党人。民国成立之初,孙中山、黄兴、宋教仁等革命党人进入董事会任维持之责,但自二次革命后,便与中公无甚关系。1914 年,中国公学移董事会于北京,推举汤化龙为董事长,王敬芳为校长,由此中公又成为民初立宪派的事业。1919 年夏,中国公学重集董事会,推举熊希龄为会长,王家襄为副会长,胡汝麟、范源濂、袁希涛、夏敬观、叶景葵、梁维岳、王敬芳等为常务董事,王敬芳兼任校长。1920 年,中国公学董事梁维岳病逝,常务董事缺额,董事会推梁启超补之。从构成来看,这一届中国公学董事会中除校友外,主要董事大多为以梁启超为首的研究系成员。

研究系是民初旧国会时期由进步党演化而来的一个政治派别。1916年 8 月,旧国会恢复,进步党即取消党名,其中一部分人改组为宪法讨论会、宪法研究会两个团体。后来鉴于国民党议员组织宪法商榷会,为了进行抵制,梁启超、汤化龙又将上述两团体合并,称为宪法研究会,研究系由此得名。研究系的活动以 1918 年为界,前后分别以政治和文化教育活动为主。1917 年 7 月,平息张勋复辟后,段祺瑞回到北京组织新一届内阁,研究系因此前对段祺瑞的支持而得以入阁,研究系的头面人物担任外交、内务、财政、司法总长职,至此研究系发展到其鼎盛时期。11 月,北京临时参议院成立,以及次年 7 月底完成的第二届国会的选举,由皖系段祺瑞培植的安福系取得多数席位,该系领袖王揖唐被举为众议院议长,研究系在选举中失败,当选议员者仅二十余人。[①] 至此,研究系在政治上实际已无所作为,领袖梁启超、汤化龙、林长民等纷纷出国考察,基本退出政治舞台。虽然研究系在巴黎和会前后非常活跃,但也仅止于主导社会舆论,搅动政局,在政争中并未能翻盘,无法避免其在政治上日益边缘化的命运。

梁启超、张君劢、张东荪、黄群等人意图在思想文化界以及教育界有所作为,提出"培养新人才,宣传新文化,开拓新政治"的理念,[②]故后期的研究系开始了办学、讲学、办报、译书等一系列文化教育活动。[③] 其中尤以办学为最要,当时对于张君劢等人提出的办学主张,傅治即提出,"至于事业方面,则先生所提学校问题,最为切实,望任公摆脱政治之泛运动,全力从事于此事,设科不必多,惟教授须最高手,藏书楼须极完备,须有一种特别精神,

---

   ① 谢彬:《民国政党史》,中华书局,2007 年,第 85 页。

   ② 丁文江、赵丰田编:《梁启超年谱长编》,上海人民出版社,2009 年,第 584 页。

   ③ 所列主要活动现有梁之传记均有论述,在此不再赘述,较详者可参见张朋园:《梁启超与民国政治》第五、九章,吉林出版集团有限责任公司,2007 年。

特别色彩，此为吾辈文化运动、社会事业、政治运动（间接关系）之重要基本"①。

梁启超接办中国公学之初衷，与其立政治根基于教育文化的理念有很大关系。梁启超自 1918 年政治上失意后，对于政治上的失败多有反思，反思所得结论是深感人才之缺乏，知己太少，而欲实现政治理想，必须从培植人才着手，所以要全力从事文化教育事业以培养人才。当时舒新城建议，梁启超在天津、上海、南京等几所学校办好学、讲好学，则"举足可以左右中国文化，五年后吾党将遍中国，岂再如今日之长此无人也"②。

梁启超本来有意担任中国公学校长一职，但考虑到中国公学需要依靠王敬芳的财政支持，于是采取折中办法，由王敬芳任校长，张东荪任教务长。1920 年 5 月 14 日，王敬芳致书梁启超，言中国公学事，对梁等人接办公学期以厚望。

> 昨由津归，即驰书沪上，寄来中国公学第一次报告书及十年纪念册各一本，兹另包奉上，为先生撰募捐文之参考。计公学成立仅十数年耳，当时发起同人姚剑生以蹈江死，张俊生以劳瘁殁，黄真存、谭价人前两年又相继去世，近接上海书，梁乔山又病故矣。抚今追昔，无限感伤。然中国公学者，诸友人精神之所寄者也，倘公学前途得借先生之力扩而大之，诸友在天之灵，其欢欣感佩可想也。③

1921 年春，中国公学原教务长刘秉麟留学英国，于是由梁启超推荐，王敬芳请张东荪为教务长，代理校长职权。张东荪虽无实际的教育经验，但在五四前后比较热心于教育文化事业。早在五四时期，张东荪便一再声明脱离政治，遂不再谈论政治。1920 年 7 月，张东荪在给张君劢的通信中说："弟对于政治，厌恶已深，以后誓不为政治性质的运动。将以译书著书报答于族众。即杂志与日报之言论事务亦颇思摆脱。将来如有教育事业可为者，弟愿追逐于当世诸公之后。或兄等为社会活动，弟则以教育为助。兄等

① 傅治：《致东荪先生书》（1920 年 10 月 15 日），丁文江、赵丰田编著：《梁启超年谱长编》，上海人民出版社，2009 年，第 592 页。

② 舒新城：《致任公先生书》（1921 年 12 月 11 日），丁文江、赵丰田编著：《梁启超年谱长编》，上海人民出版社，2009 年，第 605 页。

③ 王敬芳：《致任公先生书》（1920 年 5 月 14 日），丁文江、赵丰田编著：《梁启超年谱长编》，上海人民出版社，2009 年，第 585 页。

对于旧势力为炮兵骑兵以事攻击，弟则愿守辎重，或作农夫，为诸公制造粮食也。"①在张东荪主持的《时事新报》副刊《觉悟》多有对于教育问题的讨论。加上研究系的骨干大多在北方，张东荪则长期在上海办报，自1912年4月回到上海，任《大共和日报》编辑，基本上定居上海，先后在上海主持《正谊》《时事新报》等报刊。

1921年9月，受梁启超的嘱托，张东荪任中国公学教务长，在蒋百里的协助下主持改造。梁启超曾设想将中国公学办成与北京大学、东南大学鼎足而立的第一流大学和文化运动的基地。其目标不仅在于培养"具有职业技能的人才"，还在于培养具有学术研究及社会改造能力的"文化人才"。②在接办中国公学之前，蒋百里与张东荪关于办学方针曾有一番讨论，蒋百里主张采用古代书院的形式，以梁启超为中心，强调精英式的教育。张东荪则主张应当以"一团之人格为中心"，发挥团体的精神，并且力主开放办学，"此团不限于吾辈固有之分子，但求志趣相同者足矣"③。张东荪主张的教育目标是培养现代国家建设基础的公民。

1921年9月13日，作为教务长，张东荪在中国公学开学式上报告教育方针。

> 第一，鄙人以为学校为社会的制度之一，不仅为教育机关，真正的德穆克拉西必建筑于乡村等小组织，小组织之中心必在学校，盖学校一方面造就新人物，他方面则使已得知识者得更深之研究，可见学校乃文化之总汇，知识之泉渊，不仅使文化不断，且使其继长增高，若将学校单纯视为教育子弟之所在，则未免太轻视矣。第二，鄙人以为中国现行学制过于机械性，故所造就者多为废物，夫所教育之人不能在社会上取得活动有为之地位，则必系教育方法有误，故鄙人以为改造社会，与适应社会，为一事之二方面，并非截然两物，若新人物在社会上其才力不能取得有力的地位，则社会又焉能改造，平心论之，今日中国之社会陈罐甚多，若有才能，不患无以自见，故所谓适应，实兼有创造之义，因此决定改学科制，发挥个性，并注重职业。第三，鄙人以为学校内部组织，必以教员之集合

---

① 君劢、东荪：《中国之前途：德国乎？俄国乎？》，《解放与改造》第2卷14号，1920年7月15日，第18页。

② 《中国公学改造宣言》，《时事新报》1921年8月13日，第2版。

③ 《张东荪复百里书》（1920年10月），《梁启超年谱长编》，上海人民出版社，2009年，第595页。

的精神为主体，务使学校等于学术研究会，而学生应于保育的精神下实行自治。①

从中可见，张东荪的办学理念，特别强调教育与社会改造的关系；主张发挥个性，注重职业；注重学术研究及学生自治。此后的一系列的改革均与此理念相关联，比如注重学生个性发展的道尔顿制的实行、注重实用的商科的开办、注重学术研究、提高教师层次等等。

当然这只是明言的办学方针，从梁启超等人的通信中，仍可见为研究系造就人才的办学初衷，这在很大程度上影响了办学的开放性。曾任中公中学部主任的舒新城就提道："他们当初虽不曾明白说要把中国公学作为政团的干部，但在下意识中希望要把它作为政团的基础，当是不能免的。而任何出钱出力的人必得要干其适合本愿的事业，也是普遍的心理。"②

三、研究系办学的具体举措与实绩

自 1921 年 9 月起至 1927 年 3 月，研究系接办中国公学将近六年，也是中国公学由中学、预科逐步转为大学的时期。对于研究系掌校期间办学成就的评价，须见之于行事方能客观，故本节拟详述研究系办学的主要举措，主要包括：筹办大学、刷新人事、筹措经费、改革学制。

筹办大学

研究系接办中国公学的初衷本就是注重大学。早在 1916 年夏，梁启超被公学推为校长，即提议建设大学。1920 年 9 月，梁启超为中国公学改办大学发募捐启，其中谈及改办大学之计划。

十余年来，同人等黾勉维持，徒以愿大力微，经费奇绌，故所办限于中学。去秋以来，始增一商业专科，其前后毕业学生数千人，或留学欧美，或服务社会，成绩虽尚称优越，然揆诸倡建时拟办大学之初衷，绵历十余年，卒未贯彻，此又同人等所引疚无既者也。欧战以后，文化日新，我国民顺应环境之趋势，国民自觉心之发达，

---

① 《中国公学开学记》，《申报》1921 年 9 月 14 日，第 10 版。
② 舒新城：《我和教育》（上），台北，龙文出版社，1990 年，第 215 页。

一日千里，乃共憬然于学问基础不植，在个人无以自立，在国家无以图存，莘莘学子，欲求高尚完备之学科，若饥渴之于食饮也。而环顾国中学校状况，欲求一焉能与各国最高学府程度相颉颃者，竟不可得。即有一二较完善者，则大抵在北方，而南方几于阙如，又多属官办，常为政治势力所牵掣，不能遂其自由发展。查欧美各国大学，何一非由社会热心大力之人提倡维护而成，或为之前，或为之后，增高继长，发扬茂实，心力所造，百世其利赖之。本校既有可宝之历史，有相当之设备，同人等承乏校务，不敢不自勉，决拟于明年为始，改办大学。①

此前，梁启超曾就此商于张东荪，称："改大学今年已来不及，须俟来年暑假否，抑中途尚有改进之余地，请示复。"②张东荪亦表同意。梁启超等拟请张君劢任中国公学校长，负责将商科改为大学。张君劢初返时对于此事颇热心，曾在吴淞与宝山县之间设法觅地，拟另建中学而将原址改为大学。1922年秋，原来的中学部改名为中国公学附属吴淞中学。后因经费困难，大学未及成立，张君劢辞校长职，仍由张东荪代理校长。

1922年秋，教育部令准中国公学商科专门改升大学。此时恰逢陈筑山从美国学成回到上海，张东荪因事繁坚辞代理校长职，王敬芳请陈筑山代理校长职。据报载："吴淞中国公学自恢复以来日益发达，大学部商科自去岁十月间奉教育部训令承认为大学后，各种组织更加完备，已在宝山附近购地百数十亩以便建筑大学部及研究院校舍，一俟新校舍落成现有之大学部商科即行迁入，同时添设文理法政等数科外，并创办研究院聘请海内外著名学者充任教授，以备大学毕业生得进而研究专门高深之学问。原有之旧校舍则留供该校附属吴淞中学之用，本学期大学部学生发行商学周刊，定期出版，特得使该部学生对于商业学及经济问题有所发表，内容颇为丰富，自出版以来销数已达四五千份，而以银行界定阅者为尤多，下学期大学部毕业一班拟组织日本考察团，借以调查国外实业情形。"③1923年年初陈筑山代理校长，对于学校的办学规划愿景颇为宏大，不但要继续办理中学和商科大学，还拟办理研究院。陈筑山接任后，对于提升商科的办学水准尤其重视，

---

① 《吴淞中国公学改办大学募捐启》（1920年9月），汤志钧、汤仁泽编：《梁启超全集》第十集，中国人民大学出版社，2018年，第209页。

② 《致东荪兄书》（1920年9月10日），《梁启超年谱长编》，上海人民出版社，2009年，第591页。

③ 《吴淞中国公学新消息》，《申报》1923年1月4日，第15版。

但实际上因经费短缺,难以支撑如此大规模的计划。

　　1923 年上半年,因经费问题,校董会没有能力兼办中学部和商科大学,校董会一度倾向于暂停商科招生,由此引发校内的风潮。据报载:"中国公学大学部商科,自去年陈筑山继任代理校长后,颇受学生欢迎。上星期一陈由北京王校长处返校报告,据云'本校经费困难,历年亏空,故由下学期起,商科停招新生二年,中学部添加高中理科一级云'。商科学生闻之,甚不满意,因商科现有三级,三年级于今年暑假毕业,余一二年级亦均于明年相继毕业。不招新生,岂非无形消灭,即二年后果招新生,新旧不继,亦非办学所宜。商科诸学生认为此非节省经费之事,举代表向陈代校长交涉,请其今年续招新生,并要求商科经费(北京中原公司津贴)与中学部均分。再三请求,屡被拒绝,后因无法可想,即电达王校长,请速来校料理,并陈说种种理由。昨日陈代校长宣言辞职,现已离校,遗职托商中二主任及斋务长暂摄。今日商中二主任及斋务长,又均宣言除原有职务外,概不负责,校务竟致无人主持,故今日商科教职员及学生等,又电催王速来维持,一面仍照常上课,绝无轨外举动云。"①其中透露的信息是校长王敬芳因经费困难拟停办商科,同时保留中学部,客观上形成了中学部与商科相互竞争发展资源的局面,由此造成商科与中学部的矛盾。

　　为此学生方面致电校长王敬芳,王敬芳致商科学生电云:"商科缓招新生,系董事会议决之事,万难更改。陈先生(指代校长)品德才具,余素钦佩,学生等当以待余者待之,切勿误会而干涉校事。"又致电全体教职员,"商科学生,因停招新生事,致生误会,此事系董事会议决,弟实无权更改,请善为劝导"。学生方面"因所要求之事,毫不允许,与其作亡校之学生,不如早日退学,各争自己之人格,故昨日全体议决,于今日停课,一面派代表赴各相当学校接洽转学事宜,一面在校交涉转学证书及对外宣言事务。此次风潮之学生方面异常决心,据云一星期内,全体退学离校。教育方面无法维持,想王校长亦不致忍心牺牲全体学生也"②。因商科全体在校学生的抗议,经过教职员及董事会讨论,"议决下学期仍续招新生,并改行学分制"。学生全体议决,即日复课,至此风潮平息。③

　　1923 年夏,学校"以商科大学来学者日盛,势不得不力图扩充,又因添

　　① 《中国公学停办商科风潮》,《新闻报》1923 年 5 月 30 日,第 3 版。
　　② 《中国公学停办商科风潮》,《民国日报》1923 年 6 月 1 日,第 11 版。
　　③ 《中国公学风潮已平息》,《民国日报》1923 年 6 月 2 日,第 11 版。

办高级中学，吴淞校舍实不敷用，故将商大迁移上海"①。商科大学租定静安寺路赫德路转角大洋房一所作为校舍，于1923年9月开学。② 1924年年初，陈筑山因病不能经常往来于沪淞两地兼顾商大与中学两部，商请董事会，由张东荪任商科大学学长，陈专办高中。

1924年6月，中国公学决定下学期大加改革，"大学与中学各设学长，将原有代理校长名义取消，中学部即以陈筑山为学长，至于商科，为陆续添设其他学科起见，故废除商科大学之名义，即称中国公学大学部，请张东荪为学长，大学部今后组织，酌采伦敦大学经济学院办法，依各学科之性质分为课组，如会计与营业管理、银行与货币、财政与经济统计、政治与社会学、社会问题与经济政策、伦理心理与哲学、历史、法律、外国文等学科，各为一组。自下学期起，先办若干课组，学生依其志愿，分为：1. 正科生，毕业后给以学位；2. 选科生，得依其志愿随意选习，经考试及格后，给以证书；3. 预科生，一年毕业，为进大学之预备，注重基本科学与外国文"③。重办大学部的重要前提是扩充校舍，为此张东荪与校董反复磋议，诸校董乃于7月29日在北京召集临时会议，结果议决，"从速在吴淞原有基地添造校舍宿舍二所，期于本年内落成，一俟工竣，即将大学部迁回吴淞，俾便发展"。该工程由允元建筑公司承办，九月底前决开工，建筑费六七万。④ 校舍扩建工程完成后，1925年春假期内，中国公学大学部由上海迁回吴淞炮台湾旧址。⑤校舍扩建的同时，学校延约海外名彦，计划添设哲学、政治、经济诸系，仿伦敦大学经济政治学院之制度，办成较有影响之社会科学大学。

王敬芳对于改升大学的意义曾有阐述："缘鄙校原有商科，自改升大学以后，以为私经济与公经济不能分立，因于商科外添立政治经济科，使学子对于私经济与公经济能见其全。缘上海为中国经济之重心，欲发展中国工商业，必于国民经济有通盘之计划；而欲发展中国工商业，必于国民经济有通盘之计划；而欲于国民经济有确切之知识，则非有一机关继续研究、详细调查、周密统计不为功。"⑥可见中国公学校方超越实用性商科的办学目标，希望其更具研究性且注重政治经济等社会科学基础。

---

① 《史略》，载史之：《中国公学史料拾零》，《近代史资料》总69号，中国社会科学出版社，1988年，第145页。

② 《本埠又多一商科大学》，《申报》1923年6月24日，第18版。

③ 《中国公学之改革》，《申报》1924年6月23日，第14版。

④ 《中国公学添建校舍消息》，《申报》1924年8月4日，第14版。

⑤ 《中国公学大学部近讯》，《申报》1925年4月16日，第11版。

⑥ 《王敬芳请中华教育文化基金董事会拨款函稿》(1926年6月4日)，《中国公学档案辑存》，《近代史资料》总69号，中国社会科学出版社，1988年，第62页。

刷新人事

中国公学由张东荪任代理校长后，又聘请对于中学教育较有经验的舒新城任中学部主任。舒新城一开始有所顾虑，主要是对于中国公学情形不熟悉。1921 年 4 月，蒋百里正好在长沙，亲访舒新城，说明中国公学之种种情形，并保证舒新城的教育主张可以完全施展。适逢长沙时局动荡，舒新城于当年 7 月辞长沙一师教职，到上海中国公学任中学部主任职。①

由于张东荪在上海办《时事新报》，事务繁忙，故中国公学实际由中学部主任舒新城主持。舒新城任内聘请优秀师资，改革学制，实行新的教育改革，在全国引起极大关注。但是舒新城毕竟不是研究系的嫡系，两者的结合只能是暂时的。正如舒新城所言："我与梁、王两先生以至东荪先生，并无历史上的关系，不过因文字因缘而相识，且相识的时间不久，而接触又多限于公事，在私生活之理解固然很少，思想上之理解亦不多，性行上则更大家茫然。"②只因当时"他们要想办学校，我希望实行教育主张"的偶然条件下而结合。时间一长，双方的分歧日益明显，以致不能相容。

两者的分裂最根本的原因是二者的办学理念不同，舒新城主张教育独立，其在自传中曾提及，"因为当时现实政治变动太多，给予我的刺激太坏，致使我对于政治家所得的认识是偏见与无理性，所以从不加入政团，而始终愿保持着超然的态度，努力学问从事社会事业，……对于教育则视为有关国家百年大计的神圣事业，力求脱离政治支配"③。而研究系诸人不脱传统士大夫的窠臼，虽然是办教育，但其实是以办学为其政治上的发展造就一种势力。教育理念上的分歧决定了舒新城与研究系的结合必定不能长久，其后的人事问题以及学制改革等问题上的矛盾也终不可避免。

舒新城任中学部主任后，聘请了一批新教员。新聘的八位教员是叶圣陶、朱自清、刘延陵、常乃悳、陈兼善、吴有训、刘建阳、许敦谷，被胡适称为新青年，且彼此志趣相投。因 1921 年学校发生风潮，上述八位教员中，叶圣陶、刘延陵、朱自清离校，吴有训出国留学。中公校方又从各地聘请了很多名师，包括国文教师沈仲九、孙俍工等，数学教师陶载良、刘薰宇、周为群、匡互生等，历史教师周予同，图画教师丰子恺，英语教师朱光潜等。这些教员当时都是站在新文化一边，对各自所教科目也都有较高的学养水平，正符合

---

①　舒新城：《我和教育》（上），台北，龙文出版社，1990 年，第 166 页。

②　舒新城：《我和教育》（上），台北，龙文出版社，1990 年，第 215 页。

③　舒新城：《我和教育》（上），台北，龙文出版社，1990 年，第 214 页。

舒新城的理念，"主张人才主义，对于教员之聘请完全以能力为主，绝不问其政见与籍贯"①。当时的匡互生、沈仲九倾向于无政府主义。沈仲九仿日本新村运动在学校组织"新生社"，颇得学生信仰。② 孙俍工在思想上比较激进，倾向于国民党方面，而且常有文章在《星期评论》上发表。③ 而朱光潜、朱自清等人则比较超然，朱光潜在后来的自传中曾提到，当时"虽是心向进步青年却不热心于党派斗争，以为不问政治，就高人一等"④。如此，与办学者之政治理念不同，则当局在心理上便有隔膜，稍有问题便生猜疑，日趋日远，最终导致舒新城的离职。

舒新城的离职有多方面的原因，其中较直接的原因是，研究系的嫡系陈筑山到中国公学任职。陈筑山，民国第一届国会议员，属于以梁启超为首的进步党。1913至1916年在日本早稻田大学留学，参加神州学会。1916年，李大钊、陈筑山、刘道铿发起创办《晨钟报》(进步党研究系机关报，后更名《晨报》)，1921年到美国密歇根大学学习，1923年回国，任中国公学中学部训育主任。⑤ 陈筑山对于一切都主张稳健，对于学制及课程方面的改革不甚赞成。因男女同校及道尔顿制而发生许多纠纷，陈筑山颇有取消之意。⑥

1923年6月，商科与中学部发生对立的风潮，导致中学部教职员的辞职出走。据知情者透露，中国公学附属中学实行"男女同校"，因恋爱自由引发争论，酿成校内的冲突。6月5日，中学训育主任陶载良"具函陈代理校长，辞去所任职务，以志吾过"。其他五名教员也纷纷辞职，中学部完全无人负责。6月6日，代理校长陈筑山分别开商科学生谈话会和中学生谈话会，陈筑山明显偏向中学部，引起商科学生不满，不仅未能平息风潮，反而进一

① 舒新城：《我和教育》(上)，台北，龙文出版社，1990年，第216页。
② 葛克信：《舒新城在吴淞公学》，上海市政协文史资料委员会编：《上海文史资料存稿汇编：教科文卫》，上海古籍出版社，2001年，第336页。
③ 葛克信：《舒新城在吴淞公学》，上海市政协文史资料委员会编：《上海文史资料存稿汇编：教科文卫》，上海古籍出版社，2001年，第336页。
④ 朱光潜著，商金林编：《朱光潜自传》，江苏文艺出版社，1998年，第2页。
⑤ 刘国铭主编：《中国国民党百年人物全书》(下)，团结出版社，2005年，第1414页。
⑥ 《中国公学今后之办法》，《申报》1923年6月25日，第18版。

步加剧了中学部与商科的对立。① 中学部的学生宣言:"如不能惩罚商科学生,不能挽回训育主任,及诸先生,我们全体出校!"结果,又导致商科的教职员发表辞职宣言。②

之所以出现中学部与商科的对立,据知情者所言,"现在中商两部办学和经济,名目上虽然是分开,其实是分皮不分骨,使许多意志不相合的人在一处办事,不免时常要发生冲突的了"③。此外,陈筑山接任代理校长为时不长,在校内没有权威,与中学部诸人也没有交谊。此后,在校董的调停下,辞职的教职员又重新复职,中学部教员周为群、陈兼善、陶载良、刘晓初于6月29日发表声明,解释复职的理由:

> 我们前次辞职是有必须辞职的真因在(请看中国公学启事),现在那个真因去了我们当然可以复职。此次复职,我们自信于人格上绝无损伤,我们所最要注意的,只在以后我们能否把中学部办出好成绩来。我们自然想竭尽棉力去办出好成绩来,即使办不出好成绩来,也只足以表示我们底能力薄弱,绝对牵涉不到人格问题! 中国公学精神方面有极悲壮的历史,物质方面有很深厚的基础,经过此次风潮,我们又认中学部确有可为。不过自量德薄能鲜,不足以当此重任,况且当代不乏教育专家,发展中学部而使臻于完善,岂患无人,所以当初我们绝无意于复职,无奈学校当局对于我们费尽心力,多方挽留,大多数学生又有渴望我们回校之意。我们处此境地,暂时实在无法摆脱,只得仍为中国公学尽力! 这是我们复职的由来。
>
> 论到现在中国公学当局的为人,弱点固所难免,但是绝不是我

---

① 代理校长陈筑山布告:"六月五号之夜,因中学部少数学生以文字辩论,数起纷争,以致宿舍喧扰,妨害修学;其时商科被扰学生起而责学校办事以维持秩序,本自应尔,惟孔生宪衡出言失检,侮及中学教员全体,实属太无分晓,虽该生旋即致书教务主任周为群先生、训育主任陶载良先生,并托黄斋务主任向各位先生道歉,然在当时当场目观其事者,不知究里,积不能平,诸先生为尊重人格起见,至有不得不相率引去之势,嗣经本代理校长再三劝解,中学部全体学生挽留,而孔生重复来函认咎,此事幸告结束。更有刘生昕致书中学陶载良先生,用种种无礼威迫语,使人难堪,刘生虽亦认咎,作函道歉,然情实偏激,未便轻置,刘生着记大过一次。后诸生如再有舞弄文笔,动加威迫情事,本代理校长为维持风纪治安起见,定予严办,绝不姑容。再有中学部张生裕熙等,因笔墨攻讦,黄生千驹,忿不可遏,极于用武,虽情有可原,然此风万不可长,此事应由中学教务主任会同斋务主任分别办理,勿任疏纵。切切,此布。代理校长陈筑山 六月七日"稻心:《述吴淞中国公学最近风潮》,《觉悟》1923 年 6 月 10 日,第 4 版。
② 稻心:《述吴淞中国公学最近风潮》,《觉悟》1923 年 6 月 10 日,第 4 版。
③ 《中国公学校友底中国公学风潮观》,《觉悟》1923 年 6 月 21 日,第 4 版。

们所认为不可与合作的人。我们都是高等师范毕业的,当然以尽瘁教育为职志,不过我们服务所绝不可放松的,是实行我们底教育主张! 不妨碍我们底教育主张的实行者,在相当情形之下,我们仅可同他共事,妨碍我们底教育主张的实行者,我们当然望望然去之。我们虽平庸,自信这种态度确能终身保持的![1]

在经历了多次风潮后,中学部的教职员与中国公学办学者之间的信任还是日渐稀释。由于办学意见分歧,加上梁启超等人热心于办大学,1923年10月舒新城去职,中学部教务主任常乃惪以及国文教员孙俍工、数学教员陶载良亦同时辞职。之前舒新城所聘诸人也在此前后相继离去。匡互生、周为群以王敬芳与曹锟贿选有关联,为表示抗议而辞职离校。[2] 周予同、朱光潜、丰子恺等人离开中国公学,到匡互生创办的立达学园任教。舒新城的离职带动了中学部大批优秀师资的离去,由此造成中学部的衰落,校方也有意收缩中学部,一意办理大学。

与中学部人事上经历的波折不同,中国公学大学部的人事网络自始即以研究系为背景。中国公学大学部也成为研究系重要的聚集地及活动空间,研究系知识分子大都汇集在这里。

下面,据有资料可考的教员21人的学历背景、主要著述及与研究系事业之关系做一列举。

表3　1925年中国公学师资简况表

姓名	教育背景		其他事业
	国内	国外	
俞颂华	清华学校、复旦公学	东京法政大学、德国柏林大学	《时事新报》副刊《学灯》主编、《解放与改造》撰稿人
李石岑	湖南优级师范理化科	东京高等师范学校	《民铎》主编、《学灯》撰稿人
杨端六	湖南省师范学堂	英国伦敦大学政治经济学院	《解放与改造》撰稿人,主张基尔特社会主义与联邦制
郭梦良	北京大学法科		文学研究会早期会员、政治大学总务长,研究基尔特社会主义学说

① 《中国公学复职教员底声明》,《觉悟》1923年7月8日,第4版。
② 丰一吟:《潇洒风神——我的父亲丰子恺》,华东师范大学出版社,1998年,第79页。

（续表）

姓名	教育背景		其他事业
	国内	国外	
王效文	北京大学法科		1922年,以基尔特社会主义为宗旨,发起职工俱乐部,与郑重民等七人发起合作商店,并任董事长,并通过刊行副刊《合作》与《工商之友》支持合作运动
刘秉麟	中国公学	伦敦大学政治学院、德国柏林大学	商务印书馆编译所法制经济部主任
霍俪白		日本早稻田大学	1916年任汤化龙的秘书
高践四	中国公学、东吴大学	美国康乃尔大学文科硕士	1919年回国任暨南商科主任
郭虞裳	澄衷学堂	英国剑桥大学	《时事新报》副刊《学灯》主编
郭德华	上海圣约翰大学	华盛顿大学学士、哈佛大学硕士,并曾入英国剑桥大学从事研究	
徐广德		留学美国	上海会计师公会发起人
童瑗逊		美国华盛顿大学	复旦大学经济史教授
谢冠生	震旦大学法科	巴黎大学法学博士	历任震旦大学、复旦大学、持志大学、中国公学及法政大学教授,中央大学教授兼法律系主任、法学院院长
陈其鹿	北京大学经济系	美国哈佛大学商科硕士	先后任江苏法政专门学校教员、福建厦门大学工商科、中央大学经济系教授
李祖虞		日本早稻田大学	先后任京师高等审判厅庭长、大理院庭长、福建民政厅厅长等职
陆鼎揆		美国密西根大学法学博士	历任国立政治大学、上海商科大学、暨南学校、北京政法学校教授
陈伯庄		美国哥伦比亚大学	国立政治大学总务长
金侣琴	复旦大学	哥伦比亚大学统计学硕士	《解放与改造》撰稿人
傅子馀			曾任教香港广侨学院,先后创办鸿社及《岭雅》季刊

(续表)

姓名	教育背景		其他事业
	国内	国外	
岑德彰	上海圣约翰大学	美国哥伦比亚大学硕士	任上海圣约翰大学、政治大学教授
黎照寰		哥伦比亚大学经济科、宾夕法尼亚大学政治科硕士学位	历任香港工商银行、华商银行经理、广九铁路管理局局长

资料来源：《中国公学一览》(1925 年 6 月)，《近代史资料》总 69 号，中国社会科学出版社，1988 年，第 142 页。

上表所示，从学历背景上看，21 人中，15 人留学欧美，3 人留学日本，2 人是国内学历，留学欧美的占到绝大比例。从专业来看，主要是经济、法律和政治等社会科学的学者，而且以会计学、金融、保险等学科为最盛，其中王效文、杨端六、陈其鹿等分别是中国近代保险业、会计学、统计学、银行学早期的奠基人。从与研究系事业关系来看，23 人中，除黎照寰、岑德彰、谢冠生、高践四、刘秉麟等与研究系无直接之关系，其他诸人与研究系或多或少均有联系，有部分是与梁启超、张君劢、张东荪有私谊，如徐新六、陈伯庄、霍俪白等，有部分是与研究系政见相同，如与张东荪同为提倡基尔特主义的郭梦良、杨端六、王效文等。1922 年，以基尔特社会主义为宗旨，张东荪等人发起职工俱乐部，与王效文、郑重民等七人发起合作商店，中国公学是合作运动中心之一。其他则与研究系的言论事业有关，如《时事新报》《解放与改造》等报刊的编辑及撰稿人俞颂华、李石岑、金侣琴、郭传治等人。当然上述这些关系也有重合之处。由此可见，中国公学的人事网络是以研究系为背景的，但是又体现了商科方面出色的专业背景。

筹措经费

经费的筹措对于私立大学的办理至关重要，因为经费问题关系到教授的选聘、设备的扩充等，直接影响办学的规模与质量。中国公学经费来源除了王敬芳争取到的福中公司拨给的资金以外并无固定基金。梁启超等接办中国公学之初，原本对于经费问题还是较有把握的，所以拟定的办学规模较大，中国公学在 1919 年年初开学时，曾表示有某巨公筹得之特种款项，似与梁启超有关。① 但后来实际筹款工作进行得相当困难,直接影响了办学的成效。

1920 年 9 月,梁启超作吴淞中国公学改办大学募捐启,内称:"决拟于明年为始,改办大学,学科讲座,不求泛备,惟务精纯,视力所届,岁图增廓,图书仪器,广为购储,藉供学生自由研究。凡所规画,别具专章,虽将来成效大小未敢豫期,然竭力以赴之,庶于学界前途当有壤流之助。惟是造端宏大,志够艰劳,伏望海内外邦人诸友鉴此微诚,共襄盛举,或惠赠书器,或乐施金钱,俾得依十年前计画策厉进行,则丝绣平原,金铸范子,社会崇报,人心同然,非特同人等感诵弗谖云尔。"②其意在唤起社会关注,从普通社会吸纳经费,但应者寥寥,梁启超不得不依赖个人关系做各种筹款活动。

最早,梁启超曾致函海外华侨资本家林振宇,并寄去中国公学纪念印刷品两册,表示"彼若捐巨款,自必请彼加入董事,自无待言,此外当更用种种方法为之表彰名誉,且令将来学生永永念彼也"。同时又暗示"彼欲回国办矿","吾能与以种种利便"。当时,梁启超对此颇为期许,认为"若彼能捐五十万,则我向别方面筹捐更易,吾将以此为终身事业,必能大有造于中国"。③ 尽管做了几番努力,此事到后来并未有实际结果。

1922 年,中国公学常务董事呈请政府按照民国元年国务会议原案,拨发元年六厘公债一百万元为补助金。1924 年 4 月,财政部发给元年公债整理债票二十万元,自 1924 年 1 月起息;同年 8 月,续发前项公债二十万元,自 1924 年 7 月起息。上项利息,每年六厘,其第一期至第十期,经财政部核准由盐业银行拨付三万元。其第十一期以下之利息,1925 年财政部核准由福中公司每年从应缴统税捐费十万元中分四期拨付,每期六千元,至该项公债正式付息时止。此案虽由财政部核准,但不久河南即成战区,矿务停顿,不但不能由统税项下拨付此款,即原有每年两万助款亦完全停止。④

1923 年,梁启超等曾计划在离上海稍远一些的地方购地筹建新校址,立蔡锷像于校园中,将纪念蔡锷的松社所得款项作为学校基金,但终未实现。1924 年年初,梁启超计划谋求财政部所发 200 万元公债的利息,每年约 16 万,作为公学的常年经费,他多次与当时的财政总长王克敏商谈此事,

① 《中国公学恢复之先声》,《申报》1919 年 2 月 15 日,第 10 版。
② 《吴淞中国公学改办大学募捐启》(1920 年 9 月),汤志钧、汤仁泽编:《梁启超全集》,第十集,中国人民大学出版社,2018 年,第 209 - 210 页。
③ 《致梁思顺》(1920 年 7 月 20 日),《梁启超家书:南长街 54 号梁氏函札》,中国人民大学出版社,2016 年,第 171 页。
④ 《呈为旧拨基金债券现无市价请发给新债券事》,《胡适全集》第 20 卷,安徽教育出版社,2003 年,第 383 - 384 页。

梁启超在致张东荪的信中曾言及，"与叔鲁（王克敏）曾三度言之，毫无着实结果，抟沙为公学事几与彼挥拳矣。仰面求人，总不足恃，徒怄气奈何"[①]。可见此举完全无效。

尽管遭遇上述种种困难，梁启超仍为中国公学的发展不遗余力。1922年4月，中国公学欲购地扩建校舍，尚缺数千元，梁启超将自己出版《中国历史研究法》所得千余元的稿费拿出，作应急之用。为此，他特地写信给商务印书馆的张元济，请其"设法特别通融"[②]。

梁启超主导的筹款大多无效，中国公学经费主要仍依靠王敬芳四处挪借。据王敬芳所记，"除托上海福中公司向浙江兴业银行、升和煤号各代公学借款数千元外，又在北方向各方挪借之款有四五万元，内有陕西督军刘镇华君捐给梁任公先生之文化学院一万元，文化学院未办成，此款由公学借用。至民国十五年（1926），财政部以福中公司统税作抵，借盐业银行数十万元。我趁这个机会，索到二次整理公债利息一万余元，除还各方债务一部分，及文化学院之款无须即还外，我就以福中每年付公学两万元之捐款作抵，借金城银行一万五千元抵补。孰知借款以后，福中公司即被军阀占据，无力付公学捐款。金城借款也无力偿付"[③]。可见筹款之艰辛，而正是靠这些借款才勉强维持中国公学的正常运行，除了续办商科外，还添设政治经济学系，扩大了办学的规模和影响。

梁启超试图从政府和社会两个层面募集资金，但收效甚微，这里面固然与梁启超不在其位的边缘角色有关，但即使是前此梁任北洋政府财政部长时，政府日常开支都很困难，遑论对教育之投入。从社会特别是商人身上做筹款之努力，也是较少得到响应，正如胡适所言："我们还没有资格谈资本主义。……因为我们至多只有几个小富人。"[④]国内商人群体可能远不如想象的那样有经济实力，所以对于能产生一定社会效益而无经济效益的教育自然缺乏持续投入的热情。梁启超所能筹集到的款项甚少，真正对公学经费筹措做出巨大贡献的是王敬芳。王敬芳是中国公学的发起人，对于中国公学有深厚的感情，其在一份信函中曾提到，因为不忍心看着已死的朋友张俊生、姚剑生等的遗泽湮没，所以对公学总是勉力维持。据统计，王敬芳经手替中国公学所筹的款，总数在二十万元以上，而王敬芳当校长时，既不支薪

① 梁启超：《致东荪筑山两兄书》，《梁启超年谱长编》，上海人民出版社，1983年，第1016页。
② 《致张元济书》（1922年4月22日），汤志钧、汤仁泽编：《梁启超全集》第十九集，中国人民大学出版社，2018年，第612-613页。
③ 《王敬芳致胡适》，见《胡适来往书信选》（中册），社会科学文献出版社，2013年，第510页。
④ 胡适：《我们走那条路？》，《新月》第2卷第10期，1929年12月10日，第4页。

俸，又不支川资，十余年来，但就旅费一项，其所赔的费用就不菲。[1] 可见，教育在当时远不是仅有教育家的奉献即可成事，更重要的是为此教育事业奠定物质基础的人。中国公学经费上的困顿是受当时国家和社会层面发展程度的制约，从侧面反映了近代中国国家与社会两个层面的贫乏。

改革学制

据中国公学史略所记，张东荪在代理校长期间，"课程内容逐渐改革，中学实行二三新制，商科亦分银行、会计、秘书、贸易各门讲授，以期实用"[2]。中国公学在研究系办学期间，注重实用，在中学推行道尔顿制改革，在大学注重商科，实行选科制。

1919 年，梁启超等人接办中国公学时，设有专门部和中学部。中学部于 1922 年 10 月率先在国文和社会常识两科进行道尔顿制试验，开创了道尔顿制在中国实验之始。道尔顿制是由美国教育家柏克赫斯特（Helen Parkhurst）于 1920 年发明的一种教学形式，因其创始于美国马萨诸塞州道尔顿中学而得名。道尔顿制与传统教学形式最大的区别，在于废除了年级制和班级授课制，特别注重个别教学，尊重学生的个性特征。道尔顿制倡导一种自由与合作的精神，鼓励学生在教师的指导下，自主安排学习的内容和进度，培养学生自主学习的能力，同时加强团体活动中的合作与交互能力，促使学生的个性和群性和谐自由地发展。

中国公学中学部于 1922 年 10 月开展道尔顿制实验，是国内最早开展道尔顿制实验的学校。舒新城是道尔顿制在中国教育界广泛传播的主要推动者。1920 年秋，舒新城应聘主持中国公学中学部，积极推行分团教学法，实行选科制，招收女生，开中学男女同校之先河。道尔顿制传入中国以后，舒新城在《教育杂志》《中华教育界》《教育与人生》等杂志上，发表大量介绍和研究道尔顿制的文章，在当时产生了相当大的影响。

舒新城力排众议，率先在中国公学中学部实验道尔顿制。据 1922 年年初，中国公学中学部颁布的校务改革计划，"关于教科一部分，除三年级四年级共计三班学生，仍采用学年制外，其余都实行学科制，定五年毕业，但因学生能力的强弱，得延长至五年半或六年，或缩短至四年半或四年，功课一方面，第一、二年都是必修科，第三年加选修科，自第四年起，分设文、理、农、

---

① 《王敬芳致胡适》，《胡适来往书信选》（中册），社会科学文献出版社，2013 年，第 511 页。
② 《史略》，载史之：《中国公学史料拾零》，《近代史资料》总 69 号，中国社会科学出版社，1988 年，第 145 页。

工、商、教育、美术七系,学生得因教员的指导和自己的志愿,选定一系。现因财力的关系,拟先设文、理、商、教育四系,教授法一方面拟注重学生的自学,一面减少授科时间,第一、二年每周只三十小时,第三年必修科只二十小时,此外可选习个性相近之学科六时以上十时以下,第四、五年本科必修科只十五小时上下,本科选修科十时以内,他科选科五时以内,一方拟扩充图书室和试验室,以供给学生自学的材料,各科程度较前提高,大概毕业以后可以直接大学"①。道尔顿制的改革旨在发挥学生主体性,实行个别教学,对于教育品质的提高确有极大的助益,但其代价也是非常高的,由于注重学生个性,实行差别化的教学,故对于师资品质及专任教师数量的要求都相应提升。

1923年,因男女同校及道尔顿制引发许多纠纷,导致舒新城与研究系诸人的矛盾分歧,舒新城于1923年10月去职,其所聘诸人也在此前后相继离去。人去政息,中国公学的道尔顿制试验也随之取消。

除中学部的学制改革外,在大学部,中国公学尤其注重商科的办理,一方面固然与上海本地工商社会繁荣,对于商科人才的需求较大有关,另一方面则与研究系培养人才的取向有关。在陈筑山给梁启超的一封信中曾提到,"日来与东荪聚谈校事,同时并及吾辈对于国家之将来。觉今日有一至大之方针为吾辈所不可轻易看过者,即将来的社会中心势力,非托与学者与商人之团结不可。……所谓学者与商人的团结,只重在中心势力之造成,所执何种主义,另是一问题。吾辈今日之责任,当以经济的知识指导经济界的人们,果有正确的知识、热情的指导,安能与崇拜列宁偶像的团体相对立?而吾人今日欲扎硬寨以备将来死仗,非将公学基础建筑坚固,后图扩张,网罗经济人才不可。现在留欧学生专就经济学养极丰归来者,已不乏人,多不满于某党的主义,而有厚望于吾辈者"。② 可见研究系办理商科,实则有网罗人才汲取资源的深层用意。

1923年5月,因商科与中学部的矛盾,学校发生风潮,内部出现波折,校长陈筑山一度离校。③ 具体内情,据校方的说明,"本校自改组以来,同人等竭其绵薄,俾于世界学术国内文化有所贡献,乃应用最新学理,如采用学科制也,改行道尔顿计划也,实行男女同学也,事皆属于新举,以视安常蹈故其难易实有径庭,历时虽暂而所获之新经验实足多者,致同人对于新制益

---

① 《中国公学中学部之新计划》,《申报》1922年1月3日,第15版。

② 陈筑山:《致任公先生书》(1924年4月4日),《梁启超年谱长编》,上海人民出版社,2009年,第651页。

③ 稻心:《述吴淞中国公学最近风潮》,《觉悟》1923年6月10日,第4版。

增其信心,惟美中不足者,本校组织现分大学商科与中学两部,性质迥殊,管理自异,又以宿舍逼处不可分离,诸多窒碍,同人等虽已早见及此,然以窘于经费之故,以致为大学部新建校舍之计划一时未能实行,本月中因宿舍内中学生关于男女社交问题以文字辩论,致有纷扰,商科生起而责难,中学部职教员鉴于商中逼处,训育难有效力,遂因此引咎辞职,借以唤起学生之反省"。至6月下旬,校方决定提前放暑假,而同时谋学校根本改进及扩张,提出今后办法如次:"1. 大学商科迁移上海英界静安寺路赫德路转角;2. 商科改行学分制;3. 中学部添办高级理科;4. 中学部辞职教职员挽留复职;5. 中学部仍旧男女同学实行道尔顿制;6. 次学期提早开学。"①自此商科迁至沪上,与中学部分开办学。

自1923年秋学期,中国公学商科学制决定"改用点位制(即 Unit),各种学科为一百点,每学年读三十余点,以科为班,不用年级制"②。中国公学大学部商科,原来分银行、会计、贸易、秘书四门,自1923年下学期改行学分制,不再分门。③ 同时,中国公学商科扩充学额,除添招二年级以上插班生,一年级及预科新生外,又添招选科生。"选科生入学资格无限制,凡银行公司等之雇员,皆得自由选读一科或二科,学额视讲堂之大小而定,学费选读一科者,每半年五元,二科者十元,三科者十五元,多者以此类推,闻该校此种办法,完全为一般商界之有志求学者计,每科毕业,且能得有相当之学分,如选科所得之学分,积至一定之程度,亦能取得年级之资格,如是则家境艰难者,皆得一面服务,一面求学。"④

中国公学大学部自1925年秋季学期起,"因欲使学生对于所习各科目,精神集中,兴味浓厚,并为便利学生补修或重读重要科目,免去升级之困难起见,将正预科各学系大部分科目,排于一学期中授毕结束,此项办法,实施以来,殊见成效"⑤。集中授课实际是延续选科制的改革,更大程度上便利学生在最经济的条件下修满学分毕业,带有浓厚的功利性。

1926年4月,中国公学大学部校务会议,"以现有教育制度注重教室授课,教员下课后,即与学生无关,于学生身心修养异常忽略",议决"酌采欧美业师制,先从预科试办,……并确定孙在苏、高践四、俞颂华、郭德华、陈达

① 《中国公学今后之办法》,《申报》1923年6月25日,第18版。
② 《中国公学风潮平息》,《申报》1923年6月6日,第18版。
③ 《吴淞中国公学举行毕业式》,《申报》1923年6月13日,第14版。
④ 《中国公学商科添招选科生》,《寰球中国学生会周刊》第113期,1923年7月21日,第2版。
⑤ 《中国公学春季开班之科目》,《申报》1926年2月16日,第21版。

山、刘南陔、陈萃子七教授为业师,每人分任训导学生十余人,凡关于学生学业之指导及德性之修养,通长负责之"①。上述改革应该是考虑到选科制追求经济性和职业培养单一导向的弊端,希望通过密切师生联系,加强德性修养等方面的教育。但此时离研究系下台已为时不远,故此项改革的效果无法评估。

研究系办学的成效

研究系自1921年春接办中国公学,至1927年,前后六年。接办之初,计划完备,颇为用心,试图将中国公学办出成绩。研究系接办中国公学之初,对于人才的聘用态度较为开放,所以吸引了很多青年才俊到中国公学任教。直到1923年前后,办学日益依赖研究系同人,一定程度上造成人才的流失,对教学与研究都有很大影响。

在接办之初,研究系对于中国公学非常重视。这从研究系邀请罗素来华讲学的安排可以看出,在筹办此事的过程中,梁启超、王敬芳、张东荪等人有意借此提高中国公学的知名度,因此提议以中国公学的名义邀请罗素,再加上尚志学会、新学会两组织共同主持。罗素到中国后第一个正式演讲《社会改造原理》即被安排在中国公学。但是随着梁启超等人在东南大学、南开大学、清华大学得到更好的机会,而中国公学接办数年后,办学效果远不如预期,大大影响了梁启超、张东荪等人对于经营中国公学的热情。1922年,筹办中的中国公学大学部本拟邀请张君劢负责,张君劢因条件限制,不愿就任,转而创办政治大学。张东荪也是时时想卸下中国公学的担子,多次请辞校长职。

对于中国公学在教育方面的成就,特别是张东荪主持中国公学期间的情况,曾在公学任教的俞颂华后来评价说:"他(张东荪)包办过中国公学,他办学时候,据我所知道,有两大特色:一是毫无党派成见,专门聘请好的教授;一是积极充实图书设备,提倡自由研究的学风。这话是在那时中公毕业及读书的校友都能负责证明的。所可惜的,那时经费有限,而且他主持校政的时间亦不够长。不然,我相信中公一定能如北大和燕大一样有悠久的卓著的成绩。"②与实际办学状况对比,上述的评价显然有溢美之嫌。

1926年5月14日,教育部派员视察中国公学,总务主任高阳,教务主

---

① 《中国公学大学部采用业师制》,《申报》1926年4月11日,第19版。
② 俞颂华:《论张东荪》,《人物杂志》第2卷第6期,1947年6月20日,第10页。

任俞颂华招待并引导视察。视学所提交的考察报告颇能反映当时学校办学之实态,故录之如下:

> 该校设大学本科预科,本科分文法商三科,商科设商学系,法科设政治经济学系,文科设哲学系,但哲学系因人数太少,尚未开班。商科一二三年级三班学生一百四十人,法科一二年级二班学生一百七十人,预科一二年级二班学生五十人,共计三百六十人,内有女生十二人。暑假后拟将预科停办,改办高级中学。专任教员约占全体教员三分之一,体育亦有专任指导员。本科科目除国学课程外,均用英文课本,并由教师口讲,学生笔记。是日,视察预科一年级英文班学生出席者四十人,本科商学系一年级政治班学生出席者三十五人,本科商学系二年级商法班学生出席者三十九人,本科经济系二年级商学系三年级中国经济史合班学生出席者四十人,缺席者甚少,学生听讲亦甚注意,所用教科书程度与各该年级亦相当,此教科方面之大概也。
>
> 该校面积有一百二十余亩,系前清拨给官地建筑,已历十七八年之久,尚为巩固,视察礼堂教室宿舍校园图书馆运动场学生病室浴室盥洗室学生贩卖所,均尚完整。全校学生除通学生二十余人外,余均住校,宿舍每室住学生二人或三人,颇为整洁,由斋务主任督同助理员管理,女生另有寄宿舍,由住校教员之眷属帮同照料,云该校严禁学生干预外事并任何党派之活动,以读书救国为主旨,去年九月曾恺切申告并嘱学生填具志愿书,因此退学者有二十余人,此设备管理方面之大概也。
>
> 该校每年由河南福中公司补助洋二万元为常年经费,加之学膳费一切收入约三万余元,合共收入五万余元,与支出恰可相抵。财政部前曾指拨元年公债一百万元为基金,已领到四十万元,现正与财政部商洽将福中公司应缴纳该部之矿税扣发此项公债之利息,该部业已承诺每年约可得二万余元,将来拟以此款充置备图书仪器及其他设备之用,至目下图书费由教职员学生共同捐助,年可得五千元各处亦颇有捐助者,此该校经济之大概也。①

---

① 《教育部派员视察报告》(1926 年 5 月),王云五等编:《私立中国公学》,台北,南京出版社有限公司,1982 年,第 25 - 26 页。

　　由于人才与经费的匮乏，研究系最终的办学成就离预期相差甚远，1925年9月，据因不满沪江大学不允许学生参加校外活动而转学中公的饶子桓观察，"当时中国公学因经费困难，聘请教授不多，职员更只寥寥几人，图书缺少，体育设备不够，校舍失修。在这些方面与沪江比较，是相形见绌的"①。

　　在此期间，中国公学较民国初年还是有长足进步的，也不能完全抹杀。虽然有经费不足而引起的不少困难，但仍逐步发展起来。1923年将专门商科升为大学，并添设新学门。1926年7月5日，教育部开部务会议，审议上海光华、群治、中公三校的立案申请，最终审议结果光华大学准试办，文治大学暂行促留，中国公学得正式认可。② 当时全国准予立案的私立大学仅有5所，可见中公在当时高等教育版图中的地位。

　　1925至1926年间，主持者想把中公办成综合性社会科学大学，增筑校舍，扩大图书馆。学校刊行《中国学刊》《商学周刊》等刊物，努力提高学术水准，并聘请马寅初、胡适等人来校讲演，奖励学生活动。据统计，中国公学1923年度上学期，"商科毕业一级，共二十二人，……毕业生中，预备留学英美者四人，已受专门学校聘为教授者三人，服务公司银行者六人，任编辑事务者三人，其余数人，尚在待聘"③。由此可见，所培养之学生尚符合上海商业社会之需要，层次亦属中等以上。

　　1927年4月，北伐军进至上海。由于研究系一贯反对国民党的立场，在上海的研究系分子受通缉，张东荪也被列为"反动学阀"，被迫逃到租界躲避。对此，他后来说："国民党北伐至长江，任之先生与余皆被目为学阀，加以通缉者，不止一次，彼时所谓学阀，即指反对一党专政之民主思想而言。"④而对于研究系的办学，校友和在校学生的评价亦不高，"中国公学成立迄今，已二十二年，在辛亥革命前，夙有革命党秘密机关之名，向为上海各大学中之负盛望者，频年以研究系占据之故，遂至校誉日堕，毫无起色"⑤。这无疑是在政权鼎革之际对研究系的一种清算与否定。

---

① 饶子桓：《回忆我在大学四年之经过》，王云五等编：《私立中国公学》，台北，南京出版有限公司，1982年，第332页。
② 《教育部检定上海私立大学》，《申报》1926年7月16日，第11版。
③ 《中国公学商科将举行毕业》，《申报》1923年5月24日，第16版。
④ 张东荪：《思想与社会》，商务印书馆，1946年，第3页。
⑤ 《中国公学》，《民国日报》1927年4月4日，第4版。

四、1921 年中国公学驱长风潮

1921 年 9 月,中国公学发生驱逐中学部主任舒新城与代理校长张东荪的风潮,其中夹杂着多重因素的影响,但由于风潮基本局限于校内,较少有研究者关注,相关的分析较为粗疏,多系较宏阔的断论。其中比较重要的研究有两种:一是张朋园认为中国公学风潮与派系之争有关,"公学之上层人士虽然以旧立宪派人为主,教员及学生多倾向于南方政府,此或为张东荪遇阻的原因"①。一是吕芳上认为,"中国公学发生驱舒逐张的风潮,不只是有前任中学事务长李挹清排挤舒派的意味,还有湘籍势力与非湘籍势力之争,从报刊言论看,更有研究系与国民党势力对垒的态势"②。吕芳上的判断较多依据当事人之一舒新城的回忆,而张朋园的观点似仅依据清末的校园生态做推断。既有的研究基本未对 1921 年中国公学风潮的背景及其过程做细致梳理,故而认识上仍有进一步厘清的空间。

风潮前史

1921 年春,中国公学原教务长刘秉麟留学英国,于是由梁启超推荐,王敬芳乃请张东荪继任教务长。张东荪到任后,约请舒新城任中学部主任。然就当时中国公学之组织系统而言,学校的经济权、学生管理权均操之于事务主任之手。前此,校长王敬芳任职福中公司,校内事务均由事务长李挹清实际负责。张东荪接任教务主任,且是梁王二人意中之公学改革主持之人,到校后,自然会与实际握有权力的李挹清产生矛盾。

李挹清,四川人,毕业于中国公学,早年追随旧参议院院长王家襄左右,1920 年,中国公学董事会改组,王家襄任副会长,李挹清任中国公学事务长,实际负责。张东荪到任后,受王敬芳与梁启超的委托,负责中国公学的改造。而李挹清不愿配合交接,双方冲突自然难免。

新聘的中学部主任舒新城是当时小有名气的中学教育专家,早年毕业于湖南高等师范学校。后在长沙兑泽中学、省立一中及福湘女学等校任教务主任。舒新城到上海之前,在湖南积极投入新文化运动,如推行教学改革,创办新文化刊物《湖南教育月刊》,并尝试与新文化运动的领导者陈独

---

① 张朋园:《梁启超与民国政治》,吉林出版集团有限公司,2007 年,第 146 页。
② 吕芳上:《从学生运动到运动学生》,台北,"中央研究院近代史研究所"专刊(71),1994 年,第 101 页。

秀、胡适、张东荪等人建立联系，但只得到张东荪的热情鼓励，由此建立联系。1921年应张东荪之邀，舒新城任吴淞中国公学中学部主任。①

1921年7月初，舒新城到校时，李揥清正在北京向王敬芳述职，李对于张东荪主持中国公学多有异议。7月20日，公学董事熊希龄、王家襄到上海，张东荪引导二人到校参观，李揥清随行，在此过程中，张李二人发生言语冲突，不欢而散。李揥清以张东荪是新闻记者，不适宜办教育，试图改变公学高层对张东荪的倚重。

舒新城到校后，未见到李揥清，即开始以高薪聘请新教员，并拟定改革计划，准备登报招生。7月下旬，张东荪在《时事新报》上发表舒新城拟定之招生广告。不料广告发表之翌日，即有否认之启事见于报端，于是中国公学之分裂公开化，双方在报端否认对方。② 而且李揥清仍然掌握着公学的经济大权，对于舒新城用校印支经费之事，李总是多方阻挠。张东荪认为学校改革彼应有权处理，李之行动应属无效。于是，函电告梁启超促王敬芳南下解决。8月20日，王敬芳亲到上海决定赠李以出洋考察之名义及经费，请其离校，并任张东荪为代理校长。

李揥清"虽决定出洋考察，但直到十月九日方始离校。两年以来，他本属事实上的校长，东荪任教务长欲与分庭抗礼，已觉与习惯不合，经一度纠纷之后，彼则离校出洋；东荪反升一级而任代理校长，不论出洋在名义上说得如何好听，事实上有何种利益，但感情上总难得平静"③。这实际上成为后来风潮发生的一个潜因。

李揥清个人之离去，并没有解决实际问题。张东荪对于旧教员愿留任者仍送半年聘书，除公学新聘的教员外，"其余之中学部教员职员类皆李君同志"④。新旧教员之间的矛盾成为风潮最初的诱因。新旧教员之间的分歧，实际上涉及新旧文化的冲突以及实际利益的纠葛两个层面。

舒新城到中国公学后，倡导学制改革，实行道尔顿制。舒新城所聘请的叶圣陶、刘延陵、朱自清、常乃惪、吴有训、陈兼善、刘建阳、许敦谷八人均为提倡新文化的年轻教员，多数曾在受新文化运动影响较大的浙江一师和湖

---

① 关于舒新城参与新文化运动的详论，可参见张仲民：《时代思潮的地方回应——舒新城与五四新文化运动》，《民国研究》第16辑，社会科学文献出版社，2010年，第162-183页。

② 此则《特别通告》称，"《时事新报》登载本校第二次招生通告及《改造宣言》各节，查与本校事实不符，且非本校送稿嘱登"。邵力子：《适应社会与造造社会》，傅学文编：《邵力子文集》，中华书局，1985年，第597页。

③ 舒新城：《我和教育》（上），台北，龙文出版社，1990年，第170-171页。

④ 《中国公学中学部教员宣告此次风潮之因原始末》，《时事新报》1921年10月21日，第3张第2版。

南一师任教,且赞同新的教育改革,其授课内容与方式及教育理念与此前的旧教员都大相径庭。如中国公学旧国文教员石某"对新文化反对甚力,对胡(适)陈(独秀)诸人时加痛骂",舒新城知道这种情形,认为"我们以新文化为号召,此公如何可留"。① 故约定半年聘期到后,即将其辞退。而曾受教于石某的一些学生为表示对新教员的不满,于叶圣陶教国文时大生问题。叶圣陶等人也认为,"吴淞离上海稍远,而旧日办事人之古气又重,故而中学部学生不识时代之潮流者甚多。国文教子书八家文,英文教艰涩过时之文学"。② 可见新旧教员之间在文化意义上的分野。

新旧之不能相容必然导致一派离去,而教职意味着薪资,所以新旧矛盾也牵涉实际利益的争夺。鉴于"一朝天子一朝臣"的心理,主事者更易带来的是"饭碗"危机。舒新城所聘新教员皆为专任教员,月薪 100 元,属于较高的水平,引起旧教职员的不满。比如旧的斋务主任吴成芳,虽为中国公学校友,但是不能教任何科目,文字之运用,亦不甚自如,故其薪资较低,不能与新聘之专任教员薪水相等,就"主任"之地位言,未免有失体面;且部分旧教员相继离去后,亦自觉不能久于其位,故利用校友头衔鼓动学生,以求固位。③ 旧教员半年之后是否能继续任教也是问题,所以旧教员冀反抗成功而能维持其饭碗,甚至扩展一些职务以多得一些收入。

新旧教职员的矛盾使得中国公学在改造之初即现分裂之势。但仅有旧教职员之反对并不能掀起大规模的风潮,必须要煽动学生参与。其时,因新学制的改革,学生也分新旧,旧学生是舒新城等来校之前的在校生,而新学生则是舒新城主持新学制改革后投考的新学生,新学生对学制改革自然是认同的,相反旧学生多不适应,舒新城对此曾有详细说明,录之如下:

> 我们为增进学生健康计,规定早操,且大家共同于每早六时五十分上操场,但对于一部分贪睡的少爷们却使其不便。我们为充实学生生活计,提倡课外活动,而尤注重于师生共同生活,则浪漫学生感到拘束。我们为谋学生毕业后能在升学与职业两方面均获便利,而将毕业期间由四年改为五年,且于三年作一段落注重基本学科;并于第三年起设相当范围的选科以适应个性;后两年分为文、理、商、师四系,于必修科外兼设选科,使学生就其性能与经济

----

① 舒新城:《我和教育》(上),台北,龙文出版社,1990 年,第 169－170 页。
② 《中国公学中学部教员宣告此次风潮之因原始末》,《时事新报》1921 年 10 月 21 日,第 3 张第 2 版。
③ 舒新城:《我和教育》(上),台北,龙文出版社,1990 年,第 170 页。

能力分别选系；但在"混资格"的学生看来则未免多余，一般家长亦将以为延长一年负担太重。我们为整齐学生的学业计，打破年级制而用能力分组制，使学生依其各科之学习能力，按科进修；更采学分制，使学生可按其能力努力进修，在规定年限以内提前毕业，（五年课程，如学生能力优，平时努力而又在年暑假补习者可于四年或四年半毕业），能力不及者可延长毕业期限，这办法在优良而努力的学生固属满意，但以学校为传舍的学生，则未免失望。而旧生因编级试验之由高级改入低级者则更不满。[①]

旧生对于舒新城的学制改革极为不满，攻击舒新城擅改学制，"不遵守部章"，"定酷苛之规则，含尽行淘汰我中学生固有旧生之意"[②]。另据当时中学部三年级学生阮毅成回忆，"中学部中的新制初中学生，是舒新城先生接任中学部主任以后招收的，程度整齐，活泼天真。我这一级，是旧制中学的最后一班，都是舒先生接办以前的旧生，份子不甚单纯。换言之，所谓海派的气味较甚。我初从杭州到上海，对于海派十分看不顺眼，因此宁愿与较低年级的同学做朋友"[③]。可见学生中新旧之分较为突出。

为此，旧学生对于舒新城为首的新教员不满之心久已积蓄，加上旧教职员的煽动，风潮之发生在所难免。

驱舒逐张运动

1921年10月10日，因双十节学校放假两天，新教员大多离校去了上海，舒新城也因病留沪。10月11日，反对新教员的学生利用国庆放假机会以国庆名义召集开会，在会上讲演新教员对旧学生如何排挤，如何暗中记过，如何准备扣发毕业文凭，最后提议罢课驱舒，付诸表决，通过驱逐舒新城的决议，并发表宣言，列举舒新城的罪状。12日上课时，中学部除四年级外，各班教室门均有纠察队把守，不许教员学生入内，宣布全校罢课。舒新城在12日上午曾赴校中，到吴淞车站得知校中发生风潮，乃回沪告知张东荪。

代理校长张东荪闻信于当日下午到校，召年级长劝导，对驱逐舒新城不表赞同，对罢课学生也暂无处理意见，只劝学生安心上课，静候校长王敬芳

---

① 舒新城：《我和教育》（上），台北，龙文出版社，1990年，第171-172页。
② 《中国公学风潮》，《时报》1921年10月14日，第11版。
③ 阮毅成：《从中学到大学》，王云五等编：《私立中国公学》，台北，南京出版有限公司，1982年，第181页。

处理。学生要求开大会解决，张东荪不允。在张东荪离校去车站时，学生随往。罢课学生在车站对张施以辱骂，返校即将中学办公室捣毁并将重要文件取走。主张驱舒的学生返校后随即开会讨论，认为张东荪"既抱专制主义，吾等即不能认渠为本校代理校长。……故由驱舒进而逐张"①。次日，学生即发表驱舒逐张的宣言。

风潮起后，舒新城与新教员请假留居沪上，学校实际被旧教员及罢课学生占据。主张罢课的学生于 13 日开全体会议，推举办事员若干人，在中学部办公处正式办公，实行学生自治，且表示不承认张东荪为代理校长。学生办公处表示将于次日复课，静候校长王敬芳来电解决，并宣布"于即日恢复学制裁汰职员，将此项薪金移作扩充原有图书馆之用。有以前教员对于教授不得法者，得由班中大多数同意向办公处要求退聘"②。张东荪闻讯，乃布告开除捣毁办公室的学生与代行中学主任职权之干事。但布告贴出之后，即被撕去。

随着风潮的演进，旧学生对学校的把持引起另一部分新学生的抗议。14 日，学生办公处的干事们主张恢复上课，而原来不罢课之学生则不上课，所有新教员亦均离校而罢教。但新学生多为中学部低年级学生，对于运动风潮没有经验，新学生大多只是致信新教师表示支持，但较少公开发表意见，所以影响有限。

10 月 17 日，张东荪因得王敬芳的复电支持，决定率警察带前此开除肇事学生 12 人的布告到校，布告措辞严厉，有"诸生须知本校系私立，与其他教育机关不同，诸生尚愿受本校教育，本校自当尽扶持之责，如有故意破坏，以学校为儿戏，各该组学生一律解散亦无所顾惜"等语，并限出榜后二小时内离校，如有仍在校踌躇者，即令警强制令出。后由斋务主任吴成芳担保允延至翌日离校。③ 张东荪如此强硬是因为得到校长王敬芳对其表示全力支持的函电，但张东荪布告时却未将校长王敬芳之复电处置意见说出，使其布告处置风潮之权威性大打折扣。④

当晚反对张东荪的学生召集全体学生开会，到会者共 290 余人，举商科学生王雨生为临时主席，讨论驱舒逐张，然学生中意见有不合者，引起冲突，以致会场秩序大乱，遂即散会。18 日晨，商科学生及教职员召开全体联合会议，新教职员也应邀出席，但中途离席，最后大会表决，赞成去张者居大

---

①　《中国公学风潮续志》，《民国日报》1921 年 10 月 14 日，第 10 版。
②　《中国公学风潮续闻》，《民国日报》1921 年 10 月 16 日，第 11 版。
③　《中国公学风潮三志》，《申报》1921 年 10 月 20 日，第 14 版
④　舒新城：《我和教育》（上），台北，龙文出版社，1990 年，第 175 页。

半，然一部分仍不以为然。据报载中学部学生之赞成去张者，共 120 余人，达全中学部学生总数之三分之二，合商科统计，达全校学生总数之三分之二。当时支持舒新城等新教员的大多是刚入学的新生，在全部在校生中所占比例较小，所以出现了全体学生会议表决时大多数学生赞成驱逐舒新城和张东荪的局面。商中二部的联席会议通过决议案，议决事项如下：一、发电于北京王校长，二、发宣言去张舒二人，三、举商科教员余楠秋为临时代理校长。宣言大意在咎张校长之带警察开除学生，其致王校长电云，北京中原公司王校长钧鉴，中学要求去舒，东荪挟警兵二十名，武力开除代表十二，激动公愤，商中二佰十余名，否认张，举余楠秋临时代，敬候公来解决，公学商中学生叩云云。① 余楠秋是 1921 年 9 月由中国公学新聘之商科教授，对于校务非常积极，在开学式上曾作为代表发言。② 张东荪听闻此消息后，随即表示不愿再代校长职务，但拒绝与所谓临时代理校长交接校印，电请王敬芳回校解决。

对于商科学生的加入，舒新城认为是早有预谋的。舒新城在后来的回忆中提到，"由商科学生及斋务主任为首，分头召集会议，决定'举义'办法。他们的目的与计划，都在推翻东荪的代理校长而拥护新来的教员某君（余楠秋）。某君虽曾于开学时用英文发表一篇《初小教本》式的演说，赢得一些掌声，但在学校的资望究属太浅，不便一跻而为代理校长。而商科学生年龄较大，知识较充，若起首便将真正目的标出，必不能得人同情，乃看定中学生易与，而以中学为入手的工具"③。

驱张之教职员学生乃联名详函校长及校董会告以风潮经过，并派旧校友斋务主任吴成芳到北京访校长校董而外，还访中国公学在京校友朱经农、任鸿隽、胡适、薛传斌、文之孝等人，拟发起中国公学海内外同学校友会以扶助中国公学，并集合曾任校董的郑孝胥、张謇、李平书、马君武、于右任等组织负责任之校董会，以期整理中国公学。④ 此处所列校董名单均非现任，另起炉灶之意甚为明显。但实际上，效果非常有限。胡适在 10 月 24 日日记中曾提及："上海中国公学此次风潮，赶去张东荪，内容甚复杂；而旧人把持学校，攻击新人，自是一个重要原因。这班旧人乃想拾出北京的旧同学，拉我出来做招牌，岂非大笑话！他们攻击的新的教员如叶圣陶，如朱自清，都

---

① 《中国公学风潮记》，《申报》1921 年 10 月 19 日，第 4 版。
② 《中国公学开学记》，《民国日报》1921 年 9 月 14 日，第 11 版。
③ 舒新城：《我和教育》（上），台北，龙文出版社，1990 年，第 173－174 页。
④ 《中国公学风潮昨闻》，《民国日报》1921 年 10 月 19 日，第 10 版。

是很好的人。这种学校，这种学生，不如解散为妙！"①

舒新城也于 10 月 18 日赴京向王敬芳报告学校风潮内幕，请其南下处理，并由"新教员"及"拥张学生"各发宣言一种。学校则一直停课到 11 月 20 日。

1921 年 11 月初，王敬芳到沪，经过与各方面的几度接触，了解问题症结之所在。11 月 10 日，王敬芳约张东荪及离校的教职员一同回校，召集全体教职员学生在大礼堂开会。王敬芳讲话长达三小时之久，他登台后，首先引全体教职员及学生向礼堂上悬挂着的姚宏业烈士遗像行礼，第一句话是向烈士告罪，而且泣不成声，台下的听众无不有同情之感而寂静无声。然后，王敬芳从创校艰难说到停办时的苦痛与恢复时的喜悦，再将种种过错归到他的意志上，张东荪不过代表其实行耳。最后则从时代思潮上提出最坚决的主张，一定要实行新办法以为学校增光，而恢复到创校的光荣史上。同时则声明有违反此项主张及其所委任之代理校长与所聘之职教员者，即属违反他的意志，当切实予以制裁，不能宽容，即全体解散亦所不惜。

王敬芳的演讲强调："（一）学校与国家不同，国民对于国家不满意舍革命无他法，不能削除国籍而为他国之人民也，学生对于学校不满意则尽可转学，不必推翻本校而后快；（二）本校由反对中学主任舒新城起，而所引罪状为目无部章，今官立学校如南高、北大皆不遵照部章，我校纯系私立，不依部章不得谓为罪状，况事前不提理由而突然罢课，此种举动亦非尚理性者所应出，至于张代理校长带警入校，原防秩序有破坏并非施强力于学生，警察本为维持秩序之工具，何处秩序有破坏之虞，即驰赴防御，学校并无不容警察入内之理由；（三）宣告办法数款，大旨谓风潮之发生认为纯由误会而起，误会一经剖释便当彻底了解，故能真正了解者不追溯既往，其不以本校办法为然者，尽可自行退出，各行其是云云。"王敬芳演讲后，驱舒逐张委员会仍试图转圜，并到张东荪处请求谅解，但王敬芳不表谅解。据报载，当夜一部分学生复开驱张舒之委员会，对王有要求，"次日，王复赴校，加以训斥，认为合则两难，分则两全，遂致一函于委员会十人，大意仍不外离则两全等语，该委员等翌日亲至张东荪寓，声明风潮起于误会，请求原谅，张答一切由校长主持，即旋谒校长，校长谓意志坚强，为青年美德，今诸君改变太速，转令人失望，此一部分学生，遂要求不揭示革退，而相率自去。最后是宣布旧教职员数人辞职，肇事学生二十八人自请退学"②。

---

① 曹伯言整理：《胡适日记全编》（三），安徽教育出版社，2001 年，第 502－503 页。
② 《中国公学风潮结束记》，《申报》1921 年 11 月 17 日，第 14 版。

王敬芳之处理此次风潮所依持的资本有两点：一是其在中国公学历史上特殊的地位，故而其讲述校史，态度之诚恳，颇能折服一般师生，这与其创始人的资历有关；二是王敬芳的资助是中国公学发展的经济基础，这也决定了他对于中国公学校务处置的绝对权力。无论是新旧两派都寄希望于得到王敬芳的支持，并静待王敬芳对于校事的处理，与此有莫大关系。新派之所以能平息风潮，很重要的原因即在于得到王敬芳的支持。

同年，11 月 11 日至 25 日之两星期间，王敬芳每天同张东荪到校，处理各种事务，学校则于 20 日重新整理，正式上课。并于 25 日登报通告校友及学生家长。由此，罢课 40 天、学生退学 34 人、教员辞职数人之大风波，至此结束。

此次风潮带来许多消极影响，一来是对张东荪等人办学信心的打击，张东荪本就不愿任中国公学事，出现风潮后，迭次请辞代理校长职。为此，梁启超发函劝告，"鄙意谓但使勉强可办得下去，则此校断不宜舍弃。抟沙无论如何总属我辈，有事可以商量，最多再闹风潮一两次，愈闹一次则阻力愈减一分，在吾辈持之以毅而已"[1]。张东荪才勉强同意继续维持，但基本上不安其位，一有机会便思解脱。二是舒新城所聘的部分新教员，在风潮结束后大多离校而去，对于中国公学之发展也是一个打击。[2]

风潮过程中党派舆论的歧见

研究系是脱胎于民国初年进步党的一个政治派系，得名于 1916 年在北京成立的"宪法研究会"，其领袖人物是梁启超、汤化龙。研究系始终想凭借既有的政治势力来改良中国，所以曾经在政治上先后依附袁世凯、段祺瑞，而与国民党相对立，国民党与研究系时常发生冲突，比如 1917 年 9 月 1 日，国民党雇佣刺客在海外刺杀了研究系的重要人物之一汤化龙；1925 年 11 月，国民党骨干朱家骅又带领激进的青年学生烧毁了位于宣武门外丞相胡同内的《晨报》馆。[3] 在上海的研究系与国民党也是处于对立状态，研究系

---

[1] 丁文江、赵丰田编：《梁启超年谱长编》，上海人民出版社，1983 年，第 938 页。

[2] 中国公学辞职教职员宣言云："同人加入中国公学，本于尽力教育之志愿，他非所知，或者谓某党某系，名之夹带教员，含沙射影之诬蔑，同人耻与辩理，愿言者葆爱人格，早知忏悔而已。昨日王抟沙校长到校，于此次风潮已宣布解决办法，是非既显，散败无虞，同人自审于志愿莫从克遂，于公学无能为裨，遂向王先生辞职，即日出校，虽或贻任情之讥，实亦行良心所安，特此宣告。朱自清、叶绍钧、常乃惪、刘延陵、刘炳黎、陈兼善、吴有训、许敦谷、刘建阳。十一月八日"《中国公学职教员辞职》，《申报》1921 年 11 月 9 日，第 18 版。

[3] 关于研究系与国民党党争的来龙去脉，可参见张朋园：《梁启超与民国政治》，吉林出版集团有限公司，2007 年。

背景的《时事新报》与国民党背景的《民国日报》时有笔战,特别是新文化运动后期,为争夺新文化的权势资本,双方爆发了多次争论,相互攻击。具体到中国公学之风潮,国民党与研究系也是在报端大打笔战。

据舒新城回忆,"中国公学在历史上与政治有关系,并与政党有关系;而东荪是政论家,在政治立场上有其背景,而又主持'风靡一时'的《时事新报》,其论点当然是不能免的。以政论家而办学校,若果平静无事,社会上不会注意,论敌虽注意也少可'论'的资料。但因为自己有报纸,均不会不宣传的:因宣传而得着社会上许多人的注意与期望;可是有问题时,社会之注意尤大而责望更切。在论敌方面纵无恶意,亦将视为好的新闻资料而加以记载、渲染、评论,以耸社会观听,以结学生好感。自八月间之广告战起,《民国日报》即小有言论,十月而罢课,该报之记载与言论自更多,社会的激动也就更大,而措置也比较困难。此为社会的原因"①。可见风潮背后,党派的舆论起到了推波助澜的作用。

早在 1921 年 8 月,张东荪等在《时事新报》发表《中国公学改造宣言》,表明中国公学的改造方向和办学方针,《民国日报》的主笔邵力子即连续发表两篇评论,②对研究系所谓社会改造和教育应适应社会的主张用略带讽刺的口吻发表反对的意见,评论中多见"资本主义"与"社会主义","社会改造"与"唯物史观"之类的党派话语。可见党派竞争使国民党对研究系的事业多是带着预设的立场来观察的。

国民党的报纸《民国日报》自中国公学风潮之始,在其刊载的关于风潮的报道中表现出很明显的倾向性,即对学生的支持和对张东荪等的反面报道。

在学生罢课的第二天,《民国日报》的报道就借学生之口,质问张东荪,"先生为提倡新文化之时事新报主笔,事应公开不应专制。张君谓今日我即承认专制"③。在次日的报道中也是突出张东荪的专制,称"张声言余来办公学,系用专制手段,尔等何人敢来干预"④。从而把张东荪塑造成一个反面的形象,为学生之驱逐张东荪寻求正当理由。

与对张东荪的反面报道适成对照的是对于罢课学生的同情和支持。在学生成立临时办公处后,《民国日报》的报道将责任推到校方身上,称"所谓

---

① 舒新城:《我和教育》(上),台北,龙文出版社,1990 年,第 172－173 页。
② 邵力子:《适应社会与改造社会》《再论适应社会》,傅学文编:《邵力子文集》,中华书局,1985 年,第 597－600 页。
③ 《中国公学之风潮》,《民国日报》1921 年 10 月 13 日,第 10 版。
④ 《中国公学风潮续志》,《民国日报》1921 年 10 月 14 日,第 10 版。

代理校长，对于校潮并无何等表示。所谓中学部主任舒某，已来信向学生临时办公处请假。学生为维持秩序爱惜光阴起见"乃成立临时办公处维持校务。且对罢课学生多有赞语，称"诸办事人员皆中学生中之优秀份子。此次运动，确抱有奋斗之精神，宁受绝大牺牲，谋中国公学永久福利，在此学生自主时期，凡百设施，莫不公开，非如挟专制手段以来者所可比拟也"①。

随着风潮的持续，《民国日报》对中国公学罢课学生的支持越来越明显。张东荪带警察到校布告开除学生，引起舆论的反感。邵力子在一篇评论中提到，对于张东荪带警到校开除学生一事，"不觉陡想起本年六月三日北京教职员学生被军警痛殴，次日国务院（？）通电还大说教职员学生不好。教员说'校事混沌，环境黑暗'；我想，张东荪代理校长以前的中国公学，无论怎样混沌，怎样黑暗，总该比蔡孑民接任校长以前的北京大学，要差一点吧！我敢正告八教员：混沌与黑暗都不足怕；最可怕的是以混沌遇混沌，以黑暗遇黑暗。我还记得东荪君有志做北京大学校长，也幸而未达目的；使其竟达，怕北京大学风潮早起，那时要想为教育界尽力，原是很好的事，只惜他似有'非校长不做'的样子，以致演出'毫无经验滥用威权'的恶果。所以我要请八位教员平心静气地想一想，这次风潮闹到这步田地，做校长的应否负点责任？"②

《民国日报》主编叶楚伧也发表评论，称"教育厅是大家认为官僚的，居然还没有斥退学生，带警察去押学生出校；也还没有'特此布告咸使闻知'的檄文口气。中国公学风潮，却不同了。平常痛骂军警摧残教育的，带警察到校押逐学生了。檄文式的布告，官僚所没有采用的，公然发表了。我不信私立学校的借助官力，比官立的借助得还敏捷；我不信常说改良教育的，手段比官僚还辣！"③可见，《民国日报》对于研究系极尽抹黑之能事。

及至风潮平息，《民国日报》副刊《觉悟》还发表胡浩川的一份通信，一方面表示风潮是旧职教员排挤新职教员及一部分学生反对新学制引起的，风潮本身是"不光明的运动，当然是很不对的"。但风潮中张东荪处置无方，舒新城等新教员毫无作为，也显示了新教职员的意志薄弱，无担当的弊病。④

与此对应的是《时事新报》的言论，在风潮之初，以叶圣陶为首的八名新教职员即在《时事新报》发表宣言，详细叙述风潮之因缘始末，认定风潮因"正直者柔善，好乱者恣睢，而大多数好学而畏难之青年又皆敢怒不敢言，故

① 《中国公学风潮续闻》，《民国日报》1921年10月16日，第11版。
② 力子：《中国公学风潮平议》，《觉悟》1921年10月21日。
③ 湘君：《两校风潮》，《民国日报》1921年10月18日，第11版。
④ 胡浩川：《中国公学风潮平息后的一封信》，《觉悟》1921年11月12日，第4版。

暴戾奸狡者乃能假借公意而行其私"①。风潮平息后,舒新城又在《时事新报》副刊《学灯》上,连续三天用大幅版面刊登《中国公学风潮问题》,就前此风潮中反对者所列各种罪状做辩解,并公布了部分学生支持者的信件,最后也做了自我反省,以此作为对风潮善后的一个交代。②

　　当然不能说国民党操纵了学校的风潮,只是国民党利用风潮,借势打击对手。五四运动后,国内各政治团体都注意到学生的力量,开始相互竞争对学生的影响及借势新文化运动。③ 五四运动之后,国民党创办《星期评论》和《建设》,宣传新思想、新文学,参与新文化运动,梁启超、张东荪等人也由政治转向文化,推动"另一场新文化运动"④。当时研究系与国民党对新文化运动各有自己独特的认识与理解,相互之间存在影响力的竞争。在中国公学风潮中,可以看到,国民党极力宣传研究系的言行与五四新文化宗旨的背离。

风潮中的时代内涵与个性特质

　　学校风潮与学生运动的勃兴是民国时代的特殊现象,一直以来备受学界关注。虽然学校风潮与学生运动有时不易截然划分,但两者的区别还是极其明显的。⑤ 与学界对于具有政治意义且对世运有重要影响的学生运动的深入研究不同,对于学校内部风潮的研究则稍显薄弱。如果说五四运动之前的风潮重心大多限于校内的话,那五四以后的学校风潮则逐步扩展到校外,其政治色彩有逐步深化的趋势。而实际上,即使在五四后校内风潮的肇因和形式已发生根本变化,但与走向校外的学运仍然有明显区别。

---

　　① 《中国公学中学部教员宣言此次风潮之因原始末》,《时事新报》1921 年 10 月 21 日,第 3 张第 2 版。

　　② 舒新城:《中国公学风潮问题》,《学灯》1921 年 11 月 18 - 20 日,第 1 版。

　　③ 胡适在一篇演讲中曾提及,"到了'五四'之后,大家看看,学生是一个力量,是个政治的力量,思想是政治的武器,从此以后,不但国民党的领袖孙中山先生,后来国民党改组,充分地吸收青年分子。在两年之后,组织共产党,拼命拉中国的青年人。同时老的政党,梁启超先生他们那个时候叫研究系,他们吸收青年。所以从此以后,我们纯粹文学的、文化的、思想的一个文艺复兴运动,有的时候叫新思想运动、新思潮运动、新文化运动、文艺复兴运动就变了质啦,就走上政治一条路上,所以现在那些小的政党都是那个时候出来的。中国国民党改组和共产党都是那个时候以后出来的"。胡适:《五四运动是青年爱国运动》,欧阳哲生编:《胡适文集》第 12 册,北京大学出版社,2013 年,第 779 - 780 页。

　　④ 参见欧阳军喜:《国民党与新文化运动——以〈星期评论〉〈建设〉为中心》,《南京大学学报》(哲学·人文科学·社会科学)2009 年第 1 期;周月峰:《另一场新文化运动——梁启超诸人的文化努力与五四思想界》,台北,《"中央研究院近代史研究所"集刊》2019 年 9 月号。

　　⑤ 关于学运与学潮区分的论述,可参见吕芳上:《从学生运动到运动学生》,台北,"中央研究院近代史研究所"专刊(71),1994 年,第 1 - 2 页。

吴淞中国公学所谓驱舒风潮之所以发生，实由于新旧两派教员之互争，而以学生为其工具，其中学生的角色颇值得深思。五四以后，学生群体的权势凸显，加之社会赞誉不断，学生自视甚高，自认作为新学生具有相当的独立性，且对于社会政治具有相当责任。在中国公学驱舒风潮中，学生对于被他人指为斗争工具不以为然，"同人等于此次驱舒之运动，自信能本吾等固有之良知及自动之能力，于学校于同人皆有不得不然之势，决非受人指使，或任意捣乱者可比"①。特意强调自身的独立性，实则体现了学生虚幻的自我认知。

学生尚在社会化的过程中，不能对自己的行为完全负责，对于自身本位的利益也没有清晰的认识。校内风潮更多牵涉的实际上是教育的问题，风潮中的学生在超越性的国民角色与本位的学生角色之间更侧重后者。学生风潮的手段不外乎罢课、开大会、发宣言，但学校秩序的混乱和学生自我牺牲式的罢课损害的都是学生自身利益。无论出于何种原因，实则对于学生来说，学潮"不论他的背景与结果如何，直接在学生本身绝对是无益而有害，间接于国家社会学校有巨大的损失"②。

在校内风潮中，学生与其他势力博弈的能力较弱。即使在关乎国家民族命运的学生运动中，学生本身也是无力量的，学生群体以其特有的可以超出自身群体利益的高远理想而常常能成为民众运动的先导，尽唤醒国民之责。但学生群体的很多局限也显现于学生运动中，学生群体只能为一时之唤起，往往不能持久，如若不能得到其他社会群体的支持，就难于实现初衷。③而校内风潮往往局限于校内，学生多成为教职员斗争之工具，其主体性更形薄弱。从中国公学驱舒风潮来看，很难看到学生切身的利益得到清晰的表达，风潮中在前台运动的多是学生，而实际居于操纵地位的却不是学生。

私立学校的校方既是学校的管理者又是学校的产权所有者，学校的董事会对于校政有最终的处置权。对于风潮的处理，私立学校一般较国立大学更为强硬，相形之下学生更为弱势，风潮的结局大多无法改变校政。正如舒新城总结的那样，风潮发动者失败是由于主持者不明经济权能的力量。"所谓经济权能者，一种事业，必得有相当的经济去维持它，主持者必有支配经济的权力，方能掌握管理权。若果自身没有经济权，除以革命方式获得支

---

① 《中国公学风潮续志》，《民国日报》1921年10月20日，第10版。
② 白蕉：《学运与学潮的历史观》，《人文月刊》第4卷第3期，1933年4月15日，第4页。
③ 关于现代学生群体的角色与功能的论述，可参见严海建：《现代社会政治变迁中的学生群体——以五四运动为论述中心》，《福建论坛（人文社科版）》2009年第3期。

配权而外,便只有取得有此经济权能者的信任,方能支配事业。学校虽称文化事业,其需要经济权能是一样的。这学校的校舍校基虽属公产,但每年二万元的经常费则来自校长任总经理的商业公司。不以革命手段改组学校,如何能违反校长的意志而驱逐其所信之人,更如何能以素无渊源的少年为他的代表。"①可见私立学校的董事会或提供资助的所谓校主对于校政拥有最终的决断权,这一现象在北京政府时期国家权力较为无力的情况下比较常见。②

驱舒风潮发生在五四之后,此时校内风潮的背景与内涵也已较五四前发生根本变化,无论是校内博弈的各方,还是居于校外的各种势力都有相互借重以实现自身利益诉求的取向,风潮虽仍然限于校内,但内外互动的趋势日益明显。校内运动风潮者试图诉诸公共舆论,到校外寻求支持,而校外的势力也试图借重风潮攻击自己反对的一派。

此外,自五四以后,新文化成为一种重要的象征资本,各种势力都争相以新文化为标榜。国民党与研究系在报刊上的对垒均注重将新文化运动引为招牌和资本,试图将对方置于反新文化的境地。③当然,各派都借重新文化这一话语,就会出现一个多歧的新文化,实际上也有所谓新文化名与实的分裂。在中国公学风潮中,舒新城等新教员有新文化之实,而国民党在报刊舆论则更多是借新文化之名。

一时代有一时代的学校风潮,学校风潮的背景与内涵随时代而变,1921年的中国公学风潮既反映了后五四时代学校风潮的一般趋势,同时又有其特殊的个性特征。区别于国立学校和教会学校,私立大学的治理方式及校内文化生态对于学校风潮发生的驱动及其结局有不同影响。与以往注重考察作为新兴政党的国共对于学校风潮的鼓动以反对北洋政府不同,对于国民党与研究系、国家主义派以及江苏教育会等不同势力争夺教育文化场域

---

① 舒新城:《我和教育》(上),台北,龙文出版社,1990年,第177页。

② 1924年6月,中国公学中学部发生风潮,学生要求撤换教务主任,代理校长陈筑山一面允可,一面斥退学生,后学生质问无果,即全体出校,退学学生组织吴淞中国公学退学团,发表宣言,争取同情,但亦无法改变结果,可见中国公学的校内治理结构对于学生风潮的抑制作用。《中国公学又有小风潮》,《申报》1924年6月22日,第14版;《中国公学风潮续志》,《申报》1924年6月23日,第14版。

③ 周月峰新近的研究即提出,"新文化运动"作为一名词流传之初,既是一种革新运动的主张,又是描述现状的概念,含义言人人殊。在五四后被时人用于指涉不同的社会改造方案,逐渐流行。面对当时多元互歧的思想界,不少人希望形成共同的方针,统合日趋分裂的革新势力。此种努力失败之后,各方多以自己的精神重新定义和叙述"新文化运动",相关论述受到诸多思潮影响,含混复杂、倏忽不定,该词的含义亦几经流变。参见周月峰:《五四后"新文化运动"一词的流行与早期含义演变》,《近代史研究》2017年第1期。

主导权的研究也应引起更多的关注。

小　结

　　叶文心的研究认为，"民国时期的本国私立大学起源于地方精英阶层改良派对现状的不满，以及他们对政治改革的鼓吹。因此，这些大学自然也就随着士绅阶层支持力度的强弱而起落。一旦旧式文人精英阶层由于社会变迁而开始在民国时期消失，这样的私立大学也就相应地转变成中产阶级学校"[①]。中国公学从晚清到民初的转变及商科的办理，正是在上述时代背景转换之下发生的。

　　清末新政时期创办的很多公立学校其实介于官与私之间，随着民国代清以后国家社会话语结构的形成，民间被剥夺了自主法权，原本介于国家与个人之间"公"的空间被挤压，故清末很多"合群力"兴办的公立学校进入民国以后逐渐转化为私立学校。[②] 在民初的历史言说中，中国公学其实更倾向于变"公立"为"官立"，以争取官方的支持。[③] 但受制于民初中央政府权威和财力的限制，使得原本应转换为"官立"的各种公立事业逐步转化为"私立"，中国公学即在此普遍趋势下，转变为一所名副其实的私立学校。

　　北京政府时期，私立学校发展环境较宽松，国家对于教育的控制能力较弱，所以这一时期是上海新设私立大学最多的时期。中国公学在民国初年也曾有过一个发展的良好契机，即孙中山批拨三百万的巨款作为中国公学的永久基金，这对于中国公学的发展是千载难逢的好时机，若真能获得此项巨款，则可确立永久发展之基础，相对于其他各校，保持一种经济上的优势。但恰于时势，一方面是政局变动，孙中山辞临时大总统职，袁世凯继任，对于中国公学不甚热心；另一方面，当时政府财政上匮乏至极，仅这笔款项，先后多次被挪用，有挪作军费，也有挪作外债抵押，最后中国公学仅领到极少一部分。由于经费上的困难，在民国建立后的十年间，中国公学处于时开时停的状态，办学状况较晚清大为退步。

----

　　① ［美］叶文心著，冯夏根等译：《民国时期大学校园文化(1919—1937)》，中国人民大学出版社，2012年，第71页。

　　② 参见薛刚：《从朝廷天下到国家社会——辛亥革命前后的思想转折》，《清华大学学报》(社会科学版)2016年第6期，第131页。

　　③ 民国初年，"公"与"官"的界限开始模糊，在很多情况下，"公家"成为政府的同义词，各项事业国立、公立之分逐渐模糊。参见罗志田：《革命的形成：清季十年的转折(上)》，《近代史研究》2012年第3期。

　　到 1920 年前后,梁启超等人接办中国公学,王敬芳希望借助梁启超这样在思想文化界有声望的人物来促进中国公学的发展。但在 20 世纪 20 年代研究系的影响及实际作为的能力都一直在走下坡路,对于中国公学的办学心有余而力不足,所以这一时期中国公学的办学情况没有太大的起色。在 1918 年以后研究系的事业版图中,办报与舆论的主导较有势力,但在教育界的影响则有限,中国公学本身在研究系所办事业中也比较边缘。

　　从中国公学这一时期办学的情况可见,宽松的政治环境只是私立大学发展的条件之一,与晚清相比,缺少了政府的经费支持,中国公学的发展即陷入困境。在民国初年虽然出现了兴办私立大学的热潮,这确实得益于国家控制的放松,但由于缺少国家和社会的有力支持,只有很少一部分私立大学取得了较好的成绩,比如天津的南开和上海的复旦等校,这些学校发展的成功经验大多与优秀教育家的长期坚持及学校与地方社会的融合有关系,而这些正是中国公学所缺乏的。

第三章　昙花一现的黄金时代：
胡适掌校时期的改造

　　胡适任中国公学校长时期多被认为是中国公学历史上的黄金时代,在这一时期中国公学师资得以充实,学风得到改善,学校规模进一步扩充。[①]以往关于胡适执掌中国公学的论述较多,但大多是叙述性的文章,且多为罗列胡适治校功绩的叙述,[②]对于胡适出任中国公学校长之缘由、其本人的态度、任内的作为及其后辞职之内情和影响则少有涉及,而上述问题背后反映的是中国公学发展之内在困境以及胡适对中国公学发展之实际影响,本章试就上述问题做进一步探讨,以弥补既往研究之不足。

一、1927 年前后中国公学的改组与胡适出任校长

　　1927 年春,国民革命军克复上海,原本执掌校政的研究系因此前反国民党的立场,被迫避走,校长张东荪避居租界,中国公学陷入无人负责的状态。据在校学生所记,"十六年春,国民革命军兴,转战江浙。学校当局因政见关系,相率离校。负责无人,校务几形停顿。四月,特别市党部应本校各

---

　　① 　杨亮功晚年的回忆就曾提到,"在胡先生担任校长这一段期间,是中国公学的黄金时代,无论从学校秩序上或教育内容上看皆有显著的进步"。杨亮功:《胡适之先生与中国公学》,王云五等编:《私立中国公学》,台北,南京出版有限公司,1982 年,第 139 页。
　　② 　可参见季维龙:《胡适与中国公学》,《华东师范大学学报》(教育科学版)1993 年第 4 期;涂怀京:《胡适出掌中国公学的实绩》,《安徽史学》2000 年第 1 期。关于胡适的各种传记的相关章节也多有涉及,在此不一一罗列。

级同学之请求,指派何鲁君以临时委员名义,来校接收"①。另据刘秉麟回忆,"自国民政府成立而后,先由上海市党部接收,旋由校友会公推何鲁为临时干事"②。可见何鲁系应中国公学学生请求同时又由国民党上海特别市党部③委派负责接收的,在校内与校外均具有合法性。

具体接收详情,据报载,4月3日,应中国公学学生会请求,中国公学校友会开理事干事联席会议,"当经公举理事何鲁君前往维持（因市党部亦以整顿该校之故同时派何鲁君前往接收）,并经何君提议组织校友会常务委员会,众意均赞同,遂推定杨杏佛、何鲁、刘南陔、李伯嘉四人为校友会常务委员,陈幼璞为常务委员会干事"④。杨杏佛、何鲁既是中公早期校友,又都有国民党的背景,且何鲁前往维持系市党部的委派,颇能体现国民革命后权势转移的趋向。⑤ 据此决议,何鲁表示接受同学之邀请,定期到校负责,并通知全体同学按期到校注册,开学上课。

1927年6月24日,中国公学董事会在上海开会,出席者叶景葵、夏敬观、熊克武（但懋辛代）、但懋辛、杨铨（杨杏佛）、胡适、丁燮音、何鲁、刘秉麟、周烈忠、余际唐等。董事会决议,"中国公学董事,多在北京及分散各处,以致不能开会,现在公学亟待维持,故先行推举与公学历史关系最深及赞助公学最力者,如熊克武、杨铨等十余人为新董事",推定旧董事蔡元培、叶景葵、夏敬观及新董事熊克武、杨铨、刘秉麟、何鲁七人为常务董事,何鲁任校长,临时经费由熊克武负责先筹垫二千元,已抵押之图书由叶景葵负责交涉收回,校长负责招生及办学事宜,常款由校董会负责筹集。⑥

改组后的校董会成员大致分为新旧两种背景,一部分是旧人,晚清时就

---

① 《级史》（1929年6月22日）,《中国公学己巳级纪念册》,第13页,上海市档案馆藏,中文资料档案:Y8-1-147。在校生推举校长主要是希望学校尽快恢复以便顺利毕业,何鲁上任确实积极推动了新当局承认当年的毕业生。1927年7月1日,国民党中央政治会议上海临时分会开会,中国公学临时委员何鲁呈称,"该校丁卯级商法两科学生,已给与毕业证书及学士文凭,请察核备案由"。并附毕业生名册二本,政治分会转给教育行政委员会处理。《政治分会第三十八次会议纪》,《申报》1927年7月2日,第14版。

② 刘秉麟:《校史》（1929年6月4日）,《中国公学己巳级纪念册》,第10页,上海市档案馆藏,中文资料档案,Y8-1-147。

③ 1930年5月,"上海特别市"改称"上海市",但国民党仍沿用"上海特别市党部"旧称。为表述简便,本书简称"上海市党部""市党部"或"党部",特此说明。

④ 《中国公学》,《民国日报》1927年4月4日,第4版。

⑤ 据胡颂平回忆,何鲁"是中公前期的学长,乃是当时著名的留法数学家,又是国民党员"。王云五等编:《私立中国公学》,台北,南京出版有限公司,1982年,第213页。另据严济慈回忆,何鲁与杨杏佛是中国公学时代的同学,二人共同参与发起中国科学社。林祥主编、金涛采访:《世纪老人的话:严济慈卷》,辽宁教育出版社,2000年,第64页。

⑥ 《中国公学组新董事会》,《新闻报》1927年6月26日,第10版。

已经是学校的董事或监督，如叶景葵、夏敬观；一部
分是新人，主要是中国公学的早期校友，如杨杏佛、
胡适、刘秉麟、周烈忠、何鲁、熊克武等人，这部分董
事构成新董事会的大多数，成为主导性的势力。早
期校友中的熊克武、但懋辛、丁𪻐音与其他校友又
不同，他们既是学校的早期校友，同时又是晚清川
籍同盟会的成员，清末民初致力于革命事业，在
1924 年国民党改组后逐渐边缘化，1927 年退居上
海从事教育事业。①

熊克武

　　熊克武一行于 5 月 4 日到上海，据报载："熊克武在粤恢复自由后，由民
党领袖约赴南京，前日乘春洋丸到沪，民党往迎者甚众，闻熊君因病不能见
客，须暂休息，再往南京。查熊君为一九零五年奉中山命筹备是年同盟会开
第一次成立大会于日本东京的老民党，为一九零六年秘密回四川组织同盟
分会之特派员，为一九一一年黄花岗七十二烈士围攻广东督署之八路指挥
之一，革命以来民党每有军事动作，君无役不与，从民五年到十三年北洋军
阀势力不能侵入四川者，皆以熊君在川之故，民十三年离川后，曾奉中山密
令出军常德，令攻武汉，适中山逝世，熊君乃率部赴粤。"后被拘虎门三年，
"国民政府颇为优待，吴稚晖、蔡子民、张静江皆欲救之，故自去年北伐得手，
外间时闻恢复自由之消息，前月二十六日熊君恢复自由到广州，二十九日广
州特别市党部开大会欢迎，熊君演说，自云强疾赴会，然病未至死，对于革命
工作决不放松，并谓清党运动必能于最短期间成功云，与熊君同时恢复自由
者有其部属余际唐、俞培棣、王希闵、吴庶成、丁𪻐音、陈古枝，六人亦同到上
海"。② 熊克武此时是赋闲沪上的党国元老，6 月 24 日参加校董会的余际
唐、但懋辛、丁𪻐音均与熊克武有密切关系。

　　由于教育经费来源与国立大学不同，私立学校的权力重心往往系于实
际出资人。此前研究系执掌校政时，中国公学的常年经费多由王敬芳赞助，
所以事实上在校内形成以王敬芳为重心的治理结构。1927 年改组后的校
董会，负责垫款和筹款的熊克武等川籍校董在校内治理中的发言权无形中

---

　　① 三人关系紧密，系一无形之团体。据熊克武所述，当时一般都把"熊、但"看成一个人，把但
的行动也视作熊的行动。丁𪻐音则长期担任熊克武的秘书。熊克武口述，熊达成整理：《虎门蒙难
记》，成都市政协文史学习委员会编《成都文史资料选编 防区时期卷》，四川人民出版社，2007 年，
第 26 页。丁𪻐音籍贯为江西，但应该是出生在四川，晚清作为四川省官派留学生赴日。
　　② 《熊克武等已到沪》，《申报》1927 年 5 月 6 日，第 14 版。

要高于其他校董,故而熊克武被推选为校董会董事长。① 校董会改组后,之前即到校维持的何鲁被正式推选为校长,他之所以能得到校董会的认可,除了中国公学早期校友的身份和留法数学家的学术背景外,其在清季革命中川籍同盟会会员的经历亦相当重要。②

何鲁接任后,拟定吴淞中国公学大学部下学期办学方针:"扩充学额,该校校舍宏大,为全沪各大学之冠,本学期以时局关系,远道学生不能来校,故只有近省学生数百人。改善商法二科,注重实习科目。"③就实际举措来看,扩充学校规模的计划得以开展,改革后的中国公学共分文学院、法学院、商学院、理工学院四院,设十七学系。④ 何鲁任内对于学校院系的扩充具有重要意义,此前中国公学在其历史上大部分时期都不是真正意义上的大学,即使在研究系办学期间升格为商科大学也为时甚短,不成气候,1927 年的院系扩充才真正使中国公学摆脱专门科的性质,成为一所综合性的私立大学。

何鲁任内,中国公学经费支绌,主要靠熊克武的垫款维持,教职员薪俸多不能照发。1927 年秋季,上海中法工专学校⑤学生因风潮退学,转入中国公学肄业,大学院特准每月拨 2 333 元,作为中国公学收容此类学生之补助费。此项补助费至 1928 年 6 月底始停拨。⑥ 何鲁任内也尝试请求政府拨款补助,均无果。1927 年 5 月 6 日,上海教育委员会第三次常务会议,对于中国公学校长何鲁请款案,议决:"因公立学校经费未曾规定以前,所有私立学校津贴一时实无办法。"⑦11 月 2 日,浙江省政府委员会第四十一次会议,对于中国公学函请于两月内拨给补助费二万元的请求,议决,"本省经费

---

① 《公学吁请各方捐资兴学的公开信》,上海市档案馆编:《中国公学档案辑存》,《近代史资料》第 69 号,中国社会科学出版社,1988 年,第 95 页。
② 参见税西恒、何鲁、唐午园:《记京津同盟会二三事》,《辛亥革命回忆录》第 6 辑,文史资料出版社,1981 年。
③ 《中国公学大学部之新计划》,《申报》1927 年 5 月 22 日,第 10 版。
④ 何鲁任内大幅度扩充院系,可能跟国民政府支持接收中法工学院学生有关。据何鲁任内提交的立案申请,"十六年中法工专因风潮停办本科,失学学生要求转入本校,得政府允许,每年津贴四万元,因设为理、工、文、商、法五院"。《中国公学请予立案函稿》,上海市档案馆编:《中国公学档案辑存》,《近代史资料》第 69 号,中国社会科学出版社,1988 年,第 63 页。
⑤ 此处的上海中法工专学校是近代上海教育史上一所十分特殊的学校,该校于 1921 年由中法两国政府合作创办,前后经历中法通惠工商学校、中法工业专门学校和国立中法工学院三个发展阶段。1927 年中法工专发生风潮,驱逐校长,要求收回自办,国民政府与法方协议先让学生到吴淞的中国公学借读。1928 年 6 月,南京国民政府重新委派的中方校长褚民谊到任,中法工专才正式复校。参见葛夫平:《上海中法工学院始末》,《史林》,2006 年第 4 期。
⑥ 《公学吁请各方捐资兴学的公开信》,上海市档案馆编:《中国公学档案辑存》,《近代史资料》总 69 号,中国社会科学出版社,1988 年,第 95 页。
⑦ 《上海教育委员会常务会议记》,《申报》1927 年 5 月 7 日,第 10 版。

支绌无法补助"①。

何鲁任校长不到一年，至1928年3月学校即发生风潮。至于风潮原因，据中国公学学生李承庠回忆，何鲁任中国公学校长前曾在中法工专任教，中法工专的学生借读中国公学时，两校学生发生对立，演成风潮，何鲁召集学生开会，学生拉灭电灯，导致何鲁请辞。② 实则风潮起因是校方增加学费。据报载，1928年春，"开学伊始，学校当局，即实行加费，凡新旧学生，每人须增缴费洋十八元，保证金五元在内。当时学生等虽有一度之抗议，然终以无团体负责进行，以致中止"。该校学生会重行组织就绪后，对于增费一事，仍提出反对，遂于三月十六日晚，召集全体学生大会，议决条件二十余，并推派代表与学校当局口头抗议，斯时适校长何鲁赴宁未返，乃见教务主任、总务主任，因总务主任樊平章饮酒过多，言语间与学生代表冲突，以致决裂。学生会电致国府大学院请示，要求撤换教务、总务两主任，并实行罢课。③ 何鲁返校后，不理会学生之要求，学生继续罢课，"原因为校长侮辱学生会推派要求发还保证金之代表"④。另据中国公学整顿校务委员会上大学院的呈文，称何鲁长校，未经校董会批准，且在任期间"经济不公开，滥用私人，破坏党化教育，无理加费，浪用公款，侮辱学生，态度暧昧"，学生等曾开大会提出意见，要求何鲁改进，何鲁不予考虑，学生等于3月26日起开始罢课。⑤

3月29日，中国公学学生会在报端发表启事，"本校校长何鲁任职以来毫无成绩，兹经本校全体大会议决，一致否认何鲁为校长，从即日起何氏如在外以本校名义作一切行动，如银行付款一概作为无效"⑥。另据在校学生的控诉，何鲁掌校期间"旧有制度，破坏殆尽。院系分歧，级友们聚会的机会很少。翌年春，学校经济破产。同学们为整理校务而起风潮。这种原动力

---

① 《浙省委会议决教育事项》，《申报》1927年11月10日，第10版。

② 据李承庠回忆，"中法大学校址在法租界，学生都是穿西装，中公同学都是穿长衫，两者泾渭分明，中公同学开玩笑似的喊中法大学转学生为拖油瓶，中法大学转学生非常不满，提出严重的抗议，因此发生风潮"。徐鸣亚：《回忆母校——中国公学》，王云五等编：《私立中国公学》，（台北）南京出版有限公司，1982年，第352—353页。这段叙述史实上有一些错讹，如将中法工专误认为是中法大学。

③ 慕裳：《中国公学之增费潮》，《小日报》1928年3月20日，第2版。

④ 《吴淞中国公学突起风潮》，《新闻报》1928年3月19日，第3张第4版。

⑤ 《吴淞中国公学大学部整顿校务委员会原呈》（1928年4月5日），《大学院公报》1928年第5期，第20—21页。

⑥ 《王开疆律师代表吴淞中国公学大学部学生会紧要启事》，《申报》1928年3月29日，第1版。

在后面推着，己巳级级友会遂在这学期重新组织来应环境的需要"①。

4月8日，中国公学校友会学生会开联席会议，否认何鲁校长资格，并推选于右任为新任校长，并由该两会代表到校暂行接收，何鲁自动将退职书交出，脱离校长关系。② 何鲁当初接任校长是出自学生会校友会的公举，此时学生会校友会两组织否认其校长资格，故何鲁只能辞职。何鲁其实是被学生暴力驱逐出校的。③ 但于右任未接任校长职，电请蔡元培兼任中国公学校长。④ 于右任此前已允就任校长，但此时又拒绝，当与校董会内部的反对有关。⑤ 校董会在没有推选新校长前，由但懋辛、丁鹥音、朱经农到校劝慰罢课学生复课。

中国公学发生驱逐校长的风潮，何鲁被迫下台，学校陷入无人负责的境地。加上此前校董会的人事更新，特别是早期毕业的、较有声望的校友大批进入校董会，且多为胡适的旧日同学，这为胡适任校长创造了条件。

1926年2月至7月中旬，胡适参加中英庚款顾问委员会中国访问团，从上海到汉口、南京、杭州、北平、天津、哈尔滨等地访问。从7月下旬至次年5月，先后游历了英国、法国、美国、日本等国。到1927年5月底回上海，与徐志摩等创办新月书店。由于北方政治环境的恶化，胡适回国后未选择北返，而是留居沪上，拟专心写作。此外，受东吴大学及光华大学之聘，作哲学讲座。1927年6月，中国公学校董会改组，胡适任中国公学董事。

1928年4月26日，原中国公学教员王云五邀胡适吃饭，同席者有中国公学校董但懋辛、朱经农、刘秉麟、丁鹥音等人，均为胡适在中国公学就读时的师友同学，众人劝胡适任校长。为解决旷日持久的公学风潮，胡适暂允维持两个月。胡适出任校长，其实并非自愿，其在当日日记中提到，"今天套上一件镣铐，答应去做中国公学的校长。……此事殊不智，事后思思甚懊

---

① 《级史》（1929年6月22日），《中国公学己巳级纪念册》，第13页，上海市档案馆藏，中文资料档案，Y8-1-147。

② 《中国公学校长退职》，《申报》1928年4月10号，第7版。

③ 据教职员的声明，4月8日晚，"有学生二三十人手持校友会与学生会声请校长辞职书，逼迫校长交出校印即日退职，校长再三申言须经校董会或国民政府派人接收始可交代，该生等坚执成见，气势汹汹，出语不伦，制止校长行动，设置步哨，割断电线以阻绝交通，直至深夜（二钟左右）强迫校长签字允于即日交代，该生等始行退散，次夕五钟校长晤校董后由沪方回，晚膳未进，即被该生等包围，逼迫立刻交代，校长答以十日校董开会即可交出，该生等悍然不顾，坚欲接收，制止校长行动一如昨日，杯水亦不容沾唇，至午夜经司令部杜参谋长调解始散"。《中国公学住校教职员启事》，《申报》1928年4月14日，第6版。

④ 《于右任请蔡元培兼任中公校长》，《申报》1928年4月28日，第11版。

⑤ 《中国公学定期欢迎新校长》，《时报》1928年4月3日，第2张第7版。

悔"①。胡适暂允维持,实际是旧同学"相逼"的结果。② 4 月 27 日,中国公学校董会开会,在沪校董熊克武、王云五、夏敬观、胡适之、刘南陔、朱经农、但怒刚、余际唐、丁鹥音等到会,在京校董蔡子民函托王云五为代表,杨杏佛函托朱经农为代表,讨论校长问题,当即票选胡适之为校长,仍由熊克武负责筹款事宜,但懋辛任总务长,丁鹥音任校董会秘书。③

　　校董会诸人推举胡适为校长,当然是看重其在国内思想文化界的影响力,特别是对于青年学生的影响。其实胡适并无实际的大学行政管理经验,而且其兴趣也不在此。此前,汤尔和力荐胡适任清华校长一职,胡适即表示,"我实在不能做管理学校的事,尤不愿服事今日的学生老爷们。……将来胡子白了的时候也许肯出来做几年校长,现在只想趁精力未衰的时候努力多做点有益工作,不应该浪费精神去做性所不近的事业"④。

　　当然,胡适不愿任中国公学校长职,还与中国公学之种种困难有关,其中最主要的是学校的散漫风气以及经济上的困窘。胡适在 4 月 28 日的日记中就提到,"果然! 中国公学学生昨天还打架呢! 这样的学校办他做什么?"⑤4 月 30 日,胡适与但懋辛同到中国公学了解校中情况,胡适感觉,"最难的是经济方面,熊、但诸君虽任此事,然他们都不是很有手腕的财政家,况在这各方面都贫困的时期呢?"⑥可见,胡适并不看好中国公学的发展前景,之所以允任校长,也是抱着过渡时期暂时维持的心态。

　　胡适在 1928 年 6 月中旬,暂允维持两个月到期后,即向校董会提出辞职。6 月 17 日,但懋辛与丁鹥音力劝胡适不要辞中国公学校长之职。胡适在日记中提到,"他们上午来了,下午又来,逼得我没有法子,只好暂时答应了,把这个过渡时代过去了再说。晚上与杨亮功谈,劝他来做中公的副校长,他答应了。于是中公的问题暂为解决:亮功来替我驻校办事,我可以不必时常到校"⑦。聘杨亮功任副校长常驻校内负责日常校务,从而减轻了胡适自身时间和精力的投入。⑧ 杨亮功早年毕业于北京大学中国文学系,与

① 曹伯言整理:《胡适日记全编》(五),安徽教育出版社,2001 年,第 64 页。
② 胡适在日记中提及,校董会的诸位旧同学"对于母校这样热心,叫我无法摆脱。只好把这学期办了再辞"。曹伯言整理:《胡适日记全编》(五),第 70 页。
③ 《胡适之当选中公校长》,《申报》1928 年 4 月 28 日,第 11 版。
④ 曹伯言整理:《胡适日记全编》(五),安徽教育出版社,2001 年,第 14 页。
⑤ 曹伯言整理:《胡适日记全编》(五),安徽教育出版社,2001 年,第 70 页。
⑥ 曹伯言整理:《胡适日记全编》(五),安徽教育出版社,2001 年,第 71 页。
⑦ 曹伯言整理:《胡适日记全编》(五),安徽教育出版社,2001 年,第 161 页。
⑧ 胡适在 1928 年 6 月 19 日致江冬秀的信中称,"中国公学的事,再三辞不掉。校董会没有法子,特设副校长一人,代我住校办事。我已寻得一位杨亮功君来做副校长。七月以后,我可以不必每星期到吴淞去了"。耿云志、欧阳哲生编:《胡适书信集》上,北京大学出版社,1995 年,第 446 页。

胡适有师生之谊,1922 年赴美留学,先后获得美国斯坦福大学教育学硕士学位、纽约大学哲学博士学位。1927 年回国,任河南大学教授,1928 年 6月,杨亮功原本赴广州中山大学任教,在上海停留拜访胡适,胡适力劝其任中国公学副校长职。据杨亮功回忆,胡适主持中国公学,除有关校务的重要政策须亲自参与决定外,余多不大过问。胡适自兼文理学院院长,并兼每周两小时的功课。每星期四来学校一次,重要校务,多在此时商讨。有时学校有重要集会,或纪念周请外人来校讲演,胡适亦随时到校主持。①

　　6 月 29 日,胡适在中国公学行就职礼。他发表就职演说,表示"现在因为经济困难不能定一个理想大学的计划,只好就我所知道的缺点尽力补救,我希望在最短期间做到'补偏救弊'这一点,而我个人呢,从来就是赤条条来去无牵挂"。杨杏佛演说,"学校最重精神,物质上的设备次之,就中公的历史讲,原有特殊的精神,比如胡先生宣言不做校长,可是中公的校长不能不做,因为中公是我们同学的,是我们典当衣服创办和维持的,我们自然欢迎胡先生赤条条的来,但决不许他赤条条的去"②。上述发言可见胡适暂时维持的心态和校董校友的殷切期望之间的差别。胡适在当天日记中提及就中国公学校长职的考虑,"套上这一箍,不知何日能解下。我所以不忍一丢就走的缘故有三:(1)熊锦帆、但怒刚、丁爕音诸同学真热心办此事,我不忍丢了他们就走;(2)这个学堂当初确然于我个人的发展曾有大影响,我若不进中公,后来发展的方向当不同;(3)此时我行就职礼,可以表示一种态度,表示我不想北去"③。此三条可见胡适任中国公学校长职的真实心态,关键之一点即一种过渡心态,而且没有一条理由表明胡适是真正热心办理中国公学,全是出于外在环境的"逼迫"。

二、胡适办理中国公学的举措与成效

　　对于中国公学而言,由胡适出任校长,可谓办学得人,学校上下欣欣鼓舞,对前景怀有很大的期望。从 1929 年学校教职员所作吊姚洪业烈士诗和附识中,可以体会到这种欣喜,诗曰:"再看今年的事,怎样开口? 他一定是很高兴的,多饮几斗酒,好在这样一座红墙,血也涂得够,他的毕生事业,总

---

① 杨亮功:《早期三十年的教学生活 五四》,黄山书社,2008 年,第 82 页。
② 《胡适之就中公校长纪》,《申报》1928 年 6 月 29 日,第 12 版。
③ 曹伯言整理:《胡适日记全编》(五),安徽教育出版社,2001 年,第 172 页。

算不朽。"诗后附记，"中国公学之所以创立，惟姚烈士之功最大。烈士以身殉校，不得善终，而连年母校落衰，姚烈士无慰于恨，今岁中公，大有兴气，校务得人，名者迭至，母校之前途，甚非限量，而姚烈士于地下，亦可瞑目矣"。① 确实，胡适任校长期间，着手改革学校管理制度、整顿学风、添聘教授、调整院系，取得了较好的效果，学校得到很好的发展。

改革学校管理制度

胡适任中国公学校长时期，非常注重从制度上着手，改善学校的管理。1928 年 5 月 3 日，胡适到中国公学，发现"校中连一本校规都没有，岂非怪事"②。5 月 5 日，胡适到中国公学召集校务会议，通过三个决议案：拟定校务会议组织大纲和教务会议组织大纲、成立学校章程起草委员会。

胡适主要从组织与制度两方面入手改造中国公学的校内治理结构。首先是改组校董会。鉴于当时中国公学校董有百余人之多，死亡分散，无法集会，且不合于当时国民政府关于私立学校组织的相关法令规定。在胡适的建议下，杨亮功依据大学院所颁布的私立学校校董会规程，拟订中国公学校董会章程十余条。章程规定，校董会为学校最高立法机关，负经营管理学校之全责。改组后的校董会，校董名额为 15 人，其中必须有四人是曾在中国公学肄业或毕业者，每两年改选三分之一。③ 根据新规程，1928 年 6 月 10日，中国公学新的校董会经选举产生，蔡元培、胡适、于右任、马君武、杨铨、王云五、朱经农、熊克武、但懋辛、王敬芳、刘秉麟、丁燮音、何鲁、叶景葵、夏敬观十五人被选为校董。④

重新修订的校董会章程是依据大学院公布的私立学校校董会条例拟定的，较明晰地规定了校董会的构成及职权。从形式上而言，该章程也有一定的缺陷。据杨亮功回忆，校董会章程后经蔡元培先生删去一条，即现任校董不得兼任学校职员。"这是为了迁就事实，因但懋辛、丁燮音两校董分别兼任公学之总务长及校董会秘书长（中国公学此次改造经费主要是由但懋辛、熊克武二人负担）。"但就理论上言，校董会有任命校长之权，若校董在校内担任职员，则非校长所能约束。若稍不如意，即可以校董资格反对校长。后来马君武先生担任校长，与丁燮音发生冲突，学校风潮迭起，其原因虽多，实

---

① 胡不归：《吊姚烈士去》，《吴淞月刊》第 1 期，1929 年 4 月 15 日，第 32 页。
② 曹伯言整理：《胡适日记全编》（五），安徽教育出版社，2001 年，第 72 页。
③ 《校董会章程》，《中国公学大学部一览》，1930 年，第 11－12 页。
④ 《中国公学之革新计划》，《申报》1928 年 6 月 16 日，第 12 版。

亦由于制度未能建立完善之故"。① 可见当时学校制度迁就实际有权势的川籍校董，从而造成校董会、校长、职员之间因权限不明而发生纠纷。

其次，制定学校的组织大纲，规定了校内组织结构，且权责明晰。新的组织大纲规定："校长由校董会选任呈报教育部备案，副校长由校长推荐于校董会，由校董会聘任。"②中国公学此前从未有副校长一职的设立，杨亮功被聘为副校长是胡适应允任校长职的一个条件，而且副校长由校长推荐，可见副校长乃校长在校中之代理人的角色。此外，学校组织大纲还规定学校设立评议会作为校内立法机关，评议会由校长、副校长、秘书长、总务教务两主任、各学院院长、教授代表四人、学生代表四人组成。但是评议会对于学校的大政方针并没有决定权，只有讨论建议的权利，评议会形成的决议最后"交由校长采择施行"。③

胡适任校长时期，评议会制度得到切实施行。如1929年4月11日，学校开第三次评议会常会，议决：(1)本科二年级学生于民国十七年八月公布新学则以前入校，及在校三年以上修满一百二十八学分者准予毕业。(2)暑期学校决由学校办理。(3)饭馆清洁问题，请卫生委员会特别注意。(4)购买自来水机器，修理水井。(5)校内任何捐款，认捐数目，不得超过五元。④ 9月30日，开第四次评议会常会，议决：(1)毕业考试，提前一星期，其时间由教务处另行规定。(2)本校一部分迁沪问题，保留。(3)暑假招收新生标准，商请暑假筹备委员会，将暑校章程第七条第戊项："成绩平均在丙等以上者"之"丙等"改为乙等。(4)下学期招收转学生标准，承认上海各大学联合会公订转学规则，其第三条转学试验，由教务处定之。(5)拟定免费生及自助生办法。(6)请教务处拟定缺课旷课处理办法。⑤ 6月27日，学校开第五次评议会常会，议决：(1)追认旧生自本年秋季起，每学期增缴杂费洋二元。(2)自本年秋季起，数理系学生，无论新旧，所习学科有试验时，每学期须缴实验费二元。(3)旁听生从本年秋季起，每学期每学分的学费三元。(4)法律系毕业年限问题，由学校备文问教育部。(5)提前于七月一日放假。⑥ 从议决事项来看，关于缴费问题涉及学生的切实利益，评议会除教职员代表外，也有学生代表，如此校政之决定表现出相当的开放性

①　杨亮功：《早期三十年的教学生活 五四》，黄山书社，2008年，第47页。
②　《中国公学组织大纲》，《中国公学大学部一览》，1930年，第13页。
③　《评议会章程》，《中国公学大学部一览》，1930年，第18页。
④　《本校大事记》，《吴淞月刊》第2期，1929年6月15日，第53页。
⑤　《本校大事记》，《吴淞月刊》第2期，1929年6月15日，第55-56页。
⑥　《本校大事记》，《吴淞月刊》第3期，1929年9月15日，第61页。

和民主性。就整个民国时期中国公学的历史而言，这是胡适时代所特有的。

此外，学校还设有校务会议和教务会议，分别作为校务及教务的管理咨询机构，以扩大全校教职员对于校务及教务管理的广泛参与性。胡适对于学校体制的改革非常注重实用，明确了校董会、校长及评议会的权责，使学校之管理和日常运作有明确的制度依据。虽然在新的体制下校长仍是学校的重心所在，但通过分权，校长的负担大大减轻。副校长职位的设立，又使学校负责有人。据当时中国公学学生回忆，"杨亮功那时年青，精力充沛，自朝至夕，都把时间放在学校里"[1]。事实上，校政基本上全由杨亮功主持。

有了上述人事与制度的基础，胡适对于学校事务基本取无为而治的态度。据杨亮功后来回忆说："胡先生对于学校行政常以'无为而治'自嘲，实际上他是以无为而为，与自然主义教育家卢梭以不教而教同是一样的态度。胡先生只注意于学校的重要问题，付与各主管以事权，并为之排除困难，因此养成各人自动自发的工作精神。"[2]

调整院系

对于院系调整，胡适认为："我们觉得何鲁先生任内所定学科组织的规模太大了，不是公学的经济状况所能担负的。故自十七年暑假起，裁撤工学院与法学院；其余院系，也经裁并；改成为文理学院及社会学院，只两院七学系。原有之商学院成为社会科学院的商业系，余六学系为中国文学系、外国语文学系、数理学系、史学社会学系，政治学系和经济学系。"[3]

1928年7月8日，胡适与副校长杨亮功及教务主任凌舒谟商量，决定把法律系废去，把理科三系合为数理学系。[4] 此外，为进一步精简，又裁撤工学院，将法学院改为社会科学院，将其他院系合并后成立文理学院。1929年春，中国公学又进一步调整为三院六系，即"文理学院，属此者为文史学系，数理学系；社会科学院，属此者为政治经济学系，法律学系；商学院，属此者为普通商学系，银行会计学系"[5]。院系调整的改革强调实用和充实，此前的工学院毫无设备，根本无法存在。经过这样的院系调整与裁并，经济上

---

① 江厚塏：《忆中国公学》，王云五等编：《私立中国公学》，台北，南京出版有限公司，1982年，第242页。

② 杨亮功：《胡适之先生与中国公学》，朱文华编：《自由之师——名人笔下的胡适 胡适笔下的名人》，东方出版中心，1998年，第55页。

③ 胡适：《中国公学校史》，《胡适全集》第20卷，安徽教育出版社，2003年，第151页。

④ 曹伯言整理：《胡适日记全编》（五），安徽教育出版社，2001年，第206页。

⑤ 马君武：《中国公学校史》（二），王云五等编：《私立中国公学》，台北，南京出版有限公司，1982年，第15页。

的压力也明显减轻了。

另据杨亮功解释说:"胡先生将理学院与文学院合并成文理学院,意在打通文理两科,使学理科者有人文科学之修养,学文科者有数理学科学之训练。并且文理两科分开成为两院,在排列科目上有时亦感到困难。例如,心理学从前列入文科,现在有列入理科的;地理学的人文方面应列入文科,而地质地文等方面应列入理科,这皆是困难的问题。胡先生将法学院改为社会科学院,因为法学院这个名称并不能包括社会学、经济学、政治学等学系。"[1]文理学院的设置不符合国民政府大学规程对于学院设置的要求,可见文理学院的设置是中国公学的创造。当然,一方面从理念上可能是出于打通文理学科的考虑,另一方面更现实的考虑是文理两科下设学系均不完备,若独立则都显空虚。

胡适的调整限制了中国公学理工科的发展,特别是裁撤工学院,一定程度上导致此后中国公学因不符合国民政府教育部关于大学学科设置的要求而降格为独立学院。当然,这与校长的知识背景及社会资源有很大关系,何鲁的专业是数学,其任内比较注重理工科的发展,胡适是人文学者,大抵是比较注重人文社会科学。

改善师资

1926 年前后,原居北京的学人,因北方政治环境的恶化而纷纷选择南下,由于有较成熟的文化市场及相对宽松的政治环境,使得上海成为知识人南下的首选,这一时期归国的留学生也大多基于同样的考虑选择留居上海。[2] 其中以胡适为中心的自由学人群体集聚上海,在新的政治环境与言论空间中构成一个权势网络,对于上海的言论界及教育文化界有重要的影响。胡适派学人,除了《新月》这样的言论事业以外,中国公学、光华大学等高校也成为其聚集的重要场域。

由于中国公学经费困难,能用于聘请教授的经费比较有限,直接影响其所聘师资的品质。胡适任校长后,在学校基金没有实质增长的情况下,利用个人的人脉关系,先后添聘了杨亮功、高一涵、陆侃如、杨鸿烈、王云五、罗隆基、冯沅君、刘英士、潘光旦、梁实秋、叶公超、全增嘏、马宗霍、张慰慈、沈从文等著名学者到中国公学任教。上述 15 人,留学欧美的有杨亮功、罗隆基、

---

[1]　杨亮功:《胡适之先生与中国公学》,朱文华编:《自由之师——名人笔下的胡适 胡适笔下的名人》,东方出版中心,1998 年,第 55 页。

[2]　关于 1926 年前后知识人南下的研究,可参见王建华:《逃离北京:1926 年前后知识群体的南下潮流》,《广东社会科学》2013 年第 3 期。

刘英士、梁实秋、潘光旦、叶公超、全增嘏、张慰慈 8 人，且多为新月同人，留学日本的有高一涵、杨鸿烈 2 人，陆侃如、冯沅君夫妇则分别毕业于清华研究院和北大研究所，没有高等教育背景但有专长者王云五、沈从文、马宗霍 3 人。从学术背景来看，这一时期添聘的师资水平较前有显著提升。胡适所聘教授多集中在文史与社会科学领域，其他数理及经济学科大多留任原有教授，杨亮功就曾提到，"大致说起来，全校所聘教授以文科和社会科学的人选较为整齐"[①]。另据 1929 年《中国公学教职员名单》，36 名本科教授，其中有近三分之一是胡适的师友同人。[②] 可见胡适个人的人脉关系对中国公学师资改善的影响。

关于聘请教授的择取标准，胡适的基本原则是不分派别、资格，纯以学术水平为准，且强调对不同风格的教授兼容并包。据当时中国公学学生罗尔纲回忆："他（指胡适）聘请教授，有蔡元培的作风，不限资格，不分派别。以中国文学系来说，有王闿运的学生马宗霍教先秦文学、许慎《说文》。有左派作家白薇教戏剧，有陆侃如和冯沅君教古典诗、词的考释，有青年作家沈从文教小说创作，郑振铎教西洋文学史等等。"[③]胡适请沈从文到校任教一事最能体现他的魄力和风度。沈从文无教学经验，且讷于言。初到学校，上第一堂课，站在课堂上，约半小时，不发一言，其窘可知。而且沈从文是写小说的，按一般观念是很难上大学讲坛开课的，胡适敢于不拘一格聘请沈从文到校任教，可见其开明和魄力。事实上，从沈从文后来教学的良好效果看，胡适的眼光是正确的。

此外，胡适兼容并包的治校风格还表现在其对教职员争执的处理上，比如胡适对中国文学系白薇与陆侃如争执事件的处理。

白薇早年留学日本，1927 年参加北伐，后留居沪上，受创造社和鲁迅的影响，成为"左联"和左翼"剧联"的早期成员，1929 年 10 月开始，在中国公学教授戏剧。陆侃如早年在北京高师、北京大学中文系学习，在北大时与胡适有师生之谊，后考入清华大学研究院专攻中国古典文学。1929 年秋，在上海中国公学任教授，并在复旦大学、暨南大学兼职。

1930 年 4 月 6 日，陆侃如在课上谈及白薇辞职一事，白薇认为陆侃如的言论毁坏其名誉，意在激迫其辞职，于是在自己的课堂上痛詈陆侃如，差点激起学生驱逐陆侃如的风潮。胡适为此，提出："学校不希望有教授私人

---

① 杨亮功：《早期三十年的教学生活·五四》，黄山书社，2008 年，第 49 页。

② 《中国公学教职员名单》，《吴淞月刊》第 1 期，1929 年 4 月 25 日，第 39－42 页。

③ 罗尔纲：《关于胡适的点滴》，颜振吾编：《胡适研究丛录》，北京三联出版社，1989 年，第 13 页。

'激迫'其他教授辞职的事。私人的激迫，即有其事，也决无效。"首先将自己与校方置于中立和超然的地位。同时指出"教授不应该用授课时间，造谣毁坏其他教授的名誉"。胡适认为，应将教授间的矛盾局限在校务层面，不能诉之学生，甚至煽动学生驱逐其他教授。胡适为表示公正，提出保证两人平等申诉和辩解的机会。最后，胡适提出，"我极希望我的朋友同事都能从黑暗中出来，做光明的人"①。4 月 14 日，胡适又与白薇晤谈甚久，后来又与陆侃如、冯沅君沟通，将事情的原委调查清楚，消除双方的误会。最后，由陆侃如和冯沅君分别致信白薇，为各自在课堂上的不当言论表示歉意，请白薇谅解，双方就此和解。胡适对此事的经验为，"此事本系几个朋友之间私人之事，不幸变作学校讲堂上之事。现在我很诚恳地把此事仍从学校讲堂上抽出来，请求你们不要让朋友间私事牵动学校"②。这是非常难能可贵的，一方面，胡适能超然于争执之教授双方，极力调和；另一方面，避免因教职员之个人私怨而造成学校的风潮。实际上，在当时很多学校，教授为遂其私愿，利用学生打击对手，造成学校扰攘不安的情况时有发生，胡适的兼容并包实际上起到调和矛盾的作用，为中国公学之发展奠定了良好的人事基础。

胡适在任时，除极力聘请优良师资外，对于学校职员的聘任从不任用亲信。胡适晚年在台湾曾对胡颂平说："我是向来不替人介绍工作的。……在中公当校长时，我请杨亮功当副校长，那是请他帮忙的。那时江宝和当会计，不是我的意思，是校董会请他，丁燮音硬要他去担任的。"③这就是胡适所谓不带人的风格，这对于学校内部的管理以及稳定都是很有益处的。

整顿学风

胡适对于中国公学最大的贡献可以说是其对于学校学风的整顿。后来中国公学的学生在胡适卸任时提到，"二年前的中公，散漫得可怕，二年后的中公，便这样整饬。……二年之间，使垂老颓唐的中国公学，改头换面，造成一个活泼可爱的少年中国公学。"④可见，胡适对于学风改变的贡献之巨。

在胡适接管之前，中国公学确实有很多弊病。"当时中国公学有些学生，既不注册，又不缴纳学费，亦不上课，把学校当作旅馆，长住不走。"⑤杨

① 《胡适致白薇（稿）》(1930 年 4 月 14 日)，中国社会科学院近代史研究所中华民国史组：《胡适来往书信选》(中)，社会科学文献出版社，2013 年，第 405 页。
② 《胡适致白薇（稿）》(1930 年 4 月 16 日)，中国社会科学院近代史研究所中华民国史组：《胡适来往书信选》(中)，社会科学文献出版社，2013 年，第 406 页。
③ 胡颂平：《胡适之先生晚年谈话录》，新星出版社，2006 年，第 8 页。
④ 王大祥：《谈谈中国公学》，《中国公学庚午级毕业纪念册》，1930 年，第 71 页。
⑤ 杨亮功：《早期三十年的教学生活·五四》，黄山书社，2008 年，第 49 页。

亮功为解决这一问题,以修理校舍为由,通知住校学生一律迁出学校,在吴淞镇上租屋一栋作为临时宿舍。迨迁移限期将到的前一天,仍有十余人不肯搬出。而这些学生多系不注册不缴费者,杨亮功决意开除这批学生以整饬学风。遂将开除学生之布告,连同名单携回上海,请胡适作最后决定。为确立学校威信,胡适表示同意,布告开除这十余名学生。

为提高学生素质,胡适任内对于招生标准严格要求。杨亮功到校不久,即开始办理招生,当时因学校风潮甫定,一切尚未着手整理,报名投考者仅一百余人,结果录取三十余人。此举即宁缺毋滥。当时沪上很多私立大学为提高学校经费,就放宽录取标准,多招学生,意在多收学杂费,从而降低生源素质。1929年8月底中国公学第二次招生,报名人数将近千人,仍只录取三百余人。加上原有学生,共计六百余人。到次年秋季开学,在校学生增至一千三百余人。胡适认为,学生到中国公学求学应该是希望接受良好教育,而不是专为混文凭而来。杨亮功也提出,教育的"最终目的无非是使学生在良好的环境底下,得到良好的教学。不能做到这一节,什么都是无益于事的。结果,徒然使学生程度日低,学风日坏罢了"[1]。

胡适非常注重优良学风的培养,将自己信服的实验主义作为学校的新学风加以提倡。胡适在《吴淞月刊》的发刊词中提道:

> 第一,我们要"小题大做",切忌"大题小做"。例如顾亭林举一百六十多个例来证明"服字古音逼",这是小题大做。若作二三百字来说"统一财政",或"分治合作",那便是大题小做,于己于人都无益处。
>
> 第二,我们要注意证据,跟着事实走,切忌一切不曾分析过的抽象名词。我们要处处脚踏实地,不可学今日最时髦的抽象名词战争。用抽象名词来打抽象名词,大家都是"囊风橐雾",于己于人都无是处。
>
> 如果我们敢希望中国公学有个新学风,这个新学风应该建筑在这两条戒约之上。[2]

胡适在任期间特别注重自由讨论的校园氛围,近似于蔡元培在北大提出的兼容并包的精神。据罗尔纲回忆,"进了学校,首先使我痛快的,是不挂

---

[1] 杨亮功:《早期三十年的教学生活·五四》,黄山书社,2008年,第50页。

[2] 胡适:《发刊词》,《吴淞月刊》第1期,1929年4月25日,第2页。

国民党旗,星期一上午不做国民党纪念周。学校广场走道旁,树有许多木牌,给学生贴壁报用。那些壁报,有无党无派的,有国民党员的,有左派的,有国家主义的。胡适一视同仁,任由学生各抒所见。有一次,有张左派壁报批评胡适说苏联派代表来北京商谈成立中国共产党事,原是约他去谈的,他那天因有事去不得,改由陈独秀去接洽,后来陈独秀就成为中国共产党的领导者了。如果那天他去,说不定他会成为共产党员。这位批评者论胡适会不会做共产党员决定于他的思想,而不在于偶然的机会,胡适这种说法是错误的。这张壁报对胡适的批评是对的,但其中有许多措词却说得太过火了,学校当局要把它撕去,胡适不准,说他提倡言论自由,就要以身作则"。①

北伐军攻克上海后,国民党从之前的地下状态转为公开活动,并开始在上海推行党化教育。早在1927年4月20日,国民党上海市党部第四次联席会议上,吴淞中国公学大学部教授严抡魁就呈请党部派员到该校训练,表示服从国民党,信仰三民主义,联席会议议决委严抡魁为中国公学党务训练员。② 10月25日,吴淞第八区党部开全区党员大会,通令各学校切实施行党化教育,同济大学、中国公学均先后遵行,"以冀吴淞青年学子,切实认识本党主义,勿被反动派所诱惑"。③ 可见政权鼎革之际,校内一度出现高涨的革命指向,并且得到市党部的支持。但在胡适任内,党化教育受到抵制,学校既不搞党义教育,也没有突出总理遗像和三民主义信仰。④

1928年5月3日济南惨案发生,胡适召集全体教职员开会,追悼济南惨死诸先烈,并讨论日本出兵侵略山东事,决定通电全国一致讨日,用 The China National University 全体教职员名义发宣言于欧美诸国,宣布日本罪状。这份对外宣言用英法德文由交涉署代发,并由学校各教授直寄欧美政学舆论界友人等请其代为宣传。此外,还决定于课程中加兵式体操,组织济南惨案外交后援会,组织五九国耻纪念讲演会,但胡适仍强调纪念国耻应取精神,打破奴性,专心研究科学以图振兴,要积极地提倡科学精神。⑤ 从中可见胡适一贯主张的教育学术救国的主张,即使对于逼近的国耻也主张要

① 罗尔纲:《胡适琐忆》,《师门五年记》,北京三联书店出版社,1998年,第65页。
② 《国民党消息》,《申报》1927年4月21日,第10版。
③ 《吴淞八区党部积极进行》,《申报》1927年10月17日,第10版。
④ 中国公学大礼堂虽有孙中山遗像,但与其他三位已故的对学校有功的人物遗像并列,党部认为以总理遗像"与其他遗像等量齐观,并列一起,……是其心目中仅认总理为该校前校董,而不屑以本党总理之资格为之张挂遗像也,蔑视总理"。《国民党上海八区一分部常委王国屏呈》,中国第二历史档案馆编:《中华民国史档案资料汇编》第五辑第一编:政治(四),江苏古籍出版社,1994年,第50-51页。
⑤ 《各界反日切实工作》,《申报》1928年5月11日,第13版。

靠提倡科学来求得根本解决。

胡适非常重视培养学生读书治学的兴趣，为此他身体力行、多方倡导。胡适在学校积极提倡学生写作，认为这样可以引起学生的读书兴趣。为此，学校创办有《吴淞月刊》，供师生发表自己的学术研究成果以及习作。胡适在《发刊词》中提到，"许多爱做学问的少年朋友聚在一块，在这临江近海的野外，同城市隔离了，都自然感觉一种亲密的友谊，为大城市的学校里所没有的。我们想给我们在宿舍谈天、江滨论学的生活留一点比较耐久的记载"。并且认为，"文字的记录可以帮助思想学问，可以使思想渐成条理，可以使知识循序渐进"[1]。

当时学校教授中作家甚多，影响所及，学生方面亦创办有许多刊物，如《中公周刊》《野马》《旭日》等。胡适在1934年2月14日的日记中提及："偶检北归路上所记纸片，有中公学生丘良任谈的中公学生近年常作文艺的人，有甘祠森(署名永柏，或雨纹)，有何家槐、何德明、李辉英、何嘉、钟灵(番草)、孙佳汛、刘宇等。此风气皆是陆侃如、冯沅君、沈从文、白薇诸人所开。"[2]另外，学校为了奖励学生读书，特颁布一种奖学金办法，每年以全校成绩最优之五名学生入选，罗尔纲即因论文优秀获得奖学金。

胡适对于学生课外各种活动，如各种学术研究会和讲演会等亦积极鼓励，有时他还担任演讲竞赛的评判员。他常指示学生演讲的要点，第一口齿要清楚，第二说话要慢，至于演讲稿之好坏，就要靠思想组织之能力了。[3]此外，胡适还鼓励学生参加体育运动，中国公学每年都会举行学校运动会，胡适还专门作了一首《中国公学运动会会歌》。中国公学女生篮球队、男生足球队、男女田径运动员在当时沪上高校运动会的比赛中都有很不俗的表现。

胡适在中国公学时期，培养了一批优秀的学生，如吴晗、罗尔纲、胡颂平、吴健雄、黎昔非等。吴晗1927年考入杭州之江大学预科，由于教会学校学费很贵，又考入中国公学大学部，在校时选读了胡适教授的"中国文学史"课程，写了《西汉的经济状况》的论文，在学术上初露头角。[4]随后转学到清华，半工半读，刻苦钻研，发表了大量文章，成为著名的明史专家。罗尔纲1930年6月毕业于中国公学文学系，其后在胡适家协助胡适整理其父胡传的文稿，同时协助胡适校正和整理《聊斋全集》，并因此得以浏览胡适的全部

---

① 胡适：《发刊词》，《吴淞月刊》第1期，1929年4月15日，第1页。
② 曹伯言整理：《胡适日记全编》(六)，安徽教育出版社，2001年，第325页。
③ 杨亮功：《胡适之先生与中国公学》，朱文华编：《自由之师——名人笔下的胡适 胡适笔下的名人》，东方出版中心，1998年，第56页。
④ 吴蒲月：《怀念大哥吴晗》，庄丽君主编：《世纪清华》，光明日报出版社，2001年，第111页。

藏书，受益匪浅，后来成为著名的太平天国史研究的权威学者。胡颂平1927年入中国公学学习，后长期担任朱家骅的秘书，至1957年胡适任中研院院长，开始任胡适的秘书和助手，负责胡适晚年的传记、年谱资料的整理。吴健雄在1929年作为师范生被保送到中央大学，当时规定保送的师范生在入学前需要实习一年，所以吴健雄进入私立中国公学任教并学习一年。其间主要学习文史，修习胡适讲授的"清朝三百年思想史"课程，得到胡适的赏识。黎昔非是1929年春由持志大学转学中国公学大学部文史系三年级，与罗尔纲同班，1930年7月大学毕业，次年春考取北京大学研究院国学研究所研究生，1932—1937年，担任《独立评论》经理人。

胡适的开明态度给很多毕业学生留下深刻印象。据周枏回忆，他于1926年考入中国公学大学部商科，学的是银行会计，当时学校实行学分制，修满120学分即可毕业。到1928年7月，周枏用了两年的时间修完了毕业所需的学分，但因当时学校已由学分制改为学分与学年相结合的制度，除修满学分外，学生还需在校3—4年才可毕业。周枏虽已修满学分，但在校年限不够，所以不能提前毕业。周枏提出，"他入学时学校执行的是学分制，现在实行的新办法按理只能对新入学的学生使用。加之父亲去世，家庭经济困难，恳请学校准许我提前毕业"。胡适为此与教务长凌舒漠商量，在确定周枏学分和成绩合格后，胡适提出，"我们这样办吧！学校留你在校内工作。这样，你既可减轻家庭经济负担，又可利用时间再学一些你感兴趣的课程。1年后等住满了在校年限，再领取毕业文凭"。周枏因当时已经获得赴比利时留学的机会，所以希望能早日毕业去国外深造。胡适对周枏出国留学表示赞许，给其开具了同等学力的证明。胡适在交给周枏证明书时，还关心他离校后的情况。在得知周枏办理签证须有财务担保后，又同意做周枏的留学保证人。[①] 胡适的宽厚和开明在此事中表现得淋漓尽致。

自1928年5月，胡适接任上海中国公学校长，在其近两年的任内"学校秩序安定，教学水准提高，校内养成学生一种自由活泼读书风气，尤其是胡先生特别注意奖掖青年人才，因此他在中国公学是最为学生所尊崇的最成功的一位校长"[②]。在胡适接任校长后离校留学的旧生周枏曾言及，"前得友书，知母校本学期来，气象大新，校内教授既多国内名士，而办事方面亦极有纪律，俱见吾师鸿才硕望，自不觉手到功著，嗣后全国学子，必皆争来淞

---

① 周枏：《我与罗马法》，安徽省法学会编：《周枏与罗马法研究》，安徽人民出版社，2010年，第4-5页。

② 杨亮功：《早期三十年的教学生活 五四》，黄山书社，2008年，第48页。

滨,求春风之广嘘矣"①。胡适掌校时期被称为学校发展史上的黄金时期,成为后来校史叙述中回忆较多的一段。但也不宜高估,一般著述会将胡适任校长时学生人数的增加作为胡适治校的功绩,但1930年前后各私立学校学生人数的增长是一个普遍的现象,而且师资的改善也不局限于中公一校,比如光华也是自由知识人聚集的学校之一。

三、经费与立案:胡适任内面临的困境

胡适任中国公学校长后,确实给中国公学带来很大的改变,特别是在改善师资和整顿学风上有很大贡献,学校办学品质得到很大提升,中国公学学生大多认为"中国公学是中国较好的大学",而且对中国公学的前景也非常期待,认为只要胡适多任几年校长,中国公学"升到世界最著名的大学也是意中事"②。但胡适任内面临两大难题:一是经费问题,一是立案问题,成为制约中国公学发展的大问题,而且也是导致胡适辞职的重要因素。

经费问题

胡适任内,中国公学经费上的困难并未纾解。胡适在后来给朱经农的信中曾提到,"我自愧不曾能替母校减轻债负,反留下这许多债负给继任的人,真是不安之至。但我十七年接办之时,缴费学生只有二百二十余人,两年之中,学生每年增加,但都力求慢慢逐渐发展,不敢为经费而滥收学生,所以终无还债之力"③。

与晚清相比,失去了官款的补助,中国公学自民国以来,经费一直都处于匮乏状态。在王敬芳任校长时,还能得到福中公司的常款补助。到1927年北伐后,何鲁接手中国公学开始,学校经济上更形困难,既无政府补助,又无大额捐款,且有沉重的债务负担。据胡适后来一份关于中国公学欠款的函件中提及,在王敬芳任内,先后欠浙江兴业银行两笔欠款、北京金城银行一万五千元、上海升和煤号数千元。④

① 《周枬致胡适》(1928年12月23日),《胡适来往书信选》(上),社会科学文献出版社,2013年,第359页。

② 王大祥:《谈谈中国公学》,《中国公学庚午级毕业纪念册》,1930年,第71页。

③ 《胡适致朱经农函》(1930年4月27日),上海市档案馆编:《中国公学档案辑存》,《近代史资料》总69号,中国社会科学出版社,1988年,第113页。

④ 《胡适关于中国公学欠款函》,上海市档案馆编:《中国公学档案辑存》,《近代史资料》总69号,中国社会科学出版社,1988年,第70页。

在何鲁接管学校之初,就曾以学校经费困难,请上海政治分会准予维持或筹拨常款或补助临时费,但并未得到任何回应。① 胡适任校长后,多方设法筹措经费。在 1928 年 6 月前,大学院因中法工专并入中国公学每月补助2 333 元,这是中国公学日常经费的一部分。1928 年 5 月 21 日胡适在日记中提到,当日"到大学院,领得中国公学二月份补助费三成,一千元"。② 这份补助也不能足额发放,且很快就停付了。学校经费基本靠自筹,1928 年 6 月 10 日,校董会决议设立中国公学基金募集委员会,由熊克武、蔡元培、于右任、胡适、但懋辛、丁鼓音六人为基金募集委员。③ 从后来的实际战效来看,经费的募集没有多大收获,公学改造的"经费差不多是由但懋辛、熊克武二人负担"④。而且是以垫款的形式,算是挪借,熊、但二人所垫款项均作为公学的债务。

1928 年 11 月 15 日,胡适致信王敬芳,"答应归还旧欠浙江兴业银行、升和煤号及金城银行三处之款",请王敬芳"把公债票四十万元交与公学",此项债票对于中国公学非常重要,"倘能换得新公债,则公学基金便可巩固,先生所经手之各款皆不难分期还了;即不能换得全票面额数,亦可望得一部分之掉换;即换得一半,公学的经济也就松动了"⑤。1929 年 1 月 16 日,胡适赴北平与王敬芳会晤,取回债券。⑥ 王敬芳移交该项债票后,中国公学董事长王云五与校长胡适联名呈请教育部发给新债券,该呈文称,"本校蒙民国元年南京临时政府赞助维持,议决拨助基金,历十余年之久,仅得此四十万元之公债票,至今日亦成为废纸,遂使当年政府维持本校之盛意完全成为泡影!"校董会呈请教育部"垂念本校在民族革命及文化运动史上之成绩以及南京临时政府维持敝校之初衷,准予商请财政部另行发给新发行之公债券四十万元,作为敝校基金,使此有革命史之学校得以继续维持光大"。⑦ 实际政府始终未如校董会所请予以赞助。

在胡适任内,学校经费唯一可靠来源是学生学费。四十万元债票虽在

---

① 《政治分会昨开十二次会议》,《申报》1927 年 5 月 3 日,第 13 版。

② 曹伯言整理:《胡适日记全编》(五),安徽教育出版社,2001 年,第 122 页。

③ 《中国公学之革新计划》,《申报》1928 年 6 月 16 日,第 12 版。

④ 杨亮功:《早期三十年的教学生活·五四》,黄山书社,2008 年,第 47 页。

⑤ 《胡适致王敬芳(稿)》,中国社会科学院近代史研究所中华民国史研究室编:《胡适来往书信选》上,社会科学文献出版社,2013 年,第 357 页。

⑥ 《中国公学校长胡适之北上 为取回中国公学四十万公债券》,《新闻报》1929 年 1 月 16 日,第 18 版。

⑦ 《呈为旧拨基金债券现无市价请发给新债券事》,《胡适全集》第 20 卷,安徽教育出版社,2003 年,第 383 - 384 页。

市场上几乎全无价值，但每到学校经费困难之时，如寒暑假前无法发放教职员薪津或有大的工程建设之时，学校都会利用这债票作抵押向银行借款，作临时周转，到下学期开学时，再利用新收的学杂费偿还。但上述方法只能维持一时，久而久之，学校的债务仍会增加。据1928年度学校的预算表统计，学校岁入包括学费21 000元，其他杂费21 600元，合计42 600元，其他无任何收入，但是岁出，仅教职员薪俸就30 000元，加上其他日常支出，合计58 000元，收支相差15 400元之多，仅一学期亏空就超过15 000元之谱。[①]当然也不能苛求胡适，与前任相较，胡适任内，学生增至一千三百多人，学杂费收入大为增加，中国公学之经济状况已得到很大改善。[②]

中国公学经费的困难直接影响其教育品质。据统计，1929年秋，中国公学注册人数是1 059人，到1930年达到1 437人。人均学校资产，在1930年是90.58元。在这一项排名中，中国公学是全国大专学校倒数第二位，当年全国大专学校的生均资产值是692.99元。1928—1930年，全国每百名学生的平均师资从14.6人增加至15.5人，而中国公学对应的数值则从9.3人降至5.8人。中国公学的校产总值为11 033元，名列全国52所大专学校的最后一名。[③] 经费的匮乏造成校务及教学上的很多困难，当时公学"所用职员人数，亦减至最低额。除秘书长及总务长(不支薪)系由校董兼任外，其余只有教务长一人，秘书一人，书记一人，会计一人，事务一人，斋务一人，注册组四人，图书馆二人(内一人半工半读)。总计全校职员十四人，平均每四十四个学生仅有一个职员。到后来学生人数增至一千三百余人的时候，职员仍维持十四个人，平均约一百学生一个职员"[④]。职员人数可以限制，但教授人数不能限制，于是会出现很多兼职的教授，一般教授如果能在国立大学谋到教职大多都会离开私立大学，因为国立大学的教职稳定且待遇优厚，国立大学学术环境也较私立为好，教授的流动性大对学校的教学以及学术研究会产生很大的负面影响。

---

① 《中国公学预算表》，《私立中国公学大学部立案表册》，上海市档案馆藏，上海市教育局档案，Q235-1-637。

② 胡适接任之初，学校共有学生六百零六人(内有女生五十人)，次年春学生即增至一千三百余人(内女生百余人)。参见《中国公学校史》，《胡适全集》第20卷，安徽教育出版社，2003年，第151页。

③ 《全国高等教育统计(民国十七年八月至二十年七月)》，教育部高等教育司，1932年。转引自[美]叶文心著，冯夏根等译：《民国时期大学校园文化(1919—1937)》，中国人民大学出版社，2012年，第249页。

④ 杨亮功：《早期三十年的教学生活·五四》，黄山书社，2008年，第50页。

立案问题

1927 年 12 月,南京国民政府大学院公布了《私立大学及专门学校立案条例》,准许设立私立大学及专门学校,但规定,"必须试办三年以上","有确定之资产或资金","专任教员应占全数三分之一以上",方得呈请政府立案。[1] 1929 年 7 月,南京国民党政府教育部公布了《大学组织法》。其中规定"私立大学或私立独立学院校董会之组织及职权,由教育部定之"[2]。同年 8 月,国民政府教育部制定《私立学校规程》,规定,"私立大学、独立学院及专科学校以教育部为主管机关","私立学校立案后受教育行政机关之监督及指导,其组织课程及其他一切事项,均须遵照现行教育法令办理"。[3] 国民政府通过一系列的法规,试图加强对私立大学的控制,其中较重要的手段就是对私立学校的立案管理。

对于私立学校而言,立案问题非常重要,因为立案与否,关系到校务的进行和毕业生的前途。私立学校规程第二十八条规定:"凡未依照本规程呈准立案之私立学校,其肄业及毕业生,不得与已立案学校之学生受同等待遇。"故学校立案与否,关系于学生自身利害者至巨,尤其是大学,学生投考学校会慎重选择。每年暑假前,教育部都会发布公告,将已准立案及已经停闭之私立大学暨学院,开单列后,俾众周知,提醒"各生投考时务宜详加审慎,幸勿自误"[4]。另据原中公学生罗尔纲陈述:"当时规定,凡私立大学不得立案的政府不承认,学生毕业后,学校发给那张毕业证书不能做资格凭证,学生出路困难。"[5]一般私立大学立案是否顺利,除办学条件和质量外,党化教育推行的效果也是一个重要的考量标准,故学校与地方党政的关系如何也是重要的影响因素。

早在 1927 年,中国公学虽早经国民政府教育行政委员会批准,予以备案,但未办过立案手续。1928 年 6 月,中国公学又向大学院呈请立案,全文如下:

---

[1]　《私立大学及专门学校立案条例》(1927 年 12 月 20 日),大学院编:《大学院公报》1928 年第 1 期,第 26 - 27 页。

[2]　宋恩荣、章咸主编:《中华民国教育法规选编(1912—1949)》,江苏教育出版社,1990 年,第 416 页。

[3]　宋恩荣、章咸主编:《中华民国教育法规选编(1912—1949)》,江苏教育出版社,1990 年,第 140 页。

[4]　《教育部布告 第七号》,《申报》1930 年 6 月 16 日,第 5 版。

[5]　罗尔纲:《师门五年记 胡适琐记》,北京三联书店出版社,2012 年,第 91 页。

谨启者：窃本公学于民国前六年（清光绪丙午）为留日学生激于当时日政府之设立取缔规则返国后所创立，开办已阅二十余载。大学部毕业生已达五百余人，中学部则因受军事影响，簿籍亡散，无以核计。莘莘学子，不仅于科学上、文艺上尽贡献之责，而尤致力于清季革命，如丙午萍醴之役、辛亥黄花岗之役，本公学校友之奋身死难者不下数十人，而为本公学投江自尽之姚君宏业尤为革命巨子。故当总理在日，虽政躬纷忙。而以爱护本公学之故，仍兼任董事，力事维护，于其临时大总统任内，指拨三百万为本公学经费。其款虽为项城扣发，仅领到四十万元，然本公学之得于民国元年添设政法商专门科者，总理之惠也。其后政法各科停办，中学改为新制，商科改为大学。十四年又添设哲学、政治、经济诸系。十六年中法工专因风潮停办本科，失学学生要求转入本校，得政府允许，每年津贴四万元，因设为理工、文、商、法五［四］院。本年各系毕业，爰改为文理院及社会院，仍以预科系焉。兹据本年二月六日大学院公布私立学校条例及十六年十二月二十日公布私立大［学］及专门学校立案条例，将本公学各项表格连同校舍平面图及说明书一并送上，即希转呈大学院鉴核，准予立案。①

南京国民政府建立后，中国公学为获取发展资源，在自身历史表述中尤其强调其与国民党的渊源，故突出晚清时期对革命的赞助，而较少提及民初与研究系的关系。

国民政府大学院并没有正式受理各私立学校的立案请求。一直到1928年大学院改组为教育部才开始办理各私立学校的立案申请，但立案申请必须通过所在省市教育局的审核，审核通过后，再由当地教育局转呈教育部批准立案。②

1929年3月，中国公学校董会开会决定，将中国公学的经过情形写成书面报告，连同所填大学院颁发的私立学校校董会立案表二册，呈请上海特

---

① 《中国公学请予立案函稿》，上海市档案馆编：《中国公学档案辑存》，《近代史资料》总69号，中国社会科学出版社，1988年，第63-64页。

② 根据国民政府大学院的要求，"凡私立大学及专门学校呈请立案时，应由该校校董会备具呈文及附属书类，呈由省区教育行政机关转呈大学院，转呈时，须详细调查开具意见，以备审核"。《私立大学及专门学校立案条例》（1927年12月20日），《大学院公报》1928年第1期，第27页。可见地方教育行政机关对于私立学校立案的影响之大。

别市教育局存查，并转呈教育部审核，请求批准立案。6 月 10 日，上海特别市教育局局长陈德征将中国公学校董会的呈文及附件转呈教育部长蒋梦麟。教育部于 12 日收文后，即由黄建中代蒋梦麟批文给高教司，但高教司未能及时处理。6 月 17 日，中国公学校董会再写呈文并附表册给上海特别市教育局，请转呈教育部。6 月 21 日，上海特别市教育局局长陈德征又将以上材料转呈教育部部长蒋梦麟，并加了这样一段批文："兹复据该校董事会董事长王云五等呈送该公学大学部立案表册，请予核转。前查表册填载尚属详明，核与私立大学及专门学校立案条例规定手续尚无不合。除将原呈抄录存查外，理合将原呈表册具文呈送，仰祈察核令遵，实为公便。"①6 月 27 日，中国公学收到市教育局训令第二九六号，知照教育部准本公学校董会立案。② 至此，校董会完成立案工作，但这只是学校立案的第一步。

　　1929 年 6 月，教育部第 701 号训令，称中国公学编制不合大学组织法所规定，"近据报载，该校招生广告，文理学院及社会科学院，仍用旧称，并未遵令改为文理科及法商科，殊属不合"。责令中国公学改正。③ 实际上，中国公学在 1930 年 1 月教育部视察以前一直未改。

　　中国公学多次呈文办理学校立案，均未获批复。8 月 1 日，胡适直接给教育部长蒋梦麟、教育部次长马叙伦写信，并请副校长杨亮功专程前往南京办理。胡适信中写道："吴淞中国公学立案事，我们的原呈因只用董事长签名，被上海市教育局退回，耽误了许多日；最后学校立案原呈及表册，据市教育局说，都是 6 月 10 日付邮的；但呈文到了贵部，而表册迄今未到，殊属奇怪。表册本有两份，一留市教育局，一呈贵部。我们几次向市教育局索取副本，至前日始取回，今将副本交鄙校副校长杨亮功博士亲自带呈。我们现办暑期学校，有学生三百人，其中过半数是本校正式学生，教职员也都是本校平日教职员，故鄙校极盼贵部早日派人来查，以便早日批示。现在部令既十分注重立案之学校，立案与否殊于学校进行有关系，不幸敝校立案事被教育局延误多时，故我们极盼两兄早日派人来查。"④可见因上海市教育局在其中的延搁，胡适不得不绕过教育局直接与教育部沟通。

　　蒋梦麟接信后，即召集司长、督学，接见中国公学副校长杨亮功。经讨

　　① 《民国十八年廿一日上海教育局再据情转呈教育部核示文》，王云五等编：《私立中国公学》，台北，南京出版有限公司，1982 年，第 33 页。
　　② 《本校大事记》，《吴淞月刊》第 2 期，1929 年 6 月 15 日，第 61 页。
　　③ 《中国公学立案问题》(一)，上海市档案馆藏，上海市教育局档案，Q235－1－637。
　　④ 《致蒋梦麟、马叙伦》(1929 年 8 月 1 日)，耿云志、欧阳哲生编：《胡适书信集》(上)，北京大学出版社，1996 年，第 485 页。

论，教育部认为在暑假中不便调查，待学校开学即派人前往调查。教育部高等教育司又将此意函告胡适。1930年1月，教育部派黄建中、朱经农、郭有守到中国公学视察，将视察结果写成书面报告，并带回中国公学一览表、中国公学大学部职员一览表、学生名册等多种资料，对学校情况基本予以肯定，列举出三条优点和三条缺点，呈请教育部鉴核施行。①

为完成立案，中国公学进行了院系编制的调整，1930年1月，经校董会蔡元培、杨杏佛等诸校董决议，将两学院扩充为三学院后，将原有编制课程重行厘订。② 重新调整后，"该校自春季开学起，将文理学院分文史、数理两系，文史学系主任由校长胡适兼任，社会科学院分政治经济、法律两系，院长仍请高一涵担任，罗隆基、张耀曾分任主任。另将商学系扩充为商学院，分银行会计、普通商学两系，院长请刘秉麟担任"③。

尽管蒋梦麟与胡适私交甚好，但由于胡适关于人权与约法的文章触怒了国民党最高当局，而且上海市党部从中作梗，故在胡适担任中国公学校长期间，学校的立案问题未能解决。上海市党部执行委员会常委陈德征时任教育局局长，④与胡适因人权与约法之争交恶，陈德征也是提议惩办胡适的上海市国民党要员之一，在中国公学立案问题上，陈德征以中国公学不符合教育部规定的大学设立标准以及学科设置不符合教育部相关规程为由，多次驳回中国公学要求立案的申请材料。⑤ 据时人所言，因胡适在新月发表人权论文，有反动嫌疑，故教育部对该校深为不满，视为反动之巢穴，"胡校长知彼一日不去，则该校一日不得立案"⑥。立案问题不解决，直接影响到学校招生。胡适后来辞职一个非常重要的目的就是为学校立案排除障碍，避免影响中国公学前途。胡适晚年与胡颂平谈及中国公学的立案事，也曾提道："我为学校的立案问题辞职之后，由马君武先生继任校长，中公就立案

---

① 《教部派员视察上海法政中公》，《申报》1930年1月9日，第11版。
② 《中公编制一览》，《申报》1930年1月24日，第16版。
③ 《教部派员视察中公》，《申报》1930年1月17日，第17版。
④ 陈德征于1929年4月任上海市教育局局长。教育部长蒋梦麟给胡适的信中提到，按法律上海市教育局局长"须由教育部圈定"，但"此次市长径自令委"。《胡适日记全编》（五），第392页。胡适对此也很不满，曾在日记中抱怨，"一个教育部长不能干预各省教育厅长的人选"。《胡适日记全编》（五），第668页。
⑤ 《中国公学立案问题》（一），上海市档案馆藏，上海市教育局档案，Q235-1-637。
⑥ 《中国公学之风波》，《上海评报》1930年7月30日，第2版。在校学生也意识到立案问题迟迟得不到解决的关键所在，"因为我们的校长胡适之先生又做了一篇反动的'大块'的缘故，国府诸公颇为震怒，……拿我们学校来出口气，使我们快要得着解决的问题，竟又因之搁浅了"。参见甫：《谈谈本校立案问题的经过》，《中国公学大学部社会科学院院刊》创刊号，1930年，第4页。

了。"①1930 年 5 月，教育部批准中国公学立案，惟令上海特别市教育局令该校改称学院。②

四、胡适辞职的前因后果

胡适 1931 年在给美国友人韦莲司的信中曾提到，"1928 年秋初，我发表了一系列评论当前政治问题的文章，这让我和执政党有了公开的冲突。1928 年 5 月我就任中国公学校长，到 1930 年 5 月，马君武博士接任这个工作为止"③。这封信是在辞职后一年写的，而且是给关系亲近的美国友人韦莲司，其言应该比较客观，可见胡适离职跟其与国民党的冲突有直接关系。

国民党建政之后，中国公学的外部环境发生了很大变化，由此前北京政府时期的自由宽松变为南京政府治下党国权力的严格控制与调配。国民党初掌政权的两三年内，对于教育界的控制力尚不够，加之大批自由知识人因北方政治环境尚未改善而选择留居沪上，有相当部分知识人选择在各公私学校任教，由此出现大学与自由知识人的结合。随着国民党在上海加强对教育界学界的控制，并且出现人权与约法之争以及党化教育与教育独立的抵牾，最终以胡适为代表的自由知识精英选择北返。胡适的留与去反映了 1928 年前后国内政治环境对上海知识界的生态及知识人去向的实际影响。

1929 年 3 月，国民党三全大会召开后，因对国民党训政时期的"党治"不满，胡适等新月派学人发表了一系列文章批评国民党，由此引发人权与约法之争。随后上海、北平、天津等地的国民党党部对新月派展开围剿，并电请中央惩办胡适。

1929 年 8 月，国民党上海市三区全区代表大会通过决议案，认定"胡适言论荒谬请教部撤职"④。8 月 24 日，国民党上海市执行委员会第 47 次常会，决定将三区党部呈请将胡适撤职惩处的决议转呈国民党中央咨国府令教育部核办。⑤ 8 月 28 日，国民党上海市执行委员会第 48 次常会，认为胡适侮辱总理，诋毁三民主义，背叛政府，煽动民众，通过决议呈请中央严

①　胡颂平编著：《胡适之先生晚年谈话录》，新星出版社，2006 年，第 106 页。
②　《中国公学立案已准》，《新闻报》1930 年 5 月 24 日，第 11 版。
③　《胡适致韦莲司》（1931 年 3 月 25 日），周质平：《在爱慕与矜持之间：胡适与韦莲司》，华文出版社，2013 年，第 79 页。
④　曹伯言整理：《胡适日记全编》（五），安徽教育出版社，2001 年，第 478 页。
⑤　曹伯言整理：《胡适日记全编》（五），安徽教育出版社，2001 年，第 480 页。

办。① 9 月 25 日，国民政府令行政院准上海特别市执行委员会呈请教育部撤去胡适中国公学校长职，令教育部警告胡适。10 月 1 日，国民政府教育部训令中国公学，以该校校长言论不合为由，奉令警告。教育部奉转国民党上海市党部的呈文，详列胡适罪状如下：

> 查胡适年来言论确有不合，如最近《新月》杂志发表之《人权与约法》《我们什么时候才可以有宪法》及《知难行亦不易》等篇，不谙国内社会实际情况，误解本党党义及总理学说，并溢出讨论范围，放言空论。按本党党义博大精深，自不厌党内外人士反复研究探讨，以期有所引申发明。唯胡适身居大学校长，不但误解党义，且逾越学术研究范围，任意攻击，其影响所及，既失大学校长尊严，并易使社会缺乏定见之人民，对党政生不良印象，自不能不加以纠正，以昭警戒。为此拟请贵府转饬教育部对于中国公学校长胡适言论不合之处，加以警告，并通饬全国各大学校长切实督率教职员详细精研本党党义，以免再有此类似之谬误见解发生。事关党义，至希查核办理为荷。②

胡适接到教育部训令后，表示中国公学是私立学校，政府无权撤校长职，所发表言论由个人负责，与学校无关。③ 胡适在给时任教育部长蒋梦麟的信中称，"这件事情完全是我胡适个人的事，我做了三篇文字，用的是我自己的姓名，与中国公学何干？你为什么'令中国公学'？此令殊属不合，故将原件退还。又该令文中引了六件公文，其中我的罪名殊不一致，我看了完全不懂得此令用意所在。……贵部下次来文，千万明白指示。若下次来文仍是这样含糊笼统，则不得谓为'警告'，更不得谓为'纠正'，我只好依旧退还贵部"④。但当时中国公学正在办理立案手续，在此情形下，为避免因个人言论而波及学校，胡适遂向校董会请辞。

胡适本来就未打算久任中国公学校长职，其离开只是时间早晚而已。对于自由主义精英学人而言，上海浓厚的商业氛围及公私立学校的功利性

---

① 《胡适担不起的罪名》，《大公报》1929 年 8 月 29 日，第 3 版。
② 《令教育部：为令饬警告中国公学胡适言论不合并通饬全国大学校长切实督率教职员精研党义分别遵办由》(1929 年 10 月 1 日)，《教育部公报》1929 年第 11 期，第 13－14 页。
③ 曹伯言整理：《胡适日记全编》(五)，安徽教育出版社，2001 年，第 538－540 页。
④ 《胡适致蒋梦麟(稿)》，《胡适来往书信选》(上)，社会科学文献出版社，2013 年，第 394－395 页。

并不符合他们的理想，随着北平政治环境的日益宽松，北大中兴的迹象日益明显，知识人的北返亦在意料之中。杨亮功就曾提到，"胡先生本无意久住上海，为研究及著作方便计，仍欲回北京大学"①。1929 年 9 月 15 日，胡适致杨亮功信中就提到，"本校的事，此时稍有眉目，但我已决心将搬家一件事办理停当，即行脱离中公，——无论校董会如何留我，我决不再留了。所以我也不勉强留你。请你自己决定，决定后，请给我一电"②。此后，杨亮功请胡适代向校董会辞职，胡适亦同时向校董会辞职。校董会深恐两人同时辞职，势将引起风潮，坚留胡适多维持一学期。

1929 年下半年，校董但懋辛致胡适的信中称，"弟于昨晚抵沪，车上得遇亮功，到沪又见毂音。学校事，有许多教员如何选任，虽经商洽，然必待兄决定。且外间风传兄必接办北大，久滞殊无谓，急急言旋为妥"③。此信实际上表明但懋辛等人此时已获悉胡适将重返北大，故对于胡适离职已有心理准备。④

到 1930 年 1 月 12 日，学期临近结束，胡适向校董会重提辞职事，并推举校董马君武继任校长。2 月 8 日，胡适在报端发表辞职公告，详述辞职原因，并推荐马君武继任。公告称：

> 我自民国十七年四月底到校任事以来，已近二十个月了，这廿个月之中，多承诸位同事的努力和同学的体谅，我的职务实在是很轻松，但我总觉得现在学校已不止一千人，校舍分在两地，应该有一个真能专力办事的校长，才可以使学校发展，而我的能力和工作都使我明了我不能这样做。一年多以来，我时时为此自责，现因不能即须往美国耶鲁大学讲学，我有一些学术工作不能不在出国之

---

①　杨亮功：《胡适之先生与中国公学》，朱文华编：《自由之师——名人笔下的胡适 胡适笔下的名人》，东方出版中心，1998 年，第 58 页。

②　曹伯言整理：《胡适日记全编》（五），安徽教育出版社，2001 年，第 503 页。胡适当日日记中还提到，"亮功任中公副校长事，已一年余，辛苦之至。他极有责任心，而能力不高，故极觉痛苦"。这与杨亮功的自我认知有很大差距，杨亮功认为，胡适"表示希望中国公学由我继续主持下去"。《胡适日记全编》（五），第 503 页。

③　《但懋辛致胡适》，《胡适来往书信选》（中），社会科学文献出版社，2013 年，第 427 页。从信的内容看，应该是写于 1929 年下半年，而非编者所订的 1930 年下半年，因为 1930 年下半年胡适已经离任，教职员的聘任不可能再等待胡适决定。

④　另据梁实秋回忆，胡适所作《知难行亦不易》和《新文化运动与国民党》两篇文章，"他的许多朋友如丁毂音、熊克武、但懋辛都力劝他不可发表这些文章，并且进一步要当时作编辑的我来临时把稿径行抽出，胡先生还是坚决要发表"。梁实秋：《忆新月》，中国现代文学馆编：《梁实秋代表作》，华夏出版社，1999 年，第 151 页。可见川籍校董实际上不希望因胡适的言论而影响办学。

前结束，故更不能分出时间来作管理上的事务，所以我屡次向校董会提议辞职，屡次无效，至本年一月十二日始得校董会允许，并由我推荐本校校董兼教授马君武先生继任校长，也得校董会一致通过。因马先生谦让不肯担任，故当时不曾发表，后经校董蔡元培先生等极力劝马，马先生始于昨日允就本校长之职。马先生是本校第一任总教习，今二十年后重长本校，是本校历史上一大盛事，他在北京广西办学多年，成绩都极好，他家住吴淞，离学校甚近，时时可以到校，本校在他手里，一定可以充分发展，这是我可以为本校预定的。我此后仍愿以老同学资格，为本校帮忙效力，诸位同事同学，在这二十个月之中，对于我的种种厚意，我是十分感激的，敬此道谢，并盼大家原谅。①

胡适此次辞职的原因，据其自述理由主要是需要更多时间从事个人著述，并拟受邀赴美讲学。但实际上，仍与党部的外在压迫有关。1930 年 1 月 19 日，上海特别市党部宣传部开第四十一次宣传会议，由陈德征主席，会议讨论案，"新月书店出版新月刊，登载胡适诋毁本党言论，曾经本会议决并请中央惩处在案，兹又故态复萌，实为不法已极，应如何分别严办案"。议决："(一) 查封新月书店，(二) 呈请市执委会转呈中央，将中国公学校长胡适，迅予撤职；(三) 呈请市执委会转呈中央，将胡适褫夺公权，并严行通缉，使在党政府不得活动。"②1 月 24 日，江苏省党务整理委员会呈请国民党中央执行委员会，历数胡适历史上的反动言行，强调"虽经钧会训练部饬教育部予以警告，乃该胡适竟敢阳奉阴违"。呈请彻查该校办理情形，察核施行，以塞祸源，而泯反动。③ 2 月 1 日，上海市党部执委的常会上，六区党部三分部呈请严重处分胡适，规定非党员不得充任学校校长，并附具意见转呈中央。④ 2 月 5 日，朱经农将国民党中央执行委员会秘书处的一份公函转给胡适，该函是对 1 月 24 日江苏省党务整理委员会要求彻查吴淞中国公学办理情形呈文的批复，该函已批转教育部派员彻查具报。⑤ 至此，胡适决意辞去中国公学校长职。

---

① 萍：《中公校长辞职布告》，《申报》1930 年 2 月 15 日，第 5 版。

② 《市宣传部宣传会议》，《申报》1930 年 1 月 20 日，第 9 版。

③ 《呈中央请彻查吴淞中国公学办理情形由》，《江苏党务周刊》1930 年第 5 期，第 66 页。

④ 《六区党部请惩办胡适》，《申报》1930 年 1 月 25 日，第 20 版；《市执委会常会记》，《申报》1930 年 2 月 1 日，第 13 版。

⑤ 曹伯言整理：《胡适日记全编》(五)，安徽教育出版社，2001 年，第 662 页。

对于胡适的辞职，中国公学师生均表示挽留。1930 年 2 月 14 日，中国公学教职员开会，表示"就著述说，先生没有辞职的必要；就中公说，先生不能一走了事"①。教职员大会推定教授黄念远、胡耀楣二人为代表请胡适回校任事。胡适认为此是"最不好的事"，会使"马君武先生不安"，所以极力阻止。② 教职员大会坚请胡适留任，马君武无论是否出于本意，都不便表示其有意出任校长，所以马君武也表示坚决挽留胡适。

马君武在 2 月 15 日致信胡适说明情况，提及："中公事，前因兄郑重相托，不便当面固辞。嗣经详加考虑，觉外部之压迫固应避免，内部之团结尤须坚固。若武冒昧从事，则以后之外部压迫必不能避免，而目前之内部团结即起破裂。故望兄于出国以前勉为其难，出国时再由董事会另选他人。武无论如何不敢使中公陷于两重困难，且于中公于自己两俱不利。"③可见，党部之压迫是胡适辞职的一个重要原因，而围绕胡适辞职，又有可能造成校内同人的分裂，这也成为马君武继任后校内分裂的前因。校中教职员挽留胡适，实际上有个人利益的考虑。校内分裂的原因是胡适在任时的既得利益群体，担心校长更易会造成其利益受损。

马君武在 3 月初对外表示绝不接任中国公学校长职，同时致书校董会请挽留胡适。④ 由此出现胡适与马君武相互苦劝对方的局面，中国公学有可能陷入无人负责的境地。鉴于外界对此众说纷纭，校董会主席王云五发布关于中国公学校长问题的布告，说明中公的权力交接问题。其布告云：

> 本校非胡校长决不能有今日，这是大家所知道的，所以在这年半中，胡校长一再辞职，校董会一再挽留，本年一月十二日，校董会在上海开会，胡校长又复提出辞职书，并推校董马君武先生继任，当时出席各校董一致劝挽，马先生则更于劝挽之外，力拒继任之议至于自请退席。旋因胡校长再三要求，故有"非校董马君武先生允任校长，不胡校长适之辞职"之决议。后来胡校长因为预备赴美讲学，一面宣布辞职，一面催促马先生到校，同时马先生亦屡次写信给我和胡校长，坚决的表示不干，教职员因开学在即，胡辞而马不肯到校，怕学校根本摇动，故于留胡会中，加推代表迎马，希望校长问题赶快解决。本来马先生是本校的创办人，是廿年前本校的总

---

① 曹伯言整理：《胡适日记全编》（五），安徽教育出版社，2001 年，第 720 页。
② 曹伯言整理：《胡适日记全编》（五），安徽教育出版社，2001 年，第 670 页。
③ 曹伯言整理：《胡适日记全编》（五），安徽教育出版社，2001 年，第 719 页。
④ 《马君武决不就中公校长职》，《申报》1930 年 3 月 4 日，第 11 版。

教习，他和胡校长一样是本校最理想的校长，校董会原想把本校交给这二位理想校长中的任何一位，使得充分发展，所以一月十二日的决议案是说，胡辞必须马来，马不来胡必不许走，但是过去一个多月，我们劝胡，胡辞劝马，马不干，而且，胡苦劝马，马更苦求胡，胡校长愿于马先生允许长校时担任功课，马先生则声明胡校长一日不取消辞意，即一日不来校教课，胡校长辞意甚坚，马先生则自始即拒绝继任，我们既无法强马先生继任，依决议案，只有不许胡校长辞职之一法，若胡校长仍复固辞，则学校根本摇动，这年半的努力，势必白费，我们把这种种事实和理由反覆说明，这才留住了胡校长，才把全校希望赶快解决的问题解决了。现在校事由胡校长继续负责，吴淞增建校舍的计划，复得马先生积极进行，本校的发展可期，两先生维持本校热诚，犹可感谢，这事同学或未周知，特此布告。①

由此，胡适留任校长的同时，马君武也开始参与校事，积极推进吴淞新校舍的建设，学校此时已经进入胡适与马君武交接的过渡时期。

1930 年 5 月初，胡适又向校董会重提辞职请求。中国公学学生得知这个消息后，立即开全体学生大会，决议："宁可不立案，不能让胡校长辞职。"并派学生代表水泽柯等向校董会请愿。于是胡适召集全体学生讲话，举北平协和大学牺牲世界著名学者做校长以求立案的例子，强调立案的重要性，如果学校不立案则会影响学生出路。但当时中国公学学生会，一致决定宁可不立案，不让胡适辞职，而胡适为学生的前途计，恳切劝慰学生。②

5 月 15 日，校董会主席蔡元培③代表校董会接受胡适辞职，蔡元培代表中公校董会致函向胡适道谢，称："两年多的中公，无论从学生的数量上或思想上，都有很大的发展。无论何人，到于今不能不承认中国[公]是中国较好的大学。然而这是两年前将近破产的学校，把这个学校从破产中救出来，使他有很大的发展，这是先生两年多的努力。"④

---

① 《中公校长问题》，《申报》1930 年 3 月 17 日，第 2 版。
② 罗尔纲：《师门五年记·胡适琐记》，北京三联书店出版社，1998 年，第 68 页。
③ 1930 年 4 月 13 日，中国公学校董会通过决议，"因董事长王云五上月赴美考察，推蔡子民代理董事长"。《蔡子民代理中公董事长》，《申报》1930 年 4 月 15 日，第 12 版。
④ 蔡元培：《致胡适函》（1930 年 5 月 15 日），《蔡元培全集》第十二卷，浙江教育出版社，1998 年，第 182 - 183 页。

5月19日，马君武到校就职。① 胡适在马君武就职典礼上，胡适称，"余之去也，出于自动，勿庸打倒，并欣然欢迎新校长就职，不得不谓美满"②。对于外界关于自己辞校长职的传闻作了澄清，"略谓本人并不似外界所传，因受环境压迫而辞职，如果怕受环境压迫，应在去年坚决辞弃，不必等到今天"③。由此，胡适任校长的时代结束。

小　结

胡适后来对自己在上海的三年半有一个总结，"此三年半之中，我的生活自成一个片段，不算是草草过去的"④。胡适称："那是我一生最闲暇的时期，也是我最努力写作的时期。在那时期里，我写了约莫有一百万字的稿子。"⑤可见，胡适在这期间的重心是在写作上，而非办学，似不宜过分强调其对中国公学的影响。

胡适任校长时期，正好处于南京国民政府建政之初，特别是在较强势的上海市党部治下。与一般地方党部不同的是，上海市党部保持较强的激进性与组织动员能力，对地方行政多有染指，表现较为强势。⑥ 胡适自由主义者的角色及其发言立场难免与上海市党部产生矛盾，这必然影响到中国公学。胡适任内实现了中国公学的长足发展，这与胡适的个人魅力及其影响力有很大关系，但随着时势演变，上海党治氛围的加强，同时北平政治环境日渐宽松，胡适等人北返成为必然。虽然胡适辞职、马君武继任，看似平静，但在胡适任内未实现的党化渗透，最终还是在胡适走后演变成大的风潮，直接导致后来中国公学走向衰败。

这一时期中国公学的发展，得益于北伐前后政权转换的过渡阶段的宽松环境。一方面，原来集聚在京津的知识精英大多南下，以胡适为代表的诸多学人留居沪上，这是中国公学这一时期得以发展的人事基础；另一方面，

---

① 《马君武就任中公校长职》，《申报》1930年5月20日，第10版。
② 铬慈：《马校长就职典礼志盛》，《中国公学庚午级毕业纪念册》，1930年，第83页。
③ 《马君武就任中公校长职》，《申报》1930年5月20日，第10版。
④ 曹伯言整理：《胡适日记全编》（六），安徽教育出版社，2001年，第403页。
⑤ 胡适：《中国中古思想史长编》，《胡适全集》第6卷，安徽教育出版社，2003年，第183页。
⑥ 关于20世纪30年代国民党上海市党部的研究，可参见郑祖安：《二三十年代上海市政府横向关系初探》，《学术月刊》1994年第3期；安克强：《1927—1937年的上海：市政权、地方性和现代化》，上海古籍出版社，2004年；蒋宝麟：《消褪的激进政治与多元城市社会：1927至1937年的国民党上海特别市党部》，《学术月刊》2018年第3期。

建政之初的国民党还没有完全实现对教育界的控制，所以在 1928 年前后的两三年内，沪上的高校有一个相对宽松的发展环境，与这一时期思想界"众声喧哗"的场景类似，教育界仍保有自由发展的空间。①

　　但这种发展并不会持久，特别是党化色彩非常鲜明的上海市党部治下，在 1930 年前后，上海市党部开始积极向教育界渗透，由此带来沪上各学校的动荡，从而演成一系列的风潮，如光华大学、暨南大学等校的风潮。中国公学也不能免，这是后来马君武上任不久即发生旷日持久之大风潮的重要原因。胡适的离任，也标志着中国公学由盛而衰的转折。② 杨亮功晚年的回忆就提到，"自民国十九年以后，中国公学一直是在动荡不定和惨痛的局面之中的"。③ 其分水岭就是胡适的离任。

---

　　① 参见王晓渔：《知识分子的"内战"——现代上海的文化场域(1927—1930)》，上海人民出版社，2007 年。

　　② 1930 年 7 月 14 日，胡适到中国公学演讲，与曹辛汉谈，曹"很替中公前途发愁"，胡适"也有点忧虑"，"然无法可施也"。可见胡适卸任不久，即感受到危机。曹伯言整理：《胡适日记全编》（五），第 727 页。

　　③ 杨亮功：《胡适之先生与中国公学》，王云五等编：《私立中国公学》，台北，南京出版有限公司，1982 年，第 139 页。

第四章　从私立到党化：
"倒马"运动的来龙去脉

在经历了胡适掌校的"黄金时代"后，继任校长马君武到任不到半年，校内即出现风潮，最终导致学校被国民党上海市党部把持。学界对马君武任内的风潮已有相当研究，[①]既往研究对史事的重建确有贡献，但均就事论事，未能从具体史事的前后左右立论，故所作条理统系的论述亦无从展现中国公学易长风潮的本相和内涵。所谓"知常以观变"，1930年前后中国公学的变局要从常态下该校的诸多特质出发才能得到解释，而此种特质的历时性影响的变与不变需要通过较长时段的考察方能显现。鉴于此，本章试图利用档案、日记、报刊等公私文献，重新梳理1930年中国公学易长和改组的来龙去脉，考察"党国"与私立学校的互动关系。

一、马君武接掌中国公学

国民党建政之后，中国公学的内外环境均发生变化，校内董事会的改组使学校早期校友代替此前的研究系主导校政，而外部环境则由北京政府时期的自由宽松变为南京国民政府治下党国权力的严格控制与调配。

1927年改组后的校董会，负责垫款和筹款的熊克武等川籍校董对校内治理的发言权无形中要高于其他校董，故而熊克武被推选为校董会董事

---

　　① 蔡爱丽认为，国民党"通过学潮来挑战学界权威，并重构权威，从而完成权力更替，达到加强对学界控制的目的"。蔡爱丽：《权威在中国公学——中国公学"倒马""拥马"学潮探因》，《兰州学刊》2006年第5期。周志刚则认为，此次校园风潮是多种因素综合作用使然，"学生间的矛盾是事件触发器，学校管理层面和执行层面的缺陷是风潮发生的根源，而国民党当局则是借机将上海市党部势力成功渗透进学校"。周志刚：《不堪回首吴淞岸——对1930—1931年中国公学风潮的考察》，《史学月刊》2014年第9期。

长。① 何鲁任职不到一年，至 1928 年 3 月学校发生风潮，何鲁请辞。后校董会决议，在新校长没有产生前，由但懋辛、丁戆音、朱经农到校劝慰罢课学生复课。4 月 27 日，中国公学校董会开会，票选胡适任校长，仍由熊克武负责筹款事宜，但懋辛任总务长，丁戆音任校董会秘书。② 胡适在 1928 年 6 月，暂允维持两个月到期后，即向校董会提出辞职。6 月 17 日，但懋辛与丁戆音力劝胡适勿辞。6 月 25 日，胡适在中国公学行正式就职礼。胡适在日记中提及其所以不忍一丢就走的原因之一，是"熊锦帆、但怒刚、丁戆音诸同学真热心办此事，我不忍丢了他们就走"③。可见胡适任校长，实际上由熊克武、但懋辛与丁戆音等川籍校董推选，这些川籍校董是真正的校政主持人。胡适任上，川籍校董在校内占据要津，具有重要的影响力。

川籍校董之所以具有如此重要的影响力，是因为其在经费上对于学校的贡献。中国公学系私立学校，经费基本靠自筹。1928 年 6 月 10 日，校董会决议设立中国公学基金募集委员会，熊克武、蔡元培、于右任、胡适、但懋辛、丁戆音等七人为委员。④ 从后来的实际情况来看，学校改造的"经费差不多是由但懋辛、熊克武二人负担"⑤。因为在筹集经费上的特殊贡献，川籍校董对于校政亦有相当的主导权。据在中公任教的高一涵回忆，"那时中国公学是一个私立学校，学校经费起先由熊克武、但懋辛等筹助，并派丁戆音在校内兼管行政事务"⑥。中公学生的一份宣言中也曾提到丁戆音在校董会的特殊身份，"丁先生是中国公学的董事，是董事会的秘书，是好几位董事的驻沪代表"⑦。可见丁戆音作为川籍校董的代表，在校董会和校内均拥有很大的权势。

据刘秉麟所撰校史，"十八年春熊克武辞董事长职，由校董会公推王云五为董事长"⑧。1929 年 6 月，中国公学的立案呈文上显示校董会董事长也是王云五。到 1930 年 5 月，蔡元培接任中国公学校董会主席。校董会主席虽有变更，但实际并不影响川籍校董的权势。

---

① 《公学吁请各方捐资兴学的公开信》，上海市档案馆编：《中国公学档案辑存》，《近代史资料》第 69 号，中国社会科学出版社，1988 年，第 95 页。

② 曹伯言整理：《胡适日记全编》（五），安徽教育出版社，2001 年，第 70 页。

③ 曹伯言整理：《胡适日记全编》（五），安徽教育出版社，2001 年，第 172 页。

④ 《中国公学之革新计划》，《申报》1928 年 6 月 16 日，第 12 版。

⑤ 杨亮功：《早期三十年的教学生活 五四》，黄山书社，2008 年，第 47 页。

⑥ 高一涵：《漫谈胡适》，中国人民政治协商会议全国委员会文史资料研究委员会编：《文化史料丛刊》第 5 辑，文史资料出版社，1983 年，第 200 页

⑦ 苦笑：《谈谈中国公学的学潮》，《学校评论》1931 年第 3 期，第 77 页。

⑧ 刘秉麟：《校史》（1929 年 6 月 4 日），《中国公学己巳级纪念册》，第 10 页，上海市档案馆藏，中文资料档案，Y8－1－147。

1930 年年初,胡适坚辞中国公学校长职,一方面固然是胡适本来就未打算久任,但另一方面,外在环境的压迫是更为直接的原因,所谓外部压迫,具体而言就是其与国民党上海市党部的矛盾。胡适 1930 年 2 月 6 日记,"丁燮音与马君武先生同来,谈中公校长事。我坚请君武先生继任,他仍推辞。后来我们三人同去访蔡先生,他也力劝君武。君武始有允意。我请燮音代我办交代事,我另草一校中布告稿"①。2 月 8 日,胡适在报端发表辞职公告,并称马君武已允就中国公学校长职。②

在经历了胡适与马君武交接的过渡时期后,至 1930 年 5 月初,胡适又向校董会重提前议,胡适正式辞职,马君武接掌校政。胡适的辞职虽系外在压迫的结果,但其辞职及新校长的选聘均由校董会主导,政府和党部未能施加影响,可见此时的中国公学仍保持私立学校的独立性。党部之所以未能施加影响,很大程度上是碍于法理,即国民政府《大学规程》所规定的,私立学校校董会为最高权力机构,所以在校董会尚能发挥其正常功能的情况下,外部势力无由介入。

5 月 19 日,马君武正式就中国公学校长职。胡适及校董会主席蔡元培出席就职典礼,首先由胡适致开会辞,对马君武多有褒奖,"马先生是经过我们长期间物色得来的,他是本校的老教师,中国负有盛誉的科学家,此后定能为本校造成无限的光荣"。继由蔡元培致辞,"大意为胡马两先生的学力操守完全相同,语多恳挚,期与前校长共负责任,促成本校之光荣"。然后由马君武讲话,由于其抱病,发言甚少。后由教授高一涵讲演,提出四点希望,"一、为本言论自由的精神,发表学术思想;二、为改良教员物质上的待遇,得以安心任教;三、为充实图书馆至低限度,成为上海的最完美的图书馆;四、为充足本校经费,将来达到学生免费求学的地步"。高一涵认为,如切实去做,中国公学可望"达到全国最高学府的领袖地位"。最后由学生会代表对新校长致欢迎词,并提出三点希望,"一、迅速解决本校立案问题;二、新校舍早日落成;三、继续胡前校长精神发扬而光大之"③。由此可见,马君武继任校长基本上得到校董会、前校长、教职员及学生等各方的认可,且对其颇多期许。

马君武就校长职后,采取各种举措,致力于中国公学的发展。1930 年春,由于学校规模扩大后,校舍不敷使用,部分学生借住北八字桥游氏住宅,

① 曹伯言整理:《胡适日记全编》(五),安徽教育出版社,2001 年,第 663 页。
② 萍:《中公校长辞职布告》,《申报》1930 年 2 月 15 日,第 5 版。
③ 《马君武就中国公学校长职》,《申报》1930 年 5 月 20 日,第 10 版。

1930 年 5 月 19 日,中国公学新旧校长完成交接后,卸任校长胡适(右二)与校董会主席蔡元培(中)、新任校长马君武(左二)、社会科学院院长高一涵(左一)、总务长丁燮音(右一)合影。

造成一校分居两地的局面,于学校管理、教学及经济上均极不便利。胡适长校时,就已与马君武商及建筑新校舍,将八字桥分校归并炮台湾。1930 年 4 月 13 日,中国公学校董会决议,"因近年学生人数增加,吴淞原有校舍不敷,议决增建可容五百人之校舍,推马君武、杨杏佛、丁燮音负责进行云"①。1930 年 5 月,由东南建筑公司介绍冯泰兴建筑公司负责建筑新校舍,并商妥一切条件,由冯泰兴代向正大银行借款七万四千元为建筑费,分三年偿还,以炮台湾地契为抵押品。② 马君武对于新校舍建设颇为用心,据学生回忆,"他每天必到学校,前往工地巡察,认真监督,日夜赶工,大概前后不过三个月,一座能容纳八九百人的三层楼崭新宿舍便告落成"③。新宿舍于 1930 年 9 月建成,可以容纳五百余人入住。9 月 15 日开学时,八字桥分校并入吴淞校区,所有新旧学生有一千四百多人。④ 中国公学在 1930 年下半年学生人数猛增,除招考的学生外,还有上海的大陆大学被查封后转学的学生。

马君武还着手调整院系,将文理学院分成两院,将文史学系扩充为文学系、教育哲学系和史地系,文学系、教育哲学系归属文学院,而史地系则列入

---

① 《蔡子民代理中公董事长,吴淞增建五百人校舍》,《申报》1930 年 4 月 15 日,第 12 版。
② 马君武:《校史》,张儒品主编:《西南财经大学志》第 1 卷,西南财经大学出版社,1992 年,第 203 页。
③ 罗佩光:《中国公学和两位最可崇敬的校长》,王云五等编:《私立中国公学》,台北,南京出版有限公司,1982 年,第 263 页。
④ 《中国公学之新教授》,《申报》1930 年 9 月 12 日,第 9 版。

原来的社会科学学院。在教授人选上,马君武基本延续胡适掌校时的阵容不变,在此基础上添聘教授。文学院、商学院的院长依旧分别由胡适和刘秉麟担任,社会科学院院长先后由高一涵、王云五、潘光旦担任,而调整后的文学系、教育哲学系、史地系都新聘了系主任。马君武任内各系新聘请了很多名教授,像郑振铎、傅东华、陈望道、谢六逸、洪深、张世禄等文学界名人都被聘为文学院教授;教育哲学系聘请了李石岑、沈有乾;史地系聘请了何炳松等知名学者。除了调整院系、添聘教授外,马君武积极扩充教学仪器,增加实验设备和图书资料,改善办学条件。

再次,解决中国公学的立案问题。中国公学是私立学校,学校立案与否,直接关系到校务进行及学生毕业的前途问题。在胡适任校长时,中国公学的立案问题一直没能解决。马君武到任不久,便亲自前往南京解决中国公学的立案问题。1930年6月中旬,中国公学顺利立案。

与胡适的无为而治不同,马君武掌校后的一系列举措侵犯了川籍校董的利益。在胡适任内,身为校董的丁燮音兼任校董会秘书和学校总务长两职,对于学校的经济及日常管理有很大权力。马君武上任后,任用王宏实为总务长,免去丁燮音的职务。丁燮音免职的原因,与学校的财务账目有关,马君武任校长后清查账目,认为丁燮音有贪污的嫌疑。[①] 丁燮音是否存在贪污之实是一事,但查账本身是对既得利益群体的一种清算,适足以激化矛盾。[②]

作为校长,马君武的处事风格与胡适迥异。马君武上任后对于中国公学总务和教务的整顿即反映其治事风格,据马君武对记者发表的谈话,"中国公学积弊甚深,总务处会计科目的帐目,差到一万数千元以上;教务处如一乱字纸篓,无论调查学生何事,非经过一点钟以上找不出来。去年秋季开课,选课、点名簿诸事,教务处七人忙了两个月尚办不清楚,等到点名单发到教员手里,一个学期已经去掉一半了。我去年五月十九日到中国公学接校长事以后,便先整顿总务处,发现会计处亏空数目,其内容非常复杂,有的是总务处挪用,有的是会计主任、事务主任挪用,有的是教员挪用,最怪的是凡是学生在会计处放存之款,只出收条,永远在帐簿上查不出一字记帐,总务

---

① 《中公校长马君武谈片》,《申报》1931年1月27日,第10版。
② 胡适曾在报端发表声明,为丁燮音辩诬,力证其无贪污问题。"丁燮音从前所吞校款一万三千元,此语完全没有根据。丁先生在我任中公校长时兼代总务长,绝无吞款一万三千元之事。他任职时的会计账目曾经凌舒谟、王孝通、黄念远三先生会同查过,有查账报告为证,均无丁先生吞校款之事。此事有关丁先生名誉,我与他共事二年,应该有资格可以为他负责辩诬"。《胡适之君之希望与辩诬》,《胡适日记全编》(五),第839页。

长丁某因此辞职"①。

作为对照，据杨亮功回忆，胡适治校，"既付与主管者以事权，复予以奖掖"，除有关校务的重要政策须亲自参与决定外，其他的不大过问。② 且胡适善于调和矛盾，宽大为怀。③ 马君武则事事操心，亲力亲为。胡适曾对罗尔纲说："马先生是孙中山同盟会的秘书长，地位很高。只是脾气不好，一言不合，就用鞋底打宋教仁的巴掌。他不肯信任人，事事要亲自抓，连倒痰盂也不放心，要去看过，不肯信任人，人便不敢负责；事事自己去抓，便行不通。"④也曾有校董指责马君武查办丁鹮音侵吞公款一事措置不当，认为"不宜向学生宣布"，其意或认为应私下调解，不应公之于众。⑤ 马君武的行事风格影响到校内的既得利益者，由此引发校内的分裂与冲突。

二、内部分裂与马君武免职事件

马君武上任不到半年，即被校董会免职，并引发持续数月的风潮。马君武与胡适同样反对党治，故而党部对马君武同样不满。⑥ 虽同样面对党部的压迫，但与胡适的辞职不同，马君武是在校内被打倒的。⑦ 曾有中国公学

---

① 《中公校长马君武谈片》，《申报》1931 年 1 月 27 日，第 10 版。

② 杨亮功：《早期三十年的教学生活·五四》，黄山书社，2008 年，第 47 - 48 页。

③ 实则在胡适任内，丁鹮音与胡适也曾有过矛盾，丁鹮音一度出走，而作为调解人的但懋辛甚至一度有另觅高明的说法，但最终经但的调和，丁同意返校。据 1929 年 3 月 17 日但懋辛致胡适信："闻老鹮数日未回校，公然大起劲。我又因对于佛学事近日小有研求，一时不及见客，伊更像煞有介事。昨乃托友请其来家，一一为之剖白，刻已释然，因劝其回校照常任职。弟向以直心应物，岂有玩弄友朋之理，真是大大的笑话。至弟疑其向南陔云云，亦是错怪，刻既面白，一场话柄就此告一结束，日前寄兄之信，末有'如他真的不干，只好请兄另觅高明'的话，兄怕他生气，未给他看，他疑我说他的怪话，我说咱们几人，有何可怪足云，也就罢了。恐兄挂念，特此奉告。至弟寄兄之信及老鹮寄我之信，均请掷还为祷。"《但懋辛致胡适》(1929 年 3 月 17 日)，中国社会科学院近代史研究所中华民国史研究室编：《胡适来往书信选》(上)，社会科学文献出版社，2013 年，第 365 - 366 页。

④ 罗尔纲：《师门五年记 胡适琐记》，生活·读书·新知三联书店，2012 年，第 91 - 92 页。

⑤ 曹伯言整理：《胡适日记全编》(六)，安徽教育出版社，2001 年，第 19 页。

⑥ 胡适 1929 年 4 月 26 日日记记与马君武的谈话，"马君武先生谈政治，以为此时应有一个大运动起来，明白否认一党专政，取消现有的党的组织，以宪法为号召，恢复民国初年的局面。这话很有理，将来必有出此一途也。君武又说，当日有国会时，我们只见其恶，现在回想起来，无论国会怎样腐败，总比没有国会好。究竟解决于会场，总比解决于战场好的多多。我为他进一解：当日袁世凯能出钱买议员，便是怕议员的一票；曹锟肯出钱买一票，也只是看重那一票。他们至少承认那一票所代表的权力。这便是民治的起点。现在的政治才是无法无天的政治了"。曹伯言整理：《胡适日记全编》(五)，第 402 - 403 页。

⑦ 在马君武就职典礼上，胡适称，"余之去也，出于自动，勿庸打倒，并欣然欢迎新校长就职，不得不谓美满"。辂慈：《马校长就职典礼志盛》，《中国公学庚午级毕业纪念册》，1930 年，第 83 页。

学生事后谈及风潮的起因,认为党部很早就注意中公了,对于胡适攻击政府非常不满,"但是那时没有机会可趁,当然不好马上接收,不过在伺着机会的到来罢了"。马君武上任后,也反对党化教育,"党部对他早已有攫而出之的意思。恰巧机会来了,马氏开除了二个学生(党员,并且是某区党部的执行委员),于是该党部就大发其宣言,罗列马氏的五大罪状。同时各区党部起来响应,诋马氏为包庇反动,压迫党员。于是校董会的党员就以'干犯党怒'的罪状免马氏的职,这样风潮就闹起来了"。① 此说点出了胡适与马君武同为党部所不容之人,但党部能否得手则取决于校内的变局。

1930 年 10 月 30 日,马君武被中华学艺社推举为出席日本学术协会代表,东渡赴日。次日,报端即出现马君武被免职的新闻。据报载,10 月 30 日,中国公学校董会开会议决,以马君武"干犯党怒,致起学校纠纷,着即免职",另推选于右任继任校长。②

校董会在马君武不在国内的情况下,将其免职,如此非常举动,显然是有人背后推动的结果。据胡适日记,10 月 30 日晚,其到上海,当时校董会已开过,次日晨,蔡元培请他去,校董王云五、刘秉麟都在。胡适与诸人谈,始知真相,马君武免职事件"皆觳音与杏佛二人造成的。杏佛已与于右任先生接洽好了,真有免君武职的局势,故云五代君武辞职,以保全君武。小人犹不满意,故造出免职的话"③。另据蔡元培致胡适的信中提道,10 月 30 日晚的校董会是由丁觳音发起召开的,丁觳音提出校董熊克武、但懋辛有对于马君武的弹劾书,所以开会讨论马君武的去留,但会上王云五代马君武辞职,未提起弹劾。④

至于此次提出弹劾的理由,可能跟滥收学生影响校誉有关。蔡元培对此弹劾也表示支持,故马辞职在校董会得以通过。据蔡元培在给胡适的信中提及:"'或有同等学力者'一条未恢复以前,对于假文凭实不能宽恕,犹之我等未曾实行共产而废钱币以前,对于伪造纸币等不能承认也。收回学生,

---

① 不文:《读了"党治下之中国公学"后》,《希望》第 2 卷第 2 期,1931 年 11 月 27 日,第 28 页。但此说亦有不确之处,并非是马君武开除国民党籍学生给了党部介入的机会,而是校董会免马君武职给了党部机会。

② 《中公校董会免马君武职》,《申报》1930 年 10 月 31 日,第 8 版。

③ 曹伯言整理:《胡适日记全编》(五),安徽教育出版社,2001 年,第 835 页。

④ 实则熊克武、但懋辛二人均未到会,而其二人的弹劾书也未公布,丁觳音对胡适讲弹劾书在蔡元培处,以表示蔡元培知情,而据蔡元培对胡适的解释,"熊、但二君有弹劾书,弟闻之而未得读;因云五先生既代表辞职,无待弹劾,劝丁觳音先生不必提出会议,故弟亦不复索读;丁先生谓书在弟处,误也"。《蔡元培致胡适》(1930 年 11 月 24 日),中国社会科学院近代史研究所中华民国史组编:《胡适来往书信选》(中册),社会科学文献出版社,2013 年,第 423 页。

弟亦闻不过十余人，然闻所收学生程度有甚低者，又闻招考已过，而陆续收生直至开学日。为多得学费而滥收学生，本私立大学通病，但太滥则校誉不免有损。马先生既已辞职，既往不咎，望继任者随时补救耳。"①

据通晓内情的杨亮功称，马君武免职事件"完全系马、丁冲突之结果"，并提及"昔日迎胡(适)拒于(右任)，今日拒马(君武)迎于(右任)，先后矛盾，出自一人，无非欲操纵学校而已"②。丁鹮音在其负责草拟的校董会宣布于右任到校维持校务的公告中，自称于右任是由他代表董事会再三敦劝才得允任的。③ 可见无论是胡适，还是于右任，出任校长均与丁鹮音有关。

马君武免职事件本来仅仅限于校内，但报载其免职的原因是"干犯党怒，致起学校纠纷"，且消息系此前被马君武开除的国民党籍学生李雄透露给报界的。④《时事新报》所登李雄的来函，函件所署日期为 10 月 30 日，即校董会开会当天，而李雄又未与会，可知其消息是由与会的校董透露。由此可知，校内的倒马势力与党部的倒马运动相互借重，而此前党部对马君武已极度不满，只是苦于无处措手，现在终于等到了机会。

马君武到任后，实际上面临着外部压迫和内部分裂的双重压力，而矛盾爆发的导火索则是开除国民党籍学生的事件。1930 年 8 月，中国公学吴淞校区新宿舍竣工，原租住八字桥的社会科学院迁回本部。10 月 14 日晚，社会科学院之政治经济系举行系会筹备会，拟改选学生会。由于意见分歧，现场发生不同背景的学生之间的冲突。国民党籍学生严经照、李雄⑤向国民党上海市第八区党部密报中国公学学生邓中邦、魏佐翰、林宏亮、张国辉四人为共产党，请即派兵拘捕。当夜军警到校搜检，抓走了学生邓中邦、魏佐翰两人。10 月 15 日上午，马君武保释出被捕的两学生，并召集全体学生开会，宣布将密报者李雄、严经照二人开除。李、严二人不服，迭向国民党各级党部申诉。

10 月 25 日，国民党上海市第八区党部发表通电，攻击马君武"包庇反

① 《蔡元培致胡适》(1930 年 11 月 24 日)，中国社会科学院近代史研究所中华民国史组编：《胡适来往书信选》(中)，社会科学文献出版社，2013 年，第 423 页。

② 《杨亮工致胡适》(1930 年 11 月 18 日)，中国社会科学院近代史研究所中华民国史组编：《胡适来往书信选》(中)，社会科学文献出版社，2013 年，第 422 页。当年何鲁辞职后，校内原本拟请于右任继任，最后在丁鹮音，但懋辛等人的推动下，乃请胡适出面维持。

③ 《于右任就任中公校长职》，《申报》1930 年 11 月 9 日，第 10 版。

④ 《马君武氏之行止去留》，《时事新报》1930 年 10 月 31 日，第 2 张第 4 版。

⑤ 严经照与李雄均系浙江金华人，二人关系紧密，均有 CC 系的组织背景，严经照在中国公学学习期间即任国民党上海市第八区的执行委员。参见林涵宽：《福建省国民通讯社》，载中国人民政治协商会议福建省委员会文史资料委员会编：《福建文史资料：CC、中统在闽内幕纪实》第 28 辑，1992 年编印，第 162 - 164 页。

动""压迫党员""潜谋不轨",呼吁各界人士同申义愤,一致申讨。① 10 月 26
日,国民党上海市党部宣传部召开扩大会议,对于"中国公学校长马君武包
庇反动份子压迫本党同志八区党员李雄同志被无故开除学籍应如何严惩以
清反动案",议决:用本会议名义发表宣言。② 10 月 29 日,国民党上海特别
市党部执行委员会第五十八次常会议决,要求中国公学恢复李雄及严经照
之学籍。③ 对于党部的通电和决议,马君武均置之不理。可见,党部虽有意
干涉李、严二人开除一事,但中国公学系私立大学,对于在校政拥有最高权
力的校董会正常运转的情况下,党部只能等待时机。

党部对马君武的忌恨与部分校董对马君武的不满促使二者在倒马问题
上的合作,于是有前述马君武免职事件。马君武在后来的校史中谈到此次
争执的缘起时称,关于新校舍的建设,在胡适任内即已决定,但"胡校长既去
职,校内忽有人对建筑事反对甚力,并值君武病中,不得君武同意,遂以校长
名义去函停工。君武以为成约在先,不能翻悔,力主继续建筑"④。蔡元培
在后来致教育部电文中也曾提到,马君武在 1930 年 6 月 8 日"校董会临时
会席上,因建筑案,提出辞职会(书),经出席各校董退还"⑤。胡适在风潮过
后给朱经农的信中也提到,"马校长手内的建筑借款,是蔡先生签字的,我是
保人的一个。此事虽是后来风潮的一个原因,但新宿舍将来之实益甚
大"⑥。可见确曾因建筑案引发校内争执,而能以校长名义去函停工的当然
不是一般教职员,应是校董或在校内有相当权势之人。⑦

马君武认为此事背后系党派作用,"八字桥分校学生会,一年以来,操于
改组派即大陆派之手,此为中国公学内尽人皆知的事。合并后未必能操纵
学生会,未必能借学生会以干涉校政,如前此所用,故出死力以争之。……
校董会丁燮音前代理中国公学总务主任,以账目不清去职,时时谋向君武报

---

① 《八区党部反对马君武包庇反动》,《申报》1936 年 10 月 26 日,第 14 版。
② 《市宣传部首次扩大宣传会议》,《申报》1930 年 10 月 28 日,第 9 版。
③ 《国民党上海市党部呈》(1930 年 12 月 19 日),中国第二历史档案馆编:《中华民国史档案资料汇编》第五辑第一编:政治(四),江苏古籍出版社,1994 年,第 47 页。
④ 马君武:《中国公学校史》,胡适:《胡适全集》第 32 卷,安徽教育出版社,2003 年,第 15 - 16页。
⑤ 《蔡董事长等呈教育部文》,《申报》1931 年 2 月 7 日,第 16 版。
⑥ 《胡适致朱经农函》(1931 年 4 月 27 日),中国社会科学院近代史研究所中华民国史组编:《胡适来往书信选》(中),第 113 页。
⑦ 曾有访生投稿报社,称:"因无建筑费,乃以下学期学生之全部学费抵押于正大银行,由该银行暂行垫款兴工,但学生方面以该银行系钱庄改名,不大信任。且该新洋房为三层楼,近虽将竣工,但其地基仅挖有尺余深,而地又为沙地,至墙壁亦只有一砖之厚,于是学生人人自危,恐其倒塌。"《中国公学之风波》,《上海评报》1930 年 7 月 30 日,第 2 版。学生所虑应该不是空穴来风,信息当来自反马的校董。

复,深与彼等通气勾结,半年内改组派捣乱中公之事,皆由彼发纵指示。遂乘此机会,谋弹劾校长,预定罪名为'干犯党怒,应即免职'八字。彼以为必可通过,竟交李雄送各报发表"①。不排除上述判断包含马君武的主观臆测,但从中可推知校内国民党籍学生与部分校董之间早前即已在反马问题上相互借重。李雄透露给报界的校董会决议来自校董丁鹫音,更可确证校内外两种势力的结合。

对于国民党上海市党部而言,马君武开除国民党籍学生李、严二人,不是单纯的校内事务,而是包庇共产党的政治事件。党部的一份呈文中,就将此定性为"反动势力与本党之斗争"②,所以党部欲利用一切可能的机会对其实行制裁。胡适在任时,党部未能实现党化渗透,是因为校内未出现分裂,而时过境迁,马君武面对党部外在压力的同时,更致命的是校董会的倒马。在既有的校内治理框架下,校董会作为最高权力机关的权威是无法改变的。从这个角度而言,马君武自校董会通过其免职的决议之时起,其在校内的权力斗争中即处于劣势。但马君武免职事件并未终了,反而引发了持续的校内风潮,则与校董会内部在马君武去职问题上的意见分歧有关。

马君武被免职的消息发布后,校内即出现反马和拥马两派的对立。校内学生因对马君武免职态度不同而分为两派:一派是拥马的代表团,由马君武的亲信王宏实实际指挥,以两广学生居多,在校内有广泛的基础,得到大部分学生的支持;一派是反马的解决学潮同盟会,则有国民党上海市党部的支持,实际也受丁鹫音的幕后指使。

10 月 31 日下午,拥马的学生将到校上课的校董刘秉麟拥至大礼堂,聚集全体学生,要求刘秉麟报告校董会决议真相。总务长王宏实也在场,按拥马学生要求开全体大会,通过决议:1. 一致拥护马君武为中国公学校长;2. 选出代表请求校董会收回马校长辞职之成命;3. 取消丁鹫音校董职及校董会秘书职;4. 追索丁鹫音从前所吞校款一万三千元,倘不偿还,即以刑事起诉。并表示如校董会三日内不做肯定答复,即开始罢课,至马君武回校为止。会上还推选代表,组织拥护马君武的代表团,以张耀先、庞梦飞、黎东盛、刘公任等十一人为代表,负责主持交涉事宜,并设办公处,组织纠察队,力图维持中国公学秩序。③ 会后,拥马学生与校董会几经交涉,均未果。11月 1 日,刘公任等人到蔡元培处,请其发电请马君武回校,蔡元培表示"校董

---

① 马君武:《中国公学校史》,《胡适全集》第 32 卷,第 15 - 16 页。
② 《国民党上海市训练部呈》(1931 年 1 月 27 日),中国第二历史档案馆编:《中华民国史档案资料汇编》第五辑第一编:政治(四),江苏古籍出版社,1994 年,第 54 页。
③ 《中公校长问题》,《胡适日记全编》(五),安徽教育出版社,2001 年,第 839 页。

会可以叫他回来办交代,不能发别的电报"①。代表团立即开会决定照前此通过的决议,通知全体同学即日起开始罢课,并发表拥马宣言。

早在沪上各报道马君武被免职的消息时,胡适即请蔡元培以校董会名义发表声明,表示马君武是自请辞职,而非所谓"干犯党怒,致起学校纠纷,着即免职",以澄清事实。② 11 月 2 日,胡适发表声明,支持拥马学生"挽留马君武先生的议决案",并请"校董会能审虑他们的意见"。同时为表示调解立场,胡适又为丁燮音辩诬,以人格担保绝无"丁先生吞校款之事"。③ 11 月 3 日,胡适提出,为避免于右任接任引起校内对立两派的学生冲突,胡适提议新校长于右任等马君武回国一起到学校办理交接。蔡元培当时表示愿意发电给马君武促他早回,并将拟好的电稿交胡适看。但事实上此电并未发出,而校董会关于于右任 10 日到校维持的布告于 6 日发布,且没有告知胡适。④ 胡适直到 9 日才从报上知道于右任将于次日到中公宣布任职,而此时蔡元培已经身在南京。由此可见,校董会主席蔡元培受杨杏佛和丁燮音的包围,支持倒马,对于胡适调停的主张一意敷衍。

11 月 6 日,校董会布告于右任将于 10 日到校维持校务,学校空气骤然紧张起来。当日中国公学四川、江西、安徽等地同学会举行联席会议,由李雄、严经照主持,组织中国公学解决风潮同盟会,请校董会即速履行决议案,欢迎于右任到校。

为避免于右任接任引起校内对立的两派学生冲突,胡适仍然建议于右任等马君武回国一起到学校办理交接。于右任以 10 日到校"仅是维持,不是就职"为由,拒绝了胡适的建议。⑤ 于右任定于 11 月 10 日到校,即马君武回国前一天,意在造成既定事实。

11 月 10 日上午,拥马的中国公学学生举行第三次全体大会,当即通过决议:自即日下午起实行罢课,非达到马校长复职目的不止。⑥ 代表团学生封锁各教室及大礼堂,发表拥马宣言,除送报馆披露外,将一千余同学联合

---

① 曹伯言整理:《胡适日记全编》(五),安徽教育出版社,2001 年,第 841 页。

② 1930 年 10 月 31 日,中公校董会致上海各报函,"顷见各报所登中公校董临时会决免马君武校长职新闻一则,内有'马君武干犯党怒,致起学校纠纷,着即免职'一节,查与事实不符。本会议决案,实系因马校长辞意坚决,故不得已准其辞职,另推于右任先生为校长。应请查照更正为幸"。高平叔、王世儒编注:《蔡元培书信集》(下),浙江教育出版社,2000 年,第 1175 页。

③ 《胡适之君之希望与辩诬》,《胡适日记全编》(五),安徽教育出版社,2001 年,第 839 页。

④ 据胡适所记,该布告由丁燮音所拟,交蔡元培签字。《胡适全集》第 31 卷,安徽教育出版社,2003 年,第 779－780 页。

⑤ 曹伯言整理:《胡适日记全编》(五),安徽教育出版社,2001 年,第 848 页。

⑥ 《中公学生罢课》,《新闻报》1930 年 11 月 12 日,第 9 版。

署名的拥马宣言书在校内公布,并派纠察员看护。同盟会的学生也在学校张贴标语,其中"欢迎党国元勋于校长""欢迎中央委员于校长"的标语凸显于右任党国元老的身份以增加国民党籍学生的势力,而"打倒国家主义派""打倒改组派""欢迎于校长肃清反动分子"的标语则把校内风潮完全定性为党派政治斗争。两派学生在校内发生冲突,大打出手,引来军警干预。11月10日下午,于右任到校接事。到校前他先在吴淞党部小驻,令人把军警撤去。到校后因礼堂被封,于右任只好在操场上召集学生开会。于右任发表讲话,要求学生"应服从校董会决议案",在校董会未经另推校长之前,由他暂时负责,并劝学生应安心学习,不可再闹风潮,静候校董会解决。① 最终于右任到校非但未能解决问题,反而加剧了学校内部两派的冲突。12日,于右任在《新闻报》发表声明,表示不再任中国公学校长职。胡适等为平息学潮计,主张调解双方矛盾,未能见效。

由于蔡元培的不配合,胡适等人只能单独采取行动。马君武11日下午5时到上海,次日即到胡适家,与胡适、王云五、刘秉麟谈学校风潮解决事。学生代表要求马君武返校,胡适与王云五主张马君武暂避。为平息风潮,刘秉麟提议,当日下午由胡适和王云五以常务董事名义到校训话,并持马君武亲笔函去。马君武在亲笔函中,劝导学生"即日复课,静候校董会解决"。同时以胡适、刘秉麟、王云五三人的名义发电给蔡元培说明情况。②

11月12日下午,胡适和王云五持马君武的亲笔函到校训话,力劝同学尊重马君武的劝告,即日复课,并说明校董会为私立学校最高行政机构,有权决定校长人选,希望同学尊重校董会的决定,先行复课,静待校董会解决。最后将复课主张提付表决,稍有讨论,表决通过,决定次日复课。③

胡适因主张调解,反对于右任直接到校接收,并亲自到校发表讲话表示对马君武的支持,故成为反马的党部的眼中钉。11月16日,国民党上海特别市第八区执行委员会发表通电:

> 吴淞中国公学前校长马君武,包庇反动摧残党员,业由敝会列举事实,于十月廿五日发出第一次通电,蒙各地党部先后响应,马君武自知众怒难犯旋即借故离校,并向该校校董会辞职。嗣经校董会照准,另推于右任先生继任。敝会以于先生为本党中央委员,

---

① 《昨日于右任赴中公》,《申报》1930年11月11日,第8版。
② 曹伯言整理:《胡适日记全编》(五),安徽教育出版社,2001年,第850页。
③ 曹伯言整理:《胡适日记全编》(五),安徽教育出版社,2001年,第850页。

并为首创该校历史最久关系最切之人，曾于本月九日通电欢迎。
讵知该校反动分子，益觉猖獗不已，组织非法代表团设立武装纠察
队强奸同学意志，假借全体名义，表示誓死拥护马君武，力拒于右
任先生到校，将八区一分部及该校学生欢迎于先生之标语，尽行扯
毁，并凶殴八区一分部常委王国屏同志及同学龙英杰等，又将大礼
堂及各教室尽行封锁，强迫同学罢课，似此不法行为，实属反动已
极。细查该校反动分子，胆敢横行如此，实由于该校少数教职员为
虎作伥，有以致之。盖该校前校长胡适长校时，已在学生中厚植反
动势力以为己用，更主办新月杂志，大倡反动言论，卒以不容于社
会而去职，犹复野心未已，力推荐与彼政见相同之马君武为校长。
马君武自到校后，种种违党事实，不仅萧规曹随，亦且变本加厉，以
致反动气焰，益肆嚣张。此次马君武辞职照准，胡氏因赴北平事先
未知，返沪后，闻讯之余，大为震怒，即鼓其素所蓄养之反动学生，
为拥马之运动。胡氏以马去于来，历年来苦心孤诣所培植之反动
势力，行将扫荡无遗，故不得不作最后之挣扎。本月十二日竟敢亲
自出马，代行学生会主席之职权，鼓动学生扩大风潮。胡氏并语人
云余并非爱惜马先生，实因平日反对国民党员来长中公，故此次不
能不贯彻主张等语。胡氏本为潦倒歹人，无聊政客，虽经中央严重
警告仍复不知稍自敛迹。设不予以相当惩处，何足以儆反动而杜
效尤。又查该校经政系主任罗隆基系国家主义派重要分子，业经
市公安局连同该派在中公负责人员张耀先二人，先后逮捕在案。
嗣罗氏以有力者为之保释，得逃法网。讵罗氏仍敢匿居该校附近，
指挥反动派作种种之活动，亦应严予处分，以惩祸首。更查该校总
务长王宏实，系马氏之私人，对于此次风潮，异常卖力，该代表团之
种种行为，均由王宏实所主持，每次开会，必亲自出席指导，利用学
校行政，为统治上之庇护，挪移学生会费为经济上之援助，并亲授
锁钥于代表团，令其封锁教室，强迫罢课。凡此种种均属罪无可
逭，敝会目击横流，不忍坐视，除呈请上级党部将该校反动首领及
反动分子，一并严办外，并希各界敌忾同仇，一致申讨，无任盼祷，
谨此通电。①

党部虽气势汹汹，但只能通电诉诸上级党部，实际上仍无法直接介入中

---

① 《八区党部为中公学潮二次通电》，《申报》1930年11月16日，第17版。

公校内的改组，此时解决问题的关键仍在校董会。

胡适在 11 月 12 日致信蔡元培，称"右任先生既已宣言不做校长，君武又因尊重校董会议案，不肯到校，此时解决校事的责任全在校董会。于马两君皆有'静候校董会解决'之宣言。故我与云五、南陔均盼先生能早日召集校董会"①。此时如开董事会决定校长人选问题，风潮自可有解决之方法，因为无论是"倒马"还是"拥马"的学生均表示等待校董会的裁决，党部也是打着校董会的决议反马，可见校董会是解决风潮的关键所在。然而校董会本身因马君武的去留问题发生分裂，胡适、王云五、刘秉麟是支持马君武的，蔡元培、杨杏佛、丁燮音、高一涵②则一意倒马，倒马一派的意见占上风，注定胡适等人的调解是无效的。

胡适在 11 月 17 日致蔡元培的信中，称学校发生风潮的责任在校董会，因"中公本无甚风潮，惟此次校董会取紧急处分，殊为失当，故引起风潮"。而风潮迟迟不能平息的责任也在校董会，胡适、王云五、刘秉麟"三个校董请求召集校董会"，校董会却置之不理，反马的校董居然以"一同辞职"为要挟以抵制马君武回校。本来"收拾乱局之责全在校董会"，校董会却无所作为。③ 拥马的代表团在一份宣言中就曾提到，"此次学潮，校董本身应负相当责任，如乘马校长赴日之际，突然准其辞职；又如学生在未罢课前，再三呼吁，凡两星期，校董会不惟置之不理，且有人包围于右任氏履行十月三十日议决案，因此激成此次巨变"④。而于右任到校维持，校董会无人陪同，发生拒于事件后，校董会蔡元培等人也离沪。

校内学生与校董会的双重分裂在某种程度上预示着于右任到校不可能成功接手，而于右任宣布不做校长，马君武也表示尊重校董会议案，似乎校董会开会即可解决问题，但其实两派不可能妥协。在校董会分裂且局面有

---

① 高一涵因中公事与胡适意见存在分歧，且马君武返校后，高一涵即被迫辞职，可以推定高一涵是反马的。胡适在 1931 年 1 月 17 日日记中记，"去看高一涵。十一月中，为了中公的事，几乎与一涵绝交而散。今念'故者无失其为故也'之义，特去看他"。曹伯言整理：《胡适日记全编》（五），第 29 页。另据资料，高一涵与于右任关系较近，在校长人选上应该是支持于右任的。高一涵离开中国公学后，自 1931 年开始，一直在于右任任院长的监察院任职。另据报载，"高一涵先生自主办中国公学社会科学院以来，中公之社会科学名噪一时于海上，各大学中颇负声誉，而学生对之亦异常信仰，本学期之初马先生迟迟发出高君之聘书，学生竟群起质问，再四要求，而高君对一般学生亦异常亲近，故师生感情至为融洽，乃此次学潮发生后，代表团之学生竟对高君提出恐吓式之警告书，高先生遂即函校董会辞去一切职务，飘然引去"。《蔡元培谈中公校长问题》，《申报》1930 年 11 月 1 日，第 12 版。

② 曹伯言整理：《胡适日记全编》（五），安徽教育出版社，2001 年，第 851 页。

③ 曹伯言整理：《胡适日记全编》（五），安徽教育出版社，2001 年，第 867 - 869 页。

④ 《中公学生积极拥马》，曹伯言整理：《胡适日记全编》（五），安徽教育出版社，2001 年，第 853 - 854 页。

利于马君武的情况下,反马的校董选择回避,以免通过开会形成有利于马君武的决议。在此情形下,马君武选择返校。

三、马君武返校与风潮的持续

11 月 19 日,马君武返校,开会解释学潮发生后的情况,力劝学生安心上课,以学业为重,并表示愿以任何名义为公学做贡献,不一定要居于何种名义。① 实际上马君武还是寄希望于校董会能有所表示,对其回校是卸任还是续任,有明确的决议。此时,在京部分反马的校董对于马君武返校不以为然,认其为不合法之行为。② 校董会的反马态度激化了马君武与校董会的矛盾,马君武开始把校董会放在一边,单方面宣布返校视事。马君武于 26 日起开始到校视事,并发表布告称,由于校董多不在沪,校董会暂时无法开会,校内一切仍由马君武完全负责。③ 同时马君武开始清除校内的反对派,包括部分教职员。11 月 30 日,马君武宣布聘请王云五任社会科学院院长一职,以代替反马的高一涵。

据马君武 1930 年 9 月所撰校史,称:"君武于十二月十一日由日本回到上海,本来不想再过问中国公学的事,就是一般朋友也这样劝我。但是校董会推出来的新校长既不来就职,并且因此酿成罢课,学生一千余人签名发表宣言,要求校董会取消原议,并要求第二次罢课,我为不忍全校学生牺牲太大之故,仍旧到校办事,并且想因此避免学生与校董会的冲突。丁燮音只图报复私怨,遂尽力破坏中国公学,不但中国公学全体学生知道,社会中也有许多人知道,我望其余诚心爱护中国公学的校董们,尽力保全中国公学。"④

倒马派学生为改变马君武返校造成的被动局面,于 11 月 30 日到蔡元培私宅,请其发表谈话,就马君武返校视事做澄清。蔡元培表示,所谓学生"代表团说的、做的,都可以做算,那么,还要校董会干什么? 马君武先生到校,是他自己去的,也是没有交卸以前当然的事"。学生代表团干涉校务,

---

① 《马君武昨返中上课》,《申报》1930 年 11 月 20 日,第 10 版。

② 胡适在 11 月 23 日日记中记,当日他见到蔡元培,提到"经农有信来,不以君武到校为然,其实这有何可怪? 我本年一月十二辞职,直到五月十九日始正式交卸,校董诸公并不以为非。何独怪君武此时回校维持呢?"曹伯言整理:《胡适日记全编》(五),第 873 页。

③ 《马君武仍到中公视事》,《申报》1930 年 11 月 29 日,第 11 版。

④ 马君武:《校史》(1930 年 12 月 18 日),《中国公学民国十九年冬季毕业纪念刊》,第 21 页,上海市档案馆藏,中文资料档案,Y1-1-149。

"学生当局应该负完全责任"。① 可见反马的校董仍然坚持原议，只承认马君武回校是办理交卸事务。12月下旬，胡适曾致信蔡元培希望其开董事会正式委托马君武返校维持以解决风潮，蔡元培婉拒，表示"中公目前马先生业已积极维持，无待校董会正式委托；董事长如未得校董会同意，个人亦无正式表示之权；尊嘱弟未敢遵行"②。

由于马君武返校，倒马派的学生在校内的势力受到打击，校内的对抗渐趋缓和，而上海市党部的倒马活动却在加紧进行。12月19日，国民党上海市党部呈请中央党部，令教育部即饬该校恢复国民党籍学生严经照、李雄的学籍。③ 拥马学生也不甘示弱，于19日，以梁耀垣等九百余名学生的名义向教育部呈文，表示"现校董会既无解决之方，惟有呈请钧部秉公处理，迅饬校董会收回准马校长辞职原案，并开除丁馥音校董资格，以平学潮"④。宣言之意也有绕开校董会，请教育部裁决的意思。由于校董会的分裂与不作为，反马和拥马的学生先后呈文要求教育部做出裁决，此时已显露出风潮的解决须政府介入方止的端倪。

1931年1月，胡适重返上海，通过各方了解中公风潮进展后，于1月14日写信给马君武："中公本已可无事，但近来节外生枝，处处授人以柄，把已得的同情都失掉了，最为可惜。最失同情的有三事：（1）先生写的校史；（2）《中公学生》的态度之嚣张；（3）中公学生代表团以九百六十人的名义上教育部的呈文。"⑤此信表明马君武此时已失去同情，所谓同情主要是指校董会中此前支持马君武的校董。16日，马君武给胡适复信，"至于你所说失同情的三点我不能不辩。《校史》是写事实，是写我的确知道的事实，写中公校史而不写此一段，便是伪史。《中公学生》的言论，我向不干涉，就是学生上教育部的呈文，我也并未看过（直到他们登到《中公学生》上才看见）。党部教育部不应干涉大学教授言论，校长也不应该干涉学生的言论"⑥。马君武不接受胡适的批评，实际上表明马君武已完全与校董会对抗，同时胡适也已经不再公开支持马君武。胡适评论马君武的复信，"君武来一信，态度极坏。

---

① 《蔡元培谈中公校长问题》，《申报》1930年12月1日，第12版。

② 《蔡元培致胡适》（1930年12月24日），中国社会科学院近代史研究所中华民国史组编：《胡适来往书信选》（中），社会科学文献出版社，2013年，第426页。

③ 《国民党上海市党部呈》（1930年12月19日），《中华民国史档案资料汇编》第五辑第一编：政治（四），第47页。

④ 《梁耀垣等呈》（1930年12月19日），《中华民国史档案资料汇编》第五辑第一编：政治（四），第49-50页。

⑤ 曹伯言整理：《胡适日记全编》（六），安徽教育出版社，2001年，第15页。

⑥ 曹伯言整理：《胡适日记全编》（六），安徽教育出版社，2001年，第28页。

他仍认他的'校史'是记事实；他又责备中公校董会。他说，学生有言论自由，胡适之要争自由，马君武也不能制止学生的言论自由！这种态度之下，中公必断送了，不可救了。"①

　　至此，原本支持马君武最有力的校董胡适也已对马君武的种种举动不满，并表示不再介入中公的事务。据胡适1931年1月16日的日记，胡适因马君武所作《校史》及学生请愿书的事，责备马君武鲁莽，马君武大愤，回信："到中公去[上]这个大当，本是兄叫我去上的。来信竟出于责备口气，我不能不有点失望。至于你所说的'大危机'，请你平心想想，这是你那位奸险无比的秘书长逼出来的，还是马君武造出来的？"当日，马君武与欧元怀到胡适处谈。"我（胡适）怪君武今早的信态度不好，他仍不服，几至吵嘴。我不和他吵，但终严重责备他。最后我对他作揖，说，以后我决不过问中公的事了。"②马君武此时已陷于意气，但其确受不公正对待，故难平其心中的怨气。

　　1931年1月19日，国民政府行政院以中国公学校长马君武袒护反动诬蔑本党，令教育部切实查办。③ 政府的介入预示着马君武强行返校注定无法解决风潮，反马学生发表的宣言颇能反映马君武的困难，"马先生既被校董会照准辞职，又经教育部查办有据，马先生无论在法律上、在事实上都不是我们的校长，马先生一日不走，则学校一日不安定，马先生和学校是不并存的"④。而此前同情马君武的部分校董希望能避免政府的干涉，开始改变态度，有意让马君武离校，由第三者接任校长。⑤

　　1月23日，胡适劝马君武辞校长职，但马君武以中公利益为由不愿辞职。马君武在"妾身未分明"的情况下，又把因反对党部和政府而退职的光华教员拉到中国公学，聘潘公旦任社会科学院院长，董任坚继任教务长，同时新聘了不少教授，从而引起校内的人事变动。⑥ 对此，胡适曾提醒马君武，称马君武的返校得不到校董会的支持，其身份未定，此时"有一些教员不

　　① 曹伯言整理：《胡适日记全编》（六），安徽教育出版社，2001年，21－22页。
　　② 曹伯言整理：《胡适日记全编》（六），安徽教育出版社，2001年，第27－28页。
　　③ 《行政院查办马君武》，《申报》1930年11月20日，第6版。
　　④ 苦笑：《谈谈中国公学的学潮》，《学校评论》1931年第3期，第75－76页。
　　⑤ 《王云五致胡适（稿）》（1931年1月21日），中国社会科学院近代史研究所中华民国史组编：《胡适来往书信选》（中），社会科学文献出版社，2013年，第429－430页。
　　⑥ 改组后新聘的教职员大多是光华旧人，罗隆基在其中发挥重要作用，胡适在日记中曾提到，"中公的事，我已略知大概，但尚不知隆基玩了许多笨拙的把戏，而君武同他一样见识，遂闹到不可收拾"。《胡适日记全编》（六），第68页。

敢应聘；何况内部又有不安的现象呢?"①马君武尝试甩开校董会单方面进行人事调整，反而引起校内的不安，其处境日益被动。

1930 年 11 月，光华大学教授罗隆基因反国民政府的言论而被捕，罗隆基同时在中国公学任教，且被捕时是在中国公学上课。12 月，光华的国民党籍学生杨树春等策动学潮，驱逐副校长廖世承及新月派诸教授。国民党中央训练部强令教育部电令光华解聘罗隆基，因不满校方的软弱，潘光旦、董任坚、沈有乾、全增嘏等光华教授在 1931 年春辞职。② 由于新月派此前在中国公学有相当影响，且立场与马君武接近，故马君武援引光华辞职诸人来中公任教。光华风潮中辞职的罗隆基、潘光旦、董任坚、全增嘏等到中公任职，一方面打破中公原有的平衡，侵犯了教职员的既得利益，从而加剧了校内的对立，另一方面在对国民党势力共同抵制的共识下，光华诸人的入驻更坚定了马君武一意对抗的决心。

1 月 23 日，国民党上海特别市执行委员会训练部长童行白呈报中央训练部，称：

> 根据本党同志报告及局部派员详查所得之事实。综其要点，可得列举者如：
>
> 一、该校既奉部令改称独立学院，何得仍称普通大学，该校长抗不遵命，弁髦法令于此可见。
>
> 二、该校教职员中有如许反动派别，该校长事前既不予以查办，又复甘心附递，充任国家主义派之高等顾问，使全校均陷于该派势力控制之下而未由自拔，其联合反动，蓄意谋叛之罪状，虽百口莫辩。
>
> 三、该马君武身居大学校长，应如何束身自爱，作育青年，以建百年树人之大计，乃舍此不图，竟唆使无知青年，供其爪牙，既以派别自居，复以派别攻人，使全校弦歌之声一变而为打倒拥护之口号，风潮既起，受其麻醉之无知学生，于大庭广众之间作聚众扭殴本党同志之暴举，该校长亦充耳不闻，复加本党同志以开除学籍之处分，是无意认暴动为正当，视本党如仇敌，谓非发纵指使其谁能信。

---

① 《胡适日记全编》（六），安徽教育出版社，2001 年，第 40 页。
② 参见韩成：《"人权运动"与党化教育的颉颃：知识分子、国民党与私立光华大学》，《澳门理工学报》（人文社会科学版）2021 年第 2 期。

四、马君武因措置失当,经校董会议免职,以于右任先生充任,迫于先生宣言就职,马又纵令所谓代表团者出面拒绝,而伴为逍遥海外,待至于氏被拒,则又厚颜无耻到校视事,是则拒于迎马之举,其为预定计划,不辩可知。而况该校为私立大学,任免校长之权既属诸校董会,今马之去留竟可由个人之意志为进退,视校董会若无物,其蔑视法律,喧宾夺主,诚不知世间尚有羞耻事。

五、党义为必修之学科,纪念周为隆重之仪式,乃该校既无党义,又不举行纪念周。教师不以检定合格者充任,而委之于反动教师之师更属蔑视本党,诬蔑总理之至。

综上所云,该校长实为罪魁祸首,万难再予姑容。况当此反动空气弥漫全校,坚壁清野,俨成敌国,校董会既无法处理,则解决办法自有待于政府之处置。属部心所谓危,难安缄默,为特拟具正本清源,彻底整理办法数则于下:

一、该校名称与组织,均属违反部令,应即立于撤消立案,并令停止活动,听候整理;

二、马君武既无法律上之地位,鹊巢鸠占,厚颜无耻,应令当地公安局缉拿归案,处以反革命之罪;

三、该校校董会份子复杂,泰半为研究系份子,应咨教部明令改组;

四、该校反动势力已根深蒂固,应咨请教部派员接收,实行整理;

五、该校校长暂由教部委派,俟校董会改组完善后再交由校董会选任之;

六、该校教职员及学生之反动者,应即查明,分别予以撤职开除及其他法律之制裁;

七、上项办法实行后,所有该校党义教育部分,由局部遵照钧部命令,代行考查,切实指导。①

从上述呈文可见,外部环境对于马君武来说已非常不利,但在此压力刺激之下,马君武非但不表示退让,反而益加激烈,一意与党部及校董会对抗。

1931年1月下旬,国民政府教育部派员到上海查办中国公学学潮事。

① 《国民党上海市训练部呈》(1931年1月27日),《中华民国史档案资料汇编》第五辑第一编:政治(四),第60—61页。

查办委员三人中有与校董王云五和刘秉麟相熟者，王云五等与之相商风潮解决之法，决定，"一方面想维持私立学校的精神，由校董会自行负责处置，以免由政府派人接管或停办。一方面又想取得马先生的同意，由他向学生解释，免再生误会。查办各员均认此办法很妥当。我们并力恳蔡先生，如果马先生同意，把学校交由校董会暂行接管，那时候须请蔡先生暂以董事长名义行使校长职权，而以南陔为蔡先生的实际上代表，一面从教员中选聘两位中立的人暂任总务长和教务长。这样一来，风潮便可平稳地过去，然后照章推选第三者为校长，从董事会手上接替，便不至再有其他风潮"①。于是，王云五与马君武相商，请其离校。当时马君武也曾向查办委员表示愿脱离，并在《中央日报》上发表谈话表态。查办委员即据此意与蔡元培接洽，蔡允以董事长名义去维持。王云五及刘秉麟主动与马君武商谈校董会接手之事，当时由马提出五个条件：（一）丁燮音免秘书职；（二）凌舒谟不准复职；（三）帐目交会计师清查；（四）教务长由马保荐二人，戴君亮与董［任坚］，由蔡择一个；（五）总务长须与风潮完全无关系之人。王云五及刘秉麟即根据这五个条件，与蔡元培商量。最后双方基本达成一致，但校董会表示不接受免丁燮音校董职。马君武1月31日函告，表示不能按此前条件办理交接，拥马的代表团也到蔡元培住处表示拒绝任何第三者，调停遂成僵局。②王云五在2月23日致胡适的信中提到，"我在万忙之中，和南陔两人牺牲了三日工夫，把马先生所提各条件都办妥了。想不到马先生竟给我们一封出乎意外的信，就是取消了从前应许的办法，说学生有种种误会。蔡先生若来维持，必受反对。末了还很负气地说，如果我们要照从前议定的办法，他便不负责。语气之间，显然含有严重的意义。我们为着这封信，只好明白告诉蔡先生。那时候蔡先生已被学生代表麻烦到不堪，一再留言誓死反对第三者。这当然含有反对蔡先生暂行校长职权的意义在内"③。实际上，正如胡适所言，马君武"不肯真心辞职，便不能与校董会合作"，而且马君武"不但不制裁学生，还纵容学生"。④

马君武在原来的教务长凌舒谟正常在职的情况下，聘董任坚为教务长，等于逼迫凌舒谟辞职，由此引起凌的不满。据胡适日记1月13日记，"凌舒

---

① 《王云五致胡适》（1931年2月24日），《胡适日记全编》（五），安徽教育出版社，2001年，第66页。

② 《刘秉麟致胡适》（1931年2月16日），《胡适日记全编》（五），安徽教育出版社，2001年，第62页。

③ 曹伯言整理：《胡适日记全编》（六），安徽教育出版社，2001年，第66页。

④ 《胡适致王云五、刘南陔》（1931年2月15日），中国社会科学院近代史研究所中华民国史组编：《胡适来往书信选》（中），中华书局，1979年，第433页。

谟来,说他刚回校,便听说马君武先生已聘董任坚为教务长,并闻有两广学生二百余人签名攻击凌君。他疑心这是君武的手段。我力辩君武不至如此卑劣。但君武此时换教务长是不好的,不先和凌君商量,尤为不当"①。1月 23 日,中国公学教务处全体职员发布启事,"马君武先生反抗校董会批准辞职案,不肯交代,近更压迫凌教务长辞职,同人等爱护中公不能不忍痛暂行停止办公,冀其早日觉悟"②。教务处 1 月 28 日又发启事:"自凌教务长被迫离校后,即怂恿代表团干涉教务,同人等处此威胁之下,办事棘手,遂不得不暂行离校,非马氏交代后决不回校复职,在离校期内所有教务处一切对内对外文件不生效力,特郑重声明以免外界误会。"③教务处职员罢工,等于学校正常教学秩序无形停顿。为恢复正常秩序,拥马派决定采取强制手段收回教务处。1 月 29 日,罗隆基、董任坚、潘光旦诸人带工人将教务处窗户撞开,入内搜检,并指派代表团学生代行教务职权。④

反对马君武单方面调整校内人事的中国公学教职员会于 1931 年 1 月 29 日上书校董会,要求马君武离职。在这些教职员眼中,马君武俨然成了把持权力的独裁分子。伪文凭一事在学潮中成为倒马派攻击马君武的一大武器,他们以马君武"贿买学生充其爪牙"大做文章。中公教职员会发表反对马君武的宣言,表明随着风潮的持续,人心思定,是非曲直已不甚重要,对马君武的同情与支持日渐流失。⑤

2 月 1 日,马君武在中社召开谈话会,宣布新学期开学日期及聘定之教职员,同时表示,"本人做事向以负责为己任,况目下中公谣言时候,本人尤愿独自承担,以期无负一千数百多同学求学之心"。在此次谈话会上,到会教职员六十余人,会上宣布成立中国公学教职员会,推选李青崖、潘光旦等九人为常务委员,教职员会当即通过决议案四项:1. 由常委将学潮真相向各界声明;2. 由常委向各校董面述各种经过情形;3. 由常委将本会成立经过登报通告各界;4. 由教务处总务处图书馆各部负责清点前教务处文件损

---

① 曹伯言整理:《胡适日记全编》(六),安徽教育出版社,2001 年,第 10 - 11 页。
② 《中国公学教务处全体职员启事》,《申报》1931 年 1 月 23 日,第 5 版。
③ 《中国公学教务处启事》,《申报》1931 年 1 月 28 日,第 6 版。
④ 《中国公学教务处全体职员重要启事》,《申报》1931 年 1 月 31 日,第 5 版。
⑤ 持续的风潮也使部分意在求学的学生产生厌倦情绪,对于教育部的介入表示欢迎。据当时中公的学生蒲风言,"教育部派人来管理,也许是好的,因为长此下去确实也不是办法;我们是来读书,我们何苦把好好的光阴空过过呢?"参见李文儒编:《蒲风日记》,陕西教育出版社,1997 年,第 23 页。胡适的日记中也曾提到,"本年一月中,学生旧领袖虽已悔悟,而大局已无可挽救了"。曹伯言整理:《胡适日记全编》(六),第 56 页。

失之确数。① 马君武此举一方面表示自己无意退职，另一方面通过成立新教职员会为自己确立校内的民意基础，以教职员会与校董会抗衡。

事情发展到2月2日，似乎注定了要在这一天发生激烈的对抗，当然这也预示着终结的时刻快到了。据徐志摩向胡适报告当日情形，"今日中公又演武剧(闻丁任指挥)，任坚几乎挨打。下午开董事会，罗让学生去包围杏佛，未知结果。当场辞职者有五人之多(丁、刘、高、王、蔡)。君武气急败坏，此时(星期一夜十时)在新新与罗、董、潘议事，尚不知究竟，恐急切亦无所谓究竟也"②。

马君武此前一系列举动迫使倒马的学生及校董会必须有所表示。否则马君武在校内造成既定事实，校事步入常轨，则倒马一派更无从下手。在此背景下，倒马一派的学生采取暴力手段破坏马君武确立的秩序。2月2日，丁燮音及离校教职员数人，到吴淞指挥国民党籍学生王国屏、李雄、龙英杰、聂海帆等29人，暴力捣毁校长室、教务处、总务处，同时由丁燮音至吴淞公安局第七区署请求派出警察，把持校门，任反马学生在内捣乱，禁绝他人入内维持秩序。③ 马君武请当地驻军营长熊克禧派兵拘捕乱党，虽派兵一排至校，然以校董会主席蔡元培有电，请其维持原状，所以未加拘捕。马君武无奈于2月5日上书教育部，请政府派员调查真相，按律惩治。④

2月2日，蔡元培召集校董开会，到会校董还有杨杏佛、王云五、刘秉麟、高一涵、丁燮音、马君武六人，开会时，拥马的学生代表到会场表示对蔡元培的反对，校董会改地点另开。学生代表又至，蔡元培、王云五、刘秉麟、高一涵、杨杏佛、丁燮音六人决意辞校董职表示抗议，并表示校董会无力负责，一切请教育部处置。⑤ 至此，原本都是师友同人的诸校董，竟不能商量和平解决办法，而必待政府出而代谋。校董会的分裂是党部得手的重要内因，据当时在校学生范剑涯所言，"国民党CC派早就想夺这所学校，加上董事会内部派别纷争，几乎年年挑动学生闹学潮，便于他们夺取学校的领导

---

① 《中公教职员会成立》，《申报》1931年2月2日，第10版。
② 《徐志摩致胡适》(1931年2月2日)，韩石山编：《徐志摩全集》第八卷，商务印书馆，2019年，第41页。原编者标注该信的日期有误，此处已修正。
③ 参加此次冲击的学生详细名单，参见吴正之：《吴淞江畔之母校——中公》，王云五等编：《私立中国公学》，台北，南京出版有限公司，1982年，第321页。
④ 《校长马君武致教育部快邮代电》(1921年2月5日)，《中华民国史档案资料汇编》第五辑第一编：政治(四)，第61页。
⑤ 《党政机关调查中公学潮》，《申报》1931年2月4日，第16版。

权"①。

至此,教育部出面干涉。2月6日,教育部派顾树森、朱应鹏、岑德彰为中国公学临时接管委员,顾树森系教育部代表,朱应鹏代表上海市党部,岑德彰则系上海市政府代表。② 中国公学临时接管委员会做出如下决定:1. 遵照部令启钤接事;2. 将校内非法团体一律解散;3. 放假三星期,将开学日期延展至3月1日,限全体学生三日内离校。同时遵照部令,以前发给各教职员的聘约,停止发生效力,所有教职员等新校长发聘约。③

四、中公易长风潮的善后及余波

1931年2月5日,教育部电挽此前提出辞职的中国公学诸校董,该电对于学校善后办法,仍责成"董事长召集各校董筹议","另选校长负责主持"。④ 因为中国公学是私立学校,即使教育部派员整理,也并非接管,而是要恢复校董会行使权力的常轨。

2月14日,中国公学召开校董会,改推邵力子为校长,朱经农为副校长。同时准丁爕音辞职,⑤另加推邵力子、陈果夫、潘公展、朱应鹏、吴开先为董事,新推选的校董均有深厚的党国背景。⑥ 原被开除的学生李雄转入南京中央大学,严经照恢复本校学籍。2月22日,邵力子到校与教育部临时接管委员会办理交接,23日为学生报到登记日,并定于3月2日开学。

对于风潮善后,最重要的莫过于校长人选。经过胡适推荐,陈布雷力劝,朱经农出而负责。朱经农提出由邵力子任校长,自己以副校长资格驻校负责。对于校长人选,国民政府教育部与上海市党部的意见不同,党部对于

---

① 范剑涯:《"一二·一七"运动与上海中国公学的抗日斗争》,《上海党史资料通讯》1986年第12期,第10页。

② 《协助接收私立中国公学》,《上海市教育局教育周报》第92期,1931年2月15日,第1页。

③ 《教部已接管中公》,《新闻报》1931年2月9日,第8版。

④ 《教育部挽留校董代电》(1931年2月5日),上海市档案馆编:《中国公学档案辑存》,《近代史资料》第69号,中国社会科学出版社,1988年,第66页。

⑤ 作为对丁爕音拥立于右任的酬赏,丁爕音辞中公校董职后,到监察院任职。据当时报载,"丁爕音已得于右任氏之器识,将界以监察院某项要职云"。《时事短讯:中公学潮告平 难为了丁爕音》,《时事周报》1930年第5期,第73页。

⑥ 据校董会呈文附表统计的校董职业,于右任是监察院院长,邵力子是中央监察委员,陈果夫是监察院副院长,潘公展是上海市社会局局长,朱应鹏是上海市党部监察委员,吴开先是上海市党部执行委员兼组织部长。《蔡元培致教育部呈》,《中华民国史料汇编》第五辑第一编:政治(四),第67-68页。

新校长的人选非常注重其党国色彩,而教育部较注重学术标准与教育行政经验。当时实际主持教育部的陈布雷比较属意朱经农,朱经农系中国公学早期毕业生,此前曾在教育部任职。朱经农曾提到,对于校长人选的难产,"教部认为有关威信,布雷万分焦虑,托述庭四次来劝,欲我出任校长,继又亲行劝驾"①。教育部还是比较尊重校董会,而党部则意在改组校董会使其党化。最后邵力子任校长,朱经农实际负责,应该是两方都能接受的结果。② 但从长远看,这也只是权宜之举,这种两全的状态必不能长久。

中国公学易长风潮的善后使国民党党部对中国公学的控制明显增强,校长和校董多为党国要人。对于此次改组,校内的国民党籍的学生欢欣鼓舞,发表通电表示欢迎,"在该大学内原附设有中国国民党八区一分部一所所属党员,均系该校优秀分子,在马君武时代曾横遭压迫,闻此新校长新校董消息,更为该校前途庆"③。新推的校董均有党国背景,除实际负责的副校长朱经农以外,校内另一重要职位秘书长兼总务长由上海市党部监察委员朱应鹏担任,朱应鹏也成为党部在校内的代表。党部在校内扩张势力使得副校长朱经农不安其位。④

朱经农在任时,总务长朱云鹏把持校政,在校内推行一系列党化的措施。当时在校的中公学生形容,"现在中公,比从前确是新颖的多,迎进了一批党部的要人,把整个的学校党化起来"⑤。首先是学生的甄别,所有学生要履行登记手续,按照要求填写登记表格,交给登记委员审查,隔日书面通知是否取录。登记的内容除个人基本信息外,主要是学生的政治意见,比如对国民党的意见,对三民主义的意见,对共产党的意见,对国家主义派的意见。在 2 月 23 日,学生到校登记报到时,所有学生均被要求在登记表上填写自己的政治主张,在类似这样的调查中学生自然不会有反对当局的表示,结果是满纸的"忠实同志"的话。据学生反映,登记后所有表格填写下来的内容,归纳所得一般的结论,好像不外吹捧国民党与污蔑共产党,宣扬三民

---

① 《朱经农致胡适》(1931 年 2 月 24 日),中国社会科学院近代史研究所中华民国史组编:《胡适来往书信选》(中),社会科学文献出版社,2013 年,第 434 页。

② 据朱经农记,及事成僵局之后,教育部遍觅竟不得一各方皆能接受之人。陈布雷万分焦虑,欲朱经农出任校长。朱经农坚辞不获,最后乃允如于先生或蔡先生肯任校长,其愿以副校长资格暂行帮忙。然蔡、于两君皆不愿出,终由于右任荐邵力子自代,得本人同意后乃由常委会举为校长。《朱经农致胡适》(1931 年 2 月 24 日),《胡适往来书信集》(中),社会科学文献出版社,2013 年,第 435 页。

③ 《中公学生欢迎新校长新校董》,《民国日报》1931 年 2 月 17 日,第 3 版。

④ 朱经农曾对胡适言,"用人行政之权,又有种种牵制,将来成绩,殊不易言"。《朱经农致胡适》(1931 年 2 月 24 日),《胡适往来书信集》(中),第 435 页。

⑤ 病成:《写在〈中公无恙〉以后》,《教育·社会》1931 年第 6 期,第 15 页。

主义,攻击其他主义。① 当时的在校生蒲风讽称,中国公学仅在报到登记的四天内就"有了千余名忠实同志"②。另外自新学期开始,严格实行纪念周,党义课成为必修科目,所有在校生都必须读党义,否则不准毕业。有学生讽刺读党义的人数等于全校的人数,学校已成为党校。③ 另据当时知情者言,党部接收后的情形,"有二种事情是值得叙述的:一种是秘密开除学生;一种是特别优待党员。前者可说是惩罚叛徒;后者可说是犒赏功臣"④。开除学生是在重新登记之时,如有反动嫌疑的,则不发返校通知,也不开具转学证明。⑤ 据估计,学校当局开除了六七十位学生。⑥ 对于国民党籍学生的优待,则是免除学费。⑦

除对学生的清理以外,教职员也有很大变动。1931 年 3 月,校长邵力子聘请戴君亮为教务长,朱应鹏为秘书长兼总务长,李青崖为文学院长,应成一为法学院长,刘秉麟为商学院长。此外,还任命时任国民党上海特别市党部监察委员兼常务委员童行白任训育长,负责学校的党义教育和学生党员的指导。另据黄敬斋回忆,黄原为 CC 系搞的民族主义文艺运动本部光明出版部的总干事兼《时代青年》周刊的主编,CC 系抢占中国公学之后,黄兼任以朱应鹏为总务长的总务处庶务科长兼图书馆主任。⑧ 胡适在致朱经农的信函中提道,"今日接办学校的人,除你之外,皆与学校无关系"⑨。可见,倒马风潮过后,虽然由校友朱经农入校主持,但实际在人事上全受上海市党部控制。

---

① 浣芬:《中公无恙》,《教育·社会》1931 年第 3 期,第 12 页。
② 李文儒编:《蒲风日记》,陕西教育出版社,1997 年,第 26 页。
③ 李文儒编:《蒲风日记》,陕西教育出版社,1997 年,第 26 页。
④ 不文:《读了"党治下之中国公学"后》,《希望》第 2 卷第 2 期,1931 年,第 29 页。
⑤ 据在校学生反映,"开除学生分类法,将开除学生分为甲乙丙三种,甲等系无可挽回地开除,不算学分,不发转学证书;乙等系给予学分,发给转学证书的;丙等依令其停学一学期或经校内有力的教职员担保,并写悔过书呈校长,仍可复学"。浣芬:《中公无恙》,《教育·社会》1931 年第 3 期,第 12 页。"如果通知单是秘书处发出去,便无论如何不准回去,教务处发出去的还可以通融。中公的秘书长是总务长兼的,从这点便可看出这位兼秘书长的总务长的威风是多么大了。"不文:《读了"党治下之中国公学"后》,《希望》第 2 卷第 2 期,1931 年 11 月 27 日,第 29 页。
⑥ 浣芬:《中公无恙》,《教育·社会》1931 年第 3 期,第 12 页。
⑦ 对国民党籍学生的津贴是暗中进行的,"在享受这个权利的党员,固然是讳莫如深,就是学校当局也不敢公开声张,恐怕得不到权利的同学要起来反对。因为中国公学的经费完全是学生的学费,这班免费的党员,不啻就是揩其余同学的油,并不是受党或政府的津贴,你想其余同学肯津贴他们吗? 所以学校当局是掩了自己的耳朵不肯叫人知道"。不文:《读了"党治下之中国公学"后》,《希望》第 2 卷第 2 期,1931 年 11 月 27 日,第 30 页。
⑧ 黄敬斋:《国民党 CC 系的干社》,柴夫编:《CC 内幕》,中国文史出版社,1988 年,第 109 页。
⑨ 《胡适关于中国公学欠款函》,上海市档案馆编:《中国公学档案辑存》,《近代史资料》总 69 号,第 68 页。

对于调整后的校内人事状况,朱经农在致胡适的信中提道:"我们得到戴君亮兄担任教务长是一件可庆幸的事,他的头脑清楚,态度公平,办事精干,使我减轻负担不少。总务长兼秘书长为党部中人,因力子为校长,故尚可以对付。商科仍由南陔主持,法科之法学系仍由君亮主持,故教授无甚更动。文理科学长由党部推荐李青崖主持。弟以其与君武先生感情素好,又为党部所推重,当可持中庸之态度。不期其对杨鸿烈兄竟不能相容,其态度之狭隘,令人失望。此次文理科教授变动最多。文史系方面所请新教员,大抵为文学研究会中人,如郑振铎、李石岑、孙俍工、施蛰存等,也还过得去。数理系方面,由力子力争,始保全胡耀楣仍任系主任,但教授中不无更动,盖青崖既为文理科学长,不能不酌量容纳其意见也。其组织最弱者为法科之政治经济系,将来若有问题,必从此系发生。叶秋原为系主任已觉平常,教授亦无出色者。学生甚盼一涵回来,然一涵决不肯来,只能成为一种无法实现之空望了。"[1]李青崖在文学院院长任上,文史系所聘教员多为文学研究会的会员。[2] 戴君亮是朱经农同乡,且同为熊希龄赞助的常德中学同学,关系较好。

倒马风潮后,教职员变动较大的是文理科,前此胡适任内聘任的杨鸿烈、马宗霍等均被辞退,许多教职员的任免不得不依据党部的安排。[3] 据施蛰存回忆,"李青崖进中国公学后,解聘了国文系教授杨鸿烈、马宗霍,他们都是胡适当校长时聘请来的,学生也都满意。李青崖突然解聘了这二位,拉进了自己的朋友,学生中颇有波动。我莫名其妙的成为李青崖的私人。马宗霍被解聘后,拂袖而去。杨鸿烈的表现很不好,他住在校舍中,硬是不肯迁出,还大骂李青崖,弄得很僵"[4]。

---

[1] 《朱经农致胡适》(1931 年 5 月 10 日),中国社会科学院近代史研究所中华民国史组编:《胡适来往书信选》(中),社会科学文献出版社,2013 年,第 447 页。

[2] 实际上,朱经农的判断也有与事实不符之处,比如李青崖与党部的关系,李青崖与马君武感情素好是事实,但并不是党部所倚重的人物,甚至其与党部还处于对立的位置。李青崖早年毕业于震旦学院,后留学比利时,回国后在湖南一师任教,曾参与新民学会留法预备班的发起和教学工作,与蔡和森、毛泽东、萧瑜、徐特立等人来往较多,还曾帮助毛泽东到北京进行驱逐张敬尧的活动。李青崖 1921 年加入文学研究会,先后在复旦和中国公学任教。从其经历来看,与国民党并无特别的关系,另据当时中国公学的学生蒲风记载,在 1931 年 5 月,"李青崖接了一信,附有子弹一粒,请他不要到中公上课,否则……"李文儒编:《蒲风日记》,陕西教育出版社,1997 年,第 55 页。显然是受到国民党上海市党部的恐吓与排挤,可能与其拥马的态度以及与党部的关系不洽有关。李青崖在 6 月即辞职与此有很大关系。

[3] 《朱经农致胡适》(1931 年 5 月 10 日),《胡适来往书信集》(中),社会科学文献出版社,2013 年,第 447 页。

[4] 施蛰存:《知己之感》,陈子善、徐如麒编选:《施蛰存七十年文选》,上海文艺出版社,1996 年,第 302 - 304 页。

由于校内学生处于分裂状态,矛盾仍在,朱经农尽量保持超然态度,不问所谓"拥""反",但用人行政还是难以做到以人才为标准,党部势力的渗入使矛盾进一步激化。[1] 校内学生对于党部势力渗入仍持抗拒态度,"许多同学对于朱副校长都很尊敬;但对邵力子却不满意,平时他不到校,星期一偶尔到校主持纪念周,同学用跺地板来表示抗议。同盟会的同学,这时改名为浦涛社,想维持这个场面,每逢校长到校主持周会时,便出动大批人马,去调查哪些人跺脚,但是结果仍然无效"[2]。朱经农在致胡适信中曾提到,"中公之事极不易办。学生与党部意见未消除,我处于两者之间,所感痛苦,非常之大。在我只是牺牲自己,来作缓冲。但这种吃力不讨好的事,做得非常之苦"[3]。可见风潮余波未平,态度相对超然的朱经农实际无力主导校政。

1931 年 6 月,朱经农以侍奉母亲为由向校董会请辞去副校长职,随后就齐鲁大学校长职。朱经农早有脱离的打算,[4]但校中部分学生认为,朱经农是"为朱应鹏那般党棍所逼迫,不得不离校而他去"[5]。朱经农辞职后,校董会改聘国民党上海市党部执委潘公展为副校长,同时校中改聘樊仲云为教务长兼政治经济系主任。[6] 朱经农的离去意味着中国公学完全被党部所控制,正如胡适所言,"此校以后成了一个党员吃饭机关"[7]。党部完全把持校政,此一局面也是党部力谋党化教育的结果。

与一般地方党部不同,国民党上海市党部党化倾向鲜明且较强势。上海市党部掌握着部分政府资源,党部与政府的权力存在交集,部分党部委员同时也是市政府的要员。[8] 上海市党部对于在沪上各校推行党化教育已不满足于仅仅处于"监督"和"指导"的地位,而是希望"由党的机关或人才去主

---

① 《朱经农致胡适》(1931 年 2 月 24 日),《胡适来往书信选》(中),社会科学文献出版社,2013 年,第 435 页。

② 徐鸣亚:《回忆母校——中国公学》,王云五等编:《私立中国公学》,台北,南京出版有限公司,1982 年,第 342 页。

③ 《朱经农致胡适(残)》(1931 年 5 月 3 日),《胡适来往书信选》(中),社会科学文献出版社,2013 年,第 445 页。

④ 朱经农曾对胡适言,"弟此来于个人之损失甚大,经济方面精神方面均感痛苦。然我不来,则中公更无办法。他人作孽,我来扫垃圾,有苦说不出。倘得机会摆脱,立刻逃走"。《朱经农致胡适》(1931 年 2 月 24 日),《胡适来往书信集》(中),社会科学文献出版社,2013 年,第 445 页。

⑤ 《余勋绩致胡适》(1932 年 5 月 20 日),《胡适来往书信选》(中),社会科学文献出版社,2013 年,第 480 页。

⑥ 蔡元培:《中国公学大学部校史(三)》,《蔡元培全集》第六卷,浙江教育出版社,1997 年,第 224 页。

⑦ 《胡适致王云五、刘南陔(稿)》(1931 年 2 月 15 日),《胡适来往书信选》(中),社会科学文献出版社,2013 年,第 433 页。

⑧ 参见郑祖安:《二三十年代上海市政府横向关系初探》,《学术月刊》1994 年第 3 期。

持，使他完全受党的指挥"①。从上海市党部在教育界扩张势力的实例来看，其所抢夺的学校大多是相对弱势的私立学校，党部多利用私校校内的分裂，借机改组校董会，从而以"合法"的方式把持学校。② 曾亲历国民党党部在上海攘夺教育权力的戴鹏天回忆称，抢学校的方法是多种多样，其中一种就是"制造纠纷，乘机而入"。"抢学校，不只是胁迫校董会换校长，把校长位置抢到手就算。校长位置抢到手后，要加聘有关人做校董，改组校董会，由校长派有关人来做董事长，或找一个所谓社会名流做挂名的董事长，这学校及其财物，就据为己有了。"③证之于中国公学之党化过程，大致不差。

小　结

近代私立大学多源于晚清地方士绅创办的新式学堂，到北京政府时期，由于国家权威的衰落，国家对于高等教育采取放任的态度，私立大学的数量与规模得以进一步扩充，办学也较自由。及至国民党建政之后，极力加强对包括私立大学在内的高等教育的控制和整顿，但国民党训政体制下党政的分立，使得"党"与"国"对于教育的政策实则存在两歧性。

学校风潮的发生、演变及解决固然与外部环境有莫大关联，但最终在实践层面还是落实在校内，所以校内治理结构的稳定性是至关重要的。私立学校内部之构成包括校董会、校长、教职员与学生，校内风潮在形式上无非是学生驱逐校长，或反对某教职员，而校董会、校长与教职员团体的派分与冲突常常造成学校的分裂，学生之运动多成为教职员派系斗争的工具。校外势力欲有所图，也要借助于校内势力，往往会借校内的分裂来挑动风潮，从中渔利。故而，党部能否得逞，与不同学校的校内权力结构的稳固程度相关。党部并不总能成功，其在中国公学之所以得手，与中国公学自身的若干

---

① 叔永：《党化教育是可能的吗》，《独立评论》第 3 号，1932 年 6 月 5 日，第 13 页。
② 关于国民党侵夺上海教育领导权的叙述，可参见谢鸣九：《CC 在上海夺取和把持教育领导权的情况》，上海市政协文史资料委员会：《上海文史资料存稿汇编 教科文卫》(9)，上海古籍出版社，2001 年；戴鹏天：《CC 的文化特务活动》，中国人民政治协商会议全国委员会文史资料研究委员会：《文史资料选辑》第 111 辑，中国文史出版社，1987 年。
③ 戴鹏天：《CC 的文化特务活动》，中国人民政治协商会议全国委员会文史资料研究委员会：《文史资料选辑》第 111 辑，中国文史出版社，1987 年，第 168 页。

特质有关。①

时人对此次风潮的内外各种势力博弈的内情有非常切题的分析,录之如下:

> 此次中公学校发生风潮,大撄教育长官之怒,故一举而派员接收,将谋彻底改造,有谈其经过者,谓此次反马派之胜利,固为意中之事,缘中公员生,原分拥马派与反马派,拥马派即为拥胡(胡适)之分子,而以人权之说为中心,反马派以党部为指导,而校董丁爕音、高一涵、杨杏佛等为中心,此两派之集团,反马派称同盟会,拥马派称为代表团,学生数量之比较,则同盟会不如代表团,但代表团无政治力量,且无党部为后盾,最后之战,遂不能敌同盟会,并闻二日两派之战,确为同盟会先动手,以其步骤,同盟会发于内,援助者应于外,故当两派焦头烂额青黄不接之秋,而接收之令突至,此可发人深思者也,且同盟会计划,屡取攻势,前次进攻,虽捧出于右任充校长,卒以布置未周,于氏虽到校,仍不得上场,今则鉴于前次之失,于是改用内外呼应之策,乃得凯旋焉。②

可见,校内分裂引发的风潮往往会给校外势力介入的契机,中公的倒马风潮实际上延续了此前胡适与上海市党部的矛盾斗争,但在胡适任内,上海市党部无法直接干预校政,而马君武的免职事件及校内的分裂给党部势力的渗入创造了条件。正如胡适所言,在中公风潮中,校内分成两派,互不相让,遂成僵局,"于是校董会遂把学校送给教育部与党部了"③。

据杨亮功事后的分析,之所以出现倒马风潮,"其原因虽多,实亦由于制度未能建立完善之故"。因校董会章程制定时,"经蔡元培先生删去一条,即:现任校董不得兼任学校职员。这是为了迁就事实的缘故,因但懋辛、丁爕音两校董皆兼任公学之总务长及秘书长。但就理论上言,校董会有任命校长之权,若校董在校内担任职员,则非校长所能约束。若稍不如意,即可以校董资格反对校长"④。此论颇有见地,认识到校董会是学校权力重心之

---

① 大同大学能成功抵制党部发动的打倒学阀运动,保持自身的独立性,与其校内治理结构的特殊性有着密切关系。详见严海建:《"后革命"氛围中的学校风潮:1927年大同大学驱长风潮研究》,《史林》2016年第1期。

② 戈横:《中公学生之派别》,《金钢钻》1931年2月9日,第3版。

③ 曹伯言整理:《胡适日记全编》(六),安徽教育出版社,2001年,第58页。

④ 参见杨亮功:《早期三十年的教学生活 五四》,黄山书社,2008年,第47页。

所系，但亦有问题，实则校董是否兼任教职员不是校内分裂与冲突的根本原因。如对照同一时期私立大同大学和私立光华大学，即可发现，同样存在校董兼校长或教职员的情况，甚至比中公还要严重，但并未出现动摇根本的风潮。① 南京国民政府成立后，校董会在很多私立学校的设立只是为了适应新的国家教育行政管理体制的应景设施，私立大学大体而言自有其权力重心之所在，一般为创校者和实际出资人。② 如钱穆所提示的，"史学家则多重人事，人事和制度是两回事"③。中国公学的乱源，人事的纠纷更甚于制度的缺陷。

中公易长风潮涉及马君武、蔡元培、胡适等近代中国颇有影响的人物，一方面风潮中各人的态度及作为展现了我们甚少得见的侧面；另一方面，从蔡元培、胡适等人对中国公学的态度也可探究中国公学的困境所在。

中国公学在马君武任内虽说很多政策沿袭胡适时代的旧规，但实际上马君武与胡适风格迥异。马君武性情躁急，易逞意气，行事常有出格，在易长风潮中，因对校董会的决议不满，负气返校，一心与校董会对立，知进而不知退，导致风潮的持续，最终累及学校。④ 胡适则较温和，常常以退为进，善于化解危机，且待人多以诚心，付以事权，所以能坚固团体，赢得信仰。胡适在凌舒谟宣布反马后，曾在日记中提到，"凌君此举，殊不够君子，但实在是君武自取出来的。此种人可以为善，可以为不善。我能用他们的长处，可以使他们做好职员。两年之中，他们有功无过。君武不善处人，故有此变"⑤。可见胡适与马君武对于维持内部团结方面的差别。另外一个在风潮中扮演关键角色的是校董会主席蔡元培，应该说，蔡对于此次风潮负有很大责任。对于蔡元培的评价向来有两种截然不同的看法：一则是常见的褒扬，赞其兼容并包之胸怀、教育独立之理念；一则是与之同时代人常有的暗讽，比如鲁迅认为其近似傀儡的"太史"，章太炎曾评论说，蔡元培自民国以来，"国安则归为官吏，国危则去之欧洲"⑥，责其无担当，胡适与傅斯年也认为蔡元培无主见，易受人包围。在中公的易长风潮中，蔡元培确实受杨杏佛与丁戬音包

① 《大同大学校董会组织大纲》，《立达学社会议记录》，上海市档案馆藏，大同大学档案，Q241-1-2；《私立光华大学章程》，中国第二历史档案馆藏，国民政府教育部档案，五-15599。

② 参见蒋宝麟：《学人社团、校董会与近代中国私立大学的治理机制——以上海大同大学为中心（1912—1949）》，《华中师范大学学报》（人文社会科学版）2015年第1期。

③ 钱穆：《中国史学名著》，生活·读书·新知三联书店，2013年，第310页。

④ 胡适曾在日记中，言及"君武勇于负责，而不知大体，不通人情，故易于偾事"。《胡适日记全编》（六），第40页。

⑤ 曹伯言整理：《胡适日记全编》（六），安徽教育出版社，2001年，第48-49页。

⑥ 汤志钧编：《章太炎年谱长编》（上），中华书局，1979年，第633页。

围,居核心位置却显得没有担当。

　　当然,上述马君武、胡适、蔡元培三人性情及行事风格只是问题的一面,问题的关键是校董会多数人对于中国公学这样的私立大学是不甚在意的。胡适辞中公校长而急于就职北大,显现出国立大学与私立大学的权势差异。胡适在后来的日记中提到,对于中公的结局,"自愧当日但为自己设想,急于求去,而不曾为学校谋安全。但我万想不到君武有这样大的短处"①。马君武也曾对学生说,"当初我本不打算来接中国公学的,因胡校长急欲脱身,极力相劝,及校董会一再催促,才决定前来,暂且维持一年半载"②。而任董事长的蔡元培更是不能专注于学校发展,事实上,蔡元培当时担任平、沪多所学校的校董,中公校董在其众多兼职中并没有什么特别之处。③ 正如时人所见,此时蔡元培"对于政治绝少主张,随机应付而已",且受各方委托的公务,"出于蔡氏本意者绝少"。④ 所以蔡元培不可能对中公负担太多的责任,尽心尽力地谋学校之长远发展,从风潮过程中蔡元培的作为来看大多是程序性的事务,较少像胡适、王云五等还顾及学校的长远发展以及学生的利益。由是观之,中公的弱势地位暴露无遗,马君武明显不是最佳的负责人选,却在仓促之间被推举继任,反证了中公的困境。

　　中国公学是清末创立的新式学校,晚清时期中国公学的校产和常费大多来自官方支持,与民国以后创立的私立学校不同,中公没有一个明确的类似校产所有者的法人和团体。到 1927 年校董会改组,经过胡适任内的经营,学校办学规模和品质不断提升,依靠学费收入即可维持。此时的校董会既不是校产的所有人,也不再负责提供学校常款。从这个意义上说,中公作为一个私立学校,其"私立"的特性与一般私校有很大的差异,校董对于学校都是"外人"和"过客",构成校董会主体的中国公学早期校友并非一个坚固的利益共同体,校董会和校内没有一个对校政有超然决定权的人物。倒马风潮出现后,校董会的分裂导致其无法行使职权,校内没有一个拥有最高权威的"大家长",两派僵持之下,最终将自主权拱手让人。

---

　　① 曹伯言整理:《胡适日记全编》(六),安徽教育出版社,2001 年,第 56 页。
　　② 罗佩光:《中国公学和两位最可崇敬的校长》,王云五等编:《私立中国公学》,台北,南京出版有限公司,1982 年,第 270－271 页。
　　③ 中国公学创立时,蔡元培在上海办教育,姚宏业常与蔡商量办学事宜,蔡对中公早期历史有相当的了解。参见蔡元培:《在林德扬君追悼会之演说》(1919 年 12 月 14 日),《蔡孑民先生言行录》,岳麓书社,2010 年,258 页。
　　④ 《蔡元培口中之学潮》,《时事新报》1932 年 7 月 11 日,第 2 版。

第五章 历史的减法:中国公学的衰亡

在既往的研究中,受进化史观的影响,我们往往把历史看成线性发展的过程,以预设的观念考察历史优胜劣汰的过程,一般只注重优胜的过程,而忽视劣汰的另一过程,造成我们对历史认知的片面性。具体到中国公学,既有的所有论述对其在1932年前后停办多是一笔带过,很少去探究其中隐含的深层意味,何以中国公学这样一所曾经兴盛一时的私立大学最后会在历史上消失?这与中国公学本身的种种缺陷以及外在环境的变动均有莫大的关联。

一、党化教育的虚像:"党国要人"的来与去

1931年2月,中国公学校董会推举邵力子为校长。邵力子在2月22日到校与教育部整理委员办理交接。邵力子时任国民党中央监察委员,早年与中国公学校董会主席蔡元培有师生之谊,与另一校董于右任多年共事,20世纪20年代曾任上海大学校长,有一定的教育行政经验,且常驻上海。邵力子的到任各方均能接受,其到任使中国公学得以恢复正常秩序。

1931年3月2日,中国公学举行开学典礼暨新校长就职典礼,出席者有教育部代表顾树森、市党部代表潘公展、上海市政府代表岑德彰及上海教育界代表中法工专校长褚民谊、光华大学校长张寿镛、劳动大学校长王景岐、交通大学校长黎照寰等。首由邵力子演讲,略谓,中国公学为历史上有光荣传统之学校,其担任校长,恐学问才力有所不逮,加上不能长川驻校,向学生表示歉意。对于此次风潮,认为非某一人之错误,主要是不良环境造成的。邵力子期望学生能专心求学,服从政府命令。并承诺在最短期间,设法添办理学院或工学院。① 次由教育部代表顾树森发言,表示此次教育部接

---

① 此时,中国公学因达不到教育部规定的大学标准,被改为独立学院,邵力子所提完备大学组织主要是建设理学院。参见蔡元培:《校史》,高平叔编:《蔡元培教育论著选》,第606-607页。

管整理中国公学实出于无奈，现校董会推选邵力子任校长，朱经农为副校长，中国公学前途可期。作为党部代表的潘公展发言，称，"中公在中国教育史上有光荣之革命历史，……但常人以为反对政府就是革命，即是大误矣。须知革命者，在军阀专政时期，自应从事破坏工作，反抗政府，现在政府正承总理遗训，努力建设工作，为学生者，宜切实研究学问，为将来入世之用，方能谓为真革命，若不知努力求学，不顾时代需要，纯以破坏为怀，便不足与言革命矣"。其所言与国民党在训政时期的教育政策，以及对青年运动的指导方针完全相合。最后副校长朱经农发言，要求学生发挥自治的光荣传统。[①]

邵力子到任后，曾力图提升中国公学的办学品质，但当时中国公学面临着多重困境，首先是经费的匮乏与办学条件的落后；其次是党化教育造成的学风和教育品质的恶化。

据邵力子到任当月给教育部的呈稿，"属校常年经费，合校董拨助及学费收入，仅足维持，向无余羡可以增加设备。数年来，一切惟有因陋就简，常循旧轨。查此次接收之时积欠近两万元。现在属校学生总数达一千二百人，本科学程凡一百五十门，预科分级凡五，而足资授课之教室仅十二间有奇；图书二万余册因无专馆，仅就教室分间陈览；理化器械多届陈旧，必须添置。是数者在大学中靡可稍缺。特欲完成斯种设备，非借助他山不可"[②]。邵力子为此四处筹集资金，起初向教育部申请对私立大学的补助，得到教育部一万国币的资助，用于购置图书、仪器之用。[③] 加上在校学生一千二百多人的学费收入约七万五千元。归还旧时积欠债务约两万元，基本能维持学校正常运转。为学校长久发展计，校董会还曾致函蒋介石，请国民政府拨发他种有息债券代替公学在民国初年获得的整理公债四十万，作为公学基金，但未能如愿。

按照教育部颁布的《大学组织法》，大学至少须具备三个学院，并遵照中华民国教育宗旨及其实施方针，大学教育应注重实科之原则，必须包含理学院或农、工、商、医各学院之一，不符合上述条件即独立学院。中国公学因无理、工、农、医四学科中之一种，此前已被教育部令改为独立学院，不得自称大学，甚至被要求改校名，后教育部顾及其历史上的成绩，才得以保留原校

---

① 《中国公学开学》，《申报》1931 年 3 月 3 日，第 10 版。

② 《邵力子请求补助经费呈稿及教育部训令》，上海市档案馆编：《中国公学档案辑存》，《近代史资料》总 69 号，中国社会科学出版社，1988 年，第 67 页。

③ 《邵力子请求补助经费呈稿及教育部训令》，上海市档案馆编：《中国公学档案辑存》，《近代史资料》总 69 号，中国社会科学出版社，1988 年，第 67 页。

名。① 由大学改为独立学院后,学生及社会的观感,一般都有降格的感觉,对于学校的声誉有很大影响。在校学生大都希望学校能建设理工科,重新升格为大学。但要建设理工学院一般需要比文法商各科投入更多,特别是仪器和馆舍的建设。

表1 《大学规程》对大学各学科开办费及每年经常费之最低限度的规定②

(单位:元)

经费	学科							
	文学院	理学院	法学院	教育学院	农学院	工学院	商学院	医学院
开办费	100 000	200 000	100 000	100 000	150 000	300 000	100 000	200 000
每年经常费	80 000	150 000	80 000	80 000	150 000	200 000	80 000	150 000

从表中可以看出,文科、商科与法科办学经费的要求较低,而理工科要求的开办费一般需要文科办学经费的两三倍之多。这对于经费主要靠自筹的私立大学来说,是比较高的门槛。为建设理学院,邵力子筹款建设科学馆。1931年4月,邵力子从杜月笙处获得捐助银币三万元,用于建设科学馆,科学馆于12月中落成。③ 科学馆的建设,可谓邵力子任内对于中国公学最大的贡献,可惜未能发挥作用,科学馆建成后一个多月即在"一·二八"事变中遭日军炸毁。

除了校舍建设外,对于学校发展尤其重要的师资聘任问题,在邵力子接手后,因党部对人事的把持,较此前胡适、马君武时代,师资品质不但未得到明显提升,反而更差。党部接掌校政后,在校学生类似"这个学期饭桶,不,简直是无底夜壶的'鸟'教授,差不多占了三分之二"的抱怨有很多。④ 另据在校学生蒲风的日记,"据好多政经系的同学所领的选课表来看,今年的教授并没有出色的"。除李石岑、李青崖、傅东华等教授还能令学生满意外,大多新聘教授都不合格,特别是政治经济系,新聘的叶秋原资历较浅,不能令

① 《教育部1302号指令》,上海市档案馆藏,上海市教育局档案,Q235-1-637。
② 《教育部公布大学规程》(1929年8月14日),中国第二历史档案馆编:《中华民国史档案资料汇编》第五辑第一编:教育,江苏古籍出版社,1994年,第176页。
③ 《邵力子为领取捐款致杜月笙函稿》,上海市档案馆:《中国公学档案辑存》,《近代史资料》,总69号,中国社会科学出版社,1988年,第71页。朱经农在致胡适的信中也曾提到此事,"弟等鉴于本校科学设备之不充分,两月以来极力设法筹募建筑科学馆经费,现幸募得三万元(指定用途,不能移还旧债),期于一个月内动工。并拟再募科学仪器费一二万元,此刻尚无把握"。中国社会科学院近代史研究所中华民国史组编:《胡适来往书信选》(中),中华书局,1979年,第63页。
④ 浣芬:《中公无恙》,《教育·社会》1931年第3期,第14页。

学生满意。① 据当时在中国公学任教的施蛰存回忆，"叶秋原是我的朋友，杭州人，新从美国得了一个社会学硕士学位回来。李青崖请叶秋原来代替高一涵，当然比不上，学生听过高一涵的课，再听叶秋原的课，当然会感到'平常'"②。于是，很多一心向学的学生对学校心生不满，蒲风在日记里就预计，1931年"下半年的中公大概十二分没希望了，好多人都想转学"③。教员张伏云在致胡适信中，提及，"三年努力之中公，完矣。以一未受高等教育之人出任秘书长，大有权倾一世之概，教职两方均为其把持，时人窃笑其为乡坝老吃寿酒，虽谑亦逼真"④。

1931年6月，朱经农辞副校长职，潘公展接任副校长，邵力子对学校事务之管理也逐渐减少。到12月，邵力子受任为甘肃省政府主席，向董事会请辞校长职。

倒马风潮的结果，是党部如愿把持了校政，但党部接办学校，并不意味着党化教育的实现。学校党化，不仅不能从党国获得任何资源，以提升办学品质，党部反而要从学校汲取资源。曾有学生指责担任训育长的党部要员童行白，"从未见其做训育的一些事，漫说不管事，就是所谓训育的办公处，也未见其光顾一次，……但是听说这主任的薪水却是不能短少的，这真是'尸位素餐'"⑤。另据改组后的中公学生所言，党化的校方给国民党籍的学生免学费，但"在享受到这个权利的党员，固然是讳莫如深，就是学校当局也不敢公开声张，恐怕得不到权利的同学要起来反对。因为中国公学的经费完全是学生的学费，这班免费的党员，不啻就是揩其余同学的油，并不是受党或政府的津贴"⑥。恰如胡适所言，"此校以后成了一个党员吃饭机关"⑦。如此，党部接管的学校只会越办越差，而沦为学店，此去党化教育的初衷何其远矣。

此外，党部把持校政，学校党人化，但并未真正实现党化，一方面不能真正改善党义宣传和教育的效果，以提升国民党在学生中的影响。另一方面党部亦不能对在校学生实行有效的组织控制和动员，"九一八"事变后的学

① 李文儒编：《蒲风日记》，山西教育出版社，1997年，第26页。
② 陈子善、徐如麒编选：《施蛰存七十年文选》，上海文艺出版社，1996年，第303页。
③ 李文儒编：《蒲风日记》，山西教育出版社，1997年，第56页。
④ 《张云伏致胡适》(1931年3月5日)，中国社会科学院近代史研究所中华民国史组编：《胡适来往书信选》(中)，社会科学文献出版社，2013年，第438页。
⑤ 病成：《写在〈中公无恙〉以后》，《教育·社会》1931年第6期，第15页。
⑥ 不文：《读了"党治下之中国公学"后》，《希望》第2卷第2期，1931年11月26日，第30页。
⑦ 《胡适致王云五、刘南陔(稿)》(1931年2月15日)，中国社会科学院近代史研究所中华民国史组编：《胡适来往书信选》(中)，社会科学文献出版社，2013年，第433页。

生风潮即显例，不免给人国民党党化的学校都不能执行党部政策之讥。

国民党上海市党部在中国公学推行党化教育的实践及其结果，反映了在国民党党治体制下党化教育的名实不符。近代中国校园政治文化的多元化与国家权力对社会控制的有限是密切相关的。[①] 北京政府时期对于教育采取较放任的政策是大学政治文化多元化的一个重要背景。国民党建政之后虽然试图加强对各类大学的控制，但国民党对资源控制的有限，以及在党政纠纷中党权受到压抑，导致其对于教育的控制也必然是有限的，因此高等教育自主发展的空间仍然存在。

匪夷所思的是，半年之后，在校内抗日救国会干事改选引发的风潮中，执掌校政的党国要人先后辞职离校，放弃对该校的经营。

1931 年 9 月 18 日，日军侵占沈阳，举国震惊，上海各大学的学生组织抗日救国联合会。中国公学也成立抗日救国会，全校编为三个大队实施军训。最早的抗日救国会由训导长童行白指导，选举产生抗日救国会代表何景元、王国屏、龙英杰、聂海帆等十余人，大多是国民党籍的学生。

对于学校当局控制学生抗日救国会，左派学生表示不满。据了解内情者所述，日本侵占沈阳之消息传来，中国公学学生千余人自发集会，以商救国之方针，"不料学校当局，以为尚未得校长准许，各生如自行集会，本校决定从严究办，各生见为学校当局所不许，均愤愤不平而散，所以在上海各大学开抗日救国大会之时，中国公学并没有代表参加"。此后日军不断扩大其侵略，学生之爱国热情不可阻遏，"学校当局，始知学生救国之气不可欺，乃在廿二日由训育处出布告召集大会，当时到会学生约有千余人之众"。开会过后，就由全体学生选举出干事二十一人，各生见此事关系重大，就择其能干之同学而举之，"不知学校当局，见其所举之干事，多非党员，乃用学校之权力，多圈入党之学生而为之，所以自学校圈定干事之后，各生均抱不满，以为救国之责任，凡是国民，皆为应尽之义务，而学校当局，偏偏欲择其党员而任之，不禁为之伤心叹息"。不由生出愤慨之情，感叹"救国之事，演成包办，非党员不准参加，岂不是中国之将亡乎"[②]。

9 月 28 日，上海学联会议决定各大学学生全体赴京请愿，中国公学参加的学生有六十余人，由吴正之领队。当时中国公学校长邵力子也在南京，在蒋介石、戴季陶等人接见学生后，邵力子还集合中国公学学生代表做简短

---

① 对于民国时期不同类型大学的办学风格及校园文化的研究，可参见 Wen-Hsin Yen（叶文心），*The Alienated Academy：Culture and Politics in Republican China*，1919—1937，Cambridge，MA：Harvard University Asia Center，1990。

② 胥桥：《反日中之中国公学》，《ABC日报》1931 年 9 月 29 日，第 2 版。

讲话，并拿出一百元给学生代表解决吃饭问题。此后，随着日军在东北侵略的推进，东北局势急剧恶化，学生的请愿运动也持续升级，逐渐开始由抗日运动转向反政府运动，形式也由温和的请愿变为激烈的示威。国民政府最初采取的是外宽内紧，慰勉劝阻的对策，后随着学运的不断升级，而改为武力驱散。① 具体到中国公学校内，抗日请愿运动造成了校方与学生的对立，中共地下组织为争夺对抗日救国会的领导权，在中国公学发起驱逐朱应鹏、潘公展的风潮。

20 世纪 30 年代，中共在青年学生中有很大的影响，当时中共在上海的一些外围组织左联、社联、互济会等在中国公学都有组织活动。当时国民党在学生中的党员较少，特别是 1928 年前后，国民政府青年运动政策转型，通过一系列法规，限制学生的校外活动，全国范围的学生团体被取消，随后通过的学生自治会组织大纲实际是横向的一个组织系统，没有从上到下的纵向组织，从而限制了学生团体发挥影响的范围。② 同时规定学生自治会以"不侵犯学校行政为限"，"以在学校以内组织为限"。而且明确规定在学校中建立学生自治会需经"当地高级党部核准"，进行组织活动时，"须请学校派员指导，"受所属党部的领导和政府的监督。③ 在"九一八"事变的学生抗议风潮中，党部与政府发现，"上海学生方面党员极少，职教员中学微多，大学甚少，又加以学生多数对本党改学生会为学生自治会之意义诸多误解，以致不满，而本党在学生中力量亦因之日形薄弱"④。国民党在校内不能有党团活动，而中共却有秘密组织，相形之下，中共更易发挥作用，形成对于学生影响的优势。

自倒马风潮后，中国公学校内的国民党籍学生势力大涨，国民党籍的学生也较多，但与中共地下学生组织的严密性相比，国民党籍的学生并不能发挥组织影响。非但如此，有时还会因事权及分工发生内部冲突，国民党上海市党部也无法掌控所属学生党员的行动。

1931 年 11 月 4 日，中国公学举行全体学生大会讨论对于目前国难之表示及应对目前国难之工作，出席同学一千二百多人，由该校学生抗日救国会干事聂海帆主席，王国材记录，首由主席报告开会宗旨，略谓："现国联会

---

① 参见左双文：《"九一八"事变后学生的请愿示威与南京国民政府的应对》，《学术研究》2006年第 7 期，第 98 页。

② 参见严海建：《南京建政初期国民党青年运动政策研究》，《南京大学学报（哲学·人文科学·社会科学）》2012 年第 1 期。

③ 《学生团体组织原则》（1930 年 1 月 23 日），中国第二历史档案馆编：《中华民国史档案资料汇编》第五辑第一编：政治（四），江苏古籍出版社，1994 年，第 7 页。

④ 《上海抗日救国运动调查总报告》（1931 年 11 月 27 日），《中华民国史档案资料汇编》第五辑第一编：政治（四），江苏古籍出版社，1994 年，第 259 页。

已数度密议，协亡我国东三省，日内之公开会议即将提出通过，如此可惊之事实，国府尚镇静如故，默无表示，岂待木已成舟再来追悔叹息吗？中国公学是为反日而创办的，中国公学学生亦多有为救国而丧身于革命的，对于这次国难中公学生决不宜放弃责任，要公而忘私舍身为国。"会场空气甚为紧张，通过的重要决议案计有："（一）反对开设中立区；（二）即日罢课以唤起民众共同应付国难；（三）全体同学分赴各校要求取一致抗日救国之行动；（四）通电警告国府；（五）电请国府撤办卖国的顾维钧；（六）电请国府令施代表退出国联；（七）要求各界罢市罢工罢业共同应付国难。"[①]

1931年11月，上海第二区义勇军大检阅在中国公学操场举行，被检阅的是中公、同济和商船三校学生义勇军，人数有两千多人，其间中公副校长潘公展演讲，批评无抵抗主义，强调"我们要扑灭这种无抵抗观念，然后造成自信的精神"[②]。表明校方对于学生的抗日热情还是予以肯定和鼓励的。差不多同时，1931年11月，因部分学生对抗日宣传分工有异议，要求改选干事会。操纵改选的是国民党上海市党部八分区的樊振邦、相德馨、徐鸣亚等，最后的结果也是樊振邦等人当选新的干事。中国公学副校长潘公展鉴于学生抗日运动逐步向反政府运动转化，以未经学校批准的改选不合法为由，对新当选的干事进行训话。潘公展要求学生站在国民党的立场上，不要被共产党利用，反对学生的抗日活动。潘公展的训话不但无效，反而引起校内学生的抗议，聚集在校长室外的学生向校长室扔石头，潘公展被迫离校。[③] 之后，潘公展、朱应鹏相继辞职。

11月20日，中国公学副校长潘公展登报通告辞职，不再负责。其通告全文如下：

> 本年春间，公展承乏中国公学校董，秋初因朱经农先生离沪，校董会又以公展承乏副校长，材轻任重，固辞不获，因念教育事业至关重要，中公且为有历史之学校，邵校长其时又适有远行，不忍见其主持无人，虽以事务丛集之身，亦不得不勉为其难，借维暂局。慨自沈变发生，举国同愤，公展亦曾指导学生，组织团体，从事抗日救国工作。无如学生分子异常复杂，近且以抗日救国干事会之争执，发生互殴情事，因而更有拥某拒某等无聊举动，国仇未抗，而同

① 《中公学生昨日罢课》，《申报》1931年11月5日，第10版。
② 火斤：《记中公操场义勇军检阅》，《新时代》第19期，1931年11月22日，第4页。
③ 徐鸣亚：《回忆母校——中国公学》，王云五等编：《私立中国公学》，台北，南京出版有限公司，1982年，第343页。

学阋墙，指导无方，痛心何极。除即日电请蔡董事长、邵校长准予
辞去副校长职务，速开校董会，商决一切外，业将校务暂交樊教务
长会同谢、刘、应三院长秉承邵校长办理。特此通告声明，对于中
公校务，自登报日起，概不负责。务希公鉴！①

潘公展、朱应鹏辞职，改变了国民党党部势力直接控制学校的局面。此
后，中国公学校董会推选樊仲云、刘秉麟、谢六逸及胡耀楣四人为校务维持
委员，暂行维持校务。12 月中旬，校务维持委员会解散，校务由教授会主
持。1931 年 12 月，据王柏龄密报，"中国公学情形很坏，为共党操纵暗中主
持"②。可见，国民党已失去对中公的控制。

"九一八"事变后，上海各大学学生抗日救国联合会在上海抗日救亡运
动中扮演重要角色，发起了多次前往南京国民政府请愿的活动。国民党上
海特别市党部作为民众运动的指导机关，则一直试图对该会的行动进行指
导和控制。双方经历了一种从紧密合作到矛盾频发，从貌合神离演变为水
火之势的过程。③ 在中国公学校内，执掌校政的党部势力与学生抗日救国
会的关系大致也经历了上述演变过程。党部对国民党籍的学生也不能施行
指导与控制，其根本原因在于"九一八"事变后的抗日救亡运动具有广泛的
民众基础和正义性，绝非任何力量能够压制，其直接原因在于国民党地方基
层党部在指导民众、实施动员等方面虚弱无力。

二、中国公学校内的左翼团体及组织活动

20 世纪 30 年代，国共两党在上海的大学校园里都极力渗入自己的势
力，试图争夺对青年学生的影响。上海处于南京国民政府统治的核心区域，
且又是文化出版中心，政治理念各异的文化人杂处其间，形成多元化的生态
格局。国民党上海市党部是各地党部中较为强势的，而且对上海的政治及
文化教育的掌控欲望也很强烈。同时，上海也是左翼文化人聚集的地方，由
于一市三治造就的多元政治文化空间，中共在上海的地下活动比较积极，而

---

① 《潘公展辞中公副校长》，《申报》1931 年 11 月 20 日，第 14 版。
② 《王柏龄电》(1931 年 12 月 10 日)，台北，"国史馆"藏，"蒋中正总统"文物档案，002 -
090200 - 00005 - 025。
③ 参见韩戍：《从合作走向对抗：九一八事变后的上海学生团体与国民党党部》，《社会科学
辑刊》2021 年第 2 期。

且对文化界以及青年学生都有很大影响。在这样的大背景下，20 世纪 30年代的中国公学，国共两党势力的渗入，校内各种风潮不断，给正常的校务进行带来极大影响，成为中国公学衰亡的直接诱因。

蒋介石在上海发动"四一二"政变后，中共在上海的组织重新恢复到地下状态，中国公学是中共重要的阵地。1931 年 1 月 27 日，国民党上海市执委会训练部长童行白上书国民党中央训练部的呈文中，对教职员学生之政治派别曾有缕述，教职员方面，"该校原有隶属 C.P 之女性教授黄白薇，系左翼作家之健者，女生多受其影响，现已去职。又职员中曾有 C.P 嫌疑之职员二人，现均去职，故就现任教职员而言，似无显著之 C.P 份子"。学生方面，"该校为共产党在吴淞一带之大本营，学生邓中邦为共党吴淞支部负责人员，邓在共党历史甚久，曾参与广州暴动有案，去年长沙事件发生，亲率党徒前往工作，又去年五六月间吴淞区公安局检查处在其房中搜出共党嫌疑图章三颗，带局羁押数周，嗣经有力者为其保释有案。又查学生张国辉亦系共党要犯，去年'五一'节在上海南京路散发反动传单，被巡捕拘局羁押，见上海各报，嗣经马君武为其设法保释有案。校中赤焰高张，为沪上各大学之冠，反动标语随处涂写，反动传单随地散发，人数约七八十人，以两广、四川、湖南籍居多，其组织表现于外者为'中公读书会'、'国语演讲会'、'反帝大同盟'等，其代表刊物为'中公壁报'，尚有'社会科学研究会'，系其外围组织。去年上半年，曾公开活动，分发自由大同盟之传单，并请田汉等演讲，被本党党员向市党部检举逮捕数人后始变为秘密组织"①。

至于为什么中国公学的校内左翼文化兴盛，据当时在校的范剑涯所言，"当时这所大学有两个特点：一是收费较低；二是国民党反对派的势力较弱，所以不少思想进步的教授在那儿任教，其中还有我党的老党员，……学生中家境比较清苦的居多，思想进步的多。党在学生中的影响较大"②。具体的原因实际上可以在上述说法的基础上进一步分析。范剑涯认为师生中党员多，一是跟私立学校收费较低有关，实际上私立学校的收费并不比国立大学低，只是入学的门槛较低，且可以担保入学，所以能吸收更多家境贫寒、希望改变命运的边缘知识青年；③二是国民党反动派势力较弱，也不符合事实，

① 《国民党上海市训练部呈》(1931 年 1 月 27 日)，中国第二历史档案馆编：《中华民国史档案资料汇编》第五辑第一编：政治(四)，江苏古籍出版社，1994 年，第 53-58 页。
② 范剑涯：《"一二·一七"运动与上海中国公学的抗日斗争》，《上海党史资料通讯》，1986 年第 12 期，第 10 页。
③ 中国公学学费在上海私立大学中确属较低的，故报考学生甚多。参见刘公任编：《校闻》，《中公学生》第 4—5 期，1929 年 6 月 4 日，第 83 页。

其实是中国公学校方有效控制与治理的能力较弱，从而给了中共及左翼相当的活动空间。

当时很多左翼社团都在中国公学吸收成员且开展活动，中国社会科学家联盟、上海反帝大同盟、互济会、社会科学研究会等左翼团体在中国公学很有影响。

中国社会科学家联盟是 1930 年 5 月 20 日在上海建立的由中共直接领导的著名的左翼革命文化团体，简称"社联"。"社联"内设党团组织，首由朱镜我任书记。"社联"先后创办刊物《社会科学战线》《研究》《新思潮》《社会现象》《时代论坛》等刊物宣传马克思主义。并由吴黎平、杨贤江、李一氓、艾思奇等人翻译出版和编写马克思、恩格斯的理论著作，还开展书报评论，推荐优秀的社会科学著作，介绍正确的学习研究方法，利用大中学校、假期补习班等讲坛宣传马克思主义，批驳各种反马克思主义的理论宣传。

1930 年冬，在社联党团的领导和支持下，中国社会科学研究会（简称"社研"）正式成立。潘汉年、彭康、王学文、刘锡五等社联领导人出席了大会。大会选举了王学文、朱理治、陈孤风等组成的社研领导机构。社研的前身是进步青年的秘密群众组织"问学社"，参加的成员主要是大学生。社研成立后成为社联的外围组织，在上海的许多大学，如劳动大学、大夏大学、中国公学、法政学院、法学院、复旦大学等，均设有分会。开始时会员有二三百人，1932 年"一·二八"事变后曾达到千余人。社研也有党团，王学文、曹荻秋等担任过书记，社研设有总务部、组织部、宣传部、研究部、发行部等机构。在中国公学就有以社会科学研究小组为名，宣传社会主义革命的学生团体。

在中国公学的教师中，社会学系教授李剑华和法律系教授潘震亚都是社联的成员。李剑华早年留学东京日本大学社会科，主修社会学，1915 年学成回国，先在上海学艺大学担任社会学教授，与郭沫若同事，并成为中华学艺社社员和创造社发起人之一。1931 年主编《流火月刊》，宣传联俄抗日。1932 年，参加中国共产党领导下的革命文化团体——中国社会科学家联盟，并主编社联机关刊物《现象月刊》，宣传马克思主义。[①] 潘震亚早年参加辛亥革命，1913 年至 1915 年在江西法政学院学习法律，毕业后担任过报社记者和总经理等职，兼承办律师事务。1920 年，加入国民党，任国会非常会议秘书等职，结识了共产党员林伯渠。1921 年，与沈仪彬在上海创办女子法政讲习所，开中国女子学习法政先河，培养了不少出色的律师，史良即

---

①　上海社会科学院社会学研究所编：《李剑华先生纪念集（1900—1993）》，内部发行，1995年，第 3 页。

该讲习所首届毕业生。1924年，任国民党第一次全国代表大会秘书处议事科长，后与共产党人李合林、恽代英等相识。1928年，潘震亚离开广州到上海当挂牌律师，并在上海学院、复旦大学、政治学院、中国公学等学校授课，撰写了不少法学论著，如《刑法总论》《刑事诉讼法论纲》《中国破产法论》《中国法制史》等，在中国法学界产生重要影响。1934年，参加中共外围组织"革命互济会"，并为该会顾问律师。①

中国公学的学生中也有很多中共的地下党员。王灿然、王莹等是较早在中国公学学习的中共党员，王灿然曾在杨树浦从事工人运动，王莹早年在湖南参加革命，后因身份暴露被国民党通缉，由组织派到上海。王莹在上海加入了中国共产党的外围组织"济难会"，1930年3月，加入了共青团。同年5月，又加入共产党。王莹曾在中国公学学习，后转至复旦大学。1931年暑假毕业留在学校注册处工作的黄曰珂是中共地下党的党支部书记。②另外川籍的中共党员有很多，比如罗直方（化名黄霖）在入学前就已经有了组织关系，并且加入了社联。为了掩护身份，陈同生是中国公学学生，化名张翰君，原属四川的地下党组织，到中国公学后经罗直方证明，在中国公学支部恢复了组织关系，不久加入了社联和左翼文化总同盟。另外，还有一个中国公学附中学生、共青团员桂苍凌（杜宣），后来，经陈同生和罗直方介绍，桂苍凌加入中国共产党。③罗直方还介绍杨超加入中国共产党。中国公学有党的支部，受中共上海市法南区区委领导，由担任公学中共党支部书记和中国公学党团书记罗直方与当时的法南区区委书记邓拓单线联系。

此外，还有在"九一八"事变后抗日救亡运动中发展的新的党团员，比如后来在雨花台殉难的郭纲琳，1929年考入上海中国公学预科，1931年进入大学部。同年10月，秘密加入中国共产主义青年团，年底转为中国共产党，后来成为中共法南区委的骨干。

20世纪30年代，中共在青年学生中有很大的影响，当时中共在上海的一些外围组织左联、社联、互济会等在中国公学都有组织活动。中共的党团员在1931年12月17日全国学生代表要求国民政府出兵抗日的联合示威游行中发挥了重要作用，在"一二·一七"运动中，请愿学生与政府军警发生冲突，中国公学部分学生受伤，被捕多人。

为掌握抗日救亡运动的主导权，校内的国民党CC系与处于地下状态

---

① 参见韩树艺：《"赤色律师"潘震亚与他的政协提案》，《团结》2009年8月15日。
② 范剑涯：《"一二·一七"运动与上海中国公学的抗日斗争》，《上海党史资料通讯》1986年第12期，第11页。
③ 王尧基、陈淮淮编著：《陈同生画传》，复旦大学出版社，2007年，第29页。

的中共党团极力争夺抗日救国会组织。在中国公学学生中，国民党党员为数不少，共产党党团员也有相当一部分。双方都在学生中活动，为控制抗日救国会、学生会，扩大自己的势力，大起冲突。最早通过选举产生的抗日救国会干事基本上都是国民党籍的学生，中共地下学生王燦然召集全体学生大会，要求改选干事，两派学生在会场发生冲突。① 自此，学校内的抗日救国会组织发生分裂，两派学生发表宣言及在外活动均用全体学生名义，因立场不同，两派学生在此后的抗议请愿运动中也表现为激进与缓和的两种态度。亲国民党的学生大多遵照政府劝告，参加学生义勇军，或募捐劳军，或组织抗日宣传；左翼学生则开始与工人联合，组织大规模的反政府抗议。

三、风雨飘摇中的扰攘不安：校舍被毁与驱樊运动

"九一八"事变后，侵华日军又开始在上海挑起战端，于 1932 年 1 月 28 日夜向闸北等地发起进攻，中国军队奋起反击，淞沪抗战由此爆发。2 月 3

"一·二八"事变中国公学被毁的校舍

---

① 吴正之：《吴淞江畔之母校——中公》，王云五等编：《私立中国公学》，台北，南京出版有限公司，1982 年，第 323 页。

日，日海军舰队开炮袭击吴淞炮台，准备在吴淞口登陆，受到十九路军的反击，由此吴淞地区成为中日之间激战的战场。从 2 月 7 日开始，日军调集飞机十余架对吴淞轮番轰炸，这一地区的商店、工厂、学校遭受严重破坏，中国公学的主要建筑基本被炸毁。

据中国公学教授会在 3 月 7 日致电教育部报告中国公学情形：

> 我国学者惨淡经营二十余年之中国公学，已被炮弹轰毁殆尽，不惟校舍、校具、图书、仪器损失约值百万之巨，而留校教职员、学生千余人亦多仓卒外避，流离失所，行箧、书籍悉遭劫夺。我校址所在之吴淞更为敌军所占据，残剩校宇、宿舍，并恐弗克保全。教育为国本所系，未可因变中辍，暂已租赁法租界辣斐德路一二六〇号校舍，照常开学。除俟战事平后查明损失另文呈报，请急筹善后及要求敌方赔偿外，辱劳电慰，谨先复谢。[①]

3 月 17 日中国公学校方呈报上海教育局的损失报告，详列了各项损失情况，录之如下：

> （甲）直接损失：（一）房屋：1. 旧宿舍建筑费二十万两，2. 新宿舍十万两，3. 东西两号教职员宿舍三万两（计损失三分之二），4. 大礼堂及各教室办公室三十一万两，5. 科学馆五万两（损失五分之三），6. 自来水塔及水管二万两，每两以一元四角折合银元，共计九十五万二千元；（二）校具：1. 床榻一千六百余具，值一万四千元，2. 教桌椅一万四千元，3. 宿舍桌椅一万四千元，4. 办公室桌椅一万四千元，5. 零星器具七千元，共计六万三千元；（三）仪器七万元；（四）标本一万四千元；（五）图书：1. 中文书籍七万元，2. 外国文书籍十五万两，共计二十八万元；（六）文具七千元；（七）校址地皮一百五十亩，原值十五万元，现值四千五百元，损失十四万五千五百元。（乙）间接损失：（一）搬运费二百八十元，（二）房租五千零四十元，（三）薪工二千八百元，（四）工役损失六千元，（五）教职员个人损失合计十三万元，（六）学生个人损失合计四十五万元以上，共计损失二百十二万余元，其他等设临时办事

---

① 《教授会报告一·二八战后中国公学情形电稿》，上海市档案馆编：《中国公学档案辑存》，《近代史资料》总 69 号，中国社会科学出版社，1988 年，第 73 页。

处,移址开学,招寻失踪等一切善后费用尚不计算在内云。①

"一·二八"事变中,学校校舍被毁对于中国公学的打击是致命的。对于私立大学来说,一般经费都比较困难,早期无力建筑完备的校舍,大多是租房办学,即或有捐助校舍的,一般规模也很有限。中国公学在晚清得到两江总督端方的支持,得以建成完备的校舍,在当时的上海属于办学硬件设施一流的高校。②"一·二八"事变,校舍被毁给中国公学的发展造成极大的困难,本就存在经费不足的问题,马君武在任时为扩建校园借正大银行之款项还未清还。而今校舍毁坏,雪上加霜。据估算,以毁损情形之轻重,设计修葺,或拆除,或改建,估计工料即需十三万八千余元。姑且不论重建,即租赁校舍对于劫后的中国公学也是一笔不小的负担。校舍被毁是中国公学衰亡的一大潜因,其办学条件进一步恶化,使得本就勉力维持的中国公学隙漏毕现,在此情形下,国民政府教育部也不愿再予扶持。③

吴淞校区遭劫难后,教授会与校董刘秉麟等协商,于3月1日在法租界辣斐德路赁屋开学。内部组织,一仍其旧;校长职权,由教授会代为执行。教授会推李剑华、汪馥泉、袁税伯、刘秉麟、区克宣、康次由、潘震亚、朱通九及傅东华九人为执行委员。另有总务长胡耀楣、教务长樊仲云负责日常校务。1932年3月10日开学,学生人数大减,文学院43人,法学院398人,商学院40人,高中部216人。根据《中国公学组织大纲》,1932年后的中国公学,大学部仅设法律、文学、政治经济学、商业四个系。④ 劫后余生的中国公学校内仍不平静,师生党派分化严重,风潮不断,学校秩序不但无法恢复,反而因派系对立最终导致校董会决定停办。

为了进一步推动抗日救亡运动,中共要求各学生组织将抗日救亡与反对国民党政权结合起来。中国公学学生会发起创办的《中国公学》周刊,发表一系列文章反对国民政府的对日政策。中国公学的中共地下党支部书记

① 《中国公学损失报告》,《新闻报》1932年3月18日,第7版。
② 曾有中公学生称道学校的设施良好,"住的问题,实在可以令人心满意足,光线和空气都甚适宜。所以论起校舍的优良,在上海各大学当中虽不能首列前茅,也可以居二三把交椅。我的朋友常常对我说道:'你们学校的校舍,好像N市的C旅馆一样整齐!'以此就可以想见一般了"。李次民:《中国公学之学生生活》,《中国学生》1929年第3期,第12页。
③ "一·二八"事变以后,国民政府成立淞沪战区善后委员会,根据中国公学所报损失四成拨款补助建筑,共计壹万陆仟元。1932年10月,中国公学董事会领到此款时,学校正处于停办状态,且该款也不足以满足重建的需要,故暂存于上海中央银行。参见蔡元培:《致淞沪战区善后委员会领取补助函》(1932年10月21日),《近代史资料》第69号,第73-74页。
④ 《中国公学组织大纲》,上海市档案馆编:《中国公学档案辑存》,《近代史资料》总69号,中国社会科学出版社,1988年,第49页。

黄霖在第一期上发表题为《国联调查团究竟是什么东西》一文,揭露"国联"即代表帝国主义利益的本质,号召群众不要对"国联调查团"抱任何幻想和希望。黄霖此举,引起学校当局的不满。之后,黄霖又组织中国公学学生进行坚决反对淞沪停战协定大游行。游行引起军警干涉,在社会上产生了强烈的反响。教务长樊仲云,对此大为不满,公开出面禁止学生的抗日救亡活动,引起学生的反感。

1932 年 5 月 19 日,中国公学抗日救国会在学校大礼堂开会,租界巡捕房到场拘捕大会主席田恒,激起轩然大波。后学生代表到捕房交涉,得知系樊仲云告密,请法捕房到校捕人。学生代表回校后向全校宣布内情,发起驱逐樊仲云的运动。[①] 抗日救国会干事召开学生大会,通过护校令,要求樊仲云等四人离校。随后,傅东华、区克宣、汪馥泉及教务长樊仲云相率辞职,表示抗议。教授会执行委员樊仲云等人的辞职只是一种姿态,其一面表示辞职,一面仍然操控着校内部分学生代自己发言,在校内开会发表宣言支持樊仲云等。于是,出现了 5 月 29 日,《申报》上的两份对立的声明。

抗日救国会学生发表声明,称:

> 我校不幸风潮频起,因樊仲云、区克宣、汪馥泉、傅东华等四人互相勾结,把持校务,压迫抗日运动,欺骗学生,勾结捕房非法逮捕学生及教授,并阻止校董会产生校长,罪恶滔天。我全体同学实已忍无可忍,遂毅然群起反对彼辈,现樊仲云等已被驱逐出校,今后本校一切校务概与彼辈无关,深恐外界不明真相,特此声明。[②]

另外一则声明,称:

> 我校自邵潘两校长相继辞职,幸赖教授会热心维持得于日军炮火燹烬之余继续开学,方自庆幸求学之得所,……彼辈乃转移目标而向一部分负责教授职员个人施其攻击,适逢总务长与一二教授欲逞其独占出卖学校之野心,遂利用机会以金钱勾结该捣乱分子,肆意骚动,毫无忌惮,以致教授会常务委员会傅东华、区克宣、汪馥泉及教务长樊仲云相率辞职,学校顿时陷于无政府状态,我同

---

① 范剑涯:《"一二·一七"运动与上海中国公学的抗日斗争》,《上海党史资料通讯》1986 年第 12 期,第 16 页。

② 《中国公学全体学生驱逐樊仲云等紧急启事》,《申报》1932 年 5 月 29 日,第 2 版。

学不愿风潮扩大，暂时静候善后。乃该捣乱分子竟复以十七票一致通过所谓护校令者，又冒用全体学生名义登载启事，污蔑我校负责当局侮辱全校同学之人格，我全体同学忍无可忍，于今日上午召集全体大会通过决议案四条：（一）否认现在由少数分子包办之所谓抗日救国干事会及护校令，（二）否认少数分子所发之一切启事及宣言，（三）要求董事会从速产生新校长，（四）一致挽留辞职之常务委员及教务长，以上决议案除推举代表报告董事会及分别执行外，唯恐外界不明真相，特此严重声明。①

由上述两份互相攻讦的声明的内容可见，在中国公学教授会内部及总务、教务两长之间存在尖锐的矛盾，主要分歧有两点：一是校政由谁主导及新校长的人选；二是对抗日救亡运动的态度以及校内中共党团分子的意见。

樊仲云曾在报端发表文章，剖析学校风潮的起源，"学校的当局，即掌有学校地盘的人，为恐野心家的觊觎，于是牢笼教职员，或者非属己系者不用，一方面并用小恩小惠收买学生，为自己的羽翼，使野心家无可乘之隙。反之，在野心家方面，为争夺学校地盘，亦收买学生教职员，藉以鼓动学潮。最近的风潮，若求其发生的来源，大概都是这样"②。以此衡诸中公之学潮亦大致不差，无非两派人觊觎学校地盘，故各自运动支持者，鼓动风潮。

对于学校的风潮，校董会为保持学校的秩序稳定。5 月 26 日，由校董杨杏佛出面调解，请教授会对傅东华、区克宣、汪馥泉及教务长樊仲云四人的辞职表示慰留。5 月 29 日，樊仲云等以教授会名义宣布校务会议的挽留决定。③ 30 日，驱樊的学生又发表一声明，否认教授会有挽留樊仲云等的决议，反提出未发表的教授会全体辞职书。④

拥樊的学生在 30 日也发表一份声明，攻击教授会的刘秉麟及总务长胡耀楣。该宣言称：

> 查此次风潮之主使者，实为刘秉麟胡耀楣二人之阴谋。兹将其经过情实，暴露于左。中公此次之开学于上海也，完全由旧有之

---

① 《中国公学全体学生声明少数捣乱分子冒用全体名义紧急启事》，《申报》1932 年 5 月 29 日，第 2 版。

② 樊仲云：《教育破产论》，《社会与教育》第 2 期，1930 年 11 月 22 日，第 19－20 页。

③ 《中国公学教授会启事》，《申报》1932 年 5 月 29 日，第 2 版。

④ 《中国公学全体同学否认昨日报载所谓〈中国公学全体学生少数捣乱分子冒用全体名义紧急启事〉之特别紧急启事》，《申报》1932 年 5 月 30 日，第 5 版。

教授会得校董会之委托，出而主持一切。胡耀楣初非教授会中之
负责者，乃多方谄媚现任校董兼教授之刘秉麟，向教授会推荐为学
校之总务长，同时刘亦为想攫取中公校长，故置胡于要职，以厚其
羽翼，胡既得总务长之职，遂开始操纵包办，置教授会于不顾。关
于学校经济出入，一手把持，悉不公开。除在总务处任用私人，以
便上下其手外，并利用学校经济，强占校舍，开设厨房、咖啡店种种
营利机关。本学期校舍既极狭小，同学又日益增多，校中除上课之
教室外，直无一席憩息所。且以教室与厨房昆连，其平时之腥臭嘈
杂，使上课同学难于忍受，为此同学屡向学校当局建议迁移厨房、
咖啡店等等营利机关，事均为总务处所阻，迨至日近，天气炎热，同
学为清洁卫生计，向学校当局之要求益形迫切，教授会因亦严令各
种非法营利机关即日迁出，因之总务长胡耀楣愤恨益深，且同学既
以胡耀楣假借总务处种种优越之经济地位，营私肥己，认为有要求
学校财政公开之必要，教授会一方为自身清白计，同时为学生要求
计，遂令总务处尅日将收支清册，公布大众，以释群疑，该总务长胡
耀楣以有种种不能公布之隐情，故急急用非常手段，一方由刘秉麟
向校董会捏造种种挑拨离间之辞，同时复尽量收买少数捣乱分子，
（二十一日刘秉麟津贴某同学活动费一百元，嗣以该同学在此百元
内隐吞七十元，仅将三十元供给诸捣乱分子，事被发觉，诸捣乱分
子曾有一度内讧，因而声闻于外，全体同学莫不皆知）。每日在校
中乱斗乱跳，乱贴标语。（此项标语完全在总务处撰写）且与此班
少数捣乱份子订以密约，许以厚利。（胡耀楣时请此班捣乱份子吃
饭看影戏，并谓如万一捣乱不成，被学校当局开除，则由刘秉麟、胡
耀楣等负责转学光华大夏等学校，决不令其失学，以坚捣乱之心）。
于是上有刘秉麟，中有胡耀楣，下有少数捣乱份子同声共臭，上下
其手，遂使教授会诸负责者被迫辞职，学校陷于无政府之恐怖状
态，此次风潮之内情梗概，大略如是，其卑劣详情，实罄竹难书，言
之心痛！①

这份声明将刘秉麟与胡耀楣列为风潮的幕后主使，并将教授会全体辞

---

① 《中国公学全体学生揭破胡耀楣刘秉麟捣乱学校启事》，《申报》1932年5月30日，第5版。
后来樊仲云发表声明辩解，曾提到"迨至最近突有校董会方面将任余为副校长之风说"。可见上述
樊仲云谋求副校长之事确有所本。《樊仲云启事》，《申报》1932年6月4日，第6版。

职一事归咎于胡耀楣的逼迫。这份声明没有涉及抗日救国会及党派之争，主要是谈刘秉麟和胡耀楣把持校政以及二人对校长职的觊觎，实际上间接反映了樊仲云等人与胡耀楣之间的争斗是围绕学校校政的权力之争。

为表示清白，胡耀楣随即在6月1日的《申报》上发表声明，称"中公此次风潮本由樊区汪诸君处置失当所引起"，之所以要污蔑刘秉麟及其本人，是因为"彼方视校长一职为畏途，反诬其想攫夺是真以小人之腹度君子之心"。① 确证了双方的权力之争。

樊仲云的声明中指刘秉麟为风潮主使之人，导致刘秉麟的辞职。刘秉麟称，"中国不幸，迭起风潮，鄙人始终以调停人自居，不意风潮日趋险恶，调停人也横被诋毁，特辞去校董及教授等职务，以后关于中公事概不闻不问"②。

1931年11月，中国公学发生风潮，副校长潘公展、秘书长兼总务长朱应鹏相继辞职，校长邵力子又出任甘肃省主席。当时的校董会推选樊仲云、刘秉麟、谢六逸及胡耀楣四人为校务维持委员，暂行维持校务。其间，校长职的空缺引起校内各种势力的争夺，原校务维持委员会中四人，樊仲云相对孤立，刘秉麟、胡耀楣均为中国公学多年的老教员，在校内影响较大。12月中旬，校务维持委员会解散，校务由教授组成的教授会主持。李剑华、汪馥泉、袁税伯、刘秉麟、区克宣、康次由、潘震亚、朱通九及傅东华九人为执行委员，其中汪馥泉、区克宣、傅东华三人为樊仲云一系。

据后来学生披露：

> 开学未久，即有高一涵校董长校之呼声，樊仲云乃多方活动为副校长，曾请出数要人，向董事会介绍。半月前高先生来沪，对中公校长一职，本拟勉任巨艰，乃樊区辈竭力包围，其条件为樊任副校长，区任教务长兼法学院长，傅任总务长兼中学部主任，汪任文学院长，高见此情形，遂决然表示不干，近樊仲云等更别开生面，请求校董会电邵力子请续任校长，意在邵远处陕西，空担名义，校中一切事务，可遂其把持之宿愿，从此以后，校董会乃觉悟中公校长之产生，前途实多阻碍！存心维护中国公学者亦不敢轻易过问。③

---

① 《中国公学胡耀楣启事》，《申报》1932年6月1日，第7版。
② 《刘秉麟辞中国公学校董及教授》，《申报》1932年6月1日，第7版。
③ 《为揭破樊仲云区克宣傅东华汪馥泉等霸占中国公学黑幕告各界书》，《申报》1932年6月1日，第7版。

除对学校掌控权的争夺外,对于抗日救国会的态度也是两派对立的原因之一。在中国公学校内,中共的势力很大,组织活动也比较积极。其中社会学教授李剑华居于指导地位,据当时中国公学学生范剑涯回忆,1931年,在吴淞中国公学学生参加抗日救亡运动时,李剑华代表社联指导工作。[①] 李剑华早年留学日本,与马君武、王兆荣等有交往,1925年回国,先后在中华学艺社办的学艺大学和中国公学大学部任教,1928年后成为左翼组织中国社会科学家联盟的骨干、中共秘密党员。李剑华还介绍中共党员何思敬到校任教,曾引起樊仲云的反对,樊仲云以此攻击李剑华培植私人。[②] 另外一个重要人物是袁税伯,袁税伯是四川人,时任教授会秘书长,中国公学内的中共党员黄霖、抗日救国会主席田恒、左联的黄日珂、左翼学生罗振平等,均系袁担保学费之四川同乡。袁税伯不是中共党员,事实上却是校内部分左翼学生的保护人。所以,当时校内的反对派曾宣称"现始查明勾结共产党之工作为李剑华、袁税伯两教授一力担任"[③]。

而樊仲云则是国民党CC系背景的文化人,他早年毕业于日本东京大学,1927年前后,任黄埔军校武汉分校政治教官。到了20世纪30年代,樊仲云任中国文化研究会上海分会负责人,主编有国民党CC系背景的《文化建设》月刊,任新生命书局总编辑。樊仲云曾在一份声明中表明自己反共的政治态度,该声明称:

> 余向以为中国革命应有其自己的立场,中国当走中国自己之路,故余授课为文之时不免抒发意见,深信化中国为帝国主义殖民地或步武共产主义苏维埃之后尘皆属绝路,而以此故乃为一般共产党徒所不满,小报造谣横肆侮蔑,诬之曰社会与教育派曰社会民主党,自分一介书生卖文为活,毫无组党成派之意,若因我主张中国应走中国自己之路而遽强指为某党某派,真所谓欲加之咎何患无辞,目今教育界混乱黑白至于此极,实深痛心,今后唯有摆脱一

① 范剑涯:《偶感》,王敏求等编:《夕照明诗词选》,春风文艺出版社,1986年,第48页。
② 李剑华:《关于"社联"一些情况的回忆》,史先民:《中国社会科学家联盟资料选编》,中国展望出版社,1986年,第102-103页。
③ 《中国公学全体学生警告李剑华袁税伯启事》,《申报》1932年6月1日,第7版。实际上,袁税伯并不是中共党员,据袁税伯担保入学的中共党员黄霖回忆,1932年年底,学校要开除黄霖等人,袁税伯曾劝黄霖与左翼学生保持距离,并保证其留校工作。黄霖未表同意,可见袁税伯与黄霖并非同路人,仅仅是同乡而已。参见罗金江:《共产主义的忠诚战士——黄霖》,中国人民政治协商会议四川省新都县委员会文史资料委员会:《新都文史》第7辑,1991年,第12页。

切关系不愿再入是非之地，恐各界不知真相，特此严重声明。①

当时学生将傅东华、区克宣、汪馥泉及樊仲云视为同党，樊仲云与汪馥泉②关系较密切，与傅东华同为文学研究会成员。傅东华似乎对风潮涉入不深，在遭到学生反对后，傅东华表示自己只是处于调停之地位，既然受到误解，所以宣布辞职。③

6月4日，校董杨杏佛到校斡旋，两派学生在开会现场发生冲突，大打出手。同日，商学院学生刊发启事挽留刘秉麟。抗日救国会在6月5日发表宣言，表示该会驱逐樊仲云的运动"纯系站在抗日救国立场并非以打倒某人为目的"④。同时，也试图与校内教职员的权力之争划清界限。

对于此次学校风潮之内情，沪上报刊曾有详细剖析。

东洋兵攻进上海，吴淞一所好好的中国公学，竟烧成了一块平地，夹皮包的教授们和三五成群的男女学生，要不是见机而逃，险些儿性命难保。当时我就瞎想：这所学校，大概弄不成了。因为中公在日，里面是五光十色，闹过好几年党派之争，为的都是想抢肉骨头，于今肉骨头变成了灰泥，自然谁也不会抢。就算学校关门，在政府为不体面，但像现在，什么都破碎不堪，厚着脸皮不理，一所学校倒了，未必在他们意上。说到学生，更是各有各的难处，要他们来复校，不消说是一句笑话。

然而事实竟不如此，沪战后不满两个月工夫，法租界一所半新的小洋房里面，每到课钟声一响，居然有七八百个西装长衫，旗袍革履的少男少女，在那儿拥进挤出。门口题着四个大字——中国公学。这时候，我就有点菲薄自己，觉得以前那样的推测，简直是侮蔑了从那洋房门口进出的人们。心想他们作事，既是这般认真，也许未来的中公，可以比过去更有起色。于是乎我虽不是其中一

① 《樊仲云启事》，《申报》1932年6月4日，第6版。
② 汪馥泉，浙江杭县人，现代作家，曾任复旦大学教授，与樊仲云一起发起成立"智识劳动者协会"，抗战时任汪伪中日文化协会江苏分会总干事。
③ 《傅东华启事》，《申报》1932年6月4日，第6版。傅东华在给胡适信中也提及，"前函曾预料中国公学必有风潮，近果暴发，弟终不获免，南陔亦被殃及。耀椹任用感情，不免受人利用，殊为可惜。目下弟等辞职，而被利用学生猖獗异常，值蔡先生赴汉，杏佛无法收拾，正不知如何结束"。参见《傅东华致胡适》（1932年6月4日），中国社会科学院近代史研究所中华民国史研究室编：《胡适来往书信选》（中），社会科学文献出版社，2013年，第424页。原函时间标注有误，已修订。
④ 《中国公学学生抗日救国会紧急启事》，《申报》1932年6月5日，第6版。

人，而一颗敬慕希冀之心，却与日俱增。

不图天下事，真个变化无穷，接着前一回"意外"之后，又来了个新的"意外"。开课不久，里面的一部分学生就闹起乱子来了。起先还肯客气，只是开会，写标语。后来便强硬多了，登启事，发宣言，彼此动笔对骂。最近竟丑态毕露，把礼堂作成演武厅，互施殴打，打得一个落花流水。听说不当心的几位，已经身受重伤，抬进医院去了。学生们是如此闹个不休，做当局的，自然有些后台嫌疑，所以甲说乙是"含血喷人"，乙说甲是"籍故攻击"。结果真情毕露，弄到两难为情，只好一个个打着退阵鼓，声明脱离关系。于今事情还在变幻不测中，将来是否再有什么"意外"，恕我不敏，只能答应一声"不敢预料"。

不过就事论事，这里面确有些曲折，我们若不客气，把这恶作剧击穿，谁也要禁不住摇头三叹。

原来在中公势均体对的，是有三派：一派是曾左之徒，一派是老 C，一派是混合体，这派无以名之，只好叫他第三派。这三派之中，论资格，第一派最老，但唯其老，故近于昏庸。论声势，第二派最盛，但唯其盛，故近于无理蛮干。论角色，第三派较多，但唯其多，故易惹人注目。平心讲一句，这学期中公绝处逢生，第三派确曾煞费苦心，就令多分几个教席，本算不得什么。哪知道这么一来，就种下了祸根，老资格怀愤不平，声势盛的遂乘机起事，于是水火不相容的曾左之徒和老 C，便做梦也想不到会结成亲家。曾左之徒原想"兔死狗烹"，结果反而会作茧自缚，计实大左。要知道现在的人，都是聪明透顶，除非笨拙如曾左之徒，决不肯卖尽气力，替别人争天下。这样鹬蚌相持，徒使渔人得利，岂不是欲益反损？论到混合体得第三派，说他们夸功有之，当仁不让有之，但说他们要吞并中公，不独力有不逮，抑且势所难能。他们当中，除掉有成见的一二位之外，可说都是和事老。他们只求相安，不求什么，照他们的想法，能够有饭大家吃，就算很好了，像目前这样闹得神鬼不安，白白敲破饭碗，他们觉得端的无谓已极。这班人的出发点，虽说不上高明，至少可算比寻闹干净。

老实说，学校快要翻不起身的目前，还是和衷共济好。学生取来家长血汗换来的金钱，一五一十拿来供给先生们衣食住行四件大事，是为了吸取知识，习得技能。今在波澜起伏中，一天天鬼混完结，书读不了，还要挨打，这岂不是绝大的牺牲？所以为学生设想,有撇去一切关系,跳出漩涡,要求照常上课。野心家拿你们作工具,胜败全与你们无干,盲目地去拥护谁,打倒谁,实在有些可怜。

算了吧! 再恶作剧下去,中公关门大吉,你们还好像在吴淞那样一跑了事吗?①

中国公学风潮的持续以及报端的相互攻讦,引起社会的极大关注。6月7日,中国公学学生义勇军十九路军随营训练班为母校学潮事发表宣言,站在较中立的立场,为学校学生计,呼吁结束风潮。

中公吴淞原校被毁于日军炮火之后,前途岌岌可危,幸赖多数师生的努力始得继续开课维持残局,但我全体同学一千四百人星散失学者尚居大半,学校一切皆因陋就简,扩充需时,际此万分困难关头,全校师生理应和衷共济力谋发展。不料开学未久,同学中遂纠纷迭起,相持不下,今竟愈演愈烈,致有动武殴伤同学之举。樊刘傅区汪五先生以办事棘手,灰心异常,已相率辞职,脱离中公关系,其他教授亦皆人人自危无心到校授课,母校前途殊属不堪设想。此信传来我前方同学之万分悲痛。……提出四项主张:(一)恳请董事会克日推举德高望重之新校长,(二)征请樊刘傅区汪五先生立即复职,免陷学校于停顿状态,俾本学期得依时结束,(三)少数同学行为激烈用意殊不光明,应由学校当局命其离校,殴伤同学份子尤加予以重惩,被殴同学学校应速为医治,(四)抗日救国系全体同学应尽之天职,学校恢复原状后即召集全体同学大会,切实选举并完整组织以免有名无实或竟为少数份子操纵。②

1932年6月10日,中国公学校董会议在蔡元培寓所举行,讨论解决学校学潮问题。董事会议决:(一)校董会准邵力子辞校长职,由朱经农任新校长,朱经农未到校前,由常务校董杨杏佛、但懋辛、熊克武代表校董会暂时维持校务。(二)学校现行之教务长、总务长、秘书长制度,执行上殊感困

---

① 民:《中国公学的恶作剧》,《循环》第1卷第36期,1932年6月10日,第584—586页。
② 《中国公学学生义勇军十九路军随营训练班为母校学潮宣言》,《申报》1932年6月7日,第2版。

难,应即废止,改设注册、文书、庶务、会计四主任,受校长之指挥,分任校中事务。(三)学校之董事会,常务校董人数改为五人至七人,任期一年。推定于右任、王云五、朱经农、高一涵、但懋辛、刘秉麟、杨杏佛七人为本届常务校董。(四)设立复兴委员会,负责计划并实现学校复兴之责,推定熊克武、陈果夫、蔡元培、于右任、王云五、邵力子、徐新六、马君武、胡适、任鸿隽、张公权、杜月笙、胡石青、杨杏佛诸先生为委员。(五)定于六月十三日起,一律复课。① 杨杏佛、但懋辛于 6 月 11 日上午到校接管校事,学校开始恢复正常秩序。

从校董会的决议来看,国民党上海市党部的势力消减,新任的七位校董基本上都是中国公学历史上的老校友,学校由此恢复为校董会办学。同时为避免此前屡次出现的校内教职员围绕总务长与教务长两个关键职位的恶性竞争,决定取消这两个很有权势的职位,从而使学校变为两级管理,职员直接对校长负责,遇有校长缺位时,不再由总务长或教务长负责,而是改由校董会直接负责,希望通过上述体制上的变革避免校内因争权夺利而发生风潮。

国民党党部的势力暂时退出,中共在学生中的存在却不易消除。校董会接管学校后,开除了部分左翼的学生,但还是不能消除校园内的党派斗争。樊仲云的离校,使校内的左翼学生的情绪更加高昂,坚持要继续推动抗日救亡运动。学校董事会试图劝导学生停止抗日救亡活动,校董会要求与学生会主席中共党员黄霖谈话,提出:只要停止抗日救国活动,学生就可以在学校公开学习和研究马列主义、共产主义的书籍,学校保证学生的安全,黄霖没有同意。② 学校暑期期间,左翼学生仍留在校中办起了暑期学校继续活动,后被上海市政府派人查抄。

1932 年 7 月 21 日,中国公学校董会以反动学生暴力盘踞校舍校务负责无人为由,呈请教育部派员接收整理。③ 校董会鉴于学校内部情形的复杂,于 8 月 10 日议决暂行停办,三、四年级生赴其他各校借读,一、二年级生转学。

至于停办的原因,教育部督学余森文奉派调查后呈报,详情如下:

---

① 《中国公学风潮解决》,《申报》1932 年 6 月 12 日,第 12 版。
② 罗金江:《共产主义的忠诚战士——黄霖》,中国人民政治协商会议四川省新都县委员会文史资料委员会:《新都文史》第 7 辑,1991 年,第 12 页。
③ 《呈为私立中国公学因反动学生暴力盘踞校舍校务负责无人恳求派员接收整理由》(1932年 7 月 21 日),中国第二历史档案馆藏,国民政府教育部档案,五(2)- 1784。

查中国公学此次风潮起因，内幕实异常复杂，缘自邵力子校长离校赴甘后，学校状态即陷入群龙无首之境。及经"一·二八"事变，吴淞校舍毁于日军之炮火，故即由教授会主持，在法界辣裴德路，另赁临时校舍，勉强开学。开学以后，一因经费关系，且当时各校多未恢复，不免滥收学生，以致份子更为复杂。二因学生骤加，收费增多，际此国难期间，智识份子失业众多，是故群思在该校取得地位，以维生活。有此二因，中公之风潮以起，先是教职员方面形成三部势均力敌之壁垒，其主要份子如后：一为国家主义派——刘秉麟（校董兼教授会执委）、胡耀楣（总务长）；二为社会民主党派——区克坚、傅东华（均为教授会执委兼常委）、樊仲云（教务长）；三为接近共产主义派——李剑华（教授会执委）、袁税伯（教授会执委兼秘书长）。各以学生为工具，互斗短长。在国家主义派份子方面，则刘秉麟想攫取校长一席，并以胡耀楣副之。而社会民主党份子方面，则樊仲云仍拟校长名义由邵任，而自己副之，代行职权，在邵先生名义掩护下，使中公成为该党之大本营，以遂其发展。前者因有历史关系，虽无严密组织，力量颇为不弱，而后者则组织未久，基础殊不坚固，惟在教授会中，因开学时各教授得樊之极力推荐，较占优势。至共产主义派之力量，则完全建筑在学生身上。今共产主义派与国家主义派互相联合，操纵学生抗日救国会，以为逐樊之利具。樊以该会与己不利，故鸣捕解散其集会，并捕该会主席田桓，但结果愈促成其联合，日趋坚固，同时反樊运动亦日益急进，樊无法维持，故该派教授有全体辞职之举。然樊在外仍主使一部学生在内捣乱，以致演成屡次互殴及占据大礼堂之怪剧。但樊终以势力不敌远甚，故樊离后，学校乃由国家主义派及共产主义派联合组织校务维持会，代教授会撑此残局。嗣虽经该校主席校董蔡元培先生召集校董会，议决推朱经农继任校长，表面风潮似已告一段落，然朱以不愿卷入风潮漩涡，坚辞不就，校董会后又推熊克武继，亦辞不就，校董会以学生日渐嚣张，一时无法维持，至此乃宣告停办矣。[①]

1932 年，大部分校舍在"一·二八"事变中被毁，给了勉力支撑的中国

---

① 《为呈报调查中国公学风潮由》(1932 年 9 月 2 日)，中国第二历史档案馆藏，国民政府教育部档案，五(2)-1783。

公学以致命一击。8月,蒋介石电教育部长朱家骅,称"上海学界本党竟无基础,非设法布置积极进行不可也,劳动大学、中国公学、同济大学、交通大学或暨南大学务必先择一二校入手,派忠实同志有能力者为校长"①。但朱家骅电复,称"中国公学系私立,一切均由校董会决定。前得熊克武校长消息,即趋沪商请蔡先生已以校董会名义停办"②。校董会之所以停办,则是因为此时学校已被中共背景的学生完全占据,故不得不停办整顿。③ 至此,有20余年办学历史的中国公学逐渐消亡。

四、中国公学师生校友的复校努力

校董会在1932年8月10日议决停办,本来是借此解决校内复杂的党派斗争,清理原有在校的所有学生,待重新招考学生再恢复办学。校董会的停办决议确实使左翼的学生消散于无形,但也损害了部分正常求学读书的学生之利益。由此,引来两派学生的复校运动。

1932年8月14日,中国公学学生呈校董会,请校董会恢复办学。这篇呈文对于学校自邵力子离任后的中国公学校内的党派斗争及风潮内幕多有揭示,故全文录之如下:

> 呈为公学宣告停办,吁请迅予责成原有教授会负责人员办理善后事:窃我公学自少数不良教授勾结反动学生,闹成巨大风潮,致生等学业蒙莫大之损害,生等隐忍缄默,直至于今,原以完全信赖钧会终能秉公处理,不致使生等失望之故。讵意钧会始则为少数反动学生所胁迫,不加断然之制裁,致负责之教授消极引去;继复为一二卑鄙教授所蒙蔽包揽,致生等本学期成绩及转学事宜,至今不得清理;而今则竟以宣告停办见诸报章矣。生等惊悉之余,既痛哭我历史悠久之公学不断送于倭奴炮火之浩劫,而断送于少数反动之员生。复念自身学业,不特前功尽弃,抑且后顾茫茫,不得

---

① 《蒋中正电饬》(1932年8月14日),台北,"国史馆"藏,"蒋中正总统"文物档案,002-010200-00070-051-001a。

② 《朱家骅电蒋中正》(1932年8月16日),台北,"国史馆"藏,"蒋中正总统"文物档案,002-080200-00053-142-001a。

③ 《呈为私立中国公学因反动学生暴力盘踞校舍校务负责无人恳求派员接收整理由》(1932年7月21日),中国第二历史档案馆藏,国民政府教育部档案,五(2)-1784。

不将前后情形，沥陈于钧会，冀邀最后之俯听，幸勿为摆脱自身责任计，而恝置我数百学生之学业于不顾也。溯自此次风潮发生，生等即将此中内幕揭呈钧会，当时钧会以生等一面之辞，不足听信，或因被反动学生惯肆流氓手段，辄以动武为威胁，不欲事态之扩大，而始终姑息优容之。若辈乃益无忌惮，所求无不遂，以此教授会不得继续负责，而遵命移交矣。及后沪西被捕之共产党八十八人中，我校学生竟居其九，此九人者，即当时鼓动风潮之主要分子。则此次风潮之背景，业已大白。然其余党犹复以暑期学校名义，盘踞校舍。冀由此渡至下学期，藉为少数反动教员作武力，以保全其位置。钧会既不加取缔，殆犹有所顾虑。迨教育部探知内幕，函市政府抄查暑期学校，拘去数人，若辈始作鸟兽散。当此之时，风潮之症结已去。钧会如能秉公办理，即应责成原有教务处人员，负责办理成绩，以资熟手。乃朱通九教授为乘机攫取下学期教务长地位起见，向钧会献计，辞去教务处人员，自谓一身可以包办，而结果则错误百出，步骤毫无。始则发给试读证，继复改作借读生。旧生误作新生者有之，下学期误作上学期者有之，致生等函件往返，徒耗光阴。各校招考将近逾期，而所发证书等于废纸，此中苦痛莫可名言。然生等仍复隐忍不发者，盖已闻知钧会决派熊锦帆先生继长我校，一切纠纷，自可解决。且思学校既可续办，生等已无转学之必要，故生等深自庆幸之余，唯有静候消息而已。讵意当初鼓动风潮之余党，知熊校长之来于彼不利，乃以枪弹夹入匿名信中，纷向熊氏恐吓，此或即熊氏所以消极辞职原因之一。及至熊氏辞职之消息传出，彼等乃以护校代表团名义，于十日《申报》登启事，质问钧会，意欲钧会正式宣告停办，则彼等可以死灰复燃，以护校之美名号召大众，仍抄暑期学校之故智，作继续开办之运动。查所谓护校代表团者，即当初由抗日会领导之护校团，纯为反动份子所操纵，背后仍由教授李某指挥。日前熊氏辞职消息传出后，李某、朱某即拟乘机组织新教授会，四出奔走，一面运动教授林某①，转托乃弟林语堂先生向钧会关说，仍将政权畀与新教授会。及见诸教授不愿为所利用，开会不成，乃始利用反动学生为武器，一面压迫钧会，继续开办；一面推戴李某等掌握政权。藉以贯彻当初鼓动风

---

① 此处林某指林玉霖，林语堂的二哥，早年毕业于圣约翰大学，后留学英国剑桥大学，回国后曾先后在圣约翰大学、中国公学、厦门大学任教。

潮之目的，闻其组织法，亦[一]仍当初所谓校务维持会之旧观，以学生五人、教授四人组织委员会。当初被推之四教授，系李某、袁某、胡某、刘某，此次则去胡、刘，而易以朱某、林某。朱某者，本系中立，新近因求急进，而报效彼党者也。林某则为彼等引为傀儡，以作掩护之用。似此情形，若辈以护校为美名，势必继续运动。生等以若辈果真护校，当然与之同情，然既洞悉彼等之内幕，则不得不为钧会陈明，备作应付若辈之参考。至于生等今欲吁请者，则纯在自身利益之立场，以下半年若果停办，则于生等实有万难解决之处，略举如次：（一）三年级下学期与四年级上学期，照章不得转学。（二）本学期在他校借读之旧生，下学期不能不回校。（三）本学期他校转来之新生，当初教授会本议决第一次月考及格者，即作为入学考试及格，可作正式生论。现在钧会推翻前案，此项学生必皆失学。（四）一、二、三年级旧生，虽得正式转学证书，而他校皆拒绝收录（如上海之暨南、复旦各校，均有我校学生报考，而遭拒绝）。似此情形，我全校八百余新旧学生，以及寄读他校之近千学生，势必一概失学。今钧会既议决停办，生等诚不敢过问，惟上陈之各种困难，则务恳钧会迅予解决。兹就生等管见所及，条陈办法数条如次：（一）责成原有教授会负责人员，限期办清本学期成绩。因此项成绩及转学事宜决非新手所能办。（二）本学期新生，依据教授会原定议决案作为正式生，发给转学证书。（三）本学期在他校寄读之旧生，由我校当局交涉各校，收为正式生。（四）持有一、二、三年级转学证书而遭各校拒绝者，由学校向各该校交涉收录。以上办法，系生等最低限度之请求，务乞俯念生等学业前途关系重大，迅予照准施行。否则生等迫于失学，唯有继续环恳，期必达到目的而后止。迫切陈词，不暇裁酌，无任惶恐待命之至。[①]

上述呈文立场鲜明，一来是反对左翼教师及学生的种种举动，二来是反对风潮以求安心读书。呈文中提到校内的派系之争，造成校董会聘定的校长熊克武无法到任，是导致学校无形停顿的直接原因。校园内的党派斗争对于学生的正常求学有很大的干扰，学校董事会无奈停办的举措，又造成大多数向学的学生失学。学生对于校董会在处理风潮问题上的无力有较多批

---

① 《中国公学学生呈校董会文（抄件）》（1932年8月14日），中国社会科学近代史研究所中华民国史组编：《胡适来往书信选》（下），中华书局，2013年，第1239-1241页。

评,其实从一个侧面反映了校董会的无奈处境。虽然校董会是学校的最高权力机构,但校董会并不实际负责学校的管理,所以常常是由校董会授权校长或教授会负责学校行政,这样作为最高权力机构的校董会并不直接面对学生和教职员,而负责学校事权的校长或教授会又没有权威,权力的失序导致学校的分裂和内耗。为解决"倒马风潮"而进行的校董会改组更加弱化了校董会的功能,改组后的校董会改变之前校友占大多数的局面,新增的董事大多与中国公学的历史并无太大关系,其对于中国公学的发展远不及校友那般热心,加上新增校董大多是名义上的兼职,且与中国公学没有什么渊源,所以校董会在学校的权力结构中的权威及协调控制能力大大减弱。改组后校董会与教职员之间关系陌生,不似之前校董会诸人热心办学且校董对校务有直接影响。这样的人事格局及校董会的实际状况是学校风潮不断的体制上的潜在因素,同时也是学校走向衰亡的一种表征。

中国公学停办对中共在校内的组织活动也带来很大的影响。学校停办,学生或转学或解散,原有组织根本无法开展活动。学生会多次要求复课,校董会均不予理睬。于是,黄霖和张楚琨等人,在中共法南区党组织领导下,活动部分与中共有一定联系的教职员成立新中国公学。经过他们的努力,1932年9月,中国公学推定柏文蔚为董事长兼校长后,即在法租界租定校舍,开始办理学生登记复学。据当时报载该校成立背景,"实力派校董蔡元培、王云五、胡适之辈,尤目学生为眼中钉。学生教员去请愿者,蔡先生一见面便拍桌大骂:'教育! 教育! 教成你们都走上死路! 有什么办法,中国教育,横竖是破产! ……且看你们闹去!'言下之意大有你们都是'活该'之意,因此更促成学生教员的反感,乃群起与蔡氏的校董会为难。所谓'新中国公学'也者,便在这学生与蔡氏的对抗中,有一部分教授捧出了柏文蔚这武家伙,便不顾一切地成立了"[1]。新中公的校董有杨庶堪、黄复生、居正、孙科、桂崇基、黄季陆、傅汝霖、冷融等,[2]不过大多系挂名校董,虽多为国民党历史上有一定地位者,但政治上大多有反蒋的经历。新中国公学聘定教职员,副校长兼政治系主任李恩绍、总务长兼文理科学长胡耀楣,教务长胡汉瑞、秘书长黎泽、普通商学系主任崔庶士、数理系主任袁税伯、社会教育系主任李剑华、经济系主任蒋启泰、文学系主任何子恒等。[3]

10月,新中国公学正式开学,学生大概有几百人,但内部派系对立严

---

① 曼人:《"新中公"的新花样》,《社会新闻》第1卷第2期,1932年10月7日,第35页。

② 《上海市教育局关于私立女子审美学院、新中国学院立案问题》,上海市档案局藏,上海市教育局档案,Q235-1-632。

③ 《新中国公学近讯》,《申报》1932年9月23日,第10版。

重，一派是以中共地下党员为核心的革命派，一派是国民党赞助的职业学生。中共学生支部先后建立起"社会科学研究会""文艺研究会""反帝大同盟"等外围组织，经常请上海社会名流作学术、政治报告，吸引普通学生的信仰。国民党籍的学生组织"文艺研究会"意在抵消中共力量的影响。实际上，新中国公学维持时间不长，由于党派色彩太重，也未得到校董会和大多数校友的认可。①

新中公在政治上与南京国民政府立于反对地位，暗中还接受与政府对立的西南政务会议津贴，②自然得不到官方的认可与支持。当然新中公其实也不追求官方的认可，因为主事者办理新中公已经不是在办普通学校，而是把学校当成"为抓青年群众对象"的"一块好肥肉"。③ 但实际上新中国公学不过空挂一块招牌，"学生都存观望，登记报名者虽有数十人，但大都不愿缴纳学费，不到校中，开学上课更谈不到"④。对于中公的命运，CC系所办刊物《社会新闻》认为，"该校复活，已不可能，因经济固成问题，而该校派系众多，即令复校成功，亦多纠纷也。况原有学生已星散，即使开学，学生多寡，绝无把握"⑤。

与此同时，中国公学部分转学他校的学生组织复校会，推举曾邦熙、陈超崙、陆琼堂、周济生、姚兆里等负责，拟请创办人王敬芳、校董蔡元培、于右任、王云五，及校友胡适、杨杏佛、朱经农、刘秉麟等设法援助。⑥

1933年2月18日，在法政、持志、中大等校借读的原中国公学学生在上海中国科学社召开借读各校的中国公学同学联席会议，一致决议呈请校董会于最短期内恢复中国公学，并发表宣言争取社会同情。⑦ 在中公学生复校运动委员会的推动下，校董会主席蔡元培，宴请原校董林语堂、朱应鹏、潘公展诸人，筹划次年春季开学复校事宜，但林语堂、朱应鹏、潘公展在出席了两次筹备会议后，深感各方事宜的棘手，遂向蔡元培请辞，其他诸位校董则忙于自己的事务，无暇顾及，至此复校事宜搁浅。据说，实际负责的杨杏

① 该校成立之初就有人指出，"因蔡元培等持反对攻击态度，中央只承认旧中公，不承认该校，立案固成问题"。曼人：《"新中公"的新花样》，《社会新闻》第1卷第2期，1932年10月7日，第35页。
② 龟年：《新中公一笔津贴》，《社会新闻》第3卷第19期，1933年5月27日，第294-295页。
③ 曼人：《"新中公"的花样》，《社会新闻》第1卷第2期，第35页。
④ 曼人：《"新中公"的新花样》，《社会新闻》第1卷第2期，1932年10月7日，第35页。
⑤ 虹：《中公复活运动停顿》，《社会新闻》第1卷第4期，1932年10月13日，第37-38页。
⑥ 《中公校友组织复校会》，《申报》1932年9月18日，第17版。
⑦ 《中公学生复校运动》，《申报》1932年2月19日，第12版。

佛则因接到两封恐吓信而不愿再过问复校事宜。①

转学学生及校友会迭次要求复校，中国公学校董会决定推选熊克武为校长，熊凯祥任教务长，觅定贝当路汶林路房屋为校址，积极办理学生登记等事项，1933年3月10日开学。② 此前，校董会董事长蔡元培就复课问题呈教育部备案，教育部以吴淞校舍尚未恢复，指令暂停招生。

1933年3月23日，教育部电令中国公学校董会停办中国公学，电称，

> 该校校舍设备尽毁于沪变，在该校经济状况之下，欲谋恢复，当属不易。查该校原设文、理、法、商等科，现文、法科业经中央决议限制设立。理科设备需费甚巨，自非因陋就简所能办理。且理、商两科沪上各校设置已多，亦无恢复之必要。又查该校近年来校风嚣张，学潮迭起，相沿成习，整饬难期有效。本部详加审核，该校重行开办，碍难认可。倘该校董会为谋停办时在校各生赓续学业之便利起见，拟恢复文、法、商等科，只可认为救济失业青年之权宜办法，应以逐年结束，办至原有各生毕业时为止，不得再招新生。③

中国公学由此陷入困境，不但无法从教育部得到经费支持，而且无法招收新生，继续办学。校董会对此表示不能接受，电请教育部取消限制中国公学招生办学的电令，表示教育部所列的四项理由，有三项是由战争等不可抗力造成的，不能归咎于中国公学本身，应该准予恢复。④

教育部除准中国公学办至在校学生毕业为止，未做任何让步。中国公学落入此种处境，其缘由在当时公学一份致同学书中有详细论述，文曰，"今也吾校已受教育部停办之处分，虽屡经磋商，已准继复授课，而尚有不准招考新生之限制。原教育部之所以有此处分，以校舍被毁、风潮迭起为近因，而最大关键实以党政当局屡有增扩理工诸科，缩减文、法等科之表示。吾校理科迄未充实，而文、法、商诸院又未有出人头地之表示，故教育部认为无存

---

① 《中公泪语》，《循环》第2卷第12期，1932年12月3日，第995-996页。

② 田叠波：《回忆母校——中国公学》，王云五等编：《私立中国公学》，台北，南京出版有限公司，1982年，第391页。

③ 《教育部停办中国公学电》，上海市档案馆编：《中国公学档案辑存》，《近代史资料》总69号，中国社会科学出版社，1988年，第75页。

④ 《请教育部取消限制招生呈》(1933年4月)，上海市档案馆编：《中国公学档案辑存》，《近代史资料》总69号，第78页。

在之价值耳。挽救之道，仍在吾校"①。中国公学能否复兴全取决于自身的努力，最困难的还是经费问题以及当局的支持。

经过一年多的努力，中公的复兴计划没有任何进展，前景暗淡。1933年冬，熊克武向校董会提出辞职。其间盛传原江南学院的副院长丁默邨可能继任校长，引起原中国公学学生不满，纷纷向校董会表示反对。②

为求复兴，中国公学校董会不得不求助于上海党政当局的支持，1934年2月19日，潘公展与蔡元培商谈中国公学复兴问题，潘认为公学经费困难，须觅人接办，谓国民党上海市党部"可以接办"。蔡元培表示，市党部"选定校长后，当嘱[熊]哲帆交卸"。③ 3月，由潘公展运作，时任上海市市长的吴铁城允任中国公学校长，中国公学校董会函请熊克武办理交代，另聘朱应鹏为秘书长、韩觉民为总务长。4月3日，中国公学校董会召开谈话会，出席者有上海市市长吴铁城、校董王云五、上海市党部吴醒亚、潘公展、朱应鹏。谈话会讨论事项包括校董会的改组和公学的复兴计划。4月16日上午，中国公学大学部补行开学典礼，到校校董及师生四百余人，由新任校长吴铁城主席。先由吴报告复兴中国公学的计划，继由蔡元培董事长、王云五校董及吴醒亚等致辞。

中国公学全体学生欢迎新校长吴铁城

吴铁城当校长后，中国公学校内风向大变，开始积极向政府靠拢。1934年，在国民党CC系发起的中国本位文化建设运动中，各大中学校举行"民

---

① 《致同学们书》，上海市档案馆编：《中国公学档案辑存》，《近代史资料》总69号，中国社会科学出版社，1988年，第89页。

② 1933年春，中公复校时，正值江南学院停办，其大部分学生转入中公，丁默邨接任校长之传闻与此有关。

③ 高平叔编：《蔡元培年谱》（下），人民教育出版社，1998年，第112页。

族复兴运动演讲",中国公学被定为第二批巡讲的学校。① 此外,国民政府发起新生活运动,当局为清除腐化恶习,禁止大学生跳舞,上海市教育局于1934年12月21日通令各大中学校禁舞,次日中公即发表宣言响应,"并为贯彻主张起见,拟联合沪上各校,作进一步之讨论"②。

吴铁城到任后,力图复兴中国公学,一是恢复吴淞的校舍,一是建设理学院完成大学组织计划。但所需经费甚巨,据估算,建设校舍需费十三万八千余元,建设理学院需经费六万左右。吴铁城本意是将中国公学改为上海市立大学,"各省都有省立大学,上海市还没有市立大学,他想把中公改为上海市立",改为市立,上海市政府才可以名正言顺地赞助中国公学,但改市立的提议未得到校董会的认可,校董会"只希望利用他的力量重建吴淞校舍",并不想改变学校私立的性质。③ 吴铁城到任一个学期,暂时解决了校舍问题,将学校从法租界迁到江湾,租用中国文化学院的校址。因经费没有着落,中公的建设无大进展,加上与校董会的分歧,吴铁城开始萌生退意。

1935年2月2日,在中央研究院驻沪办事处召开的中国公学校董会会议,到会的校董有潘公展、吴开先、于右任、王云五、朱应鹏等,蔡元培辞董事长职,改由于右任任董事长。吴铁城请辞校长职,董事会决议慰留。另决议加聘本校教授陈济成为副校长,朱应鹏为校董会秘书。会后,王云五与蔡元培访吴铁城,挽留吴铁城任中国公学校长,吴颇有允意。但2月14日,吴铁城仍坚辞中国公学校长职,由校董会出具慰留函,托潘公展劝勉,吴铁城才勉强表示同意。1935年5月,吴铁城面谕上海市工务局派员勘估吴淞中国公学旧址各项建筑物修复费用,工务局经过查勘,估计全部工程约需洋十三万二千八百元。④ 如此巨款无处筹措,实际上也预示着复校的困难。此后一年多,中国公学复兴无任何进展。至1936年1月,中国公学仅剩文、法两院的文学、法律和经济专业的部分学生,教育部令办至现有学生毕业为止。⑤

1936年2月22日,中国公学大学部毕业同学假八仙桥青年会九楼餐厅庆祝校董蔡元培七旬大庆,到会学生吴继泽、水祥云、聂海帆、毛仿梅等及

① 《文化建设协会沪分会赴各校演讲民族复兴》,《申报》1934年10月26日,第14版。
② 《禁舞问题中国公学学生宣言》,《申报》1934年12月22日,第16版。
③ 徐鸣亚:《回忆母校——中国公学》,王云五等编:《私立中国公学》,台北,南京出版有限公司,1982年,第349页。
④ 《上海市工务局勘估吴淞中国公学旧址修建工程所需工费文书》,上海市档案馆藏,上海市工务局档案,Q215-1-7168。
⑤ 《全国公私立大学、独立学院、专科学校一览表》(1936年1月),中国第二历史档案馆编:《中华民国档案资料汇编》第五辑第一编:教育,江苏古籍出版社,1994年,第315页。

教职员朱应鹏、邹馨棣等六十余人。席间，蔡元培表示，"中公乃有悠久历史之学校，与党国具有深切之关系，自'一·二八'校舍被毁以后，迄今未复旧观。抚念当时诸先烈创校之苦心，实令人感慨系之。今日欢聚一堂……愿乘斯时会，共商复兴母校之所见，以期奠定校基"①。

到1936年上半年学期结束，如不招生，旧有学生几近全部毕业，学校就空余一块招牌。据校友黄仁中所记中公的窘境，"在淞沪道上的江湾镇，还租得几间平房，支持着一个中国公学的虚名，同学不过三几十人，设备是什么也没有，恐怕在世界各国，都很少这样滑稽的大学存在"②。

鉴于公学之命运已至决定阶段，不复兴即停办。1936年8月13日，吴铁城约校董谈话，商中国公学复兴问题，到者蔡元培、陈济成、潘公展、吴开先、朱应鹏四人。讨论结果，上条陈于校董会，推于右任、邵力子、胡适之、吴铁城及蔡元培五人为筹款委员会，请中央拨款十万元，各省市政府合助十万元。③

实则当时很多人对于中公复兴之前途并不乐观，如校友穆济波就认为，"中公虽为一与革命历史实有密切关系之学校，然其过去之成绩，不过一普通之私立大学，与上海大学、东吴大学等。中公校舍虽不继续存在，犹之上海大学其精神固永远存在，复与不复殊无何等轻重于其间，此种心理在社会中异常普遍。且近时风习正趋向于极端限制私立大学之产生，取缔合并，国立省立犹不免，若贸然恢复一时认为空乏无用又易启纠纷之私立大学，实为事实所不许④。校董刘秉麟对于复校也持悲观态度，认为"以目前情形而言，不仅黄君所希望之具体办法无从说起，即复兴之初步，亦谈何容易！……经济方面之筹划，渺若云天，人力方面之供给，亦苦不足。以今日设备完美、经费充裕之各学校而言，尚有办学不易之感。故办教育，实一苦事，复兴中公，更是苦中之苦"⑤。

刘秉麟更指出，学校沦为政争之工具，风潮不断，"头脑之牺牲于此中而无代价者，诚不知多少，中公校誉，亦受其累"⑥。此实点出了问题的关键，中公在教育界的声誉实在是不容高估。1937年7月21日，胡适在与广东

① 《中公同学昨午晋祝蔡元培七秩大寿》，《申报》1936年2月24日，第14版。
② 黄仁中：《复兴中国公学与复兴民族的意义》，《中国公论》第1卷第4期，1937年2月16日，第20页。
③ 高平叔编：《蔡元培年谱》（下），人民教育出版社，1998年，第326页。
④ 穆济波：《从恢复中公运动到建设民族文化运动》，《中国公论》第1卷第7期，1937年4月1日第23页。
⑤ 刘秉麟：《哀中公》，《中国公论》第1卷第5期，1937年3月1日，第11页。
⑥ 刘秉麟：《哀中公》，《中国公论》第1卷第5期，1937年3月1日，第11页。

省政府主席吴铁城谈中国公学事，"力劝他设法使这个害人的学校关门"①。由此可见一斑。

在经历了此前复兴努力的种种失败后，中国公学校友开始意识到，学校复兴最重要的是重建校舍，而重建校舍则需要大笔经费，靠各种捐助绝无可能，故只能争取国民政府的支持，为此中公极力向政府靠近，以争取国民政府的好感。在于右任的建议下，校友黄仁中等人创办杂志《中国公论》，"作为复兴运动的言论机关"②。《中国公论》发表了大量响应国民政府、拥护中央论调的时评。由于西安事变前后中公拥护中央的突出表现，1937 年 2 月，蒋介石表态为重建中国公学认捐十五万元。③ 对于中公而言，这无疑是复兴运动的重大进展。

《中国公论》复兴中国公学专刊发表了一些系列文章，强调中国公学与民众复兴的关联性，并强调"中公原来就是国民党的学校"④。在饶伯康的引荐下，1937 年 3 月 6 日黄仁中晋谒时任考试院院长的国民党元老戴季陶，黄仁中提出希望政府兑现民初孙中山在临时大总统任内认拨的三百万巨款，并提议"现在的中央应该列入国家教育费项下按年摊还"。戴季陶反问："如此说来，岂不是变成国立的吗？"⑤戴季陶实际点明了中公依靠官方支持复校必然改变其性质，但此时校友关心是否能复校，至于学校性质似并不重要。为争取国民政府中央的支持，在戴季陶的建议下，黄仁中开始在南京组织校友会。

1937 年 5 月，中国公学南京校友会成立，到会校友及党政机关代表 130 余人。黄仁中作为大会主席报告，称国民党为"本党"，意在使复兴中公成为国民党的分内之事，校友会特邀请戴季陶、孔祥熙、陈立夫、孙科等党国要人担任名誉理事，表现出对国民政府的认同。⑥ 经于右任等人的多方争取，1937 年 8 月 4 日，中央政治会议第五十次会议，通过决议案，"拨助复兴中

---

① 曹伯言整理：《胡适日记全编》(六)，安徽教育出版社，2001 年，第 695 页。

② 《中国公学校友会成立大会纪录》，《中国公论》第 1 卷第 10 期，1937 年 5 月 16 日，第 35 页。

③ 《私立中国公学送教育部关于本校历经建停所有原因学校情形及现在校地经费等项一案的函》，成都市档案局藏，民国档案，民国 51-0-2。转引自侯垳楠、廖大伟：《"公"与"私"的困惑：中国公学复兴运动(1932—1937)》，《开封教育学院学报》2018 年第 1 期，第 16 页。

④ 黄仁中：《复兴中国公学与复兴民族的意义》，《中国公论》第 1 卷第 4 期，1937 年 2 月 16 日，第 19-20 页。

⑤ 黄仁中：《为中公复兴问题晋访戴季陶先生记》，《中国公论》第 1 卷第 6 期，1937 年 3 月 16 日，第 32 页。

⑥ 《中国公学校友会成立大会纪录》，《中国公论》第 1 卷第 10 期，1937 年 5 月 16 日，第 35 页。

国公学基金十万元，先行恢复中学"①。9 月，国民政府行政院以"该校兴发历史，确有足资纪念之处，且上海创设规模宏大办理完全之中学，尚有需要，允准拨助经费十万元，限定恢复中学"②。国民政府同意恢复中国公学，跟校友会的努力是分不开的，尤其是校友会屡述学校与国民党革命历史的渊源，从而使得保存中国公学具有相当的纪念价值，但其价值似仅止于纪念价值，其作为教育机关并无特殊的意义，故而只限定恢复中学。在此过程中，戴季陶的意见有着重要的影响，此前戴季陶就曾建议，"为保存中公的历史，在此刻来说，最好不要忙着办大学，就是师范学校我觉得很好，能够把高初两级师范办出成效来之后再图进展"③。此外，中公校董会一直在为复兴筹款，且颇有成效。1937 年 8 月，对于云南省教厅转呈的中国公学董事蔡元培、于右任所请拨助中国公学复兴基金一千元一事，云南省主席龙云令省财政厅、审计处照办。④

　　行政院核准助款恢复中国公学，对于学校而言无疑具有重要意义。正如校友会所言，"中国公学自一·二八被毁后，虽曾一度恢复，惟未得教部承认，且时断时续，于本年上学期又无形停顿。兹经中央政治会议通过，拨款十万元，为中国公学大学部基金，四万元为恢复中国公学中学部经费"⑤。该决议不仅为中公复兴提供经济支持，而且重新得到官方的承认更形重要。当然也不能高估这一拨款的意义，"一·二八"事变造成中国公学高达二百多万的损失，相形之下，十万元的拨款不过是杯水车薪，离复兴中国公学之路还很遥远。即便如此，在该校同学听闻中公复兴有望，筹备庆祝之际，"八一三"事变的发生，不但复兴之事搁置，而自 1931 年以后之设备又毁于炮火。⑥ 命运多舛的中国公学，这最后一次机会又被侵华日军毁灭。

---

　　① 《中政会昨开例会》，《申报》1937 年 8 月 5 日，第 4 版。
　　② 《上海"一·二八"战争校舍被毁后交涉复校档案》，王云五等编：《私立中国公学》，台北，南京出版有限公司，1982 年，第 47 页。
　　③ 黄仁中：《为中公复兴问题晋访戴季陶先生记》，《中国公论》第 1 卷第 6 期，1937 年 3 月 16 日，第 33 页。
　　④ 《云南省政府训令：秘二教总字第六三〇号》(1937 年 8 月 13 日)，《云南省政府公报》第 9 卷第 70 期，1937 年 9 月 4 日，第 16 页。
　　⑤ 《中公同学筹庆母校恢复》，《申报》1937 年 8 月 5 日，第 12 版。
　　⑥ 龙英杰：《本校略史》，中公校刊发行社：《中公校刊》，1944 年 5 月，第 8 页。

五、公学余绪

全面抗战爆发后，由于中国公学校友部分在大后方，部分在沦陷区，出于各自的需要，都积极开展恢复中国公学的运动，于是同时出现了沦陷区的伪中国公学与重庆的中国公学中学部。

在沦陷区办学的中国公学被迫于 1937 年年末停办。[①] 原中国公学总务长暨数理系主任胡耀楣打着中国公学的招牌，接续柏文蔚所办新中国公学，于 1938 年 2 月恢复办学，自任校长，聘请史聘三为秘书长、吴广仁为教务长、吕绍光为注册主任兼秘书、邵鸣九为中学部主任、胡朴安为文学院长、凌舒谟为法学院长、丘正伦为商学院长，设文学院、法学院、商学院及附属中学。[②] 但该校既未得到校董会的承认，也不可能被重庆教育部所认可。

迁到后方的校董会一直力谋复校。1939 年 2 月，中公校董会决定学校在上海租界复课，一切经费由校董会负责筹划，校董会董事长于右任亲任校长，王开疆代理校长职，并聘请王陆一为文学院长、高一涵为法学院长、潘序伦为商学院长、胡耀楣为教务长兼代理学院长、于稚香为总务长、聂海帆为秘书长兼任中学部主任、印廷华为训育主任，租定静安寺路一四五八号为校舍，登记旧生，招考新生，定期开学。[③] 主要负责人大多为于右任的亲信，代理校长王开疆即于右任的代表。复校进程并不顺利，实际恢复的仅为中学部。据报载，"吴淞中国公学中学部今春复校，现奉重庆董事会电示，更名为中国公学第二附属中学，因渝校已委何鲁办理第一附中"[④]。中国公学复校不久，秘书长兼中学部主任聂海帆遭暗杀，[⑤]对于学校无疑是一沉重打击。奉于右任命到沪复兴中国公学的王开疆也因进展不顺，在沪上进退失据，最后蹈海自杀。[⑥] 至此，大后方校董会在沪上复校的努力失败。

1941 年 3 月，在汪伪政府任职的中国公学校友发起成立校友会，"担负复校重任"。4 月 17 日校友会第三次理监事联席会议决定成立复校委员会，并推选陈济成、许逊公、龙英杰、高耀武、尤风锡、何嘉、郑雅秋等 25 人为

---

① 《上海高等教育现状》，《申报》1938 年 10 月 21 日，第 13 版。

② 《新中国学院》，《申报》1939 年 2 月 6 日，第 13 版。

③ 《中公大学部复校》，《申报》1939 年 2 月 9 日，第 15 版。

④ 《教育简报》，《申报》1939 年 6 月 25 日，第 11 版。

⑤ 聂海帆毕业于中国公学政经系，曾服务于晨报馆、上海市教育局及社会局，"八一三"事变后，被派在市救济委员会，又参加慈善团体救灾会难民救济分会，被推为该会委员兼收容组主任，其被害当与其国民党背景有关。参见《许也夫聂海帆昨同遭暗杀》，《申报》1939 年 9 月 8 日，第 9 版。

⑥ 《王开疆蹈海经过》，《申报》1940 年 2 月 17 日，第 10 版。

委员,华兴银行副总经理兼南京分行总经理许逊公表示可在经费方面予以资助。1942年8月18日,复校委员会和校友会联席开会决议,推许逊公为校长,筹备复校,并授权许逊公改组校董会。[①] 在日本驻南京特务机关长源田及日本人西井的支持和帮助下,原国民政府立法院院址被拨交给该校作为校址。同年8月开始招生,先办文、法、商系一年级,及高中部一年级。许逊公聘龙英杰为总务长,杨鸿烈为教务长,綦岱峰为主任秘书,周毓英为文学系主任,何嘉为法律系主任,施谨为商学系主任,粟步云为高中部主任。

1942年9月15日,伪中国公学在南京立法院街2号正式开学上课,共有学生150余人。同年10月,因许逊公调任上海工作,由龙英杰代理校长。学校经费初由农商银行借贷3万元及许逊公个人捐助5 000元,后由丁默邨主持的"社运总会"每月补助5 000元,李长江捐助了2万元。1943年2月,该校又与汪伪中国农村福利协会商妥代办农村工作人员训练班,并由该会每月补贴学费3 500元,直至8月底始停止。1943年暑假,经与伪社会部部长丁默邨商议,以代理"中国社会事业协会"董事长名义印发捐册募捐,共募得36万元。1944年春,该校顾问西村祭喜又帮助筹募了70余万元,作为扩大校舍的费用。1943年8月,校董事会改组,由丁默邨任董事长,夏敬观、李长江、彭年、朱朴、蒯建午、杨鸿烈、许逊公、颜秀五、黄庆中、周毓英、高耀武等任董事,这些人多为汪伪军政要员,如李长江曾任汪伪第一集团军总司令、汪伪军事委员会委员、汪伪军事参议院副院长;彭年曾任汪伪社会部次长、交通部次长、国民政府参赞、代理社会部部长、社会福利部部长等职;朱朴曾任汪伪国民党中央监察委员兼宣传部副部长、《中华日报》主笔、《古今》月刊社社长、全国经济委员会委员等职;蒯建午历任汪伪社会运动委员会常务委员、汪伪国民党中央党部社会部副部长等职。董事会同时聘请汪伪政府要员陈公博、周佛海为名誉董事长,王荫泰、孙良诚、张岚峰、张昌德、喻熙杰、何庭流、何林春、丁聚堂、葛亮畴等人为名誉顾问。1943年8月,董事会聘蒯建午为校长、龙英杰为副校长,因蒯建午主要在上海,因此仍由龙英杰代理校长,处理学校一切行政事务,同时聘郑雅秋为总务长,何宪琦为教务长。[②]

伪中国公学大学部"以注重实用科学内容,养成专门知识技能,并切实

---

① 龙英杰:《本校略史》,中公校刊发行社:《中公校刊》1944年5月,第9页。

② 《本校复校两年来大事记摘要》,中国公学大学部秘书处编印:《中国公学大学部创校四十周年复校二周年纪念特刊》,1944年6月,第55-59页。

陶融为国家社会服务之健全品格为宗旨"①，最初设有文学院、法商学院，学制为四年，学生主要来自华东、华中沦陷区。学校受汪伪社会部资助甚多，汪伪要员如李长江、凌宪文、彭年、丁默邨、颜秀五、奚则文等曾赴校讲演或视察，伪华北作家协会干事长张铁笙也曾赴校演讲。

至1944年上半年，伪中国公学大学部已发展为三院六系，其主要职员如下：校长甯建午，副校长兼秘书长龙英杰，总务长郑雅秋，教务长黄宇帧，文学系主任王家吉，法律系主任胡善俪，商学系主任黄宇帧，政经系主任高雪汀，教育学系主任曹宝琳，训育主任刘咸有。

沦陷区的伪中国公学建制较完整，持续时间较长，成为当时汪伪统治下规模仅次于伪中央大学的高校，教职员大多是汪伪政府中人或与汪伪有密切关系之人，所以受到日伪的大力扶持。

抗战时期，在中国公学重庆同学会的努力下，中国公学中学部在重庆成立，由校友何鲁任校长，校址在离重庆百里以外的巴县兴隆场。但由于何鲁与校董会及发起恢复中学部的同学会关系不洽，中国公学中学部未成立校董会，与中国公学同学会也无联系，实际由何鲁单独负责。后校董会改聘唐国樑为校长，但由于经费困难，1940年秋该校即停办了。② 中国公学同人在重庆时还曾募集和保存"中公复校基金"，该款项存入中央银行，存款数为陆万壹千叁百捌拾玖元，战后以此为基金偿付原中公债权人正大银行的欠款，余下部分购买国库券，继续留存作复校基金。③

抗战胜利后，沦陷区的伪中国公学被解散，龙英杰等受到调查。④ 中国公学校友希望在上海复校。早在1945年11月初，由时任国民政府监察院院长于右任推动，电该校校友会水祥云，就近调查吴淞中国公学校产状况，以谋复校。并设立办事处，进行校友登记筹备召开校友大会，改选理监事。⑤ 1946年5月，中国公学上海同学会正式成立，并呈请上海市社会局备案。6月8日，中国公学在沪校友集会欢迎校董会董事长于右任，到会校友一百余人，于右任即席致训词，"述中国公学创建之困难，及今后复校之决

① 《本校大学部组织大纲》，中国公学大学部秘书处编印：《中国公学大学部创校四十周年复校二周年纪念特刊》，1944年6月，第31页。
② 据江竹筠的传记记载，江是1939年春考入中国公学附中，1940年秋该校停办。参见《江竹筠》，载中华全国妇女联合会编：《中华女英烈》，文物出版社，1988年。
③ 《潘公展致胡适、过养默》(1948年7月6日)，中国社会科学院近代史研究所中华民国史研究室编：《胡适来往书信选》(下)，社会科学文献出版社，2013年，第1103页。
④ 《上海市政府关于请查明龙英杰是否曾任日伪中国公学校长等职电示》，上海市档案馆藏，上海市政府档案，Q1-13-107。
⑤ 《本市大学动态》，《申报》1945年11月1日，第2版。

心，希望全体校友，全力以赴"①。随后，在沪的中国公学校董集会，讨论复校事宜，由董事长于右任召集，校董吴开先等出席，决议：推潘校董公展为校长，并加推程沧波等为校董。② 7 月 26 日，中国公学校友举行第三次聚餐会，并商讨中国公学复校等事宜，校友邱希圣报告请拨中国公学校舍获准，校友会商推派筹备复校负责人及筹垫经费等事宜。③ 9 月，中国公学复校筹备处，"决于本学期先行恢复法学院，十月一日起，开始招收法律系，政治经济系，一年级新生，及二三年级转学生，并定十月十五日开课，其校址，由政院分配房屋委员会，分拨房屋多幢，日内即可接收迁入"④。至此，中国公学筹备复校事宜似已取得相当进展。

抗战结束后主张复校的校友大多有国民党党部与政府的背景⑤，曾在中公任教的沈从文给校友钟恂信中谈到，"中公毁去后，闻即在'党'手中，故二十九年曾一度在重庆欲复校，其后即无闻。兄意极佳，惟欲促其实现，恐得在上海与党中强有力者作计（如潘公展先生），方容易着手，否则即有所计划，到成事时亦必为人顺手捞去，此亦自然之势也"⑥。在学界的早期校友对于复校并不积极。1946 年 10 月，中国公学毕业生阮毅成与胡适、朱经农、任鸿隽等商议中国公学复校事宜。据任鸿隽当时致阮毅成的信中提到，"胡（适）先生自来不主张复校，朱（经农）先生态度较为热烈"⑦。1948 年 10 月，阮毅成又在杭州与胡适谈中国公学复校事，胡适仍无积极表示。

1947 年 4 月 18 日，中国公学同学会在上海举行成立大会，校长潘公展，教授郭卫、朱应鹏，同学严庄、水祥云、庄永龄、邱希圣、樊振邦等五十余人到会，讨论要案：推派代表呈请中央收回征买吴淞中公校舍成命，通令全国一致响应，并扩大宣传；呈请教育部拨款，复兴中国公学；请市府将所配四川里房屋住户勒令迁让；定期察看吴淞校舍，并向母校先烈，扫墓致敬。⑧

---

① 《中国公学校友欢迎于董事长》，《申报》1946 年 6 月 9 日，第 5 版。

② 《于院长复兴中国公学 推潘公展为校长 中公同学协助复兴母校》，《申报》1946 年 6 月 19 日，第 5 版。

③ 《中国公学校友昨假湖社聚餐》，《申报》1946 年 7 月 27 日，第 4 版。

④ 《中国公学复校筹备处》，《申报》1946 年 9 月 26 日，第 6 版。

⑤ 中国公学聘定的复校委员会委员有王云五、吴国桢、吴开先、陈行、张庆桢、程中行、戴修瓒、赵琛、蒋建白、杜月笙、徐寄顷、戴铭礼、王晓籁、范绍增、王效文、郭卫、朱应鹏、童行白、庄叔退等，基本上是上海地方的头面人物。参见《中国公学积极筹备复校》，《申报》1946 年 9 月 8 日，第 6 版。

⑥ 《复钟恂》（1945 年 9 月 28 日），张充和主编：《沈从文全集》第十八卷，北岳文艺出版社，2002 年，第 438 页。

⑦ 阮毅成：《任鸿隽先生与中公复校》，（台北）《传记文学》1975 年第 3 期，第 18 页。

⑧ 《中公同学会昨成立》，《申报》1947 年 4 月 19 日，第 5 版。

5月8日,中国公学校董会在上海市监察使署举行会议,董事长于右任主持,到校董潘公展、朱经农、严庄、陈行、徐鸣亚等,当即议决:(一)公推潘公展、朱经农、严庄、陈行为常务董事,(二)推潘公展为校长,(三)复校各项事宜由筹备会负责进行,(四)定本年秋季开学。① 这一时期中国公学同学会发起筹备复校的运动以于右任为主要支持者,但实际并未能在上海复校。

1949年春,中国公学董事会决定复校,校址选在重庆,董事长于右任派校友黄仁中到重庆筹备,于2月20日成立复校委员会,康心如、康心之、万子霖等十五人为委员,确定由税西恒代理校长,黄仁中任秘书长,何鲁任教务长,先恢复文、法、商学院及中学部。② 中国公学于8月底分两次进行招生考试,录取新生500余人。学校于9月1日开学,9月15日正式上课。③ 教师多为原中国公学教授、校友,有谢无量、陈豹隐、李伯申、周均时、瞿国眷、张永宽、张宾吾、谢苍璃、段调元、柯瑞麒、王叔云、吴世经等。校址先设重庆市向家坡和磐溪两地,后迁至小龙坎红槽房。④ 因筹备时间比较仓促,实际上小龙坎红槽房的校址并未真正建设。⑤

中华人民共和国成立后,当时的中国公学董事长为熊克武,校长但懋辛。1951年7月中国公学与正阳学院合并,改名重庆财经学院。1952年重庆财经学院并入西南人民革命大学,组成财经系科,由三处代管。1953年随西南人民革命大学三处并入四川财经学院。⑥

迁台后的中国公学董事会与校友会仍积极争取在台复校。胡适对复校事不表赞同,1952年11月,胡适自美返台,在与中国公学校友会谈中国公学复校问题时,胡适表示,"学校停了就停了,何必一定要恢复?"1961年1月,在中国公学校友会的聚餐席上,王云五主张中公复校,先办研究所,胡适对于校友的复校热诚表示不赞同,认为办一所学校不容易,认为"人总有生死,对复校事不必过于重视"⑦。另据校友记述,胡适说,"无论是人或团体,

　　① 《中国公学今秋复校推潘公展为校长》,《申报》1947年5月9日,第5版。
　　② 《上海中国公学决定在渝复校》,《大公报》(重庆)1949年2月20日,第3版;《中国公学在渝复校》,《中央日报》1949年2月21日,第2版。
　　③ 《中国公学》,《大公报》(重庆)1949年8月28日,第3版。
　　④ 《大陆形势杂乱中重庆部分同学争取复校档案》,王云五等编:《私立中国公学》,台北,南京出版有限公司,1982年,第48-50页。
　　⑤ 《中国公学拟定两种建校计划》,《大公报》(重庆)1949年8月10日,第3版。
　　⑥ 张儒品主编:《西南财经大学志》第1卷,西南财经大学出版社,1992年,第194页。
　　⑦ 阮毅成:《中国公学在台复校未成记》,王云五等编:《私立中国公学》,台北,南京出版有限公司,1982年,第196-197页。

总有死的日子。二千五百年前的孔子,他在历史上留下了贡献,但他人是死了"①。可见胡适的态度是顺其自然。而中国公学校董会董事长于右任、董事王云五、前任副校长杨亮功以及校友张承槱、谢冠生等对于校友会的复校运动,表示赞成。1954 年 9 月 2 日,阮毅成在台北宴请于右任、王云五、谢冠生、张承槱、杨亮功等人及在台校友等,共 25 人,对于中国公学复校一事,决定:请于右任补聘校董会缺额,恢复中国公学,请教育部备案。此后中国公学校董会与校友会开始募集资金筹备复校,其间得到桃园县地方人士赠送校址,并请成舍我负责主持筹备,但因得不到台湾"教育部"的支持,最终都未能如愿。

小　结

20 世纪 30 年代,经历了南京国民政府建立后三四年的调整与改制,"1932 年后,教育经费从不拖欠,教授生活之安定,为二十年来所未有。……1937 年前五年,可说是民国以来教育学术的黄金时代"②。与同时期国立大学的渐入佳境不同,中国公学自 1932 年邵力子离任到 1936 年前后却经历了一个逐渐衰亡的过程,出现这一现象虽与中国公学自身存在的诸多问题有很大关系,但仍然脱离不了外在的社会政治变动的影响。

南京国民政府建立后,开始推行党化教育,通过党义教育及总理纪念周第一系列方式实行意识形态的教化,同时加强国家权力对学校管理和学生教育的介入。国民党上海市党部利用中公校内的分裂,通过改组校董会实现了对学校的把持。上海市党部,在中国公学推行党化教育的实践及其结果,反映了国民党党治体制下党化教育的诸多真实面相。上海市党部争夺私立学校与其说是为了推行党化教育,毋宁说是为党人谋出路。党部接管学校并不会带来私立学校资源配置的优化,反而带有寄生的性质,往往经营数年后即陷入困境,或失去对学校的控制,或办学劣质化,这样的结果折射出即使是表现"强势"的上海市党部,也不能避免南京国民政府时期普遍的党权低落、虚拟、弱化的命运。

国民党上海市党部把持中国公学校政期间,破坏有余、建设无功,最终

---

①　杨翠华、庞桂芬编:《远路不需愁日暮——胡适晚年身影》,台北,"中研院近代史研究所",2005 年,第 130 页。

②　郭廷以:《近代中国史纲》,中国社会科学出版社,1999 年,第 649 页。

导致学校学风败坏，无法维持正常的秩序，风潮迭起，扰攘不安，无以为继。学校作为一个共同体严重分裂，校内党派斗争激烈，无法维持稳定的秩序，于是出现频繁的人事变动，校董会的权威不断弱化，无法发挥权力重心应有的功能。校董会无法解决争端，校内师生转而求助于政府，使得校董会的权威进一步虚化，无助于重建校内秩序。学校陷入恶性循环，不仅真正热心办教育的精英不安其位，甚至于无人愿卷入其中，从一流人物办学，到二流人物，以致最后变成一群利禄之辈占据位置，为利益斗争不断，最终造成学校人事的劣质化，在精神上日趋衰败。

"一·二八"事变，校舍被毁更是给中国公学致命的打击，学校从此失去作为办学基础的物质条件。加上国民政府在20世纪30年代开始整顿私立学校，注重实用科学，而中国公学办学成绩不佳，学风败坏，加上风潮迭起，相沿成习，不可遏止，教育部认为即使整饬也难期有效，最后电令停办。虽然其后校董会与校友多方努力，争取复校，但最终未能如愿。一所有较长历史且声名卓著的学校就此消亡。

在中国近代历史上有很多私立大学在发展过程中被淘汰，但大多是一些历史较短、办学质量低劣的学校，像中国公学这样的学校在短短几年内滑入衰亡的深渊，确实值得深思，因为像复旦、大夏、光华、大同等同时期上海的私立大学，虽也有种种波折，但终不至于消亡。

结　语

　　中国公学自晚清创立到 1936 年前后最终消亡,历经晚清政府、北京政府、南京国民政府三个不同时期,其间不管是外在社会政治的环境,还是学校本身的状况都发生了很多的变化。晚清立宪派、革命派、民初的研究系、1927 年前后的自由主义学人、国民党上海市党部等政治势力与学人群体在中国公学的历史上曾有过多歧而又纷呈的表现。通过对中国公学历史的考察,既能反映中国现代大学发展的若干共相,又可展现一个完全异样的大学个案。大体而言,中国公学的历史集中反映了国人自办的私立大学在近代中国的真实处境,一方面存在着对于国人自办大学的理想期许,另一方面则是国人自办私立大学的弱势及其在现实中的困境。

一、社会政治变迁中私立大学的校园场景

　　近代中国处于一个外患频仍的时期,为应对危机,国家对于社会群体和个人的控制与动员不断地深入,而伴随着现代民族国家观念的形成,社会群体与个人救时救世的主动性亦日益突显。新式学校和现代大学自诞生之日起即卷入民族国家建设的进程之中,与此过程同时开展的是教育的现代转型,而这两个过程相互之间实际存在着不小的张力,表现在现代大学与时代趋向的互动关系上,即一种投入与疏离的两难。一方面,随着科举废止,政学分离,学术独立的观念逐渐成为主流,大学在自觉的层面多追求对政治的疏离和超越;另一方面,近代以来,国家权力持续不断地加强对大学的渗透和控制,正所谓树欲静而风不止,在此时代趋向之下,大学欲保持独立而不可得,实则除了"迫不得已"的被动卷入,身处大学的新知识人对于政治变革、社会改造、文化启蒙的角色与功能的认同,又使得大学卷入社会政治的

时流之中带有一种"有意为之"的主动。①

　　大致而言，近代中国大学可以分为国立大学、私立大学和教会大学三类，不同类型大学的经费来源、治理体制和政治文化有很大的差异。国立大学办学经费由政府拨付，校长由政府直接任命，与政府之关系最紧密；国人自办的私立大学经费主要由校董会筹集，校长由校董会聘任，相对来说，有一定的独立性与自主性；教会大学的经费主要来自外国教会的捐助，在1927年以前，校长基本是聘任外国人担任，此后，则大多改为华人校长，但作为出资人和校产所有者的教会仍有相当的权势，故而教会大学的自主性更强。当然，具体到每个大学的情况也各有差异，不可全以上述类别涵盖其个性与特质。

　　1905年，因抗议日本政府颁布的取缔规程，大批的留日学生归国集聚上海，试图自办学堂。起初因未得到上海官绅商学各界的支持，学生自己垫款开办，并实行自治，但开学不久即陷入困境。在该校干事姚宏业投水自绝后，社会各界震动，捐助开始增多，中国公学得以维持。中国公学之所以得以濒死而生，实际上得益于民族主义强大的动员力，无论是发起创校的学生在困境中所表现出的坚忍不拔之毅力，还是社会各界的慷慨捐助，皆源于中国公学与民族自立观念的内在关联，这种关联既可认为是创校学生有意建构的认同，又是一种客观存在的驱动力。

　　胡适曾指出民族主义有三个方面的表现，"最浅的是排外，其次是拥护本国固有的文化，最高又最艰难的是努力建立一个民族的国家，因为最后一步最艰难，所以一切民族主义运动很容易先走上前面的两步"②。中国公学之创立，起于非理性的抗议运动，但其脱离了简单的排外和保守传统文化的轨辙，而诉诸现代民族国家的建设。

　　在清末新政兴办新学堂的热潮下，中国公学逐渐得到两江总督及江、浙、川、赣等省的常款支持，由此体制上开始逐渐官立化，学校监督由官方任命，学生自治的权力受到限制，由此引发新旧中国公学风潮。晚清新式事业经费与资源的筹措往往倚重地方社会，官方虽有提倡赞助之功，但实际上仍取官绅合作的模式，故而在中国公学代表绅商和创校校友的董事会在实际治理中仍居于主导地位。清季中国公学校内官方、士绅及激进化的新式学生三方之间的互动颇能反映晚清政局变动的大致格局与走向。大体而言，

　　①　关于民国学术与政治关系的概述，参见蒋宝麟：《民国时期中央大学的学术与政治（1927—1949）》，南京大学出版社，2016年，第1页。

　　②　胡适：《个人自由与社会进步》，《独立评论》第150号，1935年5月12日，第4-5页。

晚清中国公学的上层大多为立宪派，而学生多倾向革命，学生日趋激进化，与官方渐成分离之势，但学生受清季革命观念的熏陶，反抗行动多属自发，此与民国以后国民革命影响下的学校风潮不同。整体而言，清季中国公学的校园政治生态较为多元化，排他性的群体和组织尚未出现，也很难将其归为某一势力或团体主导的事业。

民国初年，因缺乏稳定的经费来源，中国公学时开时辍。到1921年前后，梁启超等人开始接办中国公学，并试图将中国公学办成研究系的文化事业，成为其培养政团人才的基地。但由于经费得不到保证，仅靠王敬芳的财政支持以及梁启超个人的募捐，学校办学品质未得到明显提升。中国公学成为研究系聚集的一个重要场域，但本身并未成为标志性的文化事业。北京政府时期，国家权威衰落，对于教育的管理和控制较为松散，私立学校的发展获得空前的自主性，实际出资的"校主"往往成为学校的权力重心。由于国家的退场，私立学校治理结构的稳固性极大提升，即使偶有风潮，一般也不会破坏校内的权力结构。

1927年，国民革命军进入上海，研究系的势力退出中国公学，有国民党背景的何鲁接替校长职，反映了政局变动带来的校内权力更替的同步。因缘际会，1928年原中国公学校友胡适出任中国公学校长，有望使该校步入正轨。但是国民党因不满胡适的政治观点而迫使他离任，当然也与胡适本人有意北去有关。胡适的"留"与"去"正反映了1928年前后国内政治环境对上海文化生态及文化人去向的实际影响。从1926年开始，因北方政治环境恶化，大批文化精英聚集在上海，极大地提升了上海教育界的师资品质。南京国民政府建立后开始加强对教育文化界的控制，于是出现人权与约法之争以及党化教育与教育独立的抵牾，随着北方政治环境的改善及北大的复兴，以胡适为代表的自由知识精英陆续北返。

胡适的辞职并不代表主张党化教育的党部与主张教育独立的自由知识精英之间矛盾的消除，继胡适之后的马君武在上任不久，即发生与上海市党部对立的开除国民党籍学生的事件，随后演变成大规模的风潮，加上校董会的分裂，给党部势力渗入学校带来契机。随着马君武的离职、校董会的改组，党部势力在校内逐渐形成优势，但这并不意味着党化教育的实现。由于国民党党权的弱势以及组织形态上的缺陷，党部对学校的控制为时甚短。党部势力执掌校政，变学校为党员吃饭的机关，使学校的办学品质急剧下滑，另一方面因校内抗议风潮以及中共组织的发展，党部对学校的控制亦很快瓦解。

1932年，校舍在"一·二八"事变中被毁，给了中国公学以致命一击。

加上无优秀教育者主持办学,经费匮乏,学校管理松弛,受外在党派斗争的影响甚大,校内风潮不断,办学品质低劣,以致教育部勒令其停办。为寻求复校,学校对政府的依赖加强,一度有意改为市立,后经多方努力,在 1937 年有望获得政府支持,有恢复办学之可能,但很快日本全面侵华战争爆发,最终使这微弱的希望成为泡影。

从中国公学的发展历史来看,其与社会政治变动之关系非常紧密。中国公学创立之初即有学生自治的传统,其得以维持又与官绅的赞助密切相关。中公学生在政治上非常活跃,晚清时即积极参加革命,故而在民初得到孙中山、黄兴等革命领袖的嘉许。中国公学在民国初年逐渐成为研究系的事业,1927 年以后又成为自由学人的重要舞台,后来一度又为国民党上海市党部控制。中公学生胡颂平就曾特别指出,"母校原是留日革命党人创办的,但以后的历任校长,除了胡校长是一位纯粹的学者外,差不多都有政党的背景。校内的风潮,也都多少与政治有关"[1]。各种政治势力在中国公学或隐或显的影响,实则反映了近代中国大学校园的政治化倾向。

朱经农在致胡适的一封信中就谈及,"现在中国的政客,看见教育界有一种潜势力,所以都想来操纵教育。前年政学系之于北京农大、法大,研究系之于上海中国公学、自治学院等,都是想做'一色清一番'。现在国民党如果想党化国立大学,也未必有好结果"[2]。可见,当时政治势力渗入教育界已是司空见惯的现象。在投入与疏离之间,学校主体性实则已严重销蚀。1919 年,中公校友集议复校事宜时,校董熊希龄特别提议,"此次董事拟以在教育界或实业界握有势力,确能扶助公学者当之,并以超然派人物无偏无党,勿染近日政治之臭味者最为适宜,校友会各代表闻言,亦深表同情,现已决议照行"[3]。熊希龄希望以教育界或实业界的有力人士担任董事,而不希望政治色彩太过浓厚,实则是希望学校回归其教育机关的本位,脱离政潮,但结果恢复后的中国公学仍然成为研究系一党的事业,可见理想与现实差距之大。

在经历了胡适掌校的自由办学时代后,中国公学迅速地滑入校园党派斗争的漩涡。政治势力渗入校园必然带来校园生活的政治化,20 世纪 30 年代,国民党上海市党部积极推行党化教育,极力推动私立学校人事的党

---

[1]　胡颂平:《我在中公的片段回忆》,王云五等编:《私立中国公学》,台北,南京出版有限公司,1982 年,第 213 页。

[2]　《朱经农致胡适(残)》(1928 年 2 月 1 日),《胡适来往书信选》(中),社会科学文献出版社,2013 年,第 430 页。该信原编者所注时间有误,据文本推测应为 1928 年。

[3]　《恢复中国公学》,《教育周报》第 234 期,1919 年,第 21 - 22 页。

化,其中较成功的案例就是"倒马风潮"后实际掌控中国公学。与此同时,大革命失败后的中共在上海恢复组织活动,极力在大学发展势力,吸收大量学生加入党团组织及外围团体,中国公学成为一个重要的据点。在国共两党的推动下,中国公学的校园生态高度政治化,校内派系分立,风潮不断。

从中国公学历史上影响较大的几次风潮来看,除晚清时发生的新旧公学风潮属于学生自发的风潮外,其后的历次风潮都有外部势力的介入,学生虽在前台,但并不能完全自主,校内风潮大多是借学生表达其他各种幕后势力的利益诉求,学生群体的所谓权势在校内风潮中纯属虚幻,学生不但不能主导校内的风潮,而且在大多数情况下属于被操控的角色。学生基本没有主体地位,这在风潮的解决与善后上特别能得到体现,风潮过后各利益主体通过斗争各有胜负,而甚少有人在意学生之得失。从学生的基本角色和其利益来看,其安心读书的环境和获得优良教育的机会才是符合学生本位利益的,而在各种风潮中恰恰牺牲的是学生的学业,学生在风潮中往往一无所获,大多是其他利益主体相互之间博弈的牺牲品,这不仅是学生本身的悲剧,同样也是近代中国政治全能化的背景下教育扰攘不安的悲剧。[1]

二、近代国人自办私立大学的真实处境

中国近代高等教育的主体是国立大学,部分教会大会的办学及科学研究也有不俗的表现,而私立大学却始终期望高于现实。

近代中国,一直存在着对国人自办教育,特别是私立大学的期许。中国公学创立之时,就特别彰显其民立大学的性质。中国公学历届开学式上的演讲都会追溯历史,强调其自办教育的精神传承,如在 1921 年 9 月 12 日的开学式上,"校长王敬芳登台报告已往的历史,大致不外因日本取缔风潮,国人深感有自办教育之必要,遂发起此校,当时发起人中竟有因积劳而死者,次报告以后的计划,大致不外仍本自办教育之精神,扩而充之。次校董蒋百里演说,略谓:自办二字实为一切事业发展之唯一动力,即学问亦须自办,故

---

[1] 正如樊仲云所言,"以学校风潮而得利的,是野心家及政客化的教职员与学生。……学校风潮的结果,大部分欲求安分读书的学生,遂致学业荒废"。樊仲云:《学校风潮平议》,《社会与教育》1930 年第 1 期,第 3 页。陶希圣也有类似的看法,"争斗的各方,有成有败;或两败而俱伤,第三者得利。但一定吃亏的乃是大多数学生。他们有何罪戾,乃无意识中替个人拉饭碗!"陶希圣:《怎样对付学校的风潮》,《社会与教育》第 2 期,1930 年 11 月 22 日,第 5 页。

公学筑其基础于自办二字之上,将来必可无限发达云云"①。

清季民初留学仍然是吸取新学的首选途径,这一时期,即便是国立大学也乏善可陈,私立大学与国立大学的差距尚未突显。1915 年,有人问及当时在美留学的胡适:"中国有大学乎?"胡适无言以对。② 杜亚泉则认为,晚清上海兴办私学繁盛一时,"然著名者尚少",而"教会私立之专门学校;颇有规模宏远者,于我国教育前途,实大有关系"③。到 20 世纪 20 年代国内出现国人自办私立大学的高潮,以上海为例,光华、大同、大夏等私立学校大多是在这一时期创办的,这与新文化运动的影响及民族主义情绪的高涨有很大关系。

北京政府时期,国立大学大多集中在北京,私立大学多集中于上海,这与北京的政治中心角色及上海商业社会发达且政治生态较自由有关。到 20 世纪 20 年代,随着北方政治环境的恶化,国立大学受政潮影响,学生风潮、教师讨薪、政府对教育的摧残等各种事件频发。此时,在关于教育独立的讨论中,人们对私立大学的期许达到近代以来的最高点。

1925 年 4 月,朱经农在致胡适信中提到,"今后教育事业恐须从华人自办私立学校方面入手。官立学校多半乌烟瘴气,不为此派所把持,即为他派所占有。北京以武力拥冯,南京以武力拥郭,同一'糟糕'。教育这样办下去,有什么好结果。真正提倡人格教育的人,决不应驱学生作法外行动。我看现在办教育的人到了失败的时候,便不顾一切开许多恶例,实可寒心。以后,办教育恐怕要从私立学校方面努力"④。朱经农认为,官立学校的弊端在于易受政潮影响,校内派系分立,故应从私立学校方面努力,其实际的意旨是要由"有人格的教育家"去办学,保持教育的独立性。

1926 年,《复旦周刊》也发表了一篇言论,突出私立学校的地位。

> 　　中国教育的不振,无论谁都不能否认的。但是指全体而言,的确有此现象,分别看起来,也不能一概而论。……官立大学中,当然也不能一概而论,但是大部分不是经费不足,便是主持无人,听说竟有开学两三月而上不了课的。至于以前的成绩、以前的声望,

---

① 《中国公学开学记》,《申报》1921 年 9 月 14 日,第 14 版。

② 胡适:《北京大学五十周年》,《北京大学五十周年纪念集》,北京大学编印,1948 年,第 5 页。

③ 杜亚泉等著:《辛亥前十年中国的政治通览》,中华书局,2012 年,第 154 页。

④ 《朱经农致胡适》(1925 年 4 月 15 日),中国社会科学院近代史研究所中华民国史组编:《胡适来往书信选》(上),社会科学文献出版社,2013 年,第 234 - 235 页。

也因之一落千丈，这是何等可痛的事！但是这也不能怪一般教育家，实在处于现在这种环境之中，要靠现在政府指定的经费来维持现状，的确也是不可能之事。根本既然不稳固，枝叶怎样会茂盛呢！所以现在还是私立大学，较有希望。虽然直接间接，都难免不受时局的影响，但是没有政治的羁绊，一切到底容易举办的。加以现在知道教育重要的人、热心办教育的人，一天多似一天；也就是护持私立大学的人，一天多似一天。照现在的情形看起来，恐怕将来中国教育史上放异彩的，非私立大学莫属呢！①

从中国公学的情况来看，即使是私立大学也不能避免外部政治势力的渗入，校内的派系对立，同样会借助校外势力利用学生遂其私利。以中国公学1930年前后的"倒马风潮"为例，校董会的分裂使学校正常的权力格局被打破，反马一方有意引入党部势力倒马。从当时的校董会及校长来看，大多都是较有名望的教育者，但所办教育也并不能摆脱政治的影响。

一所大学办学的好坏与经费状况有密切关系，经费问题决定着办学的师资及设备条件。私立大学的经费一般由校董会负责筹措，而经费来源一般是三部分：一是学生之学费，一是校友的捐助，一是社会捐助，主要是指商人资本家的捐助。② 如果学生之学费比较稳定，一般可以保证学校的日常开支，确保学校的正常运转。时人就曾言及，"私立大学专长靠学费维持，办得不好，学生不多，就有倒闭之虞"③。在"一·二八"事变以前，中国公学"在吴淞有广大的校舍，学生在校肄业，人数颇众，即其所纳学膳各费，已够教职的开支"④。如果有大的工程，比如扩建校舍、增加设备，则要有长期稳定的局面，才能积累学费盈余以实现收支平衡。

近代中国私立大学的发展大多限于维持局面的水平，实际上无法切实提升办学品质。马君武在中国公学1930年毕业纪念刊序言中提到，"国家是有机体，是全部同时发达的，教育事业就是这有机体的一部分。社会事业全部衰颓，学校无单独发达的可能性。我们现在在学校作事，真是知其不可

---

① 业任：《中国大学之官立与私立》，《复旦周刊》1926年11月24日，第1版。
② 王炳照归纳私立大学的经费来源主要有三部分：一是捐款，二是政府补助，三是学费，但政府补助并不具有普遍性，到1934年国民政府教育部才开始正式补助私立大学，在此之前中央层面没有对私立大学进行补助的制度，地方政府或其他政府部门有补助私立大学办学经费的个别情况。参见王炳照：《中国私学·私立学校·民办教育研究》，山东教育出版社，2002年，第414页。
③ 《中国公学之风波》，《上海评报》1930年7月30日，第2版。
④ 希望：《熊克武长中公的传闻》，《正气报》1932年8月5日，第1版。

为而为之"①。民国时期政府和社会在财力上的匮乏使得私立学校筹措经费面临巨大困难,即偶或有工商业资本家的赞助,大多也维持在较低的水平线上。1922年,李石岑发起关于教育独立的讨论中,曾有人提及教育独立"惟一的办法,只有鼓吹政府资本家——尤其是资本家——出钱来创办各种科学研究所"②。胡适在谈及国外大学持续稳定发展的原因时,也提到,"因为人家的大学有独立的财团,独立的学风,坚强的组织,有优良的图书保管,再加上教授可以独立自由继续的研究,和坚强的校友会组织,所以能够历代相传,悠久勿替;而我们国家多少年来都没有一个学校能长期继续,实在是很吃亏的"③。中国的情况是很少能从商业社会中得到有力的资助,特别是持续的资助。

从美国私立大学的成长来看,大致在南北战争后,大学开始从大型私人基金会获得大量捐赠,使得政府的捐助在全部经费中的比例大大降低,拥有决策权的大学董事会中政府代表的位置逐渐被校友会取代,从而削弱了政府对大学治理的介入,私立大学的自主性日益强固。④ 可见,校友会的反哺对于私立大学的成长异常重要。何鲁在接任中国公学校长后,为募集经费,曾呼吁校友捐助,"欧美大学无论为公立为私立莫不有其悠久之历史伟大之荣光,此何故? 以其不受政潮之移转经济之影响也。吾国则反是,故时呈摇摇欲倾之象,学术上因绝少建树而学校当局之无远大计划,及毕业学生之漠视母校尤为其最大原因。余受命忝长本校首先主公开经济筹定基金,并谋校友合作,冀收众擎易举之效,俾得长治久安。今诸君卒业矣,身为校友矣,肄习本校之期告终扶持母校之责开始,所望关怀无替,竭力赞襄,庶母校得尽量发展进而为学术上之建树,以跻身世界著名大学之列"。⑤ 近代中国私立学校面临的困难在于办学时间不长,⑥毕业生的规模和质量尚不足以形成对学校反哺的优质校友资源,故而期望校友来支撑学校的发展很难实现。

---

①　马君武:《序言》(1930年12月16日),《中国公学民国十九年冬季毕业纪念刊》,第23页,上海市档案馆藏,中文资料档案,Y1-1-149。

②　《常乃惠致李石岑》(1922年6月),《教育杂志》第14卷第6期,1922年6月20日,(通讯)第1页。

③　胡颂平:《胡适之先生年谱长编初稿》,台北,联经出版事业公司,1984年,第2686页。

④　Whitehead, J. S. *The separation of college and state*:Columbia,Dartmouth,Harvard,and Yale,1776-1876. New Heeaven and London:Yale University Press,1973,191-214.

⑤　何鲁:《发刊词》,《中国公学大学部丁卯级商科毕业纪念册》,上海市档案馆藏,中文资料档案,Y1-1-150。

⑥　纪念中国公学创办二十一周年之时,校长张东荪曾提及,"吾人至二十一岁,法律上已认为成人,但在学校年龄计之,尚属幼稚"。《中国公学二十一周(年)纪念会记事》,《中国公学大学部第五届(丙寅夏)毕业纪念册》,第185页,上海市档案馆藏,中文资料档案,Y8-1-146。

薄弱的财力和物质基础,限制了私立大学的发展空间和抱负施展的可能,故而对于私立大学的种种期许实际上仅仅出现在 20 世纪 20 年代的上半期。到 20 世纪 30 年代,随着政局的稳定,国家投入的增加,国立大学进入快速成长期,在整个高等教育的体系中,私立大学边缘化的趋势日益明显。20 世纪 30 年代,私立大学逐渐开始依赖政府的补助,直至抗战后期逐步国立化。

当然,不同的私立大学之间也存在不小的差异。复旦与中公同为晚清创立的学校,但从 20 世纪 20 年代开始,两校的发展趋向逐渐分途。中国公学生源多来自外省,在晚清由于可以获得各省的协济,故学生来源的多样于学校发展并无妨碍,而进入民国以后,对于依赖上海商业社会发展的私立学校而言,与本地社会的疏离,则会带来相当负面的影响。据叶文心的研究,在上海的大学呈现出一个等级差异的格局,从生源来看,圣约翰的学生大多来自上层精英的家庭,复旦的学生多来自上海的中产阶级,所以在学费收入和校友资源两方面对学校的发展有较好的支持。[1] 而中国公学的学生则多来自外省且家境一般,所以中国公学的学生欠费问题比较严重,且很多外省学生均为在校教职员担保入学。与同为私立学校的复旦相比,中国公学与上海地方社会关系较为疏离,得不到上海地方社会的支持,发展受到很大的制约。中公的校董基本由校友构成,与上海本地工商业社会没有关联,而复旦的校董会中不乏实力的商人与资本家,便于争取捐助,与中公以地契抵押借款增建校舍不同,复旦很多新建校舍的建设经费大一部分来自校董的捐助。[2]

在中国公学的历史上甚至出现一些极端的例子,即帮助中国公学解决经费问题的校友或商人反而受累于此,比如王敬芳与冯嘉祥。王敬芳在担任中国公学校长期间,曾担保金城银行、浙江兴业银行、盐业银行、升和煤号等各处数十万元的借款,但中国公学无力偿还,上述借款人大多找王敬芳索要欠款,后经胡适斡旋由中国公学校方承认偿还。而冯嘉祥的遭遇更为不

---

① Wen-Hsin Yeh, *The Alienated Academy: Culture and Politics in Republican China, 1919—1937*, Cambridge: Harvard University, 1990.

② 据相关研究,近代中国私立大学校董会成员的来源多为政界要员、知名工商界人士、社会名流和著名学者。宋秋蓉:《近代中国私立大学发展史》,陕西人民教育出版社,2006 年,第 355 页。同时期复旦的校董会既有工商界的翘楚,也有地方社会的名流,如南洋烟草公司的简照南、中南银行的黄奕柱、"海上闻人"杜月笙、交通银行的钱新之、鸿裕纱厂的郭子彬,这些校董的捐助对于复旦的发展至关重要。

幸,其所担保的中国公学向正大银行的借款,因中国公学停办,无法偿还。①
1933年9月,正大银行将冯嘉祥告上法庭,要求冯嘉祥代为偿还中国公学
剩余的欠款及利息。该案三审宣判后,冯嘉祥已去世,其子冯懋熊继承其父
的债务,冯懋熊"实际受其累,财产迭被查封,行动不能自由,因之痛苦不堪,
损失难计"。1948年6月15日,冯懋熊一纸诉状将中国公学告上法庭,要
求中国公学偿还其父代垫的款项,总计法币本金57 398.58元及利息若干,
照当时上海生活指数计算偿还。② 但其实中国公学早已不存,故此事不了
了之。

经费的充裕和稳定与否直接影响学校的办学品质,经费的匮乏造成私
立大学发展在各个层面的劣势。由于经费的限制,私立大学专任师资的比
例较低,从而大大影响师资的稳定性和品质。私立学校的教师薪酬往往按
教课时间计算,很多教师为增加收入,往往在多个学校兼课。③ 大夏大学副
校长欧元怀就曾特别提及:"(教师待遇问题)在国立大学里或不至于若何严
重,在私立大学里就很难解决。在国立大学里,教授只感觉到能否安居乐
业,在私立大学里就不仅钟点多、报酬薄,且有学生多寡的问题。"④教师专
任比例不高,且在各校兼课,这种现象的影响可归结为两个方面,一方面是
专任教授的缺乏,对于学校日常的教学、校园氛围以及师生交谊等都会有很
大的影响;另一方面,私立大学的经费只能满足教学的需要,学生受教育程
度有限,教师的流动性大,不易形成一个学术研究的社群,所以私立大学一
般对于学术研究无多贡献。⑤ 由于上述的局限,在近代中国,私立大学一般

---

① 当日借款的抵押物为吴淞炮台湾全部地产(中国公学校基)及添造之新宿舍,但因"一·二
八"事变后校舍被毁,该抵押物亦无法收回,故累及正大银行。参见《抵押借款契约》(1930年6月
16日),《近代史资料》第69号,第59页。

② 《上海地方法院关于冯懋熊诉吴淞中国公学欠款案》,上海市档案馆藏,上海地方法院档
案,Q185-3-21443。

③ 国立大学对教授兼课是有限制的,比如教授在他校兼课,在兼课的学校只能是讲师,而职
称不同,其待遇以及地位也有差异。兼课在上海私立学校非常普遍,且对于私立学校学风和办学品
质的影响非常负面,据当时兼课教师叙述:"我这样把时间零星地分卖,某处若干点钟,某处又若干
点钟,到月底遂有那学校会计署名的支票,于是我一个月生活有了把握了。我与学生及学校的关
系,便是这样——学生是我的观众,学校则是我的游艺场。"蔼生:《学校化为大世界》,《社会与教育》
第1卷第1期,1930年11月22日,第8页。

④ 欧元怀:《论今日大学教育诸实际问题》,《教育杂志》1937年1月,第27卷第1号,第61
页。

⑤ 匡亚明曾特别提到:"教育经费的不能独立,确定,学校设备的不完全(上海的私立学校更
不堪设想),教员薪水的低廉,以致教员生活的无保障(很多学校是半年一聘,)都足以使教员不能安
心在教,学生不能安心在学,因而师生间不得不起互相敷衍的虚伪关系。"匡亚明:《学校中师生关系
恶化的基因》,《新学生》1931年第2期,第65页。

很难聚集一流的人才，偶或因政治环境的变动暂时吸引部分人才，可一旦国立大学的经费状况得到改善，政治环境变得宽松，知识精英就会返回国立大学任教，或者是私立大学成为人才养成所，刚刚归国的年轻学人，会在私校任职，作为过渡，如表现突出，即会流转到条件更好的国立或教会大学。

从学生素质来看，私立大学的生源普遍较国立或教会的学生程度要差。大夏大学副校长欧元怀就曾提到，私立大学生源较差的原因与经费困难有关，"因为国立大学尚可于招考时从严挑选程度较优的学生，私立大学就难办到。许多私立大学的经费，大部分是靠学费收入，收生难免从宽"[1]。与国立大学相比，私立大学的入学门槛要低一些，入学考试的难度不高，1931年入学的赵超构在入学前高中都未读完，据赵超构讲，当时中国公学不用高中文凭就可以投考，录取新生要求较宽。[2] 此外，私立大学的教职员经常可以直接担保学生入学，无相关的严格要求，这在国立大学是不可能有的事情。20世纪30年代，从马君武开始就出现担保学生入学的情况，其后此种风气愈演愈烈，由此在学校形成教职员与自己担保的学生产生一定的利益关联。私立大学由于经费的短缺，有时为多收学费而滥招学生，从而影响其生源素质。私立大学虽不乏真心求学之青年，但也有很多只为混一文凭而来的学生，这对学校的风气以及办学的成绩均有负面影响。时人有"学店"之称，即讽刺此种交学费换文凭和以学费维持学校而不顾生源质量和教学质量的学校。生源较差是私立大学的一大弊病，直接影响其声誉，加上无优秀毕业生，对于学校的回馈和对社会的贡献均非常有限，久而久之，学校办学即陷入一种恶性循环，越办越差。

一般这类被称为"学店"的大学，往往被政府或部分学界中人认为是野鸡大学，这类大学的特点之一就是学生成分复杂，且较为激进，学校风潮不断。后来进入国民政府的学者蒋廷黻就认为，"中国大学受外界影响沦为政治剧场，其程度如何，要看相关影响力量的消长而定。如果说学校办得好，能够启发学生的求知欲，就会产生一种力量，使学生少受外界干扰，安心求学。反之，他们就会卷入政潮，荒废学业。因此，中国大学在政治中所扮演的角色如何，也代表了学生的好坏。基于此种理由，中国最坏的大学就是我们所谓的'野鸡大学'。它们很少注意教育问题，专门去搞煽动、演说、运动，去拥护某一方面或去反对某一方面。所以，一旦报上登出中国学生在某地

---

[1] 欧元怀：《论今日大学教育诸实际问题》，《教育杂志》第27卷第1号，1937年1月，第60页。

[2] 张林岚：《赵超构传》，文汇出版社，1999年，第25页。

闹风潮了,我们就全认为参加的人一定是'野鸡大学'的学生"。① 虽然这种看法有预设的立场,但还是道出了部分真相。以此反观中国公学,特别是在胡适任校长前后校园政治文化的差异,可见,学校是否有优秀的教育者引导,教职员能否在校内形成一种良好风气的表率,确实是能否吸引学生安心求学、减少外在纷扰的重要因素,正如欧元怀所言,"一个教授学验丰富和志操卓越与否,不但关系一个大学的声誉,并且直接影响学生的信仰与行为"②。中国公学陷入持续的动荡后,有部分学生在致胡适的信中,都表现出对胡适时代中国公学的怀念或向往,也很能说明问题。

上海私立学校的学店化,与国民党推行的党化教育也有很大的关系。一般而言,国民党抢夺的学校以私立学校为主,而接管后,党部会安排大批党人入校,从而使私立学校成为党人吃饭的机关。如当时党部中人回忆所言,党部抢到学校后,"有的做院校长,有的做教职员,资历是谈不上的,因而学生程度就每况愈下了"。原本"上海的私立学校,一直有'学店'之称。到了 CC 抢学校之后,'学店'之风更甚。不论大中学校,只问钞票,不问学历,学生可以'跳班''插班',由学校当局替他们造假成绩单,甚至于挂名缴费,文凭照领"。很多学校靠降低门槛多收学生以牟利,成为名副其实的文凭工厂。③

当然,中国公学的政治化与学生的来源也有很大关系。中国公学的学生大多来自贫寒家庭,据 1930 年《中国公学大学部社会科学院院刊》所载的一份调查,该校社会科学院学生家庭出身的统计,出生工人家庭的有 67%,农民和知识者家庭的各占 13%,商人家庭的 7%。④ 可见,中国公学学生大部分来自下层的工农家庭。近代以来,随着物质的兴起,贫寒子弟由于生存的压力,就学大多追求速成,以便改善生活境遇。出身贫寒的青年学生相对激进的心态,使其难以安心求学,而且多具有波希米亚风格的反抗精神和对高远理想的献身精神,与圣约翰及交通大学等精英大学优雅的布尔乔亚的风格适成对照。边缘知识青年在民族主义运动中找到了自身价值实现的途径,通过将国家的拯救与个人的出路融为一体,使其自身从不值一文的白丁

---

① 蒋廷黻:《蒋廷黻回忆录》,岳麓书社,2003 年,第 139 页。
② 欧元怀:《论今日大学教育诸实际问题》,《教育杂志》第 27 卷第 1 号,1937 年 1 月,第 61页。
③ 戴鹏天:《CC 的文化特务活动》,中国人民政治协商会议全国委员会文史资料研究委员会:《文史资料选辑》第 111 辑,中国文史出版社,1987 年,第 169 页。
④ 中国公学大学部社会科学院编:《中国公学大学部社会科学院院刊》第 2 期,1930 年 8 月24 日。转引自蔡爱丽:《中国公学学潮研究》,硕士学位论文,北京师范大学历史系,2005 年,第 27页。

变成有一定地位的人物,回归到与大众和国家民族更接近的路径,在某种程度上也可说是从边缘回归中央的可能。① 这也是中国公学这样的私立大学校内容易脱序、难有重心、风潮不断的原因之一。

三、例外的认识对象：中国公学的特殊意义

中国公学是近代中国历史上一所非常特殊的学校,对其历史的考察或可折射出近代中国历史社会被忽视的若干面相,也能从另一角度印证我们既有的对近代中国认知模式的有效性。

回到起点来看,中国公学是清末创立的新式学校,虽然有着强固的自治传统,但不可否认在清末大部分时间里,中国公学近似于一个官办学校,其校产和常款来自官方资助,与民国以后创立的私立学校不同,学校没有类似校产所有者的法人和团体。到 1927 年校董会改组,经过胡适任内的经营,学校办学规模和品质提升,依靠学费收入即可维持。此时,校董会既不是此前校产的所有者,也不再负责提供学校常款,从这个意义上而言,中公作为一个私立学校,其所谓的"私"的特性较为特殊,校董对于学校都是"外人"和"过客",校董会和校内也不会出现一个对校政有超然决定权的人物。"倒马风潮"出现后,校董会的分裂导致其无法行使职权,而马君武之所以一意对抗校董会,也有其自认对于中公利益比一般校董更为关切的原因,故当仁不让,僵持之下,最后将自主权拱手让人。

中公易长风潮涉及马君武、蔡元培、胡适等近代中国颇有影响的名人,从蔡元培、胡适等人对于中国公学的态度可以发现中国公学的困境所在。胡适辞中公职而急于就北大职,显现出国立大学与私立大学的权势差异。而任董事长的蔡元培与中公没有任何历史渊源,其任董事长纯属挂名。由是观之,中公的弱势地位暴露无遗,马君武明显不是最佳的负责人选,却在仓促之间被推举继任,反证了中公的困境。

真正对于中公投入感情,并做出巨大贡献的实际是该校毕业的校友,尤其是早期校友。中国公学经费的来源与其说主要是校董会筹措,毋宁说是中国公学早期校友的支持。中国公学的创办本就是反对取缔规则罢课归国的留日学生自己创办的,早期学生本身即学校的创办者与管理者,这在经费

① 关于边缘知识分子兴起的相关论述,可参见罗志田：《知识分子的边缘化与边缘知识分子的兴起》,《开放时代》1999 年第 4 期。

筹措上也可得到体现,学生利用各自的社会关系募集资金,主要的学生干事或远赴南洋向华侨募捐,或向各地的督抚大吏求助,为中国公学早期的发展奠定了物质基础。由于这种创办者的角色以及发起学生在创校过程中的付出,早期的校友对学校均怀有深厚的感情,成为后来学校屡次危难时校友出而维持的一个潜因。这样的例子在中国公学的历史上比比皆是,最早中国公学干事姚宏业投水以唤起世人对中国公学的注意,此事最能体现学生为学校主人的意识;干事张邦杰为学校建筑校舍在各地奔波筹款,最后在监造校舍过程中积劳致死,也可见以学校发展为自己个人志业的意识;民国初年中国公学濒临停办之时,又是中国公学早期的学生干事王敬芳负责筹措资金勉力维持;到北伐后,熊克武、但懋辛等校友在学校危殆之时,个人垫款以维持学校之发展。

在众多校友中,王敬芳参与学校发展的时间最长,留下的资料也较多,从中可以体会校友对学校之深厚感情及其对学校发展付出之巨。中国公学十周年纪念会,李佳白的演说特别赞颂了王敬芳的不懈坚持,其演说云,"深佩校长王君之功夫,善始者未必善终,创业者难与守成,此中国人之通病,而中国公学维持十年之久断非有始无终者所可比"①。1928年,王敬芳得知胡适接掌中国公学时,曾致信胡适,内称,"中国公学系芳与诸同志殉性命以建之者,芳视为第二生命,盖二十又二年矣。然芳办学能力既薄弱,人事驱遣又不能常在沪上,所委任之人又不能尽称职,以致中间迭遭波折,屡经变更,迄未能如芳所期,每一抚衷,辄觉愧对先烈。今得棣台长斯校,真芳日夕所馨香祷祝而不得者,翘首南天,欣然为我公学前途庆得人也。前接公学董事会函,仍推芳为董事。芳虽对于各项事务久经谢绝,然独对于公学但能稍效棉薄,决不忍道辞之一字"②。此外据王敬芳统计,其"与中国公学的关系,自光绪丙午参与创办后,六年之中,均在公学服务,奔走各省,筹款补助。辛亥夏赴南洋群岛为公学募捐,到处欢迎,大有希望。武昌起义,侨胞为筹革命经费,无暇及此,以故所得无多。鼎革后,革命伟人多出维持。二年二次革命失败,公学无人负责,岌岌可危。我因为不忍心看着已死的朋友张俊生、姚剑生等的遗泽湮没,又得胡君石青的帮助,乃挺身担任公学责任。三四年间,石青与我为替公学筹款,种种困难,笔难尽述。四年夏天,福中公司成立,石青又帮我向福中请求,每年捐助公学两万元。(石青与公学并无历

① 《中国公学十周年纪念会演说稿(续)》,《申报》1915年4月1日,第11版。
② 《王敬芳致胡适》(1928年10月30日),中国社会科学院近代史研究所中华民国史组编:《胡适来往书信选》(上),社会科学文献出版社,2013年,第355页。

史关系,出力独多,这是我所最感激的)总计我经手替公学所筹的款,数在二十万元以上"。① 可见,王敬芳一人对于中国公学发展的支持非常之巨。

到民国以后,中国公学的校友资源大不如晚清,民国后毕业的学生缺乏独当一面的人物,也缺乏具有全国影响的真正有权势的人物。民国后的中国公学学生对于学校之感情也大不如晚清时的学生,这也是中国公学在民国以后缺乏持续发展所需社会支持的一个重要原因。久而久之,出现一种恶性循环,办学质量与办学条件相互限制,办学质量欠佳,则不能吸引好的学生,没有优秀的毕业生即没有良好的社会影响和校友资源,又反过来使学校发展很难得到持续的支持。1933 年 8 月,中公教务长熊恺祥致信校友同学,号召致力于学校复兴,信中称,"吾校理科迄未充实,而文、法、商诸院又未有出人头地之表示,故教育部认为无存在之价值耳"②。即可见学校办学成绩不佳,校友资源的质量不高,所能发挥的作用亦有限。

刘秉麟是 1908 年入中国公学的肄业生,后进北京大学经济系学习,1919 年中国公学复校的发起人,并担任中国公学教务长,后赴英德留学,1925 年归国后长期在中国公学任教,且担任学校董事,对中公有深厚感情。刘秉麟在 1929 年 6 月为毕业生纪念册撰写的《校史》中提到,"考我公学之能成立,能继续至今日。经千万种困难,而能保存其二十余年之历史,巍然特立于黄埔江边,而不至中道夭折者,其中实有一重大之原因,即凡我公学之同学,能以先烈之心为心者,无不笃爱其母校,甚至政见不同,主张各异,而对于母校之事务,终能保持其爱护之精神。即牺牲其生命,牺牲其精神,牺牲其财产而不恤。大抵每届困难之时,皆由二三同学,出而力任其艰,虽平时不与闻公学之事,一闻公学到危难之时,无不引为己任,前者死而后者起,此一部艰难缔造之历史"③。1920 年,中国公学发起人之一梁乔山病逝,据刘秉麟回忆,"乔山先生病笃时,我与中公同人,接电急赴苏州医院,至则先生呼吸已促,咳嗽犹不止,喷血满被,连呼爱护中公,爱护中公,不绝,同时先生泪夺眶出,同人咸泣下不敢仰视"④。证诸刘秉麟所亲历的中公历史,无论是晚清发起建校,还是 1919 年校友的复校努力及 1927 年校友对学校的改组与复兴,大致符合事实。但在"一·二八"事变中,校舍被毁,可谓

① 《王敬芳致胡适》,《胡适来往书信选》(中),社会科学文献出版社,2013 年,第 511 页。
② 《致同学们书》(1933 年 8 月),《近代史资料》第 69 辑,第 89 页。
③ 刘秉麟:《校史》(1929 年 6 月 4 日),《中国公学己巳级纪念册》,第 10 页,上海市档案馆藏,中文资料档案,Y8-1-147。
④ 刘秉麟:《赠言》(1930 年 12 月 16 日),《中国公学民国十九年冬季毕业纪念刊》,第 30 页,上海市档案馆藏,中文资料档案,Y1-1-149。

给了动荡不安的中公以致命一击，校友亦无能为力。

　　中公校舍在"一·二八"事变中被毁，王敬芳忧心如焚，据刘秉麟所记，"中公毁灭后半年，抟沙先生亲来上海，力筹复兴之策。以忧劳之故，形容憔悴，与往年之丰腴面目，判若两人。中公旧友往谈，见面即哭，谓'余一生事业，虽遭挫折，亦不足惜，独此中公，见其毁灭，一息尚存，实不能忍！'语至此，竟不能成声"[①]。1931 年 6 月朱经农辞校长职，自此办理中公之人与学校毫无渊源，到 1933 年年初，王敬芳去世，此后中国公学虽苟延残喘至 1936 年前后，但从晚清一以贯之的生命史而言，实则真正的中公其形神皆已毁灭，此后中公"你方唱罢我登场"的喧闹，不过是一种托体。[②]

　　1930 年，中公学生觉民在谒姚烈士墓时作诗云："断碣残碑气若在，千秋青史有公评。读书种子今何在，夜夜江潮作恨声。"[③]从中国公学创立之初衷而言，其抱负无疑是失落的，就这个意义而言，中公的历史叙述确实是一种恨声。整体来看，中国公学这样一所学校在其历史上大部分时期均处于一种比较弱势的地位，其发展似乎没有若何成功的经验，而其种种局限却值得我们深思，其中自有近代中国社会政治变动大背景下共性的东西，也有很多其所面对的个体的局限与困境。

---

　　①　刘秉麟：《哀中公》，《中国公论》第 1 卷第 5 期，1937 年 3 月 1 日，第 11 页。
　　②　刘秉麟对中公毁灭曾有过这样一番言论，"中公之毁灭，尚有一极深之病根，即堂堂正正之学术机关，常成为政争之具。故仇人之所毁者，中公之形，而自身之所毁者，中公之精神"。刘秉麟：《哀中公》，《中国公论》第 1 卷第 5 期，1937 年 3 月 1 日，第 12 页。
　　③　觉民：《谒姚烈士墓感作》，《旭日》1930 年创刊号，第 15 页。

附录一:中国公学历任校长(监督)、董事长

中国公学历任校董会董事长(总董)

张謇　　　　1908 年 9 月—　熊希龄为副董
汤化龙　　　1913 年冬—
熊希龄　　　1919 年春—　王家襄为校董会副会长
熊克武　　　1927 年 6 月—
王云五　　　1928 年 6 月出任校董会董事长,1930 年 3 月赴美考察,后
　　　　　　辞职
蔡元培　　　1930 年 3 月任中国公学董事长
于右任　　　1935 年 2 月由校董会推选为董事长

中国公学历任校长(监督)

郑孝胥　　　1907 年 3 月由两江总督端方约请任命为监督
夏敬观　　　1908 年 5 月继郑孝胥为中国公学监督
熊希龄　　　1912 年 2 月任校长
谭心休　　　1912 年 5 月起代理校长
黄兴　　　　1912 年 9 月由董事会公举为学校总理,负责校务
王敬芳　　　1913 年年底任校长
张东荪　　　1921 年春代理校长
陈筑山　　　1922 年秋代理校长
张东荪　　　1924 年夏任商科大学学长,陈筑山专办高中部
何鲁　　　　1927 年春任校长

胡适	1928 年 4 月任校长，杨亮功任副校长
马君武	1930 年 5 月任校长
邵力子	1931 年 2 月任校长，朱经农任副校长（6 月辞职），潘公展继任副校长（12 月辞职）
熊克武	1932 年下学期暂任校长，1933 年上学期开始由熊恺祥代理校长职
吴铁城	1934 年春任校长，1935 年 2 月，加聘陈济成为副校长

附录二:中国公学大事记

1905 年

11 月 2 日,日本文部省颁布《关于许清国留学生入学之公私立学校之规程》,该规程共有十五条细则,其中:"第九条,受选定之公立或私立学校,其供清国学生宿泊之宿舍或由学校监管之公寓,须受校外之取缔。第十条,受选定之公立或私立学校,不得招收为他校因性行不良而被饬令退学的学生。"

12 月 1 日,留日学生总会召集干事及各省分会代表,撰成《学生公禀》,上呈清政府驻日留学监督杨枢。

12 月 3 日,留学生会馆召开各省留学生代表会议,决议各校代表和会馆干事一同前往清政府驻日使馆,要求彻底取消取缔规则。

12 月 5 日,主张罢课的各校成立联合会,议决,不能达到目的则行使自由归国之权利。

12 月 10 日,湖南同乡会开会,决定全省留日学生,一律退学归国。各省同乡会多数与湖南取一致态度。12 月 10 日,留学生总会商议归国事,到会者数千人,一致决议退学归国。

12 月 10 日,留学生总会推举刘棣英、朱剑、吴勋、王敬芳四人到上海担任招待,筹划兴学事宜。12 月 21 日,刘棣英、吴勋、王敬芳等人抵沪。12 月 26 日,留日学生总会设事务所于派克路东升里。

1906 年

1 月 9 日,留学生总会事务所开第一次各省代表会议,举定总会职员,正干事刘棣英，副干事朱剑，庶务廖嘉淦、吴勋，会计姚宏业、王敬芳，书记于右任、唐演、张石、吴仲旗，调查瞿钺、孙衡、朱葆康、吴枬，招待高裕文、龚威。自此留学生总会移至上海，"与各省同乡会相联络、相提携，招待归人，调查行踪，为计划兴学之基础"。

1月12日，日本文部省采取和缓措施，部分修改取缔规则条款，清政府驻日留学监督也要求所有归国学生返日复课。

1月13日，留日学生会馆召开第二次各省代表会议，议定行止，决定创办学校于上海，定校名为中国公学。

1月17日，第三次各省代表全体会议召开，决定在校内分设评议和执行两部，并分别选举产生评议员与执行部职员。

1月20日，举郭果能、安永昌赴日聘请教员，一面置办校具为开学之筹备，一面举谭心休赴湘筹款，刘棣英亦赴南京筹款。

1月22日，中国公学干事刘棣英等诸生请郑孝胥任校长，郑以"病后，不愿与官府往来"为辞婉拒。

2月28日，中国公学开堂授课，计收学生260余人，共分有高等甲、乙两班，普通甲、乙两班，另有师范班、理化班。

3月4日，学校租定虹口新靶子路作为校址。同日，行开校礼，至此中国公学终告成立。

3月28日，由发起人及评议员开第一次选举会，公举学监三人、职员十人办理校内外一切事务，王敬芳、彭施涤、谭心休被举为学监。

4月9日，中国公学开学不久发生江苏学生五十多人退学的风潮，另组健行公学。

4月13日，投江自尽的烈士姚宏业的尸身和遗书被发现。5月12日，中国公学在上海颐园开追悼会，绅商学界到者颇多，群相哀烈士志，筹所以助公学者。

1907 年

3月，两江总督端方电请郑孝胥任中国公学监督。

4月，两江总督端方上奏学部请拨中国公学经费奏片，饬财政局每月筹拨一千两作为中国公学开销。

9月，王敬芳会同宝山县核准校地。

10月15日，两江总督端方批准上海道禀请拨吴淞官地于中国公学建校。

12月，由张邦杰、王敬芳和黄兆祥三干事发起修改学校章程，取消评议部，干事不再由评议部选举产生，改由监督聘任。

<h1 style="text-align:center">1908 年</h1>

3月，郑孝胥请辞监督职，两江总督端方及公学教职员均表示挽留，郑孝胥"劝令先立董事会，再定办法"。

4月2日，江苏提学使夏敬观继郑孝胥任中国公学监督。

5月，沪宁铁路完成，火车将通，中国公学全体教员及学生旅行南京三日，并受两江总督端方之招待于总督衙门。

9月，总董张謇请宁苏浙赣各省协力资助中国公学常款，共任其难。

9月13日，中国公学校董会正式成立，校董会推举张謇为总董，熊希龄为副董，列名董事者有张謇、熊希龄、郑孝胥、罗焕章、陈三立、马相伯、喻兆蕃、于右任、夏敬观、谭心休、钟文恢、王敬芳、黄兆祥、张邦杰、梁乔山、孙镜清、彭施涤、谭倬云。

9月27日，校友会开大会报告校章交涉经过时，监督夏敬观贴出完全否认学生有权改订校章的告示。同时，发布另一道布告，开除主事学生。

9月28日，全体学生签名停课，在操场上开大会，议决数事：（一）辞退王敬芳；（二）要求取消开除二代表之公布；（三）举人至东京请本校发起人共来上海另选干事；（四）章程一事应请本校发起人与董事会诸先生及本校舍监教员及公学代表共同议改；（五）公举代表请公正名人清查账项。下午学校贴出布告，开除学生罗毅、周烈忠、文之孝等七人，并声言："如仍附从停课，即当将停课学生全行解散，另行组织。"

9月29日，教员出来调停，想请董事会出来挽救，但董事会不肯开会。

10月1日，学生开始商量学校解散后的问题，夏敬观和王敬芳雇来印度巡捕，携带武器守在门口准备对付闹事学生。双方冲突达到极点，局面难以挽回。

10月2日，董事陈三立出面调停，但其调停之法，以前此种种公布俱作为无，敦劝学生仍旧上课，干事依旧任事。

10月3日，学生复开大会，同学以为王敬芳必不去校章必不改，而校事一复其风潮未起时之故态。大会议决派代表四人与干事诸君算清账目，要求退还膳学费及各生开办费藉于解散后不致有流离困苦之忧。下午，学校又出布告，"暂停膳食，诸生可先行退出校外，暂住数日。待本公学将此案办结后，再行布告来校上课"。布告一出，群情激昂。167 名学生退学自办中国新公学，与旧公学相对抗。

10 月 12 日，退学学生租定爱而近路庆祥里一处房屋作为校舍，聘请教员开课，校名定为"中国新公学"。新公学成立后，学生按原来的学校章程，实行自治，选出干事朱经农、李琴鹤、罗毅负责庶务、教务和斋务。

1909 年

1 月，两江总督批准中国公学董事会立案。

3 月，中国公学第三次董事会会议，议决的重要提案还有建筑校舍招投标事宜及开高等本科事宜。

6 月，端方上奏朝廷，提出筹建工科大学之计划。

7 月 8 日，张邦杰与罗毅到郑孝胥处，双方都同意新公学停办，学生仍归中国公学之办法。至 7 月 11 日，郑孝胥接到中国新公学来书，称新旧公学合并事，校内已开会，公议作罢。

8 月 13 日，新公学李琴鹤、薛传斌致书熊希龄，称江苏巡抚程德全允助新公学银三千两，专为建筑校舍之用。

10 月，张邦杰力疾督工，不幸尽瘁而死。

11 月 13 日，新中国公学董事李平书及干事罗毅、李琴鹤与原中国公学董事郑孝胥，干事梁乔山、谭心休会商议合并办法，"约定即日将庆祥里新公学房屋退租，学生皆移入中国公学，所有新公学欠款由公学分别缓急酌为认还"。

11 月 17 日，中国公学开合并会。

1910 年

7 月 28 日，中国公学董事会开会，决定"改为监督行事之法"，"以夏敬观为监督，驻学办事，各教员、职员皆由监督聘订，别定严肃规则，以除从前之习气"。

9 月，中国公学校舍建成，学校由新靶子路迁往吴淞。

1912 年

1 月,中国公学各董事集议恢复办学,孙中山、黄兴、宋教仁等革命领袖加入董事会。

2 月,熊希龄被推举担任中国公学校长。

3 月 21 日,临时政府批准中国公学董事会所请,将源丰润银号倒欠政府官款项下 370 余万元拨充学校基金。

5 月,熊希龄因一时不能回沪,乃请谭心休代理校长。

8 月,学校将前清时大学预科旧生 30 余人召回继续授课。

9 月,董事会公举黄兴任总理,负责校务。恢复后的中国公学有意扩大办学规模,在续办工科基础上,另增设政、法、商各科。

9 月 3 日,中国公学举行民国建立后的首个开学式。

11 月 4 日,在校董的推许之下,孙中山亲自致电袁世凯,请政府依照前案拨付源丰润款项充学校基金。但此款已被挪作他用,始终未能拨付。

1913 年

1 月,续招大学预科第一部学生两班,以中国公学总理黄兴的名义通电全国,要求各省选送考生进中国公学学习。

4 月 17 日,校董熊希龄向袁世凯呈请,鉴于源丰润之存据已被政府作为偿付德商欠款的抵押品,短期内无法接收,故提议由财政部拨发 8 厘公债票 150 万元,作为中国公学常年经费,按年领息。因政局变动,该款也未能如数拨付。

7 月 28 日,上海讨袁军司令部迁到吴淞中国公学校址,学生纷散,随后南北两军在吴淞开战,对校舍造成严重破坏,学校遂暂行停顿。

12 月,经校董熊希龄接洽协商,决定中国公学与北京的国民大学合并,两校合并后改名为中国公学大学部,在上海保留中国公学中学部及在校之专门科。

1914 年

春，中国公学移董事会于北京，推举汤化龙为董事长，王敬芳为校长。

2 月 20 日，教育部令视学张宗祥、汪森宝赴上海视察中国公学。

6 月，中国公学甲班毕业之际，沪上报刊对中公办学成绩颇多赞誉。

1915 年

3 月，教育部批准了中国公学的立案申请。

夏，与英商福公司交涉结束，福中公司成立，胡汝麟、王敬芳两人要求福中公司每年提款 5 万，以 3 万元补助河南公益事业，以 2 万元补助中国公学。

1916 年

夏，在上海的中国公学专门科政、法、商各班在校生毕业，仅余中学生数十人。

1917 年

3 月，因上海吴淞中学部停办，经呈请北京政府教育部核准，国民大学与中国公学分离，原国民大学改名中国大学。

1919 年

2 月，中国公学校友会为恢复公学积极奔走，"派遣干事李荫秾、刘秉麟二君赴京，与福公司接洽，请其拨发常年补助之两万元，直接交付公学"。

5 月 17 日，中国公学董事会在北京恢复，选举熊希龄为会长，王家襄为副会长，范源濂、胡汝麟、袁希涛、夏敬观、叶景葵、梁维岳、王敬芳等为常务董事,王敬芳以常务董事资格兼任校长,议定开办商科专门及中学。校长王敬芳有事不能南下,委托刘秉麟于 5 月 22 日到上海接收办理开学事宜,在此之前由校友会组织的筹备处解散。

1920 年

9 月,梁启超为中国公学改办大学发募捐启,其中谈及改办大学之计划。

1921 年

春,中国公学原教务长刘秉麟留学英国,于是由梁启超推荐,王敬芳乃请张东荪为教务长,代理校长职权。

7 月,舒新城任中国公学中学部主任职。

10 月 11 日至 11 月 20 日,中国公学发生驱舒(新城)逐张(东荪)风潮。

1922 年

秋,原来的中学部改名为中国公学附属吴淞中学。

秋,教育部令准中国公学商科专门改升大学。张东荪因事繁坚辞代理校长职,王敬芳请陈筑山代理校长职。

1923 年

5 月,因商科与中学部的矛盾,学校发生风潮,内部出现波折,校长陈筑山一度离校。

9 月,"以商科大学来学者日盛,势不得不力图扩充,又因添办高级中学,吴淞校舍实不敷用,故将商大迁移上海"。

秋学期起,中国公学商科学制决定"改用点位制(即 Unit),各种学科为一百点,每学年约读三十点,以科为班,不用年级制"。

10月，中学部主任舒新城去职，陈筑山继任。

1924年

4月，财政部发给元年公债整理债票二十万元，自1924年1月起息；同年8月，续发前项公债二十万元，自1924年7月起息。上项利息，每年六厘，其第一期至第十期，经财政部核准由盐业银行拨付三万元。其第十一期以下之利息，1925年财政部核准由福中公司每年应缴统税捐费十万元内分四期拨付，每期六千元，至该项公债正式付息时止。此案虽由财政部核准，但不久河南即成战区，矿务停顿，不但不能由统税项下拨付此款，即原有每年两万助款亦完全停止。

6月，陈筑山因病不能经常往来于沪淞两地兼顾商大与中学两部，商请董事会，由张东苏任商科大学学长，其专办高中。

1925年

春，中国公学大学部由上海迁回吴淞炮台湾旧址。

1926年

5月14日，教育部派员视察中国公学。
7月5日，教育部开部务会议，通过中国公学的立案申请。

1927年

春，国民革命军进入上海，校长张东苏避居租界，中国公学陷入无人负责的状态。

4月3日，应中国公学学生会请求，中国公学校友会开理事干事联席会议，"当经公举理事何鲁君前往维持，并经何君提议组织校友会常务委员会，众意均赞同，遂推定杨杏佛、何鲁、刘南陔、李伯嘉四人为校友会常务委员，陈幼璞为常务委员会干事"。

6月24日，中国公学董事会在上海开会，出席者叶景葵、夏敬观、熊克武（但懋辛代）、但懋辛、杨铨、胡适、丁叙音、刘秉麟、周烈忠、余际唐、何鲁等。董事会决议，推举"赞助学校最多者如熊克武、杨铨等十余人为新董事"，又确定"旧董事蔡元培、叶景葵、夏敬观及新董事熊克武、杨铨、刘秉麟、何鲁七人为常务董事，何鲁为校长"。

1928 年

3月，学校发生风潮，学生要求驱逐何鲁。

4月8日，中国公学校友会学生会开联席会议，否认何鲁校长资格，推于右任为该校校长，并由该两会代表到校暂行接收，何鲁自动将退职书交出，脱离校长关系。

4月27日，中国公学校董会开会，在沪校董熊克武、王云五、夏敬观、胡适之、刘南陔、朱经农、但怒刚、余际唐、丁叙音等到会，在京校董蔡子民函托王云五为代表，杨杏佛函托朱经农为代表，讨论校长问题，当即票选胡适之为校长，仍由熊克武负责筹款事宜，但懋辛任总务长，丁叙音任校董会秘书。

5月3日，济南惨案发生，胡适召集全体教职员开会，追悼济南惨死诸先烈，并讨论日本出兵侵略山东事，决定通电全国一致讨日。

5月5日，胡适到中国公学召集校务会议，通过三个决议案：拟定校务会议组织大纲和教务会议组织大纲、成立学校章程起草委员会。

6月，杨亮功任中国公学副校长职，胡适留任校长，自兼文理学院院长。

6月，中国公学又向大学院呈请立案。

6月10日，中国公学新的校董会经选举产生，蔡元培、胡适、于右任、马君武、杨铨、王云五、朱经农、熊克武、但懋辛、王敬芳、刘秉麟、丁叙音、何鲁、叶景葵、夏敬观十五人被选为校董。

6月25日，胡适在中国公学行就职礼。

7月8日，胡适与副校长杨亮功及教务主任凌舒谟商量，决定把法律系废去，把理科三系合为数理学系。

1929 年

春，熊克武辞董事长职，由校董会公推王云五为董事长。

3 月，中国公学校董会开会决定，将中国公学的经过情形写成书面报告，连同所填大学院颁发的私立学校校董会立案表二册，呈请上海特别市教育局存查，并转呈教育部审核，请求批准立案。未获批复。

6 月，教育部训令，称中国公学编制不合大学组织法所规定，责令中国公学改正。

8 月，国民党上海市三区全区代表大会通过决议案，认定"胡适言论荒谬请教部撤职"。

9 月 25 日，国民政府令行政院准上海特别市执行委员会呈请教育部撤去胡适中国公学校长职，令教育部警告胡适。

1930 年

1 月，教育部派黄建中、朱经农、郭有守到中国公学视察，将视察结果写成书面报告，并带回中国公学一览表、中国公学大学部职员一览表、学生名册等多种资料，呈请教育部鉴核施行。

1 月 12 日，学期临近结束，胡适向校董会重提辞职事，并推举校董马君武继任校长。

2 月 1 日，上海市党部执委的常会上，六区党部三分部呈请严重处分胡适，规定非党员不得充任学校校长，并附具意见转呈中央。

4 月 13 日，中国公学校董会决议，"因近年学生人数增加，吴淞原有校舍不敷，议决增建可容五百人之校舍，推马君武、杨杏佛、丁燮音负责进行"。

5 月，教育部批准中国公学立案，惟令上海特别市教育局令该校改称学院。

5 月，蔡元培接任中国公学校董会主席。

5 月 15 日，校董会主席蔡元培代表校董会接受胡适辞职。

5 月 19 日，马君武到校就职。

6 月 8 日，马君武在"校董会临时会席上，因建筑案，提出辞职会（书），经出席各校董退还"。

9 月，中国公学新校舍建成，八字桥分校并入吴淞校区，所有新旧学生有一千四百多人。

10月14日晚,社会科学院之政治经济系举行系会筹备会,拟改选学生会。由于意见分歧,现场发生不同背景的学生之间的冲突。国民党籍学生严经照、李雄向国民党上海市第八区党部密报中国公学学生邓中邦、魏佐翰、林宏亮、张国辉四人为共产党,请即派兵拘捕。当夜军警到校搜检,抓走了学生邓中邦、魏佐翰两人。

10月15日上午,马君武保释出被捕的两学生,并召集全体学生开会,宣布将密报者李雄、严经照两人开除。

10月26日,国民党上海市第八区党部发出通电,攻击马君武"包庇反动""压迫党员""潜谋不轨",呼吁各界人士同申义愤,一致申讨。

10月29日,国民党上海特别市党部执行委员会第五十八次常会议决,要求中国公学恢复李雄及严经照之学籍。

10月30日,马君武被中华学艺社推举为出席日本学术协会代表,东渡赴日。同日,中国公学校董会开会议决,以马君武"干犯党怒,致起学校纠纷,着即免职",另推选于右任继任校长。

10月31日下午,拥马的学生聚集全体学生,成立拥马团体,通过决议:一致拥护马君武为中国公学校长;请求校董会收回马校长辞职之成命;取消丁鷇音校董职及校董会秘书职;并表示如校董会三日内不做肯定答复,即开始罢课,至马君武回校为止。

11月1日,拥马代表团通过的决议,通知全体同学即日起开始罢课,并发表拥马宣言。

11月6日,校董会布告于右任将于10日到校维持校务。当日中国公学四川、江西、安徽等地同学会举行联席会议,由李雄、严经照主持,组织中国公学解决风潮同盟会,请校董会即速履行决议案,欢迎于右任到校。

11月10日上午,拥马的中国公学学生举行第三次全体大会,当即通过决议:自即日下午起实行罢课,非达到马校长复职目的不止。下午,于右任到校接事。10月12日,于右任在《新闻报》发表声明,表示不再任中国公学校长职。

11月12日下午,胡适和王云五持马君武的亲笔函到校训话,力劝同学尊重马君武的劝告,即日复课。

11月19日,马君武返校,开会解释学潮发生后的情况,力劝学生安心上课,以学业为重,并表示愿以任何名义为公学做贡献,不一定要居于何种名义。

11月26日,起开始到校视事,并发表布告称,由于校董多不在沪,校董会暂时无法开会,校内一切仍由马君武完全负责。

1931 年

1月20日,国民政府行政院以中国公学校长马君武袒护反动诬蔑本党,令教育部切实查办。

1月下旬,国民政府教育部派员到上海查办中国公学学潮事。

2月1日,马君武在中社召开谈话会,宣布新学期开学日期及聘定之教职员。

2月2日,蔡元培召集校董开会,到会校董还有杨杏佛、王云五、刘秉麟、高一涵、丁燮音、马君武六人,开会时,拥马的学生代表到会场表示对蔡元培的反对,校董会改地点另开,学生代表又至,蔡元培、王云五、刘秉麟、高一涵、杨杏佛、丁燮音六人决意辞校董职表示抗议,并表示校董会无力负责,一切请教育部处置。

2月6日,教育部派顾树森、朱应鹏、岑德彰为中国公学临时接管委员,临时接管委员会做出如下决定:1. 遵照部令启铃接事;2. 将校内非法团体一律解散;3. 放假三星期,将开学日期延展至3月1日,限全体学生三日内离校。同时遵照部令,以前发给各教职员的聘约,停止发生效力,所有教职员等新校长发聘约。

2月14日,中国公学召开校董会,改推邵力子为校长,朱经农为副校长。同时准丁燮音辞职,另加推邵力子、陈果夫、潘公展、朱应鹏、吴开先为董事,新推选的校董均有深厚的党国背景。原被开除的学生李雄转入南京中央大学,严经照恢复本校学籍。

2月22日,邵力子到校与教育部临时接管委员会办理交接,23日为学生到校报到登记日,并定于3月2日开学。

3月,校长邵力子聘请戴君亮为教务长,朱应鹏为秘书长兼总务长,李青崖为文学院长,应成一为法学院长,刘秉麟为商学院长,童行白任训育长,负责学校的党义教育和学生党员的指导。

4月,邵力子从杜月笙处获得捐助银币三万元,用于建设科学馆,科学馆于12月中落成。

6月,朱经农以侍奉母亲为由向校董会请辞去副校长职,随后就齐鲁大学校长职。朱经农辞职后,校董会改聘国民党上海市党部执委潘公展为副校长,同时校中改聘樊仲云为教务长兼政治经济系主任。

11月，因部分学生对抗日宣传分工有异议，要求改选干事会。中国公学副校长潘公展鉴于学生抗日运动逐步向反政府运动转化，以未经学校批准的改选不合法为由，对新当选的干事进行训话。潘公展的训话引起校内学生的抗议，聚集在校长室外的学生向校长室扔石头，潘公展被迫离校。为此，潘公展、朱应鹏相继辞职。中国公学校董会推选樊仲云、刘秉麟、谢六逸及胡耀楣四人为校务维持委员，暂行维持校务。

12月，邵力子受任为甘肃省政府主席，向董事会请辞校长职。

12月中旬，校务维持委员会解散，校务由教授会主持。

1932 年

2月7日开始，日军飞机对吴淞轮番轰炸，中国公学的主要建筑基本被炸毁。

3月1日，中国公学在法租界辣斐德路赁屋开学。内部组织，一仍其旧；校长职权，由教授会代为执行。教授会推李剑华、汪馥泉、袁税伯、刘秉麟、区克宣、康次由、潘震亚、朱通九及傅东华九人为执行委员。另有总务长胡耀楣、教务长樊仲云负责日常校务。

3月10日开学，学生人数大减；文学院43人，法学院398人，商学院40人，高中部216人。

5月19日，中国公学抗日救国会在学校大礼堂开会，租界巡捕房到场拘捕大会主席田恒，激起轩然大波。后学生代表到捕房交涉，得知系樊仲云告密，请法捕房到校捕人。学生代表回校后向全校宣布内情，发起驱逐樊仲云的运动。

6月10日，中国公学校董会议在蔡元培寓所举行，讨论解决学校学潮问题。董事会议决：校董会准邵力子辞校长职，由朱经农任新校长，朱经农未到校前，由常务校董杨杏佛、但懋辛、熊克武代表校董会暂时维持校务；学校现行之教务长、总务长、秘书长制度，执行上殊感困难，应即废止，改设注册、文书、庶务、会计四主任，受校长之指挥，分任校中事务；学校之董事会，常务校董人数改为五人至七人，任期一年，推定于右任、王云五、高一涵、朱经农、但懋辛、刘秉麟、杨杏佛七人为本届常务校董；设立复兴委员会，负责计划并实现学校复兴之责，推定熊克武、陈果夫、蔡元培、于右任、王云五、邵力子、徐新六、马君武、胡适、任鸿隽、张公权、杜月笙、胡石青、杨杏佛诸先生为委员。杨杏佛、但懋辛于6月11日上午到校接管校事，学校开始恢复正常秩序。

7月21日，中国公学校董会以反动学生暴力盘踞校舍校务负责无人为由，呈请教育部派员接收整理。校董会鉴于学校内部情形的复杂，于8月10日议决暂行停办，三、四年级生赴其他各校借读，一、二年级生转学。

1933 年

2月18日，在法政、持志、中大等校借读的原中国公学学生在上海中国科学社召开借读各校的中国公学同学联席会议，一致决议呈请校董会于最短期内恢复中国公学，并发表宣言争取社会同情。

3月10日，中国公学重新开学。校董会决定推选熊克武为校长，熊凯祥任教务长，觅定贝当路汶林路房屋为校址。

3月23日，教育部电令中国公学校董会停办中国公学。

冬，熊克武向校董会提出辞职。

1934 年

3月，时任上海市市长的吴铁城允任中国公学校长，中国公学校董会函请熊克武办理交代，另聘朱应鹏为秘书长、韩觉民为总务长。

4月16日上午，中国公学大学部补行开学典礼，到校董及师生四百余人，由新任校长吴铁城主席。

1935 年

2月2日，在中央研究院驻沪办事处召开的中国公学校董会会议，到会的校董有潘公展、吴开先、于右任、王云五、朱应鹏等，蔡元培辞董事长职，改由于右任任董事长。吴铁城请辞校长职，董事会决议慰留。另决议加聘本校教授陈济成为副校长，朱应鹏为校董会秘书。

2月14日，吴铁城仍坚辞中国公学校长职，由校董会出具慰留函，托潘公展劝勉，吴铁城才勉强表示同意。

5月，吴铁城面谕上海市工务局派员勘估吴淞中国公学旧址各项建筑物修复费用，工务局经过查勘，估计全部工程约需洋十三万二千八百元。

1936 年

1 月，中国公学仅剩文、法两院的文学、法律和经济专业的部分学生，教育部令办至现有学生毕业为止。

8 月 13 日，吴铁城约校董谈话，商中国公学复兴问题，到者蔡元培、陈济成、潘公展、吴开先、朱应鹏五人。讨论结果，上条陈于校董会，推于右任、邵力子、胡适之、吴铁城及蔡元培五人为筹款委员会，请中央拨款十万元，各省市政府合助十万元。

1937 年

5 月，中国公学南京校友会成立，到会校友及党政机关代表 130 余人，特邀请陈立夫、戴季陶、孙科、孔祥熙等诸多党国要人担任名誉理事。

8 月 4 日，中央政治会议第五十次会议，通过决议案，"拨助复兴中国公学基金十万元，先行恢复中学"。

9 月，国民政府行政院以"该校兴发历史，确有足资纪念之处，且上海创设规模宏大办理完全之中学，尚有需要，允准拨助经费十万元，限定恢复中学"。因全面抗战爆发，未果。

参考文献

一、档案史料

[1] 国民党中央民众训练部档案,中国第二历史档案馆藏,全宗号:七二二。

[2] 国民政府行政院档案,中国第二历史档案馆藏,全宗号:二。

[3] 国民政府教育部档案,中国第二历史档案馆藏,全宗号:五。

[4] "蒋中正总统"文物档案,台北"国史馆"藏,数位档。

[5] 上海市政府档案,上海市档案馆藏,卷宗号:Q1。

[6] 上海市教育局档案,上海市档案馆藏,卷宗号:Q235。

[7] 上海市社会局档案,上海市档案馆藏,卷宗号:Q6。

[8] 上海市各种社团全宗汇集,上海市档案馆藏,卷宗号:Q130。

[9] 上海地方法院档案,上海市档案馆藏,卷宗号:Q185。

[10] 上海市工务局档案,上海市档案馆藏,卷宗号:Q215。

二、文献史料

[1] 蔡爱仁:《中公史料》,1972 年编印。

[2] 蔡元培:《蔡元培全集》,浙江教育出版社,1998 年。

[3] 曹伯言整理:《胡适日记全编》,安徽教育出版社,2001 年。

[4] 陈谊:《夏敬观先生年谱》,黄山书社,2007 年。

[5] 陈子善、徐如麒编选:《施蛰存七十年文选》,上海文艺出版社,1996 年。

[6] 丁守和主编:《辛亥革命时期期刊介绍》,人民出版社,1983 年。

[7] 丁文江、赵丰田编:《梁启超年谱长编》,上海人民出版社,2009 年。

[8] 端方:《端忠敏公奏稿》卷八,(台北)文海出版社,1967 年。

[9] 冯友兰:《三松堂自序》,人民出版社,1998 年。

[10] 冯自由:《革命逸史》,中华书局,1981 年。

[11] 傅学文编:《邵力子文集》,中华书局,1985 年。

[12] 高平叔编:《蔡元培教育论著选》,人民教育出版社,1991 年。

[13] 高平叔编：《蔡元培年谱》,人民教育出版社,1996 年。

[14] 高平叔、王世儒编注：《蔡元培书信集》,浙江教育出版社,2000 年。

[15] 贺远明等选编：《吴芳吉集》,巴蜀书社,1994 年。

[16] 胡适：《四十自述》,中国文联出版公司,1993 年。

[17] 胡适：《胡适全集》,安徽教育出版社,2003 年。

[18] 胡颂平：《胡适之先生年谱长编初稿》,(台北)联经出版事业公司,
1984 年。

[19] 胡颂平：《胡适之先生晚年谈话录》,新星出版社,2006 年。

[20] 黄尊三著,谭徐锋整理：《黄尊三日记》,凤凰出版社,2019 年。

[21] 韩石山编：《徐志摩全集》,商务印书馆,2019 年。

[22] 蒋廷黻：《蒋廷黻回忆录》,岳麓书社,2003 年。

[23] 李文儒编：《蒲风日记》,陕西教育出版社,1997 年。

[24] 李宗棠：《东游纪念》,黄山书社,2016 年。

[25] 林祥主编：《世纪老人的话：严济慈卷》,辽宁教育出版社,2000 年。

[26] 刘国铭主编：《中国国民党百年人物全书》(下),团结出版社,2005 年。

[27] 刘晴波主编：《杨度集》,湖南人民出版社,2008 年。

[28] 罗尔纲：《师门五年记 胡适琐记》,生活·读书·新知三联书店,
2012 年。

[29] 欧阳哲生编：《胡适文集》,北京大学出版社,1998 年。

[30] 秦国经主编：《清代官员履历档案全编》,华东师范大学出版社,
1997 年。

[31] 全国政协文史资料研究委员会编：《于右任文选》,中国文史出版社,
1987 年。

[32] 上海社会科学院历史研究所编：《"九·一八""一·二八"上海军民抗
日运动史料》,上海社会科学院出版社,1986 年。

[33] 上海市档案馆编：《中国公学档案辑存》,《近代史资料》总 69 号,中国
社会科学出版社,1988 年。

[34] 上海市政协文史资料委员会编：《上海文史资料存稿汇编：教科文卫》,
上海古籍出版社,2001 年。

[35] 沈从文：《沈从文全集》,北岳文艺出版社,2002 年。

[36] 史先民：《中国社会科学家联盟资料选编》,中国展望出版社,1986 年。

[37] 史之编：《中国公学史料拾零》,《近代史资料》总 69 号,中国社会科学
出版社,1988 年。

[38] 舒新城：《我和教育》,(台北)龙文出版社,1990 年。

[39] 四川省荣县政协文史资料委员会编:《爱国志士但懋辛》,四川人民出版社,1995年。

[40] 汤志钧编:《章太炎年谱长编》(上),中华书局,1979年。

[41] 汤志钧、汤仁泽编:《梁启超全集》,中国人民大学出版社,2018年。

[42] 王云五:《岫庐八十自述》,上海人民出版社,2007年。

[43] 王云五:《王云五文集》,江西教育出版社,2011年。

[44] 王云五等编:《私立中国公学》,(台北)南京出版有限公司,1982年。

[45] 吴芳吉:《白屋诗选》,四川人民出版社,1982年。

[46] 许德珩著:《为了民主与科学——许德珩回忆录》,中国青年出版社,2000年。

[47] 杨亮功:《早期三十年的教学生活 五四》,黄山书社,2008年。

[48] 苑书义等编:《张之洞全集》,河北人民出版社,1998年。

[49] 恽毓鼎著,史晓风整理:《恽毓鼎澄斋日记》,浙江古籍出版社,2004年。

[50] 张坤编:《吴淞中国公学十年纪念册》,商务印书馆,1915年。

[51] 张儒品主编:《西南财经大学志》第1卷,西南财经大学出版社,1992年。

[52] 郑孝胥编:《中国公学第一次报告书》,上海商务印书馆,1907年。

[53] 中国第二历史档案馆编:《中华民国档案资料汇编》第五辑第一编:教育,江苏古籍出版社,1994年。

[54] 中国第二历史档案馆编:《中华民国史档案资料汇编》第五辑第一编:政治(四),江苏古籍出版社,1994年。

[55] 中国公学编:《中国公学章程及自治章程》,1906年。

[56] 中国公学大学部编:《中国公学大学部一览》,1926年。

[57] 中国公学大学部编:《中国公学大学部第五届(丙寅夏)毕业纪念刊》,1926年。

[58] 中国公学大学部编:《中国公学大学部一览》,1930年。

[59] 中国公学大学部编:《中国公学大学部1931年毕业纪念刊》,1931年。

[60] 中国公学大学部编:《中国公学大学部民国廿一年冬季毕业纪念刊》,1932年。

[61] 中国公学大学部教务处编:《中国公学大学部修业一览》,1928年。

[62] 中国公学大学部秘书处编:《中国公学大学部创校四十周年复校二周年纪念特刊》,1944年。

[63] 中国公学大学部民国二十二年毕业同学会编:《中国公学大学部民国

二十二年毕业纪念刊》，1933 年。

[64] 中国公学大学部社会科学院学生会出版部编：《中国公学大学部社会科学院院刊》，1930 年。

[65] 中国公学大学部预科庚午级毕业纪念册筹备委员会编：《中国公学大学部预科庚午级毕业纪念册》，1930 年。

[66] 中国历史博物馆编：《郑孝胥日记》，中华书局，1993 年。

[67] 中国人民政治协商会议广西壮族自治区委员会文史资料研究委员会：《马君武传》，1982 年编印。

[68] 中国社会科学院近代史研究所中华民国史研究室编：《胡适来往书信选》，社会科学文献出版社，2013 年。

[69] 周秋光编：《熊希龄集》，湖南人民出版社，2008 年。

[70] 朱光潜著，商金林编：《朱光潜自传》，江苏文艺出版社，1998 年。

[71] 朱维铮主编：《马相伯集》，复旦大学出版社，1996 年。

[72] 朱有瓛编：《中国近代学制史料》，第二辑（上），华东师范大学出版社，1987 年。

三、报刊资料

《安徽官报》《大公报》《大学院公报》《东方杂志》《独立评论》《复旦周刊》《广益丛报》《寰球中国学生会周刊》《教育·社会》《教育部公报》《教育杂志》《教育周报》《解放与改造》《竞业旬报》《觉悟》《民国日报》《上海市政府公报》《社会新闻》《社会与教育》《申报》《神州日报》《时报》《时事新报》《四川教育官报》《吴淞月刊》《希望》《现代评论》《新民丛报》《新时代》《新闻报》《新学生》《新月》《旭日》《学灯》《学校评论》《循环》《越风》《政府公报》《中公校刊》《中公学生》《中国公论》《中国公学大学部社会科学院院刊》《中外日报》

四、专著

[1] 安徽省法学会编：《周枏与罗马法研究》，安徽人民出版社，2010 年。

[2] ［法］安克强著，张培德、辛文锋、肖庆璋译：《1927—1937 年的上海：市政权、地方性和现代化》，上海古籍出版社，2004 年。

[3] 陈能治：《战前十年中国的大学教育（1927—1937）》，（台北）台湾商务印书馆，1990 年。

[4] ［美］费正清、费维恺编，杨品泉等译：《剑桥中华民国史》，中国社会科学出版社，1998 年。

[5] 丰一吟：《潇洒风神——我的父亲丰子恺》，华东师范大学出版社，

1998 年。

[6] 高波:《追寻新共和:张东荪早期思想与活动研究(1886—1932)》,生活·读书·新知三联书店出版社,2018 年。

[7] 郭廷以:《近代中国史纲》,中国社会科学出版社,1999 年。

[8] 黄福庆:《清末留日学生》,(台北)"中研院"近代史研究所专刊,1975 年。

[9] 蒋宝麟:《清末学堂与近代中国教育财政的起源》,社会科学文献出版社,2021 年。

[10] 蒋宝麟:《民国时期中央大学的学术与政治(1927—1949)》,南京大学出版社,2016 年。

[11] 金以林:《近代中国大学研究》,中央文献出版社,2000 年。

[12] 孔祥吉,[日]村田雄二男:《从东瀛皇居到紫禁城 晚清中日关系史上的重要事件与人物》,广东人民出版社,2011 年。

[13] 黎汉基:《社会失范与道德实践:吴宓与吴芳吉》,巴蜀书社,2006 年。

[14] 李海萍:《清末民初大学内部职权研究》,教育科学出版社,2014 年。

[15] 李喜所、元青:《梁启超传》,人民出版社,1993 年。

[16] 李仁渊:《晚清的新式传播媒体与知识分子——以报刊出版为中心的讨论》,凤凰出版社,2019 年。

[17] 刘超:《学府与政府——清华大学与国民政府的冲突及合作(1928—1935)》,天津人民出版社,2015 年。

[18] 陆胤:《政教存续与文教转型:近代学术史上的张之洞学人圈》,北京大学出版社,2015 年。

[19] 罗志田:《再造文明的尝试:胡适传(1891—1929)》,中华书局,2006 年。

[20] 吕芳上:《从学生运动到运动学生》,(台北)"中研院"近代史研究所专刊(71),1994 年。

[21] 桑兵:《晚清学堂学生与社会变迁》,广西师范大学出版社,2007 年。

[22] 尚小明:《学人游幕与清代学术》,社会科学文献出版社,1999 年。

[23] 盛雅萍、马学强主编:《沪上名校——百年大同研究(1912—2012)》,上海辞书出版社,2012 年。

[24] 施扣柱:《青春飞扬——近代上海学生生活》,上海辞书出版社,2009 年。

[25] [日]实藤惠秀著,谭汝谦、林启彦译:《中国人留学日本史》(修订译本),北京大学出版社,2012 年。

[26] 舒新城:《近代中国留学史》,中华书局,1928 年。

[27] 宋秋蓉：《近代中国私立大学研究》，天津人民出版社，2003 年。

[28] 王东杰：《国家与学术的地方互动：四川大学国立化进程(1925—1939)》，北京三联书店出版社，2005 年。

[29] 王晓渔：《知识分子的"内战"——现代上海的文化场域(1927—1930)》，上海人民出版社，2007 年。

[30] [美] 魏定熙著，张蒙译：《权力源自地位：北京大学、知识分子与中国政治文化，1898—1929》，江苏人民出版社，2015 年。

[31] 吴雁南等主编：《中国近代社会思潮(1840—1949)》第 1 卷，湖南教育出版社，1998 年。

[32] 谢彬：《民国政党史》，中华书局，2007 年。

[33] [加] 许美德著，许洁英主译：《中国大学(1895—1995)：一个文化冲突的世纪》，教育科学出版社，2000 年。

[34] 许小青：《政局与学府：从东南大学到中央大学(1919—1937)》，中国社会科学出版社，2009 年。

[35] [美] 亚伯拉罕·弗莱克斯纳著，徐辉、陈晓菲译：《现代大学论——美英德大学研究》，浙江教育出版社，2001 年。

[36] 杨翠华、庞桂芬编：《远路不需愁日暮——胡适晚年身影》，台北"中研院"近代史研究所，2005 年。

[37] [美] 叶文心著，冯夏根等译：《民国时期大学校园文化》，中国人民大学出版社，2012 年。

[38] [美] 易社强著，饶佳荣译：《战争与革命中的西南联大》，九州出版社，2012 年。

[39] [美] 詹姆斯·C.斯科特著，郑广怀等译：《弱者的武器：农民反抗的日常形式》，译林出版社，2007 年。

[40] 张林岚：《赵超构传》，文汇出版社，1999 年。

[41] 张朋园：《梁启超与民国政治》，吉林出版集团有限责任公司，2007 年。

[42] 章清：《"胡适派学人群"与现代中国自由主义》，上海古籍出版社，2004 年。

[43] 郑匡民：《西学的中介：清末民初的中日文化交流》，四川人民出版社，2008 年。

[44] 周秋光主编：《熊希龄 从国务总理到爱国慈善家》，岳麓书社，1996 年。

[45] John Israel, *Student Nationalism in China，1927—1937*. Stanford：

Stanford University Press, 1966.

[46] Ming K. Chan and Arif Dirlik, *Schools into Fields and Factories*: *Anarchists*, *the Guomindang*, *and the Labor University in Shanghai*, *1927—1932*. Durham and London: Duke University Press, 1991.

[47] Whitehead, J. S. *The Separation of College and State*: *Columbia*, *Dartmouth*, *Harvard*, *and Yale*, *1776—1876*. New Heaven and London: Yale University Press, 1973.

五、论文

[1] 蔡爱丽:《权威在中国公学——中国公学"倒马""拥马"学潮探因》,《兰州学刊》2006 年第 5 期。

[2] 丁乙:《1927 年政权鼎革之际沪苏教育界的革命实践——以"打倒学阀"为中心的考察》,《史林》2019 年第 2 期。

[3] 丁乙:《"党国视角"、知识生产与地方性经验——"民国大学史"研究的新动向及其反思》,《教育学报》2019 年第 5 期。

[4] 范剑涯:《"一二·一七"运动与上海中国公学的抗日斗争》,《上海党史资料通讯》1986 年第 12 期。

[5] 方光伟:《民国私立大学的兴衰》,《教育史研究》1993 年第 2 期。

[6] 葛夫平:《上海中法工学院始末》,《史林》2006 年第 4 期。

[7] 葛兆光:《思想史既做加法也做减法》,《读书》2003 年第 1 期。

[8] 韩成:《北伐前后的校园政治与学生运动:以上海光华大学为中心》,《史林》2018 年第 1 期。

[9] 韩成:《九一八事变后的学生抗日救国运动:以上海光华大学为中心》,《日本侵华南京大屠杀研究》2018 年第 6 期。

[10] 韩成:《从合作走向对抗:九一八事变后的上海学生团体与国民党党部》,《社会科学辑刊》2021 年第 2 期。

[11] 韩成:《"人权运动"与党化教育的颉颃——知识分子、国民党与私立光华大学》,《澳门理工学报》(人文社会科学版)2021 年第 2 期。

[12] 侯埕楠、廖大伟:《"公"与"私"的困惑:中国公学复兴运动(1932—1937)》,《开封教育学院学报》2018 年第 1 期。

[13] 季维龙:《胡适与中国公学》,《华东师范大学学报》(教育科学版)1993 年第 4 期。

[14] 蒋宝麟:《学人社团、校董会与近代中国私立大学的治理机制———以

上海大同大学为中心(1912—1949)》,《华中师范大学学报》(人文社会科学版)2015 年第 1 期。

[15] 蒋宝麟:《消褪的激进政治与多元城市社会:1927 至 1937 年的国民党上海特别市党部》,《学术月刊》2018 年第 3 期。

[16] 蒋宝麟:《清末的省界、学额与省教育经费——以三江(两江)师范学堂为中心的考察》,《南京大学学报》(哲学・人文科学・社会科学)2020 年第 1 期。

[17] 金国:《立案、失序与调适:北京政府时期的私立大学治理(1912—1927)》,《高等教育研究》2018 第 3 期。

[18] 靳帅:《"打倒学阀":北伐前后苏沪学界的权势嬗递》,《史林》2019 年第 3 期。

[19] 孔祥吉、村田雄二郎:《陈天华若干重要史实补充订正——以日本外务省档案为中心》,《福建论坛》(人文社会科学版)2005 年第 4 期。

[20] 李林:《学校市:民国时期一种"学生自治"的实践及得失》,《近代史研究》2020 年第 3 期。

[21] 李喜所、李来容:《清末留日学生"取缔规则"事件再解读》,《近代史研究》,2009 年第 6 期。

[22] 刘海峰:《大陆的中国近代教育史研究述评》,《近代中国史研究通讯》第 20 期。

[23] 刘海峰:《高等教育史研究三探》,《教育史研究》1997 年第 2 期。

[24] 刘海峰:《在教育和历史之间》,《教育史研究》2001 年第 1 期。

[25] 罗志田:《近代中国民族主义的研究取向与反思》,《四川大学学报》(哲学社会科学版)1998 年第 1 期。

[26] 罗志田:《知识分子的边缘化与边缘知识分子的兴起》,《开放时代》1999 年第 4 期。

[27] 罗志田:《史无定向:思想史的社会视角稗说》,《开放时代》2003 年第 5 期。

[28] 罗志田:《相异相关的往昔:史学的个性与通性》,《社会科学战线》2012 年第 2 期。

[29] 罗志田:《革命的形成:清季十年的转折》,《近代史研究》2012 年第 3 期。

[30] 吕妙芬:《对明清教育史研究的几点观察》,《大学教育科学》2005 年第 5 期。

[31] 欧七斤:《论盛宣怀办学与政府的协调关系——以南洋公学校名演变

为视角》,《华东师范大学学报》(教育科学版)2015 年第 3 期。

[32] 欧阳军喜:《国民党与新文化运动——以〈星期评论〉〈建设〉为中心》,《南京大学学报》(哲学·人文科学·社会科学)2009 年第 1 期。

[33] 钱台生:《江水滔滔的炮台湾——记三十年代中国公学大学部的作家群》,《文学报》1981 年 3 月 15 日。

[34] 秦裕芳、赵明政:《关于"取缔规则事件"的若干流行说法质疑》,《复旦学报》1980 年第 2 期。

[35] 瞿骏:《"没有晚清,何来五四"之再思——以"转型时代"(1895—1925)学生生活史为例》,《学术月刊》2009 年第 7 期。

[36] 桑兵:《晚近史的史料边际与史学的整体性——兼论相关史料的编辑出版》,《历史研究》2008 年第 4 期。

[37] 桑兵:《中国近现代史的贯通与滞碍》,《近代史研究》2010 年第 1 期。

[38] 施扣柱:《清末上海教育改革之研究》,《上海研究论丛》第 7 辑,上海社会科学院出版社 1991 年版。

[39] 宋广波:《研究胡适生平和思想的重要材料——介绍新发现的〈胡许通信集〉》,《鲁迅研究月刊》2015 年第 10 期。

[40] 田正平、陈桃兰:《中国近代私立大学创建考辨》,《现代大学教育》2007 年第 4 期。

[41] 田正平、潘文鸢:《关于中国大学史研究的若干思考》,《社会科学战线》2018 年第 2 期。

[42] 涂怀京:《胡适出掌中国公学的实绩》,《安徽史学》2000 年第 1 期。

[43] 王慧敏:《达特茅斯学院案与美国高等教育的公私之辨》,《北京大学教育评论》2016 年第 1 期。

[44] 王开玺:《取缔规则事件与革命派领导下的留日学生运动》,《北京社会科学》1995 年第 3 期。

[45] 王毅:《姚宏业〈遗书〉海外版本的发现及其学术价值》,《近代中国》第二十八辑。

[46] 吴炳守:《研究系知识分子的文化权力及其基础》,《史林》2002 年第 1 期。

[47] 许小青:《20 世纪初"非省界"与"筹边建省"思潮合论》,《史学月刊》2004 年第 10 期。

[48] 薛刚:《从朝廷天下到国家社会——辛亥革命前后的思想转折》,《清华大学学报》(社会科学版)2016 年第 6 期。

[49] 杨天宏:《学生亚文化与北洋时期学运》,《历史研究》2011 年第 4 期。

[50] 严海建：《现代社会政治变迁中的学生群体——以五四运动为论述中心》，《福建论坛》(人文社科版)2009 年第 3 期。

[51] 严海建：《南京建政初期国民党青年运动政策研究》，《南京大学学报》(哲学·人文科学·社会科学)2012 年第 1 期。

[52] 严海建：《"后革命"氛围中的学校风潮：1927 年大同大学驱长风潮研究》，《史林》2016 年第 1 期。

[53] 张济顺：《从小溪到大海：上海城市历史和现代教育》，《华东师范大学学报》(哲学社会科学版)，2008 第 6 期。

[54] 张太原：《20 世纪 30 年代的文实之争》，《近代史研究》2005 年第 6 期。

[55] 张太原：《胡适与国民党的党化教育》，《四川大学学报》(哲学社会科学版)2017 年第 3 期。

[56] 张仲民：《严复与复旦公学》，《历史研究》2009 年第 2 期。

[57] 张仲民：《时代思潮的地方回应——舒新城和五四新文化运动》，《民国研究》第 16 辑，社会科学文献出版社，2010 年。

[58] 张仲民：《少年胡适在上海时史料补遗》，《清史研究》2012 年第 2 期。

[59] 张仲民：《复旦公学创校史实考》，《复旦学报》(社会科学版)，2014 年第 1 期。

[60] 章开沅：《张汤交谊与辛亥革命》，《历史研究》2002 年第 1 期。

[61] 章清：《省界、业界与阶级：近代中国集团力量的兴起及其难局》，《中国社会科学》2003 年第 2 期。

[62] 郑登云：《中国公学述略》，《华东师范大学学报》(哲学社会科学版)1982 年第 4 期。

[63] 郑祖安：《二三十年代上海市政府横向关系初探》，《学术月刊》1994 年第 3 期。

[64] 周良书：《大学校史研究中的若干问题》，《当代中国史研究》2006 年第 4 期。

[65] 周月峰：《五四后"新文化运动"一词的流行与早期含义演变》，《近代史研究》2017 年第 1 期。

[66] 周月峰：《另一场新文化运动——梁启超诸人的文化努力与五四思想界》，《"中央研究院"近代史研究所集刊》2019 年 9 月号。

[67] 周志刚：《不堪回首吴淞岸——对 1930—1931 年中国公学风潮的考察》，《史学月刊》2014 年第 9 期。

[68] 左双文：《"九一八"事变后学生的请愿示威与南京国民政府的应对》，《学术研究》2006 年第 7 期。

六、未刊学位论文

［1］蔡爱丽:《中国公学学潮研究》,硕士学位论文,北京师范大学,2005 年。

［2］韩成:《时代变动下的私立大学——光华大学研究(1925—1951)》,博士学位论文,华东师范大学,2016 年。

［3］刘迪锤:《中国公学研究》,硕士学位论文,北京大学,2011 年。

［4］王瑞瑞:《胡适与中国公学》,硕士学位论文,华中师范大学,2012 年。

后　记

这本书是以我的博士论文为基础修订完成的。为什么会选择中国公学作为我博士阶段的研究主题,这其中有各种机缘巧合。我是 2007 年 9 月考入南京大学攻读博士学位的,进入大学史研究的领域,偶然中也有必然。我从本科时即关注中国近代的学生运动和校园风潮,看了很多先行研究和资料后,逐渐开始认识到两个问题:一是学校风潮与学生运动的勃兴是近代的特殊现象,一直以来备受学界关注,虽然学校风潮与学生运动有时不易截然划分,但两者的区别还是极其明显的;二是不同的学校有着风格各异的学生亚文化,学生运动与学生亚文化有着内在的逻辑联系,亚文化的多元决定了学运起落与内涵差异。在上述认识的基础上,可以拓展的研究空间也表现在两方面:一是除了我们之前关注较多的具有政治意义且与世运有重要影响的学生运动以外,学界对于学校内部风潮的研究则稍显薄弱;二是对于学校内部风潮的研究则要回归大学本身的整体研究。

博士阶段的专业英语课程,导师陈谦平教授要求我们分别选择英文专著的一节和一组英文原始材料进行翻译,其中英文专著,我选择的是叶文心教授《疏离的学院》中关于中国公学历史的一节,该书的英文版是研究生同学今井就稔从日本寄赠予我的。叶老师的眼光锐利,常常能在我们习见的材料中看到常人所不易把握的时代趋向,其关于近代中国大学多元而异质的政治文化的分析给了我很多启发。在这个基础上,我尝试着梳理中国公学相关的史料,感觉足以支撑博士论文的写作。在与陈老师多次讨论后,最终确定以"中国公学的历史"作为博士论文的题目。

2010 年 5 月,我的博士论文通过答辩,9 月,回到南京师范大学工作,相当一部分精力转向日本战争犯罪审判史,对中国公学的研究仍在不断补充材料的阶段。在博士论文撰写阶段,我就感觉资料存在些许不足,一些关节点仍未能打通。2014 年夏天,我利用在台北"国史馆"查阅档案的机会,补充了蒋介石对中国公学校内党派活动的态度及中国公学是否续办的决策详情。此外,由于近年来晚清民国报刊数据库的开放利用,使一些原本稀见的报刊资料在本书的修订过程中得以补充。上述资料的补充,使得本书史实的重建建立在更充分的文献基础上,文本的叙述更为饱满,分析也更为深入。

2016 年 8 月,我联系叶文心教授,获邀请赴美国加州大学伯克利分校访学一年,得以有充分时间补充材料,修订书稿。其间,我以修订完成的书稿申报国家社科后期资助项目(项目批准号:17FZS044),在 2017 年 10 月得以立项。后期资助的评审专家们肯定了书稿的学术价值,并提出了中肯的修改意见,非常感谢各位专家对后学的提携,使本书获得出版资助,得以面世。

在研究中国公学的同时,我还尝试处理过大同大学、劳动大学、金陵女大、中国学院、西南联大等大学史的个案,为理解中国公学这一个案的学术价值提供了更宏观也更具体的参照系,对于本书的修订起到了重要的推动作用。在此过程中,与蒋宝麟的交流给了我很多启发,我们的研究有很多主题是重合的,他的很多研究成果对提升我对大学史相关个案的学术认识,起到了不可替代的作用。

与本书相关的研究成果曾先后在《现代大学教育》《安徽史学》《历史档案》《民国研究》《史林》《苏州大学学报》等刊物发表,在此对审稿人、期刊编辑的付出与建议,表示诚挚的谢忱。感谢本书的责任编辑谭天,她专业且细心的编校避免了书稿中的若干错讹,为本书增色不少。

2007 年进入南大,在陈谦平老师门下问学,对于我来说是极大的幸事。我对谦平老师的认识,经历了一个不断变化的过程。初到谦平师门下,感觉老师非常严肃,每次与老师交流时总是很紧张,如果要打电话,要鼓足好几次勇气。每次召集,我跑到民国史中心所在的 17 楼,时常一边喘气,一边满头大汗,半天说不出话来。后来时间一长,特别是谈话的时候,发现老师远不像印象中那样不易接近,反而觉得和蔼可亲,但是在论及学术或指导论文时,谦平老师的严格又是门下诸生的共识。这让我想起《论语》中,子夏曰:"君子有三变:望之俨然,即之也温,听其言也厉。"感谢谦平老师的包容,让我就性之所近选择博士论文的研究题目,同时又严格要求,导我入学术正轨。

在此,还要感谢我本科和硕士阶段的导师张连红教授。自大二开始,具体到本科学位论文指导、考研、硕士学位论文指导、考博以及工作等,连红老师的鼓励和指点,伴随着我成长过程的方方面面。我当时选择做中国公学的研究,连红老师就很担心资料不足的问题,后来到答辩的时候,看到论文,他说才松了一口气。其实这个题目初步的一些想法,也源于吕芳上先生

2001年访问南京时赠予连红老师的大作，吕先生在《从学生运动与运动学生》中曾提到1921年中国公学校内驱逐校长风潮的本质，虽寥寥数语，并未详论，但我从注释列举的材料中获得不少线索和启发。连红老师将吕先生的大作转赠于我，使我有此机缘获得更多教益，成为吕先生所教之私淑艾者。2019年吕先生再次到南京师范大学交流，其间言及此事，表示没有想到居然有如此奇妙的缘分。本书初稿修订完成后，奉呈吕先生指教，他慷然应允为拙著赐序，荣幸之至，晚生将始终铭记感念。

博士论文撰写过程中，我数次赴上海收集资料，时在上海大学的孙祥伟及同在上海查资料的蒋宝麟为我提供了不少便利，解决了我在上海期间的住宿问题。论文初稿撰写完成后，提交预答辩，李良玉教授、朱庆葆教授、董国强教授拨冗审阅全稿，并提出许多宝贵的修改意见。衷心感谢博士论文的诸位评阅人和答辩委员，浙江大学陈红民教授，南京大学马俊亚教授、张生教授，中国第二历史档案馆马振犊馆长、曹必宏馆长，他们的批评指正是对我莫大的教益。博士期间，熊玉文师兄、吕晶师姐、孙扬师兄对我学习和生活帮助甚多，尤其是孙扬师兄，我总能感受到他对人极大的善意，每次一起参加学术活动，他总是尽可能地提醒同人注意那个比较沉默的我，不遗余力地向同人引荐我。在南京大学读书期间，与学友王春林、陈伟、邹锦良、崔明海、陈东、董为民等切磋交流、砥砺共进，也是一段美好的记忆。

借本书出版的机会，对一直以来给我帮助的各位师友、为我提供良好工作条件的学院、支持我的家人表示感谢。感谢的名单还很长，我会铭记在心，恕不一一列名，以免挂一漏万。

现在大概很少有人知道中国公学，谨以此书，保留这样一所命运多舛的学校有血有肉的生命史，纪念那一群人在这所学校曾经寄托的理想与情感。

严海建
2021年10月15日
于南京龙江